JN288871

建築家の言葉　「すべての教育は，生活の実践側から始められなくてはならない。真の教育とは，その人間的形成を全うさせることである。最初の目的は学生に，生活に必要な知識と技能をもたせることである。第2の目的は，学生の個性を伸ばし，その知識と技能を正しく使うことを教えるということである。従って真の教育とは，実際の目標を考えるだけでなく，その意義をも達成させるということである。」(ミース・ファン・デル・ローエ（Mies　van der Rohe 1886～1969) アーマー工科大学主任教授就任演説 1938)　　　　　　　　　二川幸夫写真，浜口隆一・渡辺明次文『現代建築家シリーズ　ミース・ファン・デル・ローエ』美術出版社，1968 より

建築設計演習 応用編 第二版

プロセスで学ぶ独立住居と集合住居の設計

武者英二＋宮宇地一彦＋永瀬克己=著

彰国社

THINK
THINK
THINK

この本を読む前に

この本は，22年前に出版した『建築設計演習 基礎編―建築デザインの製図法から簡単な設計まで』の姉妹編として著したものです。前著の主旨は，初めて建築の設計に取り組む人たちに，楽しく，無理なく，やさしく建築設計の面白さを知ってほしい。そしてますます建築が好きになり，本格的な建築の設計をしてみたい，建築の設計を一生の仕事にしたいと思う人がたくさん現れたらよいと思いながら著書にしました。幸いに，多くの方々が利用して下さり，続編を出すようにとの要望がたくさん寄せられました。これに応えようと，『応用編』をまとめ始めた頃に，建築意匠の分野でもコンピューターが使われ始めました。設計という行為のなかで，コンピューターがどのような役割を果たし，また可能性をもっているのだろうかという疑問が生まれてきました。

コンピューターの可能性と実態を調べました。コンピューターのエンジニアからコンピューターを専門的に使って設計活動をしている建築家，コンピューターを使って建築教育を始めた先生，そして私たちの研究室でもコンピューターを導入し，実際に学生たちに使わせたり，研究室のスタッフと設計に使ったりしてみました。いろんな可能性がわかったとともに，その限界も知りました。気が付いてみたら，10数年の月日が経っていました。この本はこうした経験をもとに，コンピューター時代になっても使える本，コンピューター時代だからこそ必要な基本的な学習方法を考えてみました。思想史の研究者のバリー・サンダースは，「テレビに始まってパソコンに至る電子機器が若者をとりこにし，文字を取り去り，結局は思考する力を奪い去った」[*1]と指摘しています。電子機器を操っているつもりが，実は電子機器に操られている現象を見抜いています。建築設計も思考より先に，パソコンのオペレーションの結果に依存してはなりません。

この本では，この点に注視し，
① 考える力をつける
② ものを観察し，理解する力をつける
③ 創造力を鍛える

を3本の柱として構成しました。その主題は「人間が住むところ，暮らす場，人と交流する空間」，すなわち人間を主体として考えながら，そのあるべき建築空間の姿を創造するところにあります。

それには，まず人間を好きになることです。そして理屈ぬきで建築に夢中になることです。考えていることを紙の上に，粘土で，模型で，あるいはパソコンの画面に表現してみることです。表現されたものは必ず表現した人に問いかけてきます。本当にこれでいいのか，あなたの考えのとおりかと。設計の答えは一つではありません。何度も何度も応答がくり返されます。この行為に気付いたならばあなたは建築家への第一歩を歩み始めたも同様です。最も身近で建築の本質を学習するにふさわしい「住居」をテーマに，この偉大な創造の世界に一緒に旅立ちませんか。そして，すばらしい建築，美しい都市，自然と共生する地球環境を実現しようではありませんか。皆さんの可能性は無限です。

[*1] バリー・サンダース著『本が死ぬところ暴力が生まれる 電子メディア時代における人間性の崩壊』

プログラム

プログラムの活用法
右のプログラムは，1週・1時限 90分×2コマ 180分の設計製図の授業＋自宅学習 360分を目安としたものです。したがって，同様の授業が週2回あれば半年でこのプログラムは終了します。また，早く一通りのことを進めたいと考える人は，5週プログラム（二重囲いのある項目）で進みます。プログラムを早く消化するには自宅学習が大切です。そして，わからないことがあったら指導の先生に積極的に質問をしましょう。先生を活用するのはこのときです。

凡例
- ○ 学習
- ◇ 設計
- △ 製図
- 😊 考える
- ✋ 手を使う
- 👁 観察する
- ☀ 良い
- ☁ 普通
- ☔ 努力

WEEK →	1	2	3	4	5	6	7	8	9	10	11	12
	4月		5月				6月				7月	
STEP ↓	住居の考え方と発想				独立住居の設計プロセス（10週プログラム）							

STEP		内容
1	住居を考える	すむとはどんなことか／設計方法の模索 26〜33／設計の取組み方と歴史認識 8〜19
2	独立住居の設計	住戸と集合の形態研究 20〜25／独立住居の課題発表 34〜39／構想を練る 40〜47／空間のデザイン 48〜77／構造計画 68〜69／環境・設備計画 62・70〜75／まとめ 76〜77／設計図面化 78〜83／フィードバック
3	集合住居の設計	

年間行事	▲ガイダンス・読書指導　▲住宅の見学　　　　　　　　　　　　　　　▲TEST

自己評価	
考える	😊😊😊😊😊😊😊😊😊😊
実践する	✋✋✋✋✋✋✋✋✋
観察する	👁　👁　👁 👁 👁　　👁
総合評価	

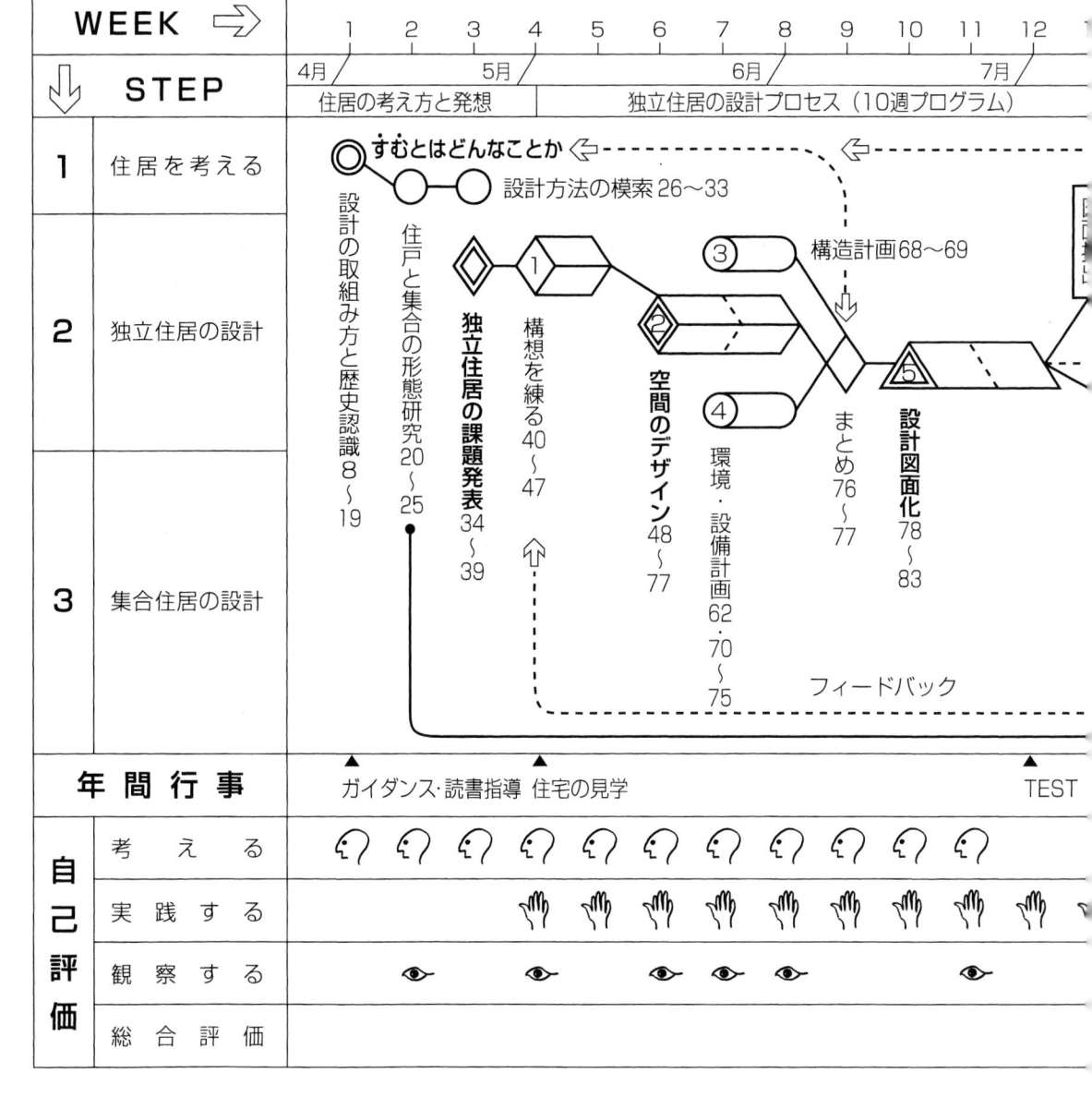

6

目 次

- **1　住居を考える** …………………… 8
  - 1．設計の取組み方 ……………… 10
  - 2．住居の歴史 …………………… 12
  - 3．自分の住居は自分でつくる … 20
  - 4．住居と集合形態 ……………… 22
  - 5．設計方法 ……………………… 26

- **2　独立住居の設計** ………………… 34
  - 1．独立住居の設計プロセス …… 36
  - 2．敷地を読む …………………… 38
  - 3．構想 …………………………… 40
  - 4．空間構成 ……………………… 48
  - 5．提案する図面 ………………… 78
  - 6．生活する ……………………… 84

- **3　集合住居の設計** ………………… 86
  - 1．集合住居の設計プロセス …… 88
  - 2．敷地を読む …………………… 92
  - 3．構想 …………………………… 94
  - 4．空間構成 ……………………… 104
  - 5．提案する図面 ………………… 130
  - 6．生活する ……………………… 136

参考文献リスト …………………… 140

装丁：赤崎正一

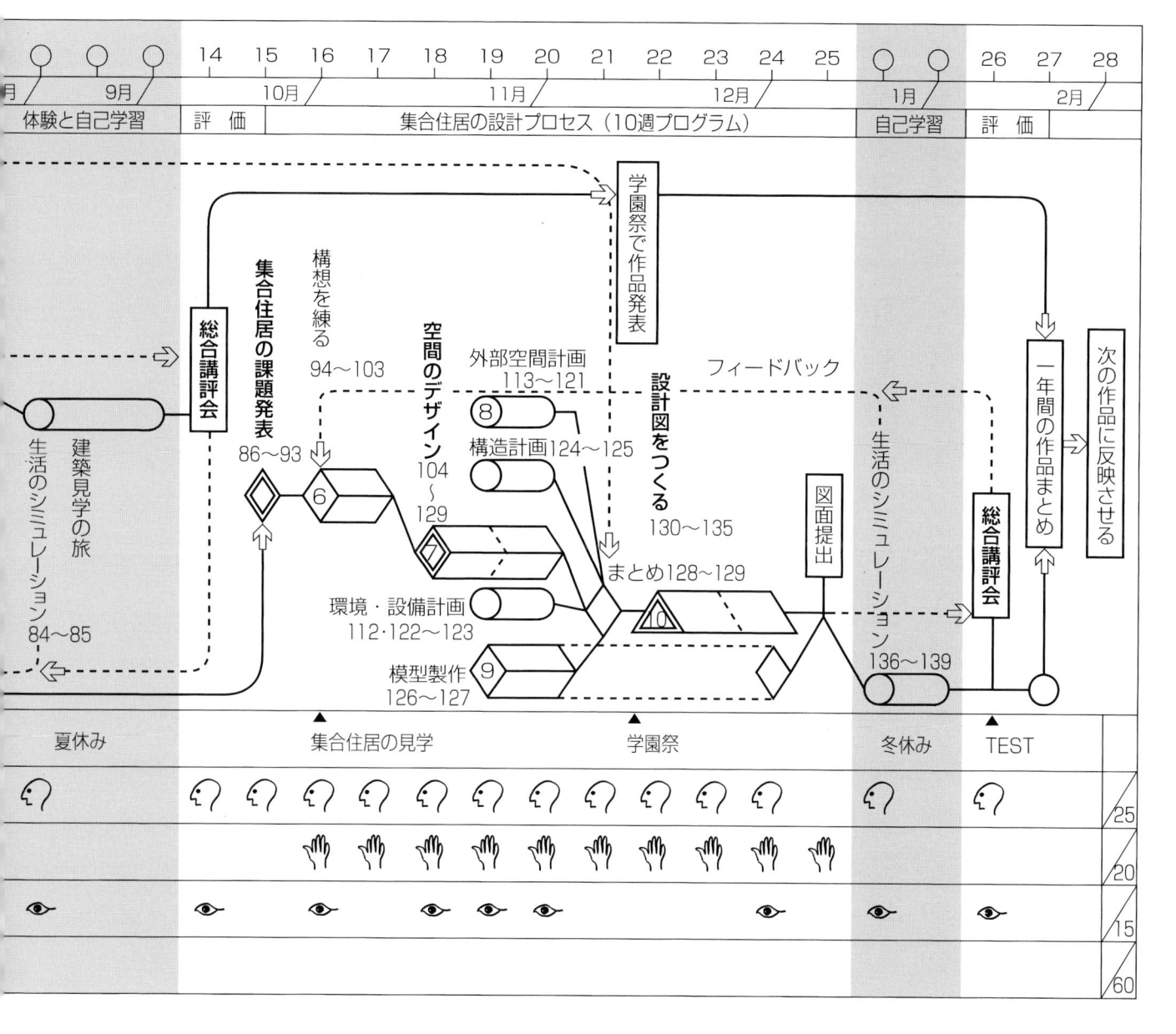

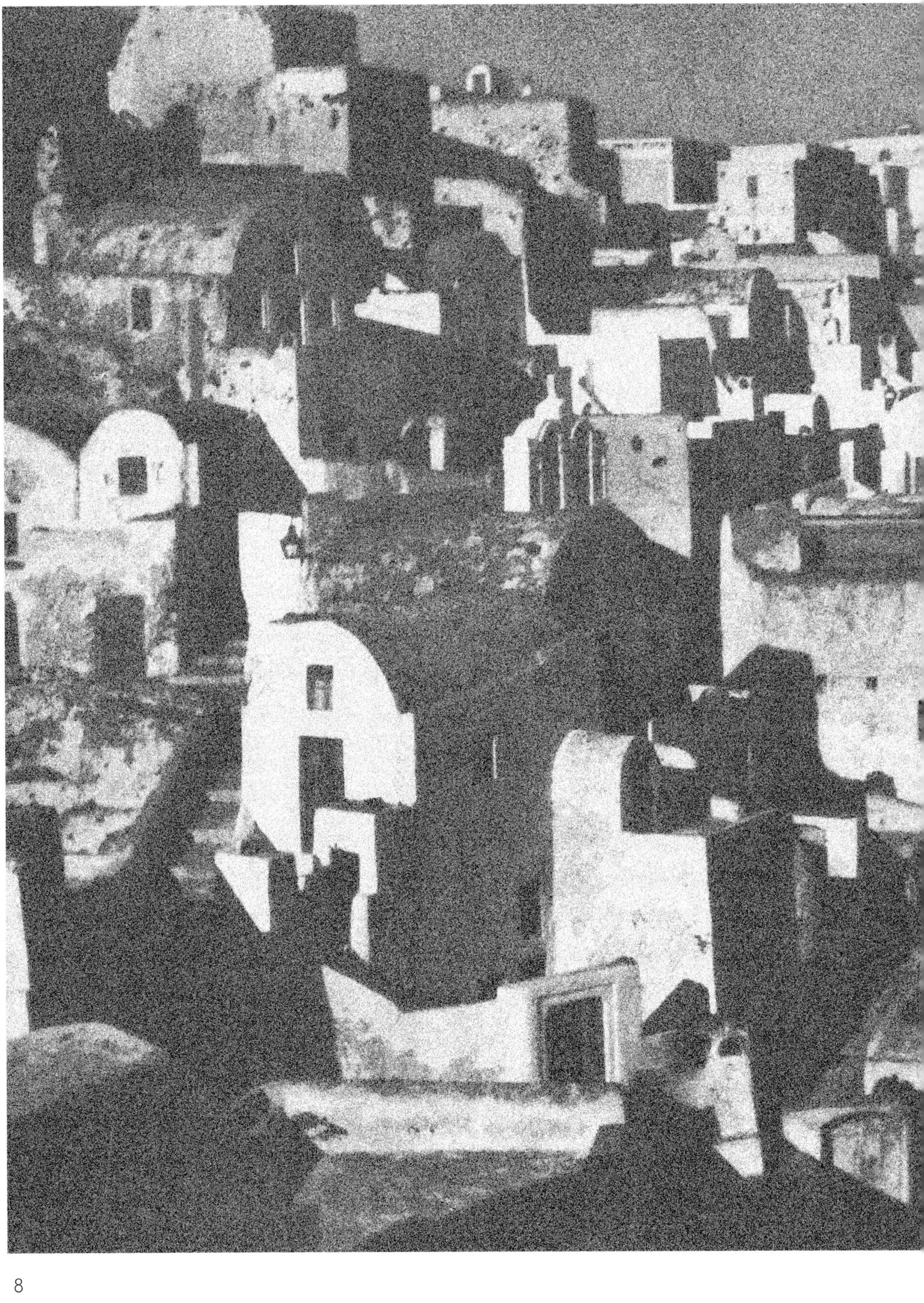

1 住居を考える

建築家の言葉
「有機的なデザインとは何であろうか？現代的な道具と機械，それはこの新しい人間のスケールに相応しいデザインのことである。従って，デザインは時宜を得たものであり，もし建築家の心がこれらの相対的な新しい価値―"自然の摂理（nature of nature）"に対する理解に，敬虔な精神でこの時代に対処する知覚力―に対して受容力を持っているならば，彼の創造力豊かな手中に握られているものである。」[*2] フランク・ロイド・ライト（Frank Lloyd Wright 1869〜1959）

建築の設計は〈住宅にはじまり，住宅におわる〉と古くから伝えられています。なぜそのようにいわれるのでしょうか。住宅の設計はやさしいのでしょうか。決してそうではありません。住宅の設計は取り付きやすいけれども，建築家が生涯をかけて追求するに値する奥の深い課題です。

住宅の設計は，そこに住む人と人との関係から始まります。そして人と物の関係，地域や社会とのかかわり，建築そのものが及ぼす環境への影響などの問題を解決していかなければなりません。こうした問題は，どのような建築にも発生しますが，とりわけ住宅の場合には複雑です。住居設計の問題をクリアすれば，ほかの建築設計の問題は容易に解決できます。

ではなぜ，こんなに難しい課題を最初に取り組まなければならないのでしょうか。それは皆さんがすでに日常生活のなかで，住宅への希望や期待，不満などをたくさんもっているからです。さらに解決すべき問題や不可能な事態も生活体験（経験）を通してよく理解しているからです。皆さんは〈住宅あるいは住居〉というテーマに対してまったくの素人―何の知識も経験もない―ではありません。生活者側に立った立派な設計者の資格があるわけです。

ここまでに〈住宅〉という言葉と〈住居〉という二つの言葉が出てきました。いずれも人が生活を営む場所―すまい―を表す同義語ですが，微妙に意味が違います。〈住宅〉は人が住むための建物を指すのに対して，〈住居〉は一定の土地に定住して生活を営む総合的な意味を含んでいます。すなわち住居とは，住宅とその内部の家具や装飾品，庭，さらに住宅がある社会や地域，環境までも含みます。

しかし，世界のさまざまな住居に目を向けると，必ずしも一定のところにとどまらない遊牧や狩猟採集を営む人々の移動型の住宅があるのに気付きます。ベドウィンのテントやモンゴルのゲル，ネイティブアメリカンのティピがそれにあたります。確かに移動はするのですが，一定の生活圏内で食物を得るための生産活動をし，家族の協力や団結，彼らの社会のなかでの人間関係をもっています。さまざまなからみ合いのなかで住宅と人々の生活が成立していることは，基本的には定住している場合と共通するものです。

そして住居のもつ役割や背景も，時代とともに変化してきました。日本の戦前の住居と戦後を比べると明確です。西山夘三さんの『住み方の記』[*3]には，そのことが詳細に記されています。今後の住宅や住み方の移り変わりは，今まで以上にスピードが加わり，飛躍的な変革がもたらされるでしょう。反面，人間の生活のなかには変わらないものもあります。伝統や経験，長い生活の歴史のなかに蓄えられてきた知恵です。住居設計とは，これらのことがらを全部含んだうえで，建築の形として示すことです。さあ！ 設計の第1歩を歩き始めましょう。学習の目標は，①考えたこと（イメージ）を表現（ドローイング）できるようになること。②建築空間を立体的に考えることができるようになること。③設計のプロセスで，段階ごとに問題を解決していく能力をつけること。これらをしっかりと身につけましょう。心身ともに快適な人間関係，そして地球環境をも視野に入れた住空間の設計に取り組んでみましょう。

[*2] フランク・ロイド・ライト著，谷川正己・谷川睦子訳『ライトの遺言』彰国社，1966
[*3] 西山夘三著『住み方の記』文芸春秋社，1965

1—1　設計の取組み方　　　　　考える

目的
設計の開始にあたって，最初に〈考えること〉は，設計の〈目的 goal〉です。何のためにその住居を建てるのかを明確にしておきます。人生の目的と同じく，改めて考えてみるとなかなか難しいものです。考えるヒントとして，目的の例を一つ挙げておきましょう。〈目的：豊かで安全で健康な，環境と共生できる住居を設計する〉。皆さんも，各自考えてみて下さい。当然のことですが，住居のことだけではなく，その周辺環境のことも十分に考慮します。設計を進めていくと，横道にそれることがよくあります。そのようなときはいつも目的を思い出し，原点に戻りましょう。

目標
次に〈考えること〉はどのような〈目標 objectives〉を達成すれば，目的に近づくことができるか，です。この本では目標として，〈生活機能〉，〈動線〉，〈部位〉の三つを挙げました。目標は，目的と計画案の間をつなぐ大切な指標の役目を果たします。目的は，時代を超えた普遍的な性格を備えています。目標は，時代や，地域や，建築家によって変わります。〈時代精神〉，〈コミュニティの指針〉，〈設計家のコンセプト〉と呼ばれているものがそれです。皆さんも，前述の目標以外にどのような目標があるか，各自で考えてみて下さい。まだまだたくさんあるはずです。

案
具体的な〈案 alternatives〉の作成は〈考えること〉です。目的や目標は〈言葉〉で考えますが，案はエスキスや模型などを駆使して〈イメージ〉をかたちにしながら考えていきます。いくつかの案のなかから最終案が決まると，ここでやっと平面図，立面図，断面図といった図面を仕上げます。目的や目標は，言葉で第三者を納得させる内容を備えていなければなりません。案の作成では，建築家は思う存分自分のイメージを個性として発揮します。〈目的―目標―案〉の一貫した流れをつくることで，建築家は〈方法論 methodology〉の確立をめざします。

空間構成
〈空間構成〉は，包括的な言葉です。どのように〈住まうか〉という生活空間の構成も空間構成と呼ばれています。どのような構造や材料で〈架構するか〉ということも空間構成と呼ばれています。この本では，両方の意味で使用しています。設計のさまざまな努力は，空間構成として最後に結実します。

コンセプト
〈コンセプト concept〉は，概念と訳されています。設計概念（デザインコンセプト）という表現で一般には使われています。建築家が，このプロジェクトをこのようにしたいという〈考え〉を，言葉で表現したものです。コンセプトでは，目的，目標，案を，すなわち〈何のために，何を，どのように〉するかを，簡潔明瞭に説明することです。

生活機能
目標の一つとして，〈生活機能〉を考えます。その家に住む家族は，どのような〈生活の仕方〉を望んでいるかを理解しなければなりません。そのためには，そこに住む人とよく話し合うことが大切です。ここで，生活機能を考えるヒントを挙げてみましょう。例えば，居間，食堂，台所といった〈部屋名〉から考えるのではなく，憩う，食べる，食事をつくる，といった生活機能を満たす〈場所〉とはどのようなものになるだろうかと考えてみます。すると，便宜的に与えられた部屋名からでは考えられない，新たな使い方のできる部屋を発想することができます。生活機能は，時代や地域，住む人によってとらえ方が異なりますから，新たな設計のたびに，その住居に即して考えてみます。

動線
目標の一つとして，〈動線〉を考えます。動線を考えるとは，家族がどのように家の中を〈身体移動〉して生活するかを考えることです。動線への配慮は，住居の中の生活場所をうまく使いこなすために，たいへん重要なことです。部屋の配置を決めたあと，仕方なくそこを移動するというのは悲しい話です。将来高齢者になったときに必要なバリアフリーに対する配慮も，最初から考えておきます。動線は，建物の内部にも外部にもあります。水平方向の移動も，垂直方向の移動もあります。集合住居では，車と歩行者の動線を同時に考えておきます。動線は，使いやすく機能的であることはもちろんですが，少し長めでも身体移動に変化のある視覚的に楽しい動線になるように心がけます。

部位
目標の一つとして，建物の〈部位〉を考えます。部位とは，床，壁，天井，柱，梁，屋根，建具など建物の各部分のことです。どのような生活をするかばかりでなく，具体的な工法や使用材料のこともしっかりと把握しておきます。部位は，次のような順序で考えるといいでしょう。まず〈主要構造部〉を何にするか考えます。例えば，木造（W造），鉄筋コンクリート造（RC造），鉄骨造（S造）などから選びます。次いで，外部や内部の〈仕上げ材料〉，そして開口部の〈建具〉を考えます。

建物の部位を考えるときは，構造力学的なことと同時に，使用材料が人間の健康に安全でやさしいか，省エネルギー，省資源になっているか，音や振動の問題はないかなど，材料面と環境面からも配慮します。

住居・住宅に関連する言葉の整理　日本語のスマヒはスマフの名詞化〈住み居る〉→住居での人のくらしや営みを意味する。『岩波古語辞典』によれば〈すみ（棲み・住み）〉は〈スミ（澄）〉と同根で，落ちつき定着するとある。古くは男が女のもとにかよって，語り，ともに暮らすことを指した。澄むとは落ち着き，濁りのない状態。そうした状態を支えている場所が住居。英語では住居は dwelling で，人の居住する場所や住みかをあらわし，住宅は house，家庭は home と使い分ける。漢字の〈住〉は柱立てて一処にとどまるの意。また栖（鳥が巣にやどりする）で，棲とも同義。〈居〉は祖祭のとき，形代となる者が几（机）に腰かけている形で，すわる・とどまる・くつろいでいるなどの意味をもつ。〈宅〉はくつろぐ人の象形で，人が伸びやかにして，くつろぐ家屋の意味をあらわす。これらからも，住宅が物としての建物の意味合いが強いのに対して，住居は住生活の場としての意味をもつ。しかし，一般的には住居と住宅を同義として使うことが多い。

考え方

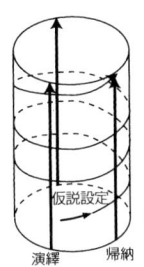

思考のスパイラル
演繹　帰納　仮説設定

三つの考え方

建築設計では，アイデアが必要なときと約束事に従うときとでは，異なる考え方〈論理〉が必要です。ここでは三つの考え方を挙げてみました。これらをうまく組み合わせ，使いこなしながら設計を進めてみましょう。

建築家の言葉
「建築家の仕事とは，……発展していくに従い，よりよい環境を獲得することのできる，いまだにない，そしてすでにそこにあるような有用性（アヴェイラビリティ）をもつ……空間を発見することにある。」[*4] ルイス・カーン Louis Kahn（1901〜1974）

*4　デヴィッド・B・ブラウンリー，デヴィッド・G・デ・ロング編著，東京大学工学部建築学科香山研究室監訳『ルイス・カーン―建築の世界―』デルファイ研究所

演繹

広辞苑によれば，〈演繹 deduction〉とは「前提された命題から，経験にたよらず，論理の規則に従って必然的な結論を導き出す思考の手続き」とあります。

例えば，数学の問題を解くとき，$(x+y)^2 = x^2 + 2xy + y^2$ という公式を使います。英文の She ( ) a girl. では（　）に is を入れます。CAD の操作ではマニュアルの参照が必要です。結婚の前には結納を交わします。このような場合，〈約束事〉に従って問題を解いたり，操作を行ったり，コミュニケーションを行ったりします。このような方法で考えを進めることを〈演繹〉といいます。この場合，まず約束事を正確に学習することが大切です。使うときは約束事を正確に守って進めます。

建築の設計では，どのような演繹的な考え方が必要でしょうか。例えばカタログで標準化されたバスユニットを使う場合，集合住居の同型住戸を順列組合せのように配置する場合，古代ギリシャのオーダーを正確に使う場合など，演繹的な考え方が必要です。

利点は一度学ぶと繰り返し利用できることです。問題点は，頼りすぎるとマンネリ化しやすいので，自分なりの個性的な表現（ひねり，好み，くずすなど）が必要なことです。

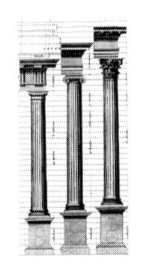

例：古代ギリシャのオーダー（C・ペロー）
例：標準化されたバスタブ

帰納

広辞苑によれば，〈帰納 induction〉とは「推理および思考の手続きの一つ。個々の具体的事実から一般的な命題ないし法則を導き出すこと。特殊から普遍を導き出すこと」とあります。

例えば，文化人類学の研究者は未開の地に何年も滞在して野外調査を行うことがあります。そして，それまでわからなかった民族の生活様式や言語の構造などを解明します。そのような場合，〈帰納〉の考え方で臨まないと学問的成果は得られません。調査者は，まず見ること聞くことを記録します。その後，個々のバラバラの事実のなかから新たな〈法則性〉を見つけ出します。

建築の設計ではどのような場合，帰納的な考え方が必要でしょうか。例えば，初めて住宅の設計の依頼があったとき，依頼者とよく打合せをして，設計条件をまとめなければなりません。このような場合，帰納的な考え方が必要です。また，新たに集合住宅を建設するとき，その場所の歴史性，生態環境，住民意識の調査などをして計画のコンセプトを決めます。そのような場合も帰納的な考え方が必要です。

利点は，それぞれの場所の個性を発見できることです。問題点は，一般化を経ないと部分が強調されすぎてバランスをくずすことになります。

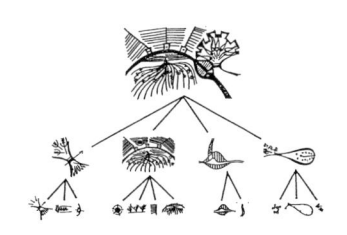

例：インドの村の構成要素を見つけ出す（C. アレグザンダー）

仮説設定

〈仮説設定 abduction〉について，N. チョムスキーは，「普遍的真理は一種の規則性としてとらえることができるが，それは個別の経験的事実の中には決して自明な形では現れていない。普遍的真理を表すだろうと思われるものをまず仮説の形で提出し，それを経験的事実に照らして検証するという方法をとる」[*5] と述べています。

例えば，湯川秀樹の中間子理論は，まず〈仮説〉として発表されました。その後，アメリカで実際に発見され，ノーベル賞を受賞しました。発見前に仮説を立てた点が重要です。新たな法則性の発見という点では帰納と同じですが，創造性の点では仮説設定の方が高く評価されています。

建築の設計ではどのような場合，仮説設定というのでしょうか。20世紀の初頭，巨匠たちはこうすれば素晴らしい建築になるという原理的なアイデアをたくさん出しています。例えば，ル・コルビュジエのドミノ・システム，ミースのレンガの田園住宅の計画案などです。このような場合を仮説設定といっていいでしょう。

利点は，これまでにない創造性が秘められていることです。問題点は，大成功もあるが，大失敗もありえるということでしょう。

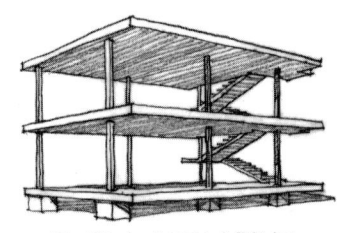

例：ドミノ・システムを発想する（ル・コルビュジエ）

*5　N. チョムスキー他著，『現代言語の基礎』

1-2　住居の歴史—1　　　　西洋の住居

歴史から学ぶこと

ユーラシア大陸の東端にある日本で，なぜ西端にある西洋の建築史を学ばなければならないのでしょうか。なぜアジア建築史ではいけないのでしょうか。西欧の建築家は，個々の建築をつくるときでも，その時代の〈理念〉を付け加えて設計しようとしました。このような西欧の普遍性を求める設計態度が，世界の〈地域性〉を超えて共感を得たといえましょう。現代の日本で使用している設計法も，西欧から受け継いだ部分が多分にあります。このような西欧的な考え方のルーツを学んでおくことは，大切なことです。

個々の住居と様式

哲学の世界では，これまでの西欧の普遍主義への反省があり，個々の〈差異〉のなかに，物事の本質があるという考え方が出てきました。建築史から多くのことを学ぶためには，〈様式〉と〈個々の住居〉を一度切り離してみます。様式は，各時代の〈理念〉を目に見える形に普遍化したものです。個々の住居には，それぞれ〈個性〉があります。様式の知識は一時頭にしまっておいて，歴史的建造物の保存地区などへ出かけてみます。デザインの立場からは，個々の住居のさまざまな個性ほど参考になるものはありません。

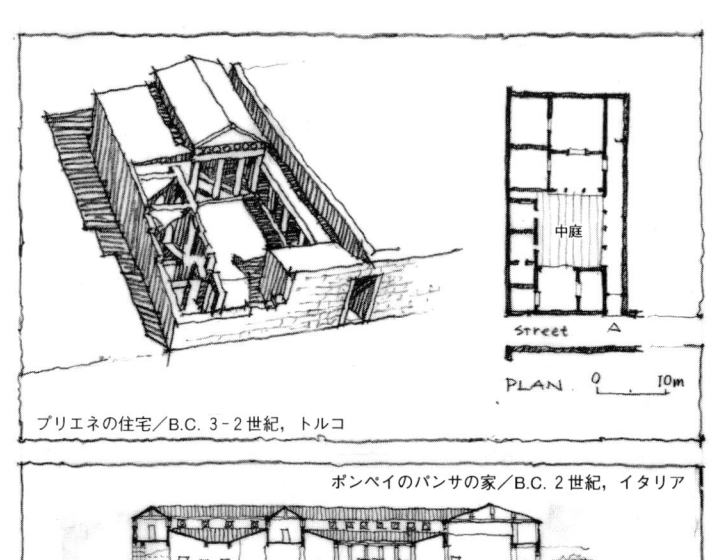

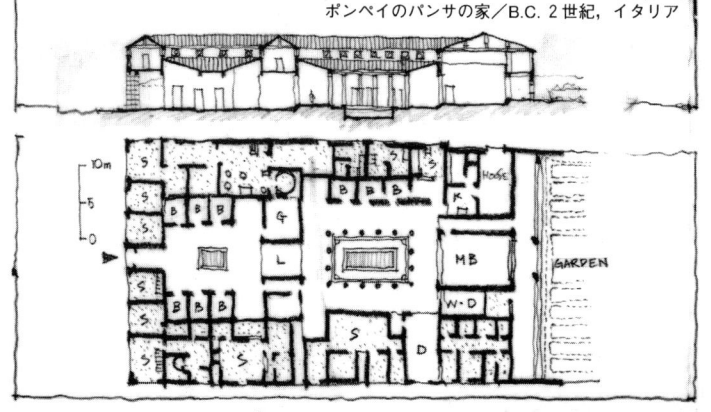

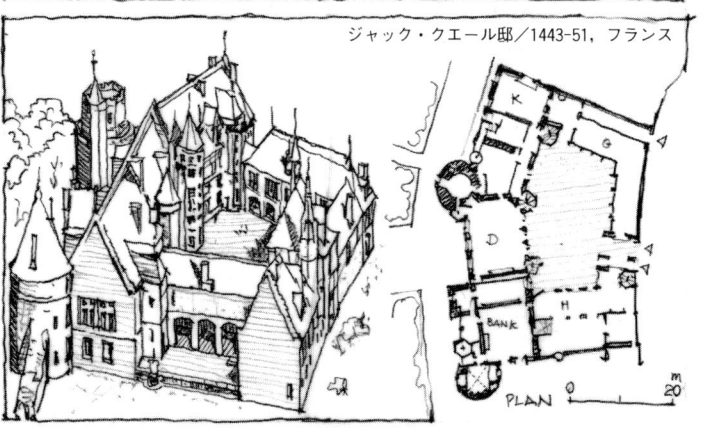

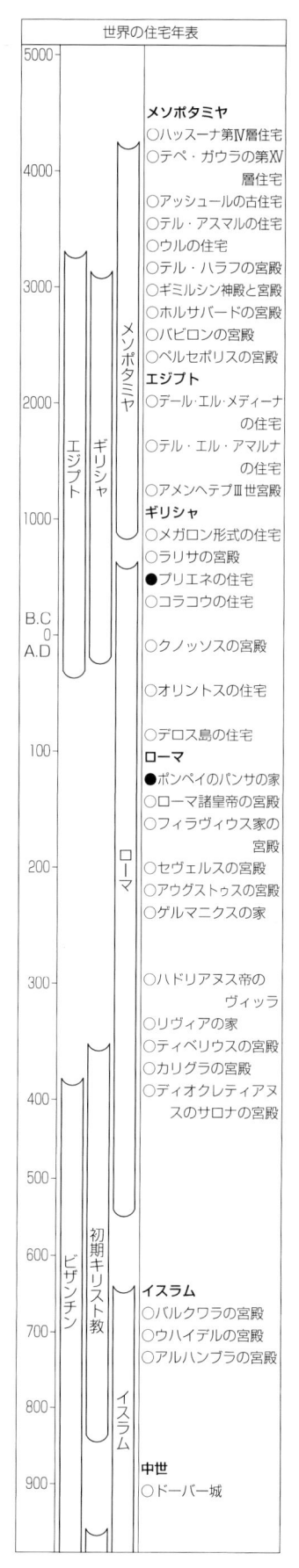

小アジアの植民都市の小住宅だが，古代の地中海世界に見られるコートハウスの典型例。入口は道路に面して一か所だけ開いている。入口から廊下を通って中庭に入る。中庭の一方に前室をもった主室があり，その横に二つの側室がある。この4部屋と中庭が主要部分。

プリエネの住宅／B.C. 3-2世紀，トルコ

古代ポンペイの代表的な邸宅の一つ。アトリウム（中庭）を中心とする表向きの部分と，ペリスタイル（列柱廊）を中心とする家族生活の部分に分かれる。すべての部屋はこれらの屋外に面して開き，光と空気を取り入れる。中庭の中央には，雨水を受ける浅い水槽があった。

ポンペイのパンサの家／B.C. 2世紀，イタリア

中世末の最も完備した住居の一つ。建物は城壁を利用して建てられている。二つの大きな角塔と丸塔，および急勾配の切妻屋根が中世邸館の特徴をよく表している。主屋の1階は大食堂，2階は大広間。中庭は主屋と三方に巡らしたギャラリーによって囲まれている。

ジャック・クエール邸／1443-51，フランス

世界の住宅年表

メソポタミヤ
- ハッスーナ第Ⅳ層住宅
- テペ・ガウラの第ⅩⅤ層住宅
- アッシュールの古住宅
- テル・アスマルの住宅
- ウルの住宅
- テル・ハラフの宮殿
- ギミルシン神殿と宮殿
- ホルサバードの宮殿
- バビロンの宮殿
- ペルセポリスの宮殿

エジプト
- デール・エル・メディーナの住宅
- テル・エル・アマルナの住宅
- アメンヘテプⅢ世宮殿

ギリシャ
- メガロン形式の住宅
- ラリサの宮殿
- ●プリエネの住宅
- コラコウの住宅
- クノッソスの宮殿
- オリントスの住宅
- デロス島の住宅

ローマ
- ●ポンペイのパンサの家
- ローマ諸皇帝の宮殿
- フィラヴィウス家の宮殿
- セヴェルスの宮殿
- アウグストゥスの宮殿
- ゲルマニクスの家
- ハドリアヌス帝のヴィッラ
- リヴィアの家
- ティベリウスの宮殿
- カリグラの宮殿
- ディオクレティアヌスのサロナの宮殿

イスラム
- バルクワラの宮殿
- ウハイデルの宮殿
- アルハンブラの宮殿

中世
- ドーバー城

西洋住居の集合形態

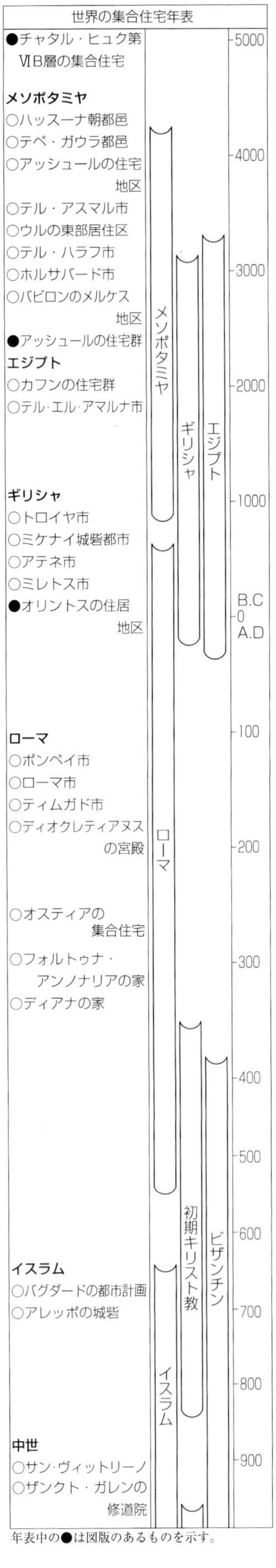

集まって住む

与えられた条件で，決められた期間内に設計を完了しなければなりません。短期間で，集合住居の複雑な問題を解決することは，なかなか難しいことです。このような場合，歴史的な時間を積み重ねてきた集合住居から学ぶことはたくさんあります。集合住居の中には，長い時間をかけて増改築が加えられ〈生活化〉されたものがあります。また，周辺環境に溶け込み〈町並み化〉したものも多く見られます。〈集まって住む〉住まい方を設計するとき，成功と失敗がたくさん詰まった集合住居の歴史を学んでおくことは大切です。

歴史都市はデザインソースの宝庫

建築史は，各時代の代表的建築を，古いものから順番に並べるという記述の方法をとります。そこから得るのは，すでに役目を終えた建物の〈年代順に記録〉という印象です。しかし，現在の町並みをつくっているのは，新旧の建築に関係なく，現在まで生き延びてきたすべての建築群です。都市の町並みを構成している建物の多くは，集合住居です。古い都市を歩くと，建物だけでなく道や広場が素晴らしいものがたくさんあります。頭から〈年表〉という枠組をはずしてみると，街のなかは〈デザインソース（源）〉の宝庫です。

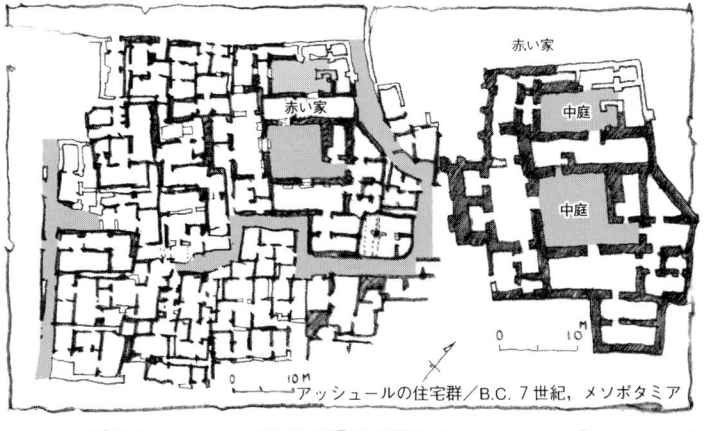

世界の集合住宅年表

- ● チャタル・ヒュク第ⅦB層の集合住宅

メソポタミヤ
- ○ ハッスーナ朝都邑
- ○ テペ・ガウラ朝都邑
- ○ アッシュールの住宅地区
- ○ テル・アスマル市
- ○ ウルの東部居住区
- ○ テル・ハラフ市
- ○ ホルサバード市
- ○ バビロンのメルケス地区
- ● アッシュールの住宅群

エジプト
- ○ カフンの住宅群
- ○ テル・エル・アマルナ市

ギリシャ
- ○ トロイヤ市
- ○ ミケナイ城砦都市
- ○ アテネ市
- ○ ミレトス市
- ● オリントスの住居地区

ローマ
- ○ ポンペイ市
- ○ ローマ市
- ○ ティムガド市
- ○ ディオクレティアヌスの宮殿
- ○ オスティアの集合住宅
- ○ フォルトゥナ・アンノナリアの家
- ○ ディアナの家

イスラム
- ○ バグダードの都市計画
- ○ アレッポの城砦

中世
- ○ サン・ヴィットリーノ
- ○ ザンクト・ガレンの修道院

年表中の●は図版のあるものを示す。

アッシュールの住宅群／B.C. 7世紀，メソポタミア

古代アッシュールの住居区の一部分。左図の右上4分の1を占める大きな家が〈赤い家〉。不規則な平面だが，内部の空間構成には一定の秩序が見られる。前庭と後庭に分かれ，その間に広間がある。後庭には大きな居室と，寝室，浴室を組み合わせたユニットが二つ見える。

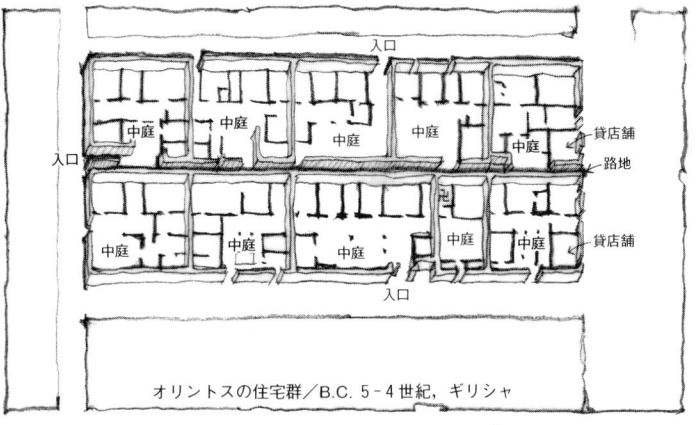

オリントスの住宅群／B.C. 5-4世紀，ギリシャ

古代オリントスの町は，紀元前432年頃幾何学的な都市計画で建設された。住居ブロックは東西約95m，南北約38mの矩形に整然と地割りされている。中央に幅約2mの裏道が走り，両側に5戸の住宅が建てられている。各室は廊下で連絡されており，2階建てであった。

カルカソンヌ市／5世紀，フランス

中世の城塞都市として市壁が取り巻き，今も完全に近い形で残っている。紀元前1世紀のローマ軍の要塞を起源とし，5世紀の西ゴートの首都を経て，1209年フランス国王領となった。このような姿が現在見られるのは，1844年ヴィオレ・ル・デュクが開始した保存修理による。

1-3 住居の歴史—2　　　西洋の住居

後期ルネサンスを代表するパラッツオ（邸宅）建築。中央に中庭があり、主室は2階になっている。広場に面するファサードは無柱式で3層になっている。3階の窓とコーニスと2階中央の窓はミケランジェロが手掛けており、1階、2階よりマナリスト的になっている。

パラッツオ・ファルネーゼ／設計：アントニオ・ダ・サンガルロ，ミケランジェロ，イタリア

バロックの特徴をよくあらわしている邸館。楕円形の大広間、その上にかかる大ドーム、左右に張り出した翼部、庭園まで延びる建物の中心軸。メゾン邸館の系統を引く単一ブロックの独立形式。この邸館を引き立てているのがアンドレ・ル・ノートルのバロック大庭園である。

ヴォー・ル・ヴィコントの邸館／設計：ル・ヴォー、ル・ブラン、アンドレ・ル・ノートル、フランス

F.L.ライトが1909年に設計したアメリカの近代住宅。レンガの使用や暖炉を中心にするなど一見すると伝統的な住宅と同じに見える。しかし、流れるようにつながる各部屋、開放された四隅、垂直の暖炉と水平の屋根の対比など、近代建築のコンセプトが随所に見られる。

ロビー邸／設計：F.L.ライト、アメリカ

1967年のリチャード・マイヤー設計のスミス邸。ル・コルビュジエの発明した建築言語をもう一度甦らせ、新たな使い方をすることで設計を試みている。相互作用、併置、相貫といった設計上の操作を行うことでル・コルビュジエにはなかった質と洗練さを獲得している。

スミス邸／設計：リチャード・マイヤー、アメリカ

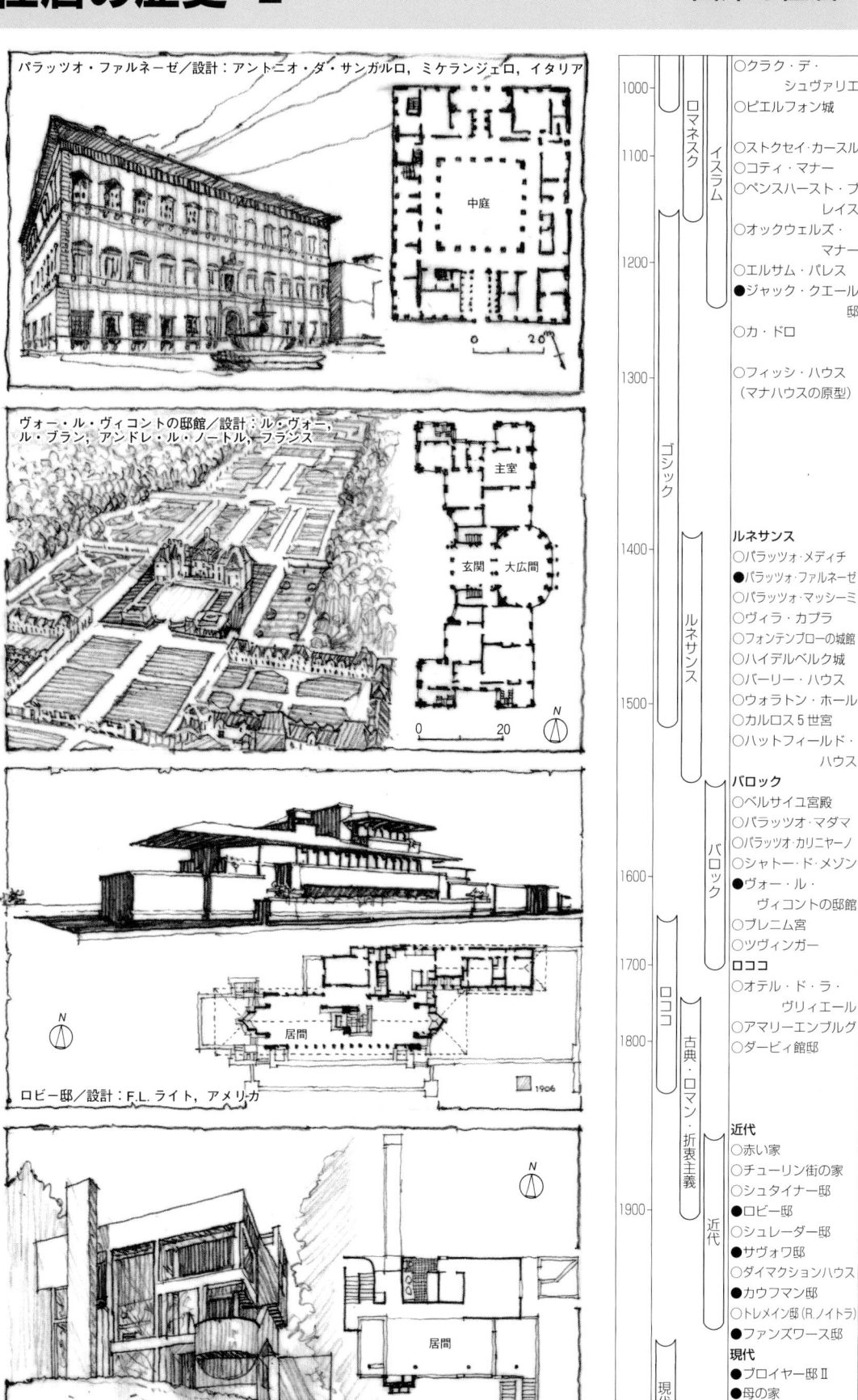

年代	様式	建築
1000	ロマネスク／イスラム	○クラク・デ・シュヴァリエ
1100		○ピエルフォン城
		○ストクセイ・カースル
		○コティ・マナー
1200		○ペンスハースト・プレイス
		○オックウェルズ・マナー
	ゴシック	○エルサム・パレス
		●ジャック・クエール邸
		○カ・ドロ
1300		○フィッシ・ハウス（マナハウスの原型）
1400	ルネサンス	ルネサンス
		○パラッツォ・メディチ
		●パラッツォ・ファルネーゼ
		○パラッツォ・マッシーミ
		○ヴィラ・カプラ
		○フォンテンブローの城館
		○ハイデルベルク城
		○バーリー・ハウス
1500		○ウォラトン・ホール
		○カルロス5世宮
		○ハットフィールド・ハウス
	バロック	バロック
		○ベルサイユ宮殿
		○パラッツォ・マダマ
		○パラッツォ・カリニャーノ
		○シャトー・ド・メゾン
1600		●ヴォー・ル・ヴィコントの邸館
		○ブレニム宮
1700	ロココ	○ツヴィンガー
		ロココ
	古典・ロマン・折衷主義	○オテル・ド・ラ・ヴリィエール
		○アマリーエンブルグ
1800		○ダービィ館邸
	近代	近代
		○赤い家
		○チューリン街の家
		○シュタイナー邸
1900		●ロビー邸
		○シュレーダー邸
		●サヴォワ邸
		○ダイマクションハウス
		●カウフマン邸
		●トレメイン邸（R.ノイトラ）
		●ファンズワース邸
	現代	現代
		●ブロイヤー邸II
		○母の家
		●スミス邸
		○ムーア自邸

西洋住居の集合形態

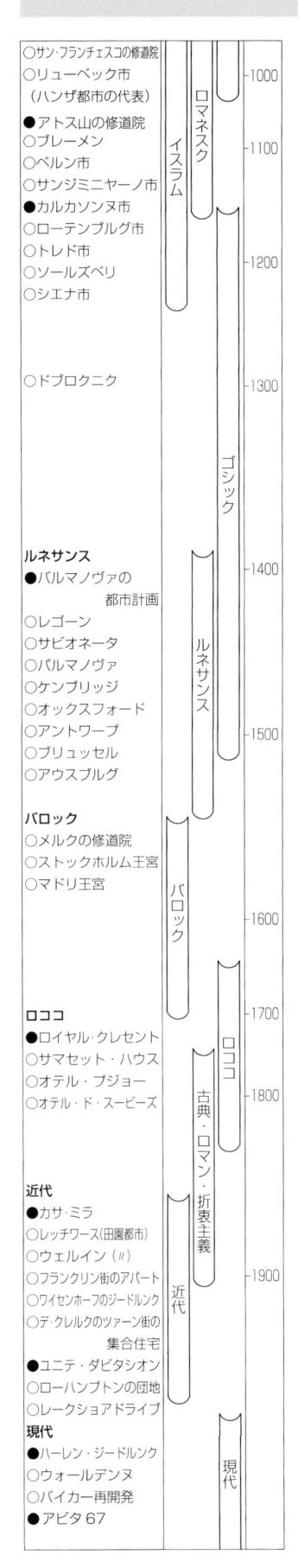

○サン・フランチェスコの修院	ロマネスク
○リューベック市（ハンザ都市の代表）	
●アトス山の修道院	イスラム
○ブレーメン	
○ベルン市	
○サンジミニヤーノ市	
●カルカソンヌ市	
○ローテンブルグ市	
○トレド市	
○ソールズベリ	
○シエナ市	ゴシック
○ドブロクニク	
ルネサンス	
●パルマノヴァの都市計画	
○レゴーン	
○サビオネータ	ルネサンス
○パルマノヴァ	
○ケンブリッジ	
○オックスフォード	
○アントワープ	
○ブリュッセル	
○アウスブルグ	
バロック	
○メルクの修道院	
○ストックホルム王宮	バロック
○マドリ王宮	
ロココ	
●ロイヤル・クレセント	ロココ
○サマセット・ハウス	
○オテル・ブジョー	古典・ロマン・折衷主義
○オテル・ド・スービーズ	
近代	
●カサ・ミラ	
○レッチワース（田園都市）	
○ウェルイン（〃）	
○フランクリン街のアパート	近代
○ワイセンホーフのジードルンク	
○デ・クレルクのツァーン街の集合住宅	
●ユニテ・ダビタシオン	
○ローハンプトンの団地	
○レークショアドライブ	
現代	
●ハーレン・ジードルンク	現代
○ウォールデンヌ	
○バイカー再開発	
●アビタ67	

（年代目盛：1000〜1900）

パルマノヴァ都市計画／設計：V. スカモッツィ, イタリア

ルネサンス時代の理想都市。アルベルティは集中形式による理想都市をいくつか構想した。実現したのは，このスカモッツィ設計による八角星形のパルマノヴァのみである。ヴェネチア共和国の要塞都市として建設された。実施の結果，放射状街路は意外に不利なことが確認された。

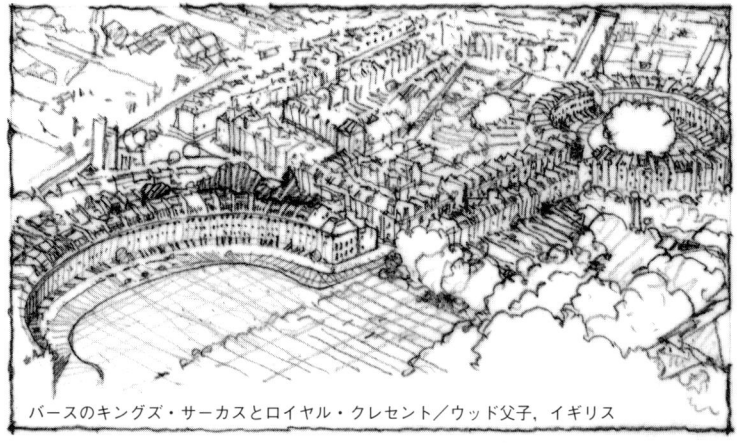

バースのキングズ・サーカスとロイヤル・クレセント／ウッド父子, イギリス

イギリスの建築家ジョン・ウッドは，保養地バースに円形広場を囲む33戸の連続住宅を建てた。同名の息子は，その西に土地を入手し，独創的な半楕円形の連続住宅ロイヤル・クレセント30戸を1767年に完成させた。この連続住宅は，その後イギリス全土に無数の模倣を生んだ。

屋上換気筒
煙突
カサ・ミラ／設計：A. ガウディ, スペイン

カサ・ミラはバルセロナで活躍したA. ガウディの集合住宅。動物，植物，人の顔，洞窟といった見慣れた形を用いているが，それゆえに逆に不思議な印象を与えている。幾何学を使用しないつくり方はたいへんな労力を必要とするが，作品は力強い生命力にあふれている。

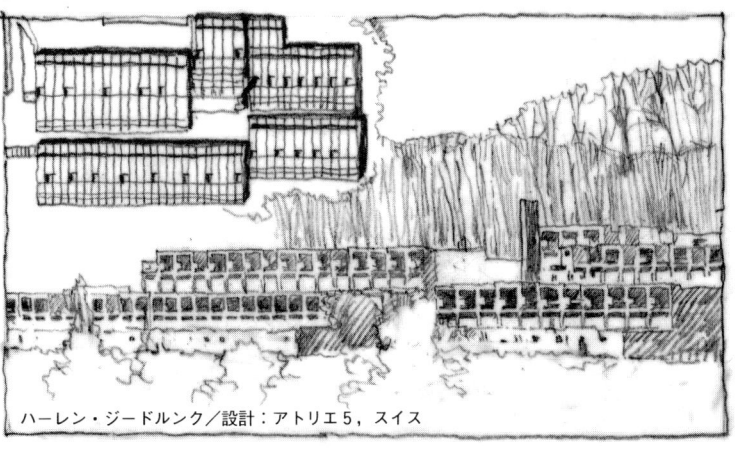

ハーレン・ジードルンク／設計：アトリエ5, スイス

スイスのベルン郊外に建つ81戸の接地型集合住宅。店舗，レストラン，レクリエーション施設を備え，一つの街を構成している。近代建築の集合住宅は幾何学的な単調なものが多いが，この集合住宅は丘の斜面をうまく生かし，変化に富んだ景観を生み出している（詳細は86頁以降を参照）。

1-4　住居の歴史—3

日本の住居

静岡県の登呂にある弥生時代の竪穴住居の復原。長径約8mの楕円形平面で周囲に高さ約30cmの羽目板を二重に打ち込み，盛土されている。礎板を伴う4個の柱穴が床面にあり，炉跡はその中央にある。このような住居形式は縄文・弥生時代だけでなく，中世ごろまで使われていた。

登呂復原住居／静岡

奈良時代の貴族の住宅。近江の紫香楽（しがらき）にあった藤原不比等の孫の豊成が建てた邸宅。右の図は「正倉院文書」に基づく復原図。柱は掘立て柱で，大引きに直接床板が張られ，屋根は切妻の板屋根だった。当時の貴族住居を知る貴重な資料である。

藤原豊成板殿復原図

平安時代の最も有力な貴族・藤原氏歴代の邸宅。寝殿造りの特徴は，中央に寝殿がありその東西に対（たい）と呼ぶ副屋がある。この東西の対から南に廊が延び，釣殿や中門廊があった。各建物は渡殿（わたどの）で連絡されていた。現在の京都御所にその面影を見ることができる。

東三条殿復原鳥瞰図

江戸時代に完成した武家の住宅。書院造りの特徴は，寝殿造りのような左右対称がくずされ，内部は機能的で複雑な空間になる。そのため間仕切り用の襖が用いられ，丸柱から角柱に変わる。床の間，棚，付け書院，長押など現在でも用いられている形式がこの時代に完成した。

二条城二の丸殿舎

日本の住宅年表

年代	時代	遺跡・建物
7500	縄文時代	○福岡町遺跡（竪穴住居）
		○姥山遺跡（〃）
0		
100	弥生時代	●登呂遺跡（竪穴住居、高床倉）
		○平出遺跡（竪穴住居）
		○中田遺跡（〃）
200		
300	古墳時代	○佐味田古墳出土家屋文鏡
400		
		○茶臼山古墳出土家形埴輪
500		○仁科神明宮社殿（神明造）
		○住吉大社本殿
	飛鳥時代	○大嘗宮正殿
600		
700	奈良時代	○平城宮内裏正殿
		○橘夫人宅（現法隆寺東院伽藍伝法堂）
		●藤原豊成板殿
800	平安時代	○平安京内裏紫宸殿
		○平安京清涼殿
900		
1000		○源氏物語絵巻（寝殿造と生活）

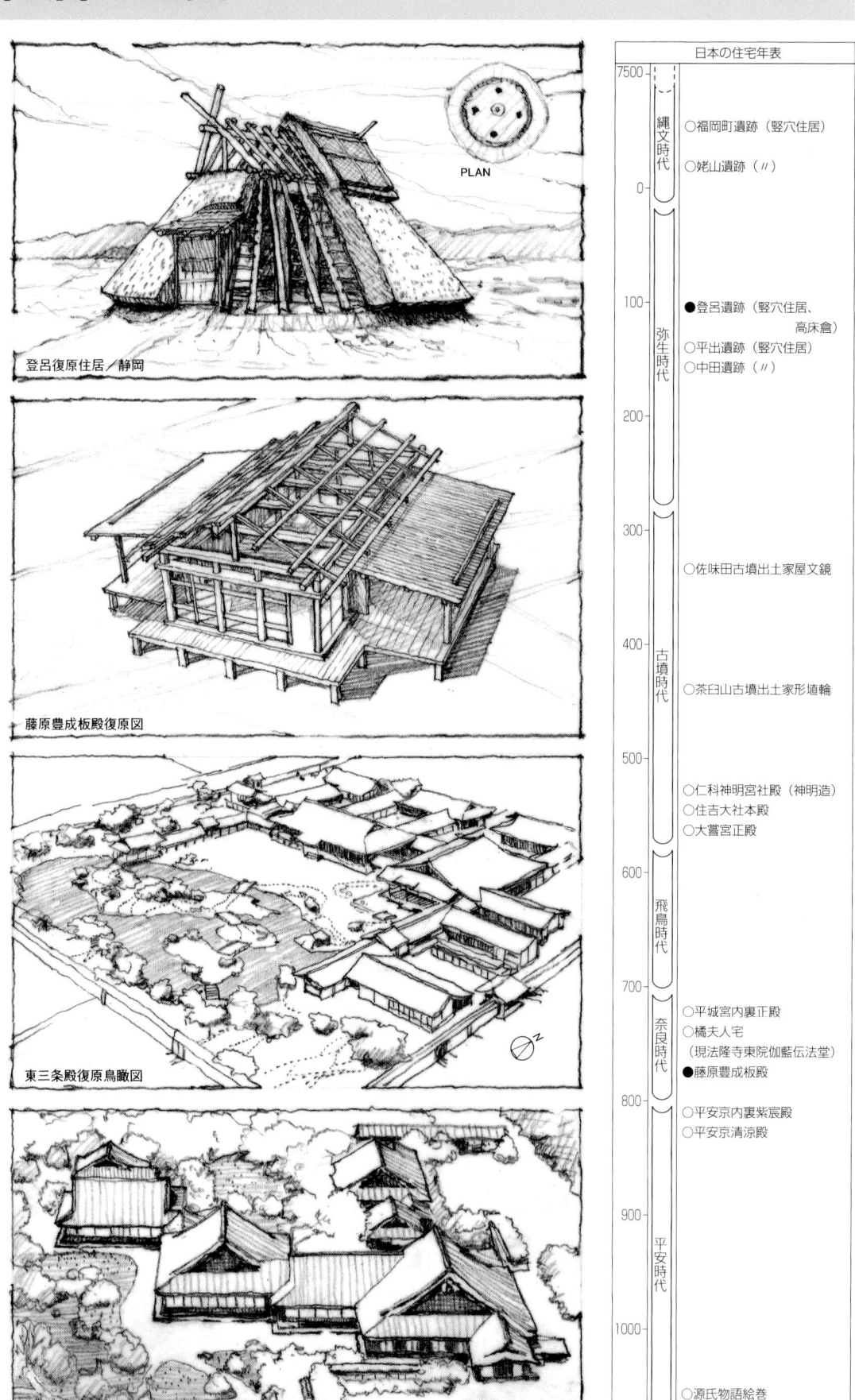

日本住居の集合形態

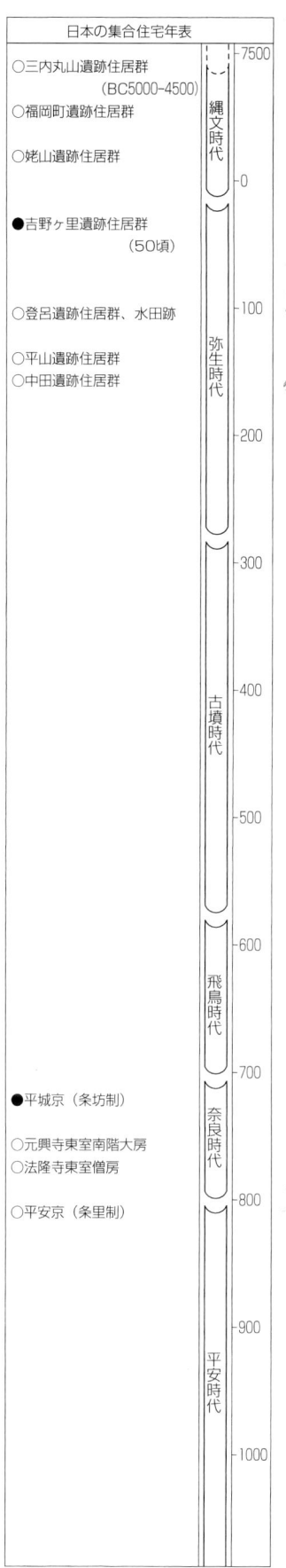

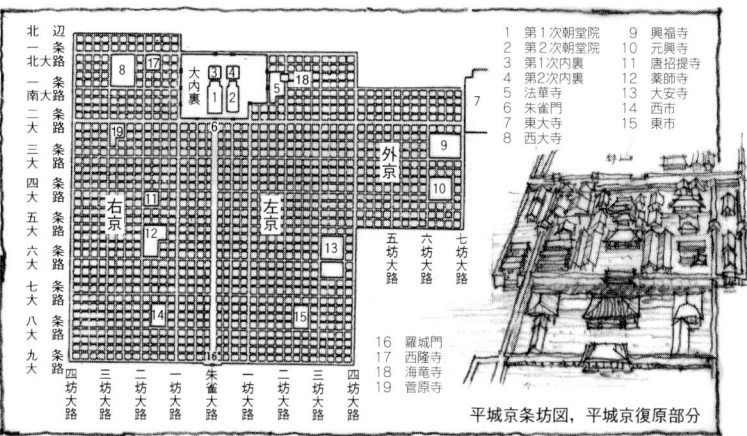

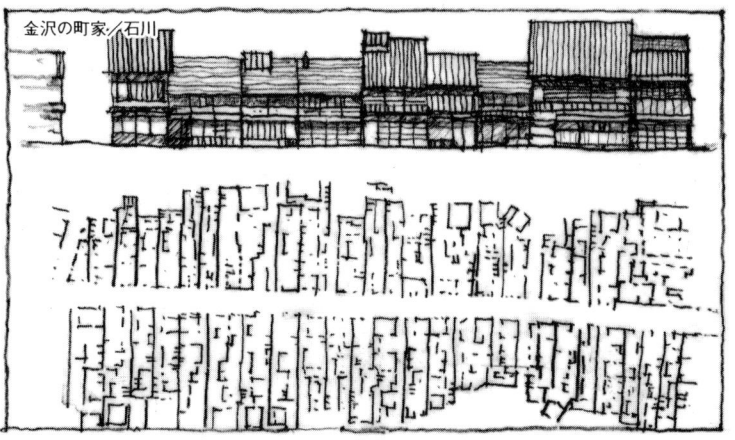

日本の集合住宅年表	
○三内丸山遺跡住居群 　（BC5000-4500） ○福岡町遺跡住居群 ○姥山遺跡住居群	縄文時代
●吉野ヶ里遺跡住居群 　（50頃） ○登呂遺跡住居群，水田跡 ○平山遺跡住居群 ○中田遺跡住居群	弥生時代
	古墳時代
	飛鳥時代
●平城京（条坊制） ○元興寺東室南階大房 ○法隆寺東室僧房 ○平安京（条里制）	奈良時代
	平安時代

吉野ヶ里遺跡住居群跡の復元

吉野ヶ里遺跡は弥生時代の争乱を戦い抜いた巨大な環濠集落の様子を知ることができる。集落を囲む外濠の南北最大幅は約1km，東西最大幅は約400m。外濠が囲む面積は約30ha。集落は主に丘の上に営まれた。柵と環濠で守られ，楼観が建てられ，外敵の侵入を拒む形が見られる。

平城京条坊図，平城京復原部分

1　第1次朝堂院　9　興福寺
2　第2次朝堂院　10　元興寺
3　第1次内裏　　11　唐招提寺
4　第2次内裏　　12　薬師寺
5　法華寺　　　 13　大安寺
6　朱雀門　　　 14　西市
7　東大寺　　　 15　東市
8　西大寺
16　羅城門
17　西隆寺
18　海竜寺
19　菅原寺

平城宮は，条坊制による奈良時代の首都であった。東西4.2km，南北4.7kmの広さをもち，中央の朱雀大路が左右両京を分けていた。低湿地である右京は次第にさびれ，住宅地に適した左京が栄えた。さらにその東側の東大寺のある東山一帯に向けて，町は発展していった。

京の町家（年中行事絵巻）

平安時代の京の町。京は都であっただけに，通りに面して町屋が軒を接して並んでいた。年中行事絵巻から掘立て柱，板葺きの屋根，網代を張った壁など当時の町屋の様子が，うかがえる。間口の右側に入口を開き，その奥に土間があったらしく，暖簾（のれん）が奥に見える。

金沢の町家／石川

江戸時代の町屋。城下町金沢は，図の観音町をはじめ，材木町，大工町など現在でも古い町屋の形態をよく残している。間口が狭く，通り庭を持った奥行の深い町屋が，街路をはさみ相対して並んでいた。軒高はほぼ一定である。古い家では2階の階高が1階に比べて低かった。

17

1-5　住居の歴史-4　　　日本の住居

江戸初期の河内の大庄屋・吉村家の住宅。切妻造り平入りで南面している。西が客室部，中央が居室部，東が土間になっている。近畿の大庄屋は，江戸初期には書院造り形式を取り入れていたようだ。現在，日本各地で見られる農家の型は，江戸中期にはほぼ成立したと考えられる。

吉村家住宅／大阪府羽曳野市

明治時代の上流階級の邸宅。家族が日常生活を送る広大な純日本風の居館に加えて，洋風の接客用の建物をつくった。この建物は，三菱を興した岩崎家の接客用の建物で，J.コンドルの設計。1階に応接室，客室，食堂，書斎があり，2階に個室，地階に台所があった。

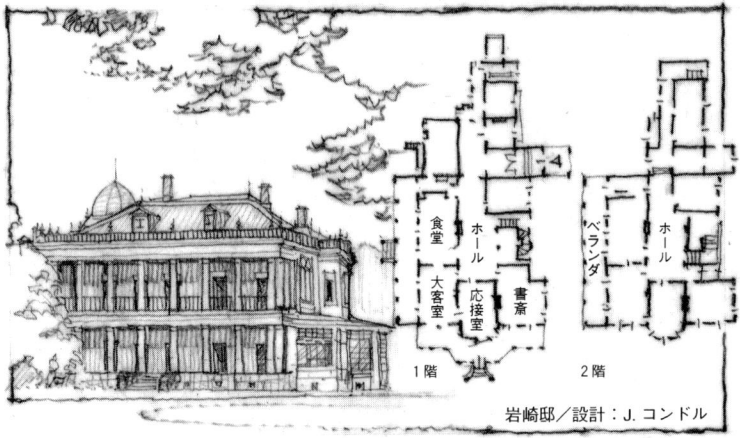

岩崎邸／設計：J.コンドル

1939(昭和14)年に建てられた鉄筋コンクリートの住居。白いモザイクタイルの外装，水平に表現した屋根，光あふれるガラスブロックの使用は，インターナショナル・スタイルの特徴をよく表している。しかし，その全体を貫いている美学は，日本の伝統に近いものがある。

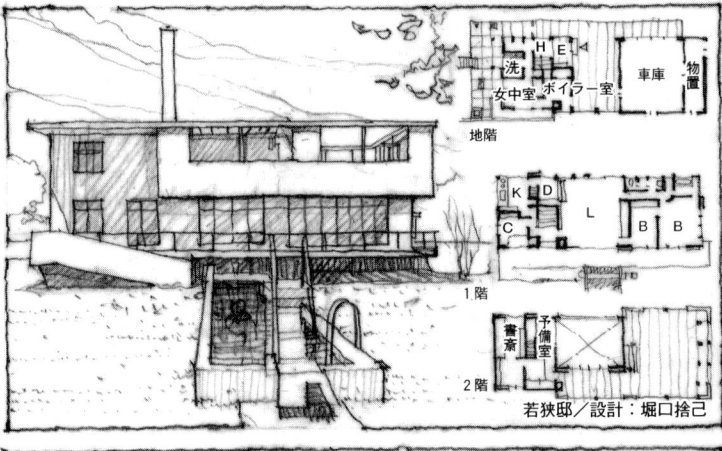

若狭邸／設計：堀口捨己

1970(昭和45)年に建てられた鉄筋コンクリートの住宅。第二次大戦後の日本の都市は，復興される一方で，限りなく均質化していった。そのようななかで，篠原一男は芸術家が作品をつくるように象徴性の高い住宅をつくろうとした。この住宅は都市の街路がテーマとなっている。

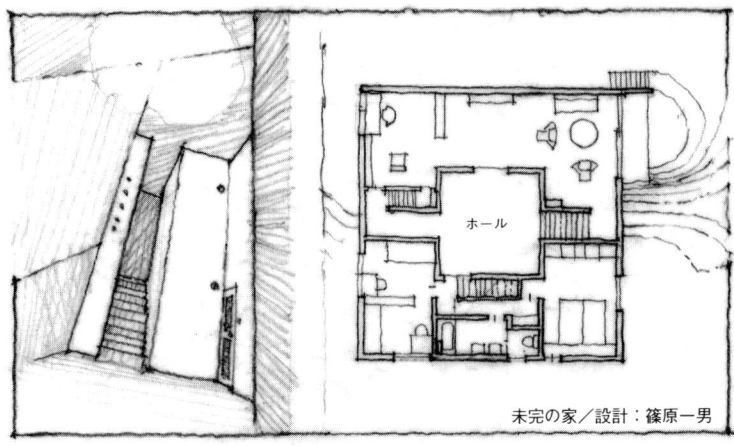

未完の家／設計：篠原一男

年代	時代	住居
1100	平安時代	●東三条殿（寝殿造）／○法住寺殿（後白河法皇の御所）／○藤原定家邸／○六波羅泉殿
1200	鎌倉時代	
1300		○源時国の家（法然上人絵伝）／○足利義政室町殿／○仏地院主殿／○一乗谷朝倉氏館
1400	室町時代	○鹿苑寺金閣
1500		○慈照寺東求堂（茶室の始まり）／○姫路の白鷺城／○臨春閣／○大仙院方丈／○妙喜庵／○園城寺勧学院客殿
1600	桃山時代	○〃 光浄院客殿／○三宝院表書院／○本願寺飛雲閣（聚楽第）／○毛利家江戸上屋敷／○匠明（平内家秘伝書）
1700	江戸時代	●二条城二の丸殿舎／○如庵／○桂離宮／○孤篷庵忘筌／○今西家住宅
1800		○尾形光琳屋敷／○大角家住宅／○江川家住宅／●吉村家住宅／○日下部家住宅
1900	明治	○グラバー邸／●岩崎邸（J.コンドル）／○赤坂離宮（片山東熊）
1925	大正	●聴竹居（藤井厚二）
	昭和	○土浦邸（土浦亀城）／○若狭邸（堀口捨己）／○前川邸（前川国男）／○SH-1（広瀬鎌二）／○軽井沢の家（吉村順三）
1950		●スカイハウス（菊竹清訓）／○塔の家（東孝光）／○呉羽の舎（白井晟一）／●未完の家（篠原一男）／○まつかわ・ぼっくす（宮脇檀）／○粟津邸（原広司）／●住吉の長屋（安藤忠雄）／○シルバーハット（伊東豊雄）

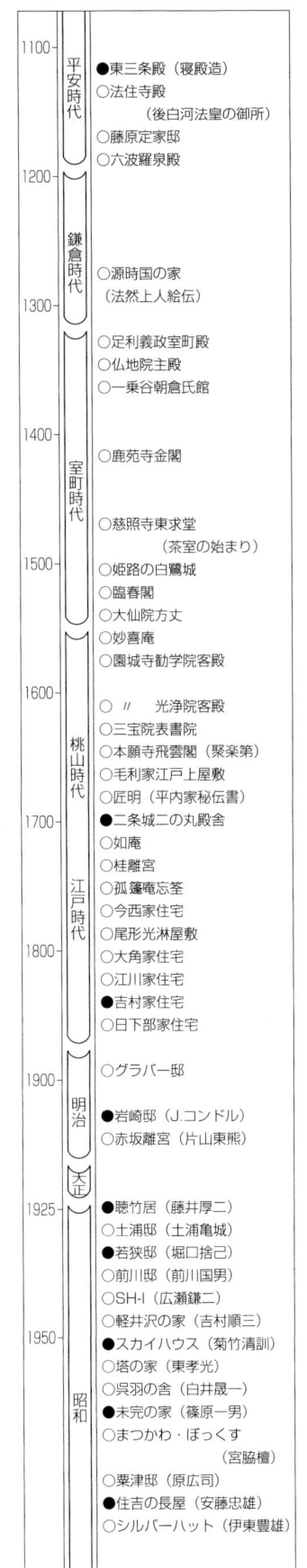

日本住居の集合形態

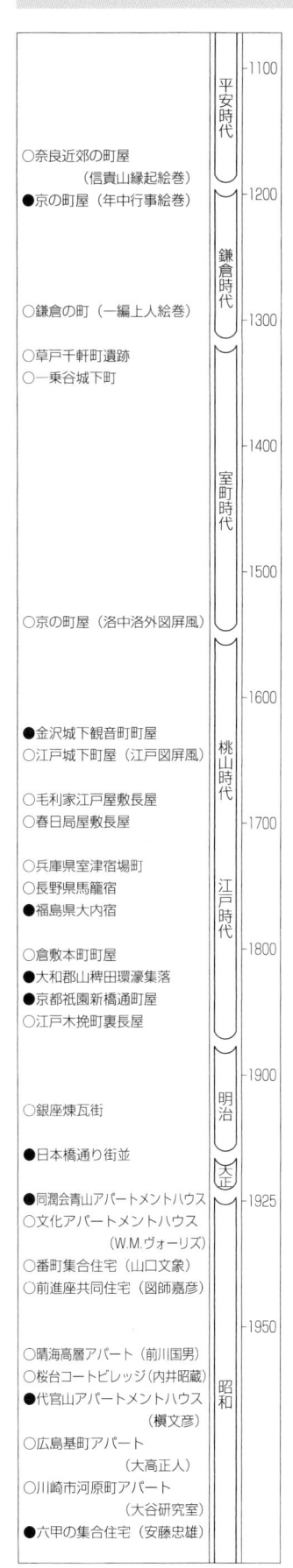

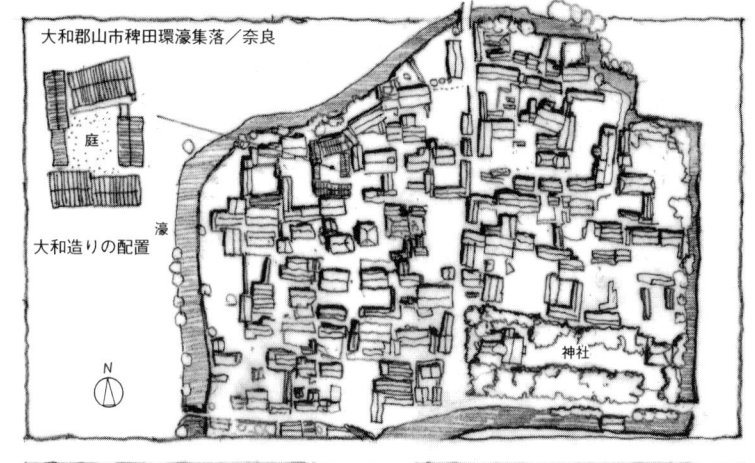

○奈良近郊の町屋（信貴山縁起絵巻）	平安時代 1100
●京の町屋（年中行事絵巻）	1200
○鎌倉の町（一遍上人絵巻）	鎌倉時代 1300
○草戸千軒町遺跡	
○一乗谷城下町	1400
	室町時代
	1500
○京の町屋（洛中洛外図屏風）	1600
●金沢城下観音町町屋	桃山時代
○江戸城下町屋（江戸図屏風）	
○毛利家江戸敷地長屋	1700
○春日局屋敷長屋	
○兵庫県室津宿場町	
○長野県馬籠宿	江戸時代
●福島県大内宿	
○倉敷本町町屋	1800
●大和郡山稗田環濠集落	
●京都祇園新橋通町屋	
○江戸木挽町裏長屋	1900
○銀座煉瓦街	明治
●日本橋通り街並	大正
●同潤会青山アパートメントハウス	1925
○文化アパートメントハウス（W.M.ヴォーリズ）	
○番町集合住宅（山口文象）	
○前進座共同住宅（図師嘉彦）	
○晴海高層アパート（前川国男）	1950
○桜台コートビレッジ（内井昭蔵）	昭和
●代官山アパートメントハウス（槇文彦）	
○広島基町アパート（大高正人）	
○川崎市河原町アパート（大谷研究室）	
●六甲の集合住宅（安藤忠雄）	

大和郡山市稗田環濠集落／奈良
大和造りの配置

江戸時代に完成した大和郡山稗田にある環濠集落。村の周囲は濠に囲まれ，内部には神社もあり，一つの村落共同体を構成していた。村人は濠の外にある田畑に出かけ，農作業に従事した。一つの家は，中央の庭を主屋，納屋，馬屋などで囲む。この形式は大和造りと呼ばれている。

大正初期の日本橋通り／東京

明治以降，日本の各都市は次第に洋風化していった。東京の日本橋通りも，江戸の名残を残す町並みのなかに，文明開化を象徴する洋館が建てられていった。関東大震災と第二次大戦の空爆で，道路の骨格は残るが建物は一新され，世界にも例を見ない大都市へと急速に発展した。

同潤会青山アパートメントハウス／設計：同潤会（川元・鷲巣）東京
平面図

関東大震災の後，同潤会という設計組織がつくられ，東京都内のいくつかの場所にアパートが建設された。震災への反省から耐震性のある鉄筋コンクリートでつくられた。中低層の建物群や公園を計画的に配置するなど，コミュニティのつくりやすい都市計画的な配慮が見られる。

代官山アパートメントハウス／設計：槇文彦，東京

第二次大戦後，住宅問題解消のため，大量の団地がつくられたが問題も起きた。代官山の集合住宅は，そのような問題に解答を与えている。完全な用途分離ではなく融合する手法，宅地造成ではなく地形を生かした建物配置，変化あるタウンスケープ，広い住戸などである。

1–6　自分の住居は自分でつくる

棲む

人文地理学者のブラーシュは「人類は定住する必要を覚えると同時に，その手中にある材料をもって，自己の棲家を作った。人類はこれらの材料の影響をこうむった。」[*6] と指摘しています。〈自分の家は自分でつくるぞ！〉と考えながら周囲を注意深く観察すると，昆虫や鳥の巣の叡知におどろかされます。

虫や鳥たちにとってふさわしい材料の選択，合理的な構造，そして安全なロケーションでの設営と，たいへん優れた手法をもっていることに気付きます。この点に興味をもつと，建築もさらに面白くなります。虫や鳥たちのすみかを観察してみましょう。そうすれば，すむという意味で共通すること，違うことを改めて発見するはずです。

ハチの巣

世界中には10万種ものハチがいるといわれています。それらは生態や環境から，木や土，葉を利用して巣をつくります。よく知られている蜜蜂の巣は，ひとつの巣房が六角形の断面をもち，その単一形を平面的に六方向に連続させ，平面を埋めつくすように増殖していきます。

鳥の巣

ハタオリドリの巣は雄がつくります。まずフォーク状の枝に輪をつくり，徐々に球形の外皮をつくり，最後に入口を仕上げます。嘴を道具とする作業は，結ぶ作業が大半を占めています。葉の結び方には，半結びや引き結びなどのかなり高度なテクニックを使っています。巣の出入口が下向きにつくられるのは，ヘビやトカゲなど木に登る捕食者から守るために進化したものです。

基本的には昆虫や鳥と同様な材料を使って，人間はどのような住居をつくり生活を営んでいたのでしょうか。土と木の例を見てみましょう。

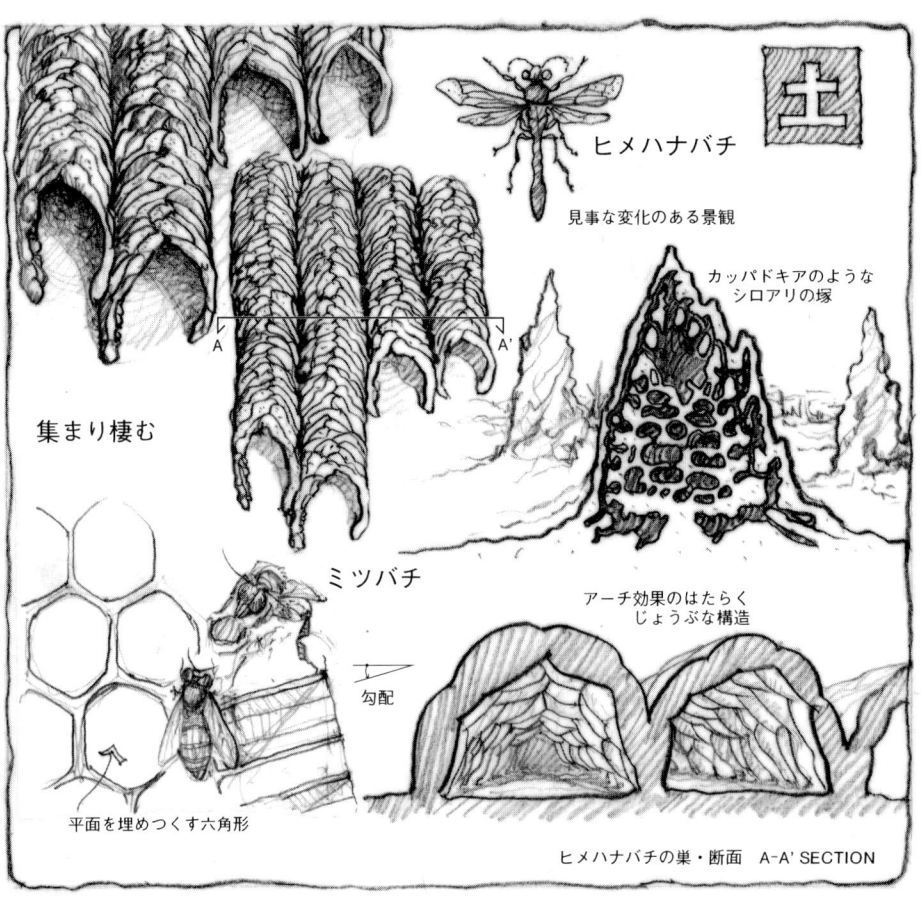

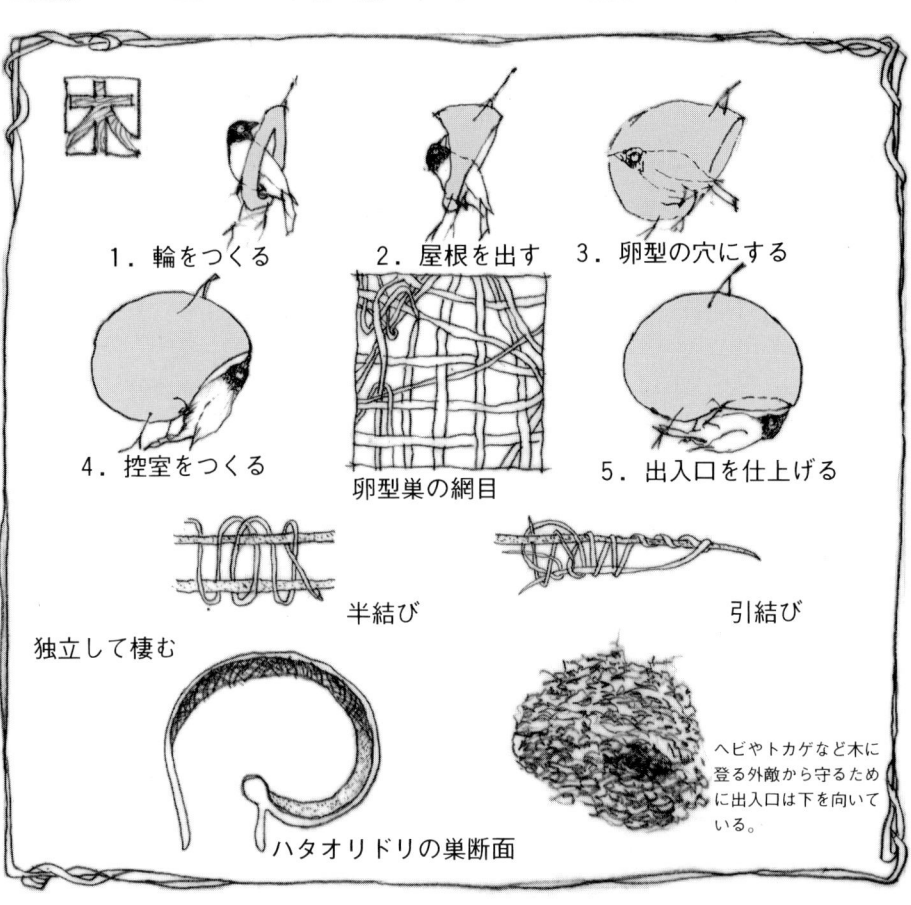

[*6]　ブラーシュ著『人文地理学原理　上・下』

土

ヒメハナバチ

見事な変化のある景観

カッパドキアのようなシロアリの塚

集まり棲む

ミツバチ

アーチ効果のはたらくじょうぶな構造

勾配

平面を埋めつくす六角形

ヒメハナバチの巣・断面　A-A' SECTION

木

1．輪をつくる　2．屋根を出す　3．卵型の穴にする

4．控室をつくる　卵型巣の網目　5．出入口を仕上げる

独立して棲む　半結び　引結び

ハタオリドリの巣断面

ヘビやトカゲなど木に登る外敵から守るために出入口は下を向いている。

住む

土に住む

ハチも真青になりそうな土の住居が，中国北部に広がる黄土地帯の地下住居（ヤオトン＝下沈式住居）です。黄土は風で運ばれて堆積した沈泥で，多孔質でやわらかく簡単に掘ることができます。雨の少ない乾燥地帯で木材も少ないところです。しかも夏は暑く，冬は極寒です。こうした地域では，土の中に住むことは，外気温の影響も少なく快適です。しかも建築材料は無限に広がる大地です。土の中に掘り下げられた中庭は深さ8～10m，広さは20×20mぐらいです。地上からはL型のスロープか階段で中庭に下ります。住居の各室はアーチ状のトンネルで，食事をするところ，寝るところ，子供室，牛舎などとそれぞれの機能に分かれています。間口は4～5m，奥行は8～10mで，奥の方に物を収納する倉庫のような部屋があります。どの部屋も中庭に面して開口部があり，採光や換気がとれるようになっています。

下沈式窰洞集落／中国河南省

1 潼関のヤオトン
2 洛陽のヤオトン

深い中庭

木を組む

遊牧や狩猟のために生活の場をたびたび変えなければならない民族では，つくりやすく解体しやすいシステムを考え出しました。

トゥワレグ族の住まいは，木の骨組みと被膜としての草で織られたマットでできています。製材していない自然木の柱，マット状の草による屋根材と壁材が用意され，まず3本のアーチ型の木材が立てられます。アーチ材は2組の水平材とテントの端の位置にあたるところに地面からの垂直材とともに緊結します。細い木で構成されたフレームにマットを覆い，それが飛ばないようにロープを縦横に掛けて押さえます。壁の位置にあたる低い部分にもマットが回されます。地面に接する壁の部分は，全体に隙間をとり，風通しを良くして，中に熱気がこもらないように考えられています。室内ではテダブーという木製ベッドが使われます。

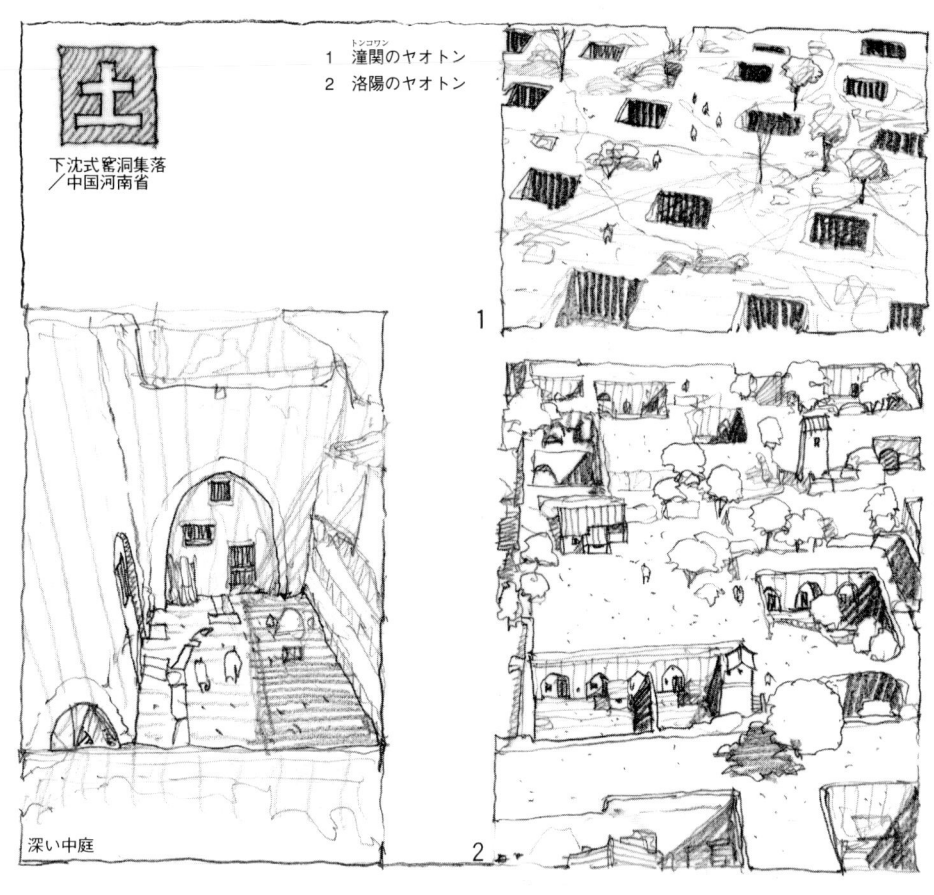

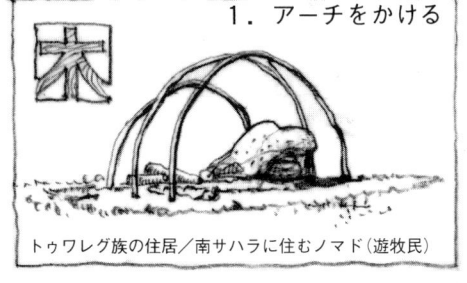

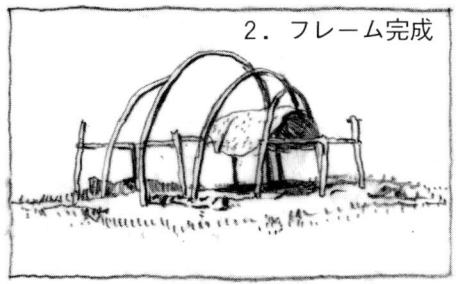

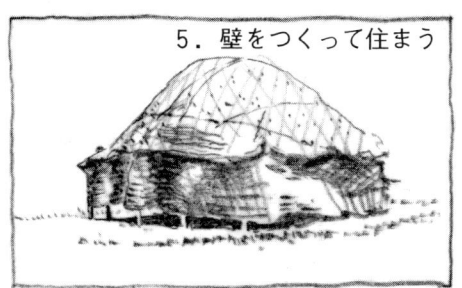

トゥワレグ族の住居／南サハラに住むノマド（遊牧民）

1. アーチをかける
2. フレーム完成
3. 細い木でフレームを補強
4. マットをのせる
5. 壁をつくって住まう
6. 解体し移動する

1-7　住居と集合形態—1　　　　壁を共有しない

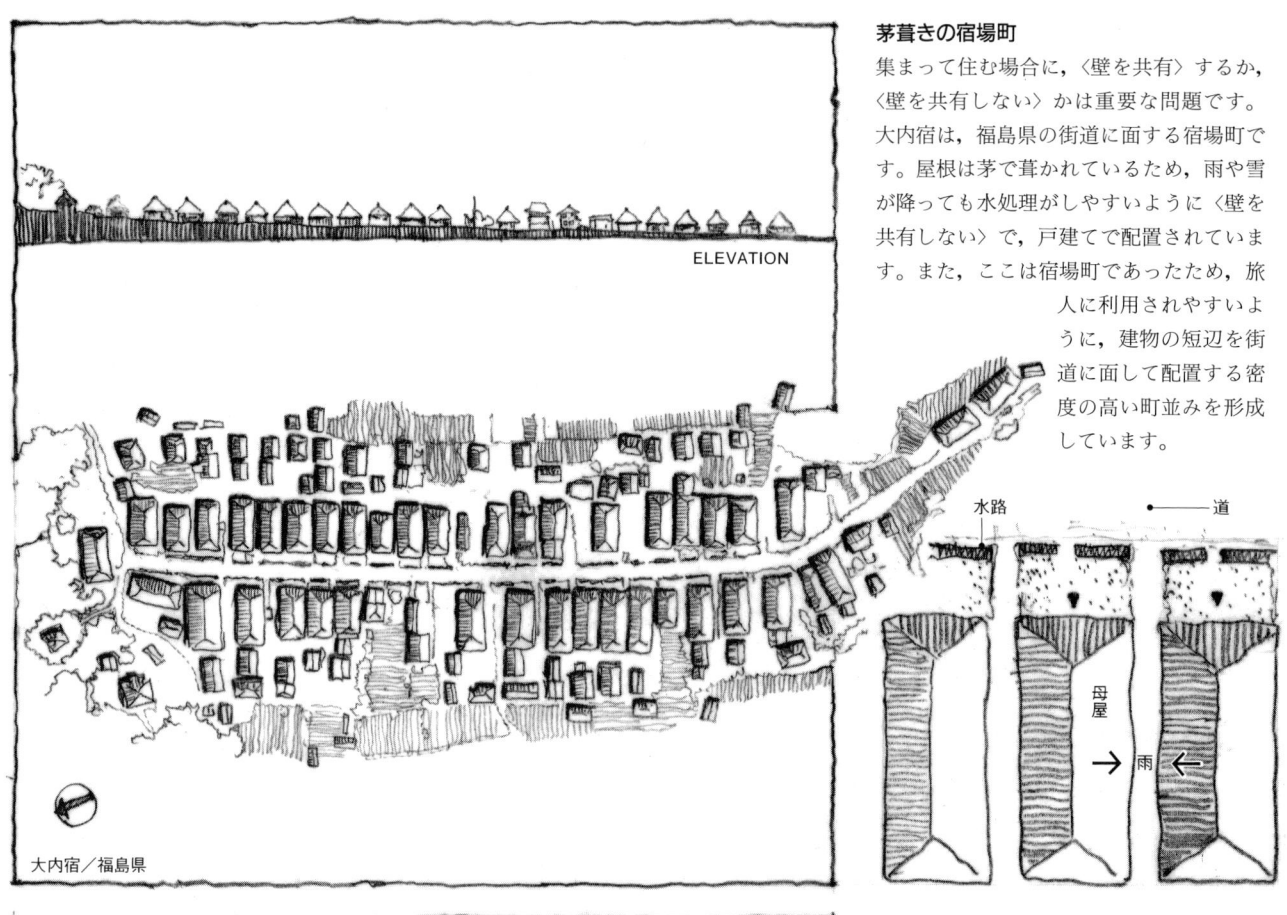

茅葺きの宿場町

集まって住む場合に，〈壁を共有〉するか，〈壁を共有しない〉かは重要な問題です。大内宿は，福島県の街道に面する宿場町です。屋根は茅で葺かれているため，雨や雪が降っても水処理がしやすいように〈壁を共有しない〉で，戸建てで配置されています。また，ここは宿場町であったため，旅人に利用されやすいように，建物の短辺を街道に面して配置する密度の高い町並みを形成しています。

ELEVATION

大内宿／福島県

水路　　　道
母屋　→雨←

土壁の村落

インド西北部に住むドルド族の家は，土の壁でつくられ，平面は円形をしています。壁の上には，円錐形の草葺きの屋根がのっています。各住戸は，〈壁を共有しない〉で独立して建っています。このような土づくりの住居は，壁を接して建っているのが合理的なように思われます。しかし，この地域は，夏は蒸し暑く，雨季には隣へ行けないほど激しい雨が降ります。最少限の外壁で最大の空間をつくる円形とし，雨水の処理のしやすさや，崩れた壁の補修の容易さなどから，独立して建っています。雨季をしのぐために，住居は60cmほどの盛土の上に建てられています。

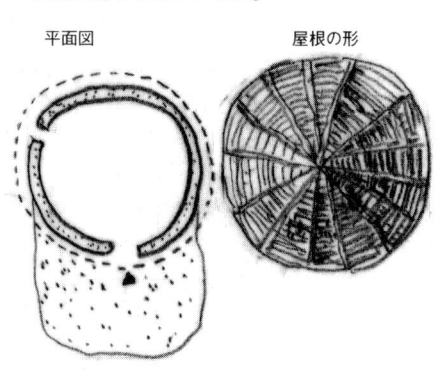

ドルドの住居

トルドの村／インド

平面図　　　屋根の形

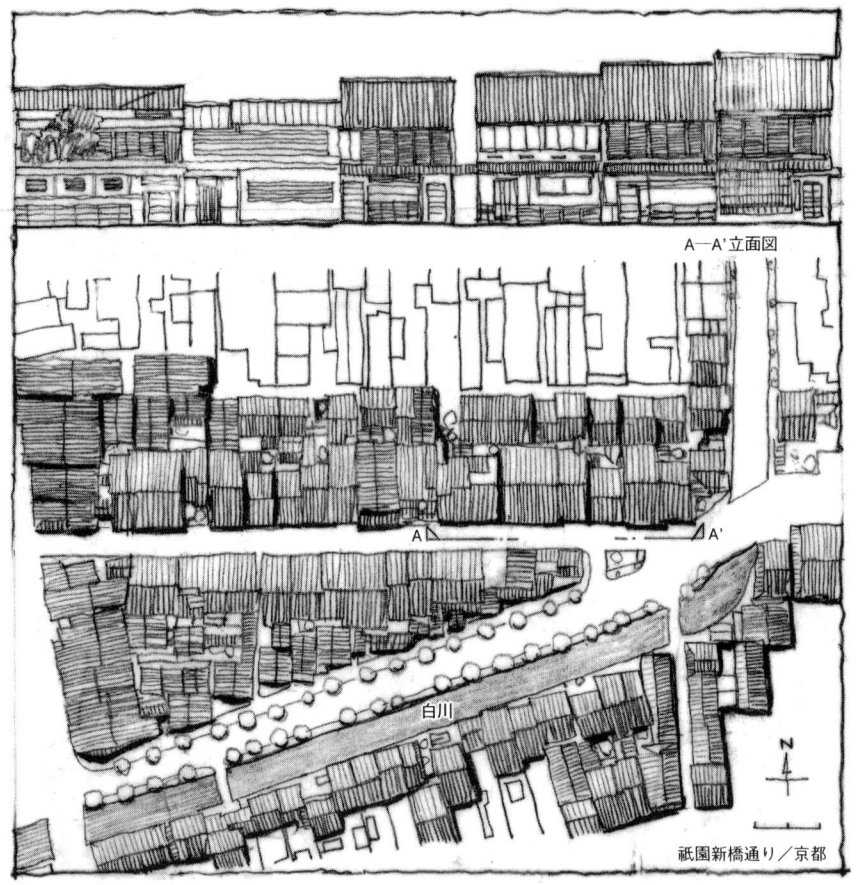

壁を共有する

京の町屋

京都は，夏蒸し暑く，冬寒い内陸性の気候です。しかし三方を山に囲まれ，春秋には山紫水明の季節となります。京都は8世紀末の平安遷都で，条里制の整然とした町並みが形成されました。経済効果が高く，密度の高い文化的な生活を営む方式として〈壁を共有〉する町屋が建てられました。構造的には独立し，各住戸は隣と縁を切っています。間口が狭く奥行の深い町屋には，通り庭と呼ばれる通路があり，人の移動と通風の役目を果たしています。坪庭からは，光と空気を取り入れます。

標準的な住居平面

坪庭　坪庭　坪庭　坪庭
通り庭
雨　　通り

A—A'立面図

祇園新橋通り／京都

白川

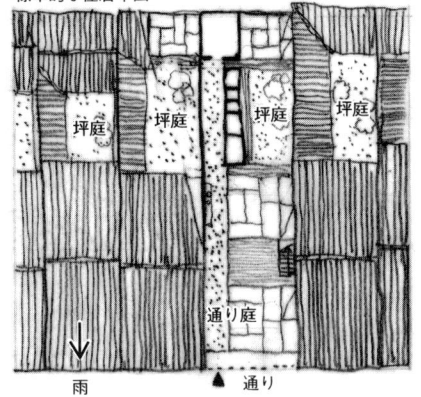

砂漠のコートハウス

モロッコのマラケシュは，アトラス山脈の麓にあり，交通の要衝として古くからバザールが栄えました。しかし，豊かであるがゆえに周辺よりたびたび侵略されました。市街を上空から見ると，まるで迷路です。敵が侵略してきても，迷路の奥深くまでは入りにくい構造が，市民の生命と財産を守ったといわれています。各住戸はコートハウス形式でつくられており，道路に1か所だけ入口を開き，中央の中庭から空気と光を取り入れています。〈壁を共有〉しながら連続して建ち，砂漠独特の町並みを形成しています。

標準的な住居平面

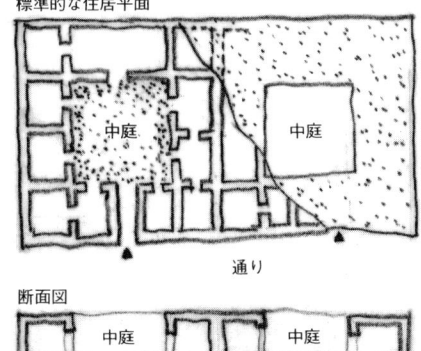

中庭　　中庭
通り

断面図

中庭　　中庭

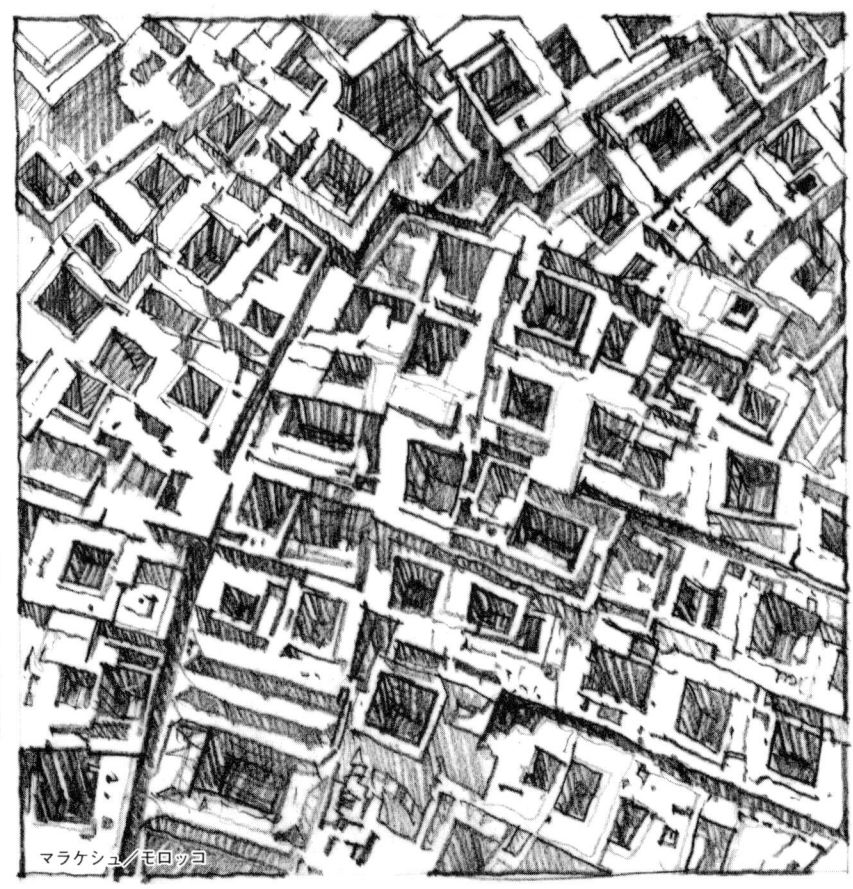

マラケシュ／モロッコ

23

1-8 住居と集合形態—2　　段状で住む

段状住居

1967年，カナダのモントリオール博覧会で建設されたM.サフディ設計の「アビタ'67」と呼ばれる〈段状〉の集合住宅です。段状住居の良さは，何といっても変化のある景観を得られることです。丘の斜面に時間をかけて形成された村落のような，自然な親しみやすさがあります。このプロジェクトで注目すべき点は，住居ユニットのパーツを工場で生産するという〈プレファブ化〉のさきがけになったことです。このあたりから，住宅のさまざまな分野で工業化が模索され，実現されていきました。

アビタ'67／設計：M.サフディ，カナダ

断面の概念図
眺望← 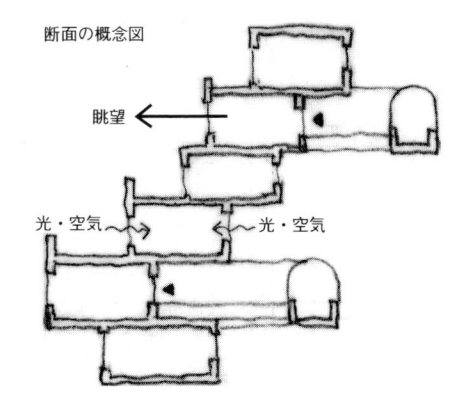
光・空気　光・空気

丘陵都市

スペインのアルメリア地方にあるモハカールの丘陵都市です。かつては美しい景観の丘陵都市であったが，近年の観光ブームで，駐車場，ホテル，偽の地方性を装った別荘の敷地などのため，破壊されようとしているとB.ルドフスキーは『建築家なしの建築』のなかで指摘しています。地中海沿岸には，このような美しい〈段状〉の都市がよく見られます。自然の地形に沿ってつくられた道や階段は，上り下りのとき，思わぬ視覚的な展開や空間的面白さがあって，毎日の生活に単調さというものがありません。

モハカール／スペイン

断面の概念図
眺望←
光・空気→

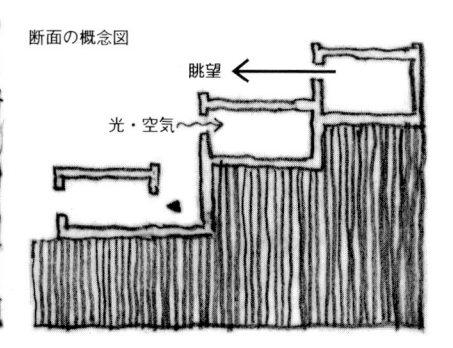

重層して住む

メゾネットの住居単位

ル・コルビュジエ設計のマルセイユのユニテ・ダビタシオンは，住戸が垂直に〈重層〉された集合住居です。住戸はメゾネット形式でスキップした2層の構成になっています。窓に面した吹抜け空間が，小規模な住戸ながら豊かな空間をつくっています。このような高層住居（高さ56 m，18層）が可能になったのは，エレベーターの発明に大きく依存しています。ちなみに，パリの町並みは6階程度で美しく揃っています。これはエレベーターのない時代に，階段で上下できる最大の高さでした。

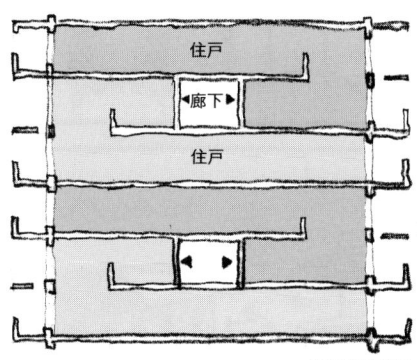

断面の概念図

マルセイユのユニテ・ダビタシオン／設計：ル・コルビュジエ，フランス

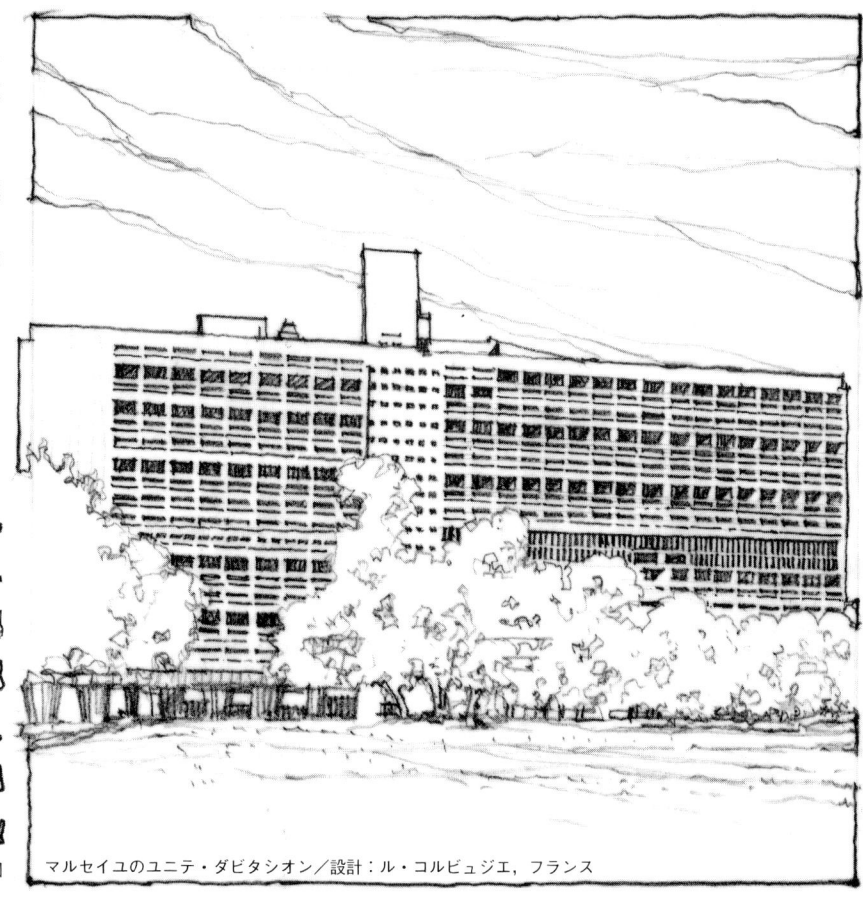

重層するロッジア

ギリシャのアトス山にあるシモン・ペトラの修道院の一翼です。ロッジアの重層する姿から，内部の床も同じく〈重層〉しているのではないかと想像されます。外観は，まるで近代建築ではないかと錯覚するほど原則的で，均整もよくとれています。私たちは，よく〈計画的〉，〈自然発生的〉という言葉を対比させながら使います。どちらも人間がつくったものには違いないのですが，計画的なのに何か不足していたり，自然発生的ですが人間味があったりします。なぜそうなるのかを考えてみましょう。

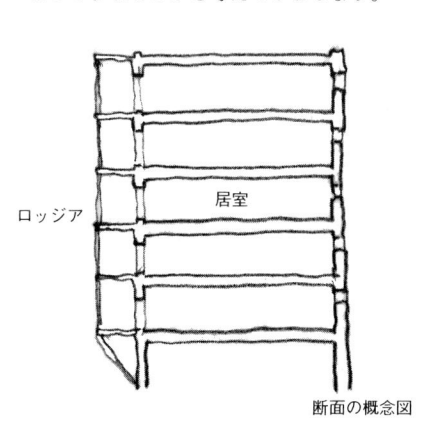

アトス山の修道院（10世紀頃）／ギリシャ

断面の概念図

1–10 設計方法―2　　　　手続きをつくる

手続きをつくる

〈手続き procedure〉をつくるという方法は，さまざまな異なる意見やアイデアを生かす方法として，また複雑にからみあった設計条件を解きほぐす方法としてたいへん有効です。ある意味では，最も方法らしい方法といってもいいでしょう。例えば，自分たちの町をどうしたらいいかといった〈まちづくり〉や，利害関係のからむ〈集合住宅〉の建設のような場合，問題を適切に処理するための方法をつくっておく必要があります。最後にできあがる形の善し悪しの問題も大切ですが，設計段階でどのように議論を尽くしたかというプロセスも重要です。この方法は，時間がかかり試行錯誤もやむをえないという面があります。具体的には，〈フィールド・サーヴェイ〉や〈ブレーン・ストーミング〉は欠かせない手段です。

セミ・ラチス構造とツリー構造（C.アレグザンダー）

ここで，人間は環境をどのように理解しているかについて，考えてみましょう。アレグザンダーは「都市はツリーではない」（1965）という論文のなかで，二つの異なる都市の形成過程について述べています。一つは，自然発生的に成長してきた都市です。内部が複雑多岐にわたり，豊かな〈セミ・ラチス構造〉をしていると述べています。ところが，もう一つの計画された人工の都市は，単純で味気ない〈ツリー構造〉ばかりが目立つと述べています。

「ツリーは，思考法として秩序立っていて美しく，複雑な全体をユニットに分割するという，単純で明快な方法をもたらしてくれる。しかし，自然にできあがった都市の構造を正しく表さないし，われわれが必要としている都市の構造も描いてくれない。

自然の構造は，必ずセミ・ラチスをなしているのに，多くのデザイナーが都市をツリーとして考えるのはなぜだろうか。ツリー構造が，都市に住む人びとに本当に役に立つと信じて，わざとそうするのだろうか。それとも，ツリー構造にせざるを得ない理由があるのだろうか。

おそらく思考法の習慣，たぶん人間の頭の働きそのものの落とし穴だろう。この落とし穴にかかっているのが原因だろう。デザイナーが，複雑なセミ・ラチス構造を，考えやすい形に置き換えることができないから，ツリーに見えるときは，いつでもツリーに置き換える傾向がある。どうしても，ツリーを脱しきれないのだ。」

このアレグザンダーの論文から，環境の仕組みと，脳の理解にはズレがあることを理解できます。このズレに気付くことで，解決法を見つけることができるはずです。

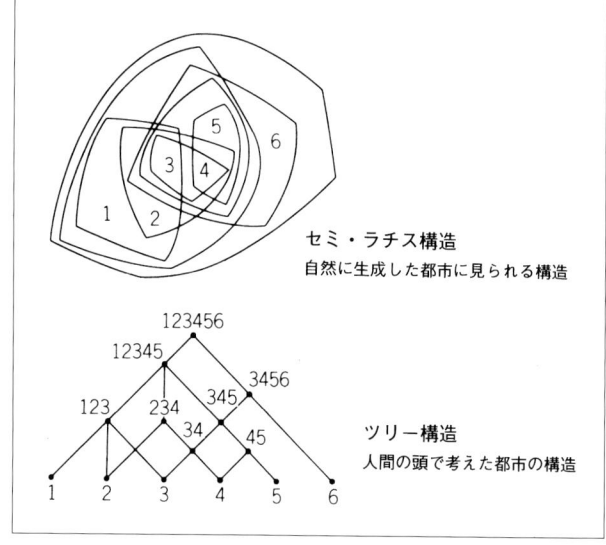

セミ・ラチス構造
自然に生成した都市に見られる構造

ツリー構造
人間の頭で考えた都市の構造

形の合成（C.アレグザンダー）

C.アレグザンダーは，『形の合成に関するノート』（1964）で，複雑な環境の構造を，デザイナーの扱いやすいツリー構造に移し変えるにはどうしたらいいか，その方法を開発しています。まずはじめに「デザインの問題は，フォームとそのコンテクストとの間に適合性を発見することである」と定義し，「分解の数学的な処理」と「インドの村の構成要素」で，具体的な方法を説明しています。前者は，からみ合った諸要素を近親関係によってサブシステムに解体していく数学的処理手順を示したものです。後者は，まずフィールドワークによって拾い出された環境構成要素を記述します。例えば，宗教とカースト，村の動向，農業，家畜，水，運輸…など，インドの村落の特殊性や村落の一般的性格などを含めて基本的な構成要素141項目を取り出します。そして，A（家畜，去勢牛の車，燃料），B（農業，灌漑），C（コミュニティ生活），D（個人生活，少単位活動）などのサブシステムにまとめ，村落の全体構造を描き出します。

次に，それらを集合論によって，サブシステムに解体していく〈手続き〉を解説しています。ここで特徴的なのは，アレグザンダーは，物理的な環境要素だけを設計対象にしているのではなく，非物理的な社会構成や人間関係をも，総合的に統合しようとしていることです。それまでの既製概念やカテゴリーを用いずに，純粋に論理的に記述された要素と，そこに内在する関係性を白紙に還元して再合成を意図していることです。アレグザンダーは，人間諸科学と物理的な工学とが複雑にからみ合ったものを，初めてデザインしうる対象にアプローチしたといっていいでしょう。

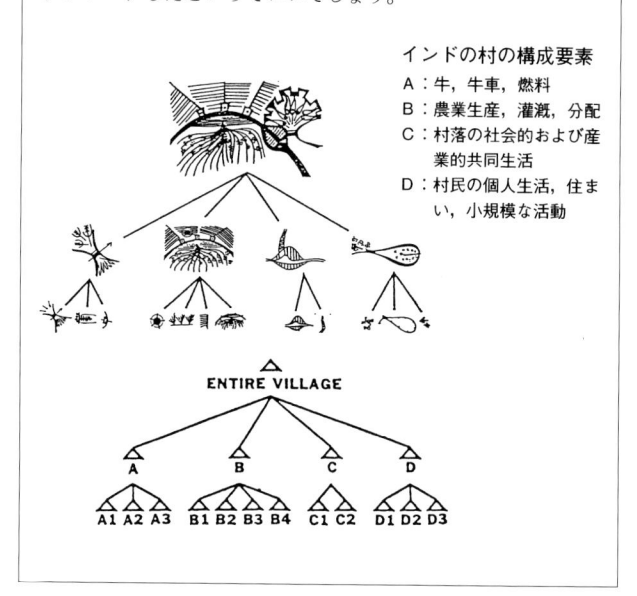

インドの村の構成要素
A：牛，牛車，燃料
B：農業生産，灌漑，分配
C：村落の社会的および産業的共同生活
D：村民の個人生活，住まい，小規模な活動

有田の家づくり・町並みづくり 1

有田の家づくり・町並みづくり[*8]

〈手続き〉の例として，有田のガイドラインを挙げておきます。町づくりや，コミュニティづくりでは，町全体を一人の建築家がすべてデザインするということは，実際には不可能です。〈ガイドライン〉をつくっておけば，目標として，新築や改築のとき参照することができます。このような手続きを考えることも，設計の大切な行為です。(以下は引用文です)

佐賀県 有田町

有田焼で有名な焼物の町。窯業の起源は，文禄・慶長の役の折，鍋島藩祖直茂が朝鮮より多数の陶工を伴って帰国して始まる。18世紀には伊万里焼として世界に喧伝された。町並み保存の気運も高い。

基本方針

個人が自分の家をつくるとき，ただ自分勝手につくっていいわけではない。家の外観はたえず他人の目にさらされ，それらは連続して町並みをつくっている。有田ではこれまでも質の高い町並みがつくられ，現在に伝えられている。有田に住む町民の一人ひとりが，こうした個人の家がもつ公共性を認識し，有田にふさわしい家づくり，町並みづくりへ向けての識見を養い，責任ある活動をしていくことが必要である。

実例調査

有田の家づくりの実例調査としては，建主の要求にはどのようなことがあり，設計者・施工者はそれにどう応えているのかについての調査，有田に伝わる質の高い伝統的町屋の維持・改修を主な観点とした住宅をつくるための構法の実状についての調査，住宅がつくる市街地景観についての意見調査などが挙げられる。

三つのステップによる展開

1. 第1段階
第1段階は，町民一人ひとりが有田にふさわしい家づくり・町並みづくりへ向けて着手するために有効なきっかけをつかむ段階であり，全体の基本資料として幅広く活用することが期待される。有田の住宅計画チェックリストの作成が行われる。

2. 第2段階
第2段階は，第1段階に引き続き，町民一人ひとりが有田にふさわしい家づくり・町並みづくりへ向けて，勉強し識見を深めていく段階であり，全体の活動母体となる推進協議会を設置し，住宅シンポジウムの開催や，有田の住宅計画チェックリスト資料として有田地域適合住宅の仕様設定とモデル計画作成が行われる。

3. 第3段階
第3段階は，町並み保存や区画整理など関連する他の事業との調整を図りながら取り組んでいくことになる段階であり，相談機能の調整やモデル的な公営住宅の建設が行われる。

計画のチェックリスト

1. 住宅の居住性

(1) 日照・採光・通風
1. 主要な居室に日照はあるか。
2. 北側の窓が小さすぎないか。
3. 窓のない居室はないか。
4. 居室には，通風上有効な二つ以上の開口部があるか。
5. 奥行の長い敷地では，中庭を設けたり，吹抜けを設けたり，日照・採光・通風に対する工夫がされているか。

(2) 眺望・周辺環境
6. 住宅の各室からは，周辺の美しい山並みなどの自然景観を借景したり，伝統的な町並みを楽しむ眺望があるか。
7. 周囲の山林や川などの自然と調和し，恵まれた景観を生かした外観や屋外空間の計画となっているか。

屋根越しに山の陵線が見える
開放的な専用庭
敷地の段差を生かした低い植栽によりプライバシーも保たれる

(3) プライバシー
8. 商家や窯元に多い2世帯住宅の場合，各夫婦の独立性が確保されているか。
9. 同居している長所が生かせるような配置になっているか。
10. 2世帯同居では，年齢による食事の好みの違いや，食事時間を考慮した台所，食事室の計画になっているか。
11. 2世帯同居の住宅では，各世帯の私室から便利な位置に，浴室，洗面所，便所が設けられているか。
12. 私室の独立性は確保されているか。
13. 隣家との間隔が狭い場合，相互の開口部の向かい合いは避けられているか。

(4) 水まわり・サービス空間の充実
14. 台所の機器機能や配置は，働きやすくなっているか。
15. 台所の排気，換気は十分に考慮されているか。
16. 生ゴミ置場が確保されているか。
17. 衣類の虫干しができるような空間が確保されているか。
18. 洗面所は，家族構成に合うように考慮されているか。
19. 洗面所，洗濯機置場まわりの水仕舞は考慮されているか。
20. 浴室，脱衣室，浴槽の大きさや，湯の給湯方式は適切か。
21. 浴室の明るさや，プライバシーは確保されているか。
22. 浴室の防水方法，仕様材料の耐水性は適切か。
23. 浴室の換気計画は適切か。
24. 給湯機の設置について安全性の配慮は十分か。
25. 便所は水洗便所か，あるいは水洗便所に変更できるか。
26. 便所まわりに，消耗品や掃除道具の収納があるか。
27. 家財道具や持ち物に見合った収納計画がされているか。
28. 冷暖房設備は，各室の利用や経済性を考慮した計画か。

(5) 公室の充実
29. 来客のとき，家族のだんらんが妨げられない動線になっているか，視線は妨げられているか。
30. 食事室の広さと採光は確保されているか。
31. 接客に参加しない家族のくつろげる

1—11　設計方法—2

有田の家づくり・町並みづくり 2

居場所は確保されているか。
32．私室や便所が，居間から直接つなげられていないか。
33．家事作業の間に，幼児を見守ることができるか。
34．台所仕事の間に，居間などにいる家族とのふれあいが得られる工夫がされているか。
35．多目的な使い方ができるような座敷があるか。
36．居間や客間に，焼物を飾るしつらえがあるか。
37．客を泊めることのできる予備的な部屋があるか。
38．玄関は，出入りや接客に快適な広さとしつらえになっているか。
39．洋室の居間では，十分な広さが確保されているか。

(6) 私室の充実
40．寝室は，快適な広さとしつらえになっているか。
41．2世帯同居の場合，それぞれの生活様式に合った私室が確保されているか。
42．主人のためのくつろぎの場が確保されているか。
43．子供室が，閉鎖的になりすぎていないか。
44．子供のつくった焼物の展示ができるしつらえをした空間があるか。

(7) 各室のつながり
45．台所と食堂のつながりは，調理作業や後片付けの快適さと家族のだんらんへの参加を考慮したものとなっているか。
46．客の動線が，家族の動線と交錯することはないか。
47．子供と大人が自然に触れ合える部屋構成となっているか。
48．家事サービス空間は，現代的な便利性を備えているか。
49．階段の配置や形式は，各室を良好につなげているか，各室の落着きを損なっていないか。

(8) フレキシビリティ
50．将来の家族構成の変化を考慮した計画になっているか。
51．将来の家族の成長を考えた増改築の準備ができているか。
52．各室は，多様な生活行為を許容する広さとしつらえになっているか。
53．和室の多様性が生かせる間取りになっているか。
54．子供室は，成長に合わせた間仕切り等の可変性が工夫されているか。
55．家族の年齢による体力的衰えや生活上の好みの変化に対応できる計画になっているか。

2．店舗・作業場の機能性

(1) スペースの確保としつらえ
56．店番をしている主婦が，住宅部分の子供を見守ることができるか。
57．店舗のつくりは，今後の商売の在り方に対応していけるように計画されているか。
58．来客の相談にゆっくり対応できる空間があるか。
59．落ち着いた事務空間が確保されているか。
60．来客用の化粧室，従業員用の便所等が，店舗からの視線を考慮した位置に設けられているか。
61．和室の焼物に合った展示場の工夫がされているか。
62．工房を訪れる客のために，ゆっくりと作品を鑑賞できる展示空間が確保されているか。
63．陳列品の後方に，展示什器や，商品をストックしておける十分な広さを持った空間があるか。
64．商品の梱包作業や荷作り作業の空間が十分あるか。
65．工房内は作業の流れや，機械配置を十分考慮しているか。
66．工房内は快適な作業ができる仕上げや設備になっているか。
67．作業場内に，事務処理をしたり，各種資料を置くような空間が確保されているか。
68．半製品置き場は，十分な広さが確保されているか。
69．店舗や展示場の出入口は，客に親しみを感じさせるしつらえになっているか。

(2) 動線の確保
70．住宅部分と工房・店舗部分の行き来がしやすいか。
71．在庫品倉庫と店舗・展示室とのつながりはよいか。
72．作業場（工房）と作品展示室とのつながりはよいか。
73．工房等への材料や製品の搬出入は，客動線や作業に支障はないか。
74．店舗や作業場の出入口は，人や商員・資材それぞれの出入りに支障はないか。

(3) フレキシビリティ
75．店舗部分の拡張や模様替えが容易に行えるようになっているか。
76．作業場は，機器の変更に対応できるようになっているか。

(4) 周囲への影響
77．隣接する住宅等への騒音に対する配慮はされているか。
78．店舗や作業空間は，駐車場や周囲道路からの騒音に対する配慮がされているか。
79．臭気を発生する作業空間には，有効な排気設備が考慮されているか。
80．作業場からの排水は，川を汚さない工夫がされているか。

3．外部環境の快適性

(1) 外観
81．外観は，有田の風土を引き立たせる工夫がされているか。
82．建物は周辺の家並みと調和し，良好な地区景観との関連を考慮した計画になっているか。
83．増築や改装は，既存の仕上げや構法を十分考慮した計画となっているか。
84．既存の樹木の良好な活用が図られているか。
85．屋根の形状や葺き材は，気候，風土に合った落ち着いた景観要素となって

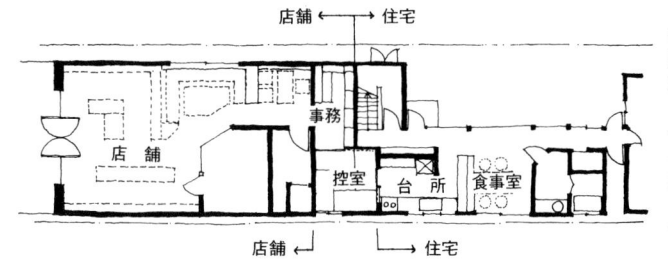

住宅と店舗の結節点に控室を設けた例。控室は住宅の台所，食事室と近く，店の事務スペースとつながっている。食事をしながらの店番や，子供に食事をしながらの店番が可能である。

有田の家づくり・町並みづくり3

いるか。

86. 外壁の構成は，耐久性，防火性能の要求条件を満たし，周辺と調和した景観要素となっているか。
87. 出入口や窓は，住まい手や，店の客ばかりではなく，歩行者からの眺めを考慮した計画となっているか。
88. 店舗の看板や広告，日除けテント等の大きさ，素材，色彩は，建物の外観要素として調和が図られ，また景観上での配慮もなされているか。
89. 電気の引込み，外部照明，郵便受け，プロパンガスボンベ置場の計画は，景観上での配慮がなされているか。
90. 屋根の見え方や，軒，下屋の高さ等

従来の外観を町並みによりなじみよく改修された併用住宅。しっくい壁・上げ裏のある軒の仕上げ，屋根瓦などの改修が行われた。

に親しみを感じさせるような配慮がなされているか。

(2) 機能と演出
91. 店舗や作業場の外部まわりに，材料，製品，商品の搬出入などの屋外作業に必要な空間が，環境を壊さないで確保されているか。
92. 店舗や住宅への出入口部分に，来客や家族がたたずむことができる外部空間の工夫があるか。
93. 住宅の出入口まわりに，近隣の付合いや主婦が立ち話できるような，うるおいのある空間が計画されているか。
94. 住宅の玄関まわりに，住まい手が自ら演出できるような余裕のある空間が用意されているか。
95. 住宅の外部まわりに，安心して幼児を遊ばせておくことができる空間が計画されているか。
96. 駐車場の取り方は適切か。
97. 自家用の車庫のほかに，来客用の駐車スペースが環境を壊さないように確保されているか。
98. ヘッドライト，排気ガスへの配慮が

なされているか。
99. 住宅の外部空間は，住まい手のさまざまな要求に対応できるような多様性を考慮した計画になっているか。

(3) 敷地利用
100. 道路付けや敷地の形状からくる特性をうまく生かした建物計画になっているか。
101. 山間地にある敷地の特徴を生かした，高低差を効果的に利用した計画となっているか。
102. 同一地敷内に建つ老朽建物の改修など，敷地を有効利用するためのスケジュールは立てられているか。

4. 防災
(1) 防火性
103. 建物は，延焼を防ぐために，必要な耐火性・防火性を備えているか。
104. 火気を使用する設備や，それに付属する煙突等は防火上安全な構造となっているか。
105. 店舗や工房には，消火器の設置場所はあるか。

(2) 避難および消防活動
106. 火災や地震時の避難経路が確保されているか。
107. 住宅への通路や道路は，緊急自動車の活動に支障のない幅員が確保されているか。

(3) 消防用水
108. 防火水槽や消火栓の他に，消防用水として役に立つ川や池があるか。
109. 店舗の排煙設備など，防災計画は十分考慮されているか。

5. 耐久性・耐用性
(1) 維持管理
110. 木材の防腐・防蟻，金属の防錆等を考慮した計画になっているか。
111. 床下の換気，防湿，防虫，防蟻は十分考慮されているか。
112. 屋根まわりの雨水処理は，十分考慮されているか。
113. 風や雪による屋根瓦のズレに対する対策はされているか。
114. 屋根瓦の葺替えは，雨漏りによる屋根下地の腐朽がひどくなる前に行えたか。
115. 雨樋は，落葉等のゴミがつまりにくく，清掃しやすい工夫がされているか。

116. 外壁の材料は，防火性・耐久性が考慮されているか。
117. 外壁の定期的な点検と手入れが行われているか。
118. 外壁材は，維持管理のしやすい材料が使われているか。
119. 開口部まわりの水仕舞いは良好か。
120. 内装材は，汚れやカビ等が付きにくく計画されているか。
121. 内装材は，手入れや補修のしやすいものとなっているか。
122. 古い家の解体・新築にあたっては，良好な資材の再利用も考慮されているか。
123. 屋根，床下，水まわりの痛みやすい部分は，耐久性のある材料や納まりを検討したか。また施工後の初期点検を行ったか。

(2) 増改築
124. 古い家では，改築にあたって，屋根，床下，開口部まわりの傷みの点検を行ったか。
125. 建物の用途変更では，取壊しや新築を含む間取りの工夫がされたか。
126. 何年か先まで見込んだ長期計画のもとで，増改築が行われたか。
127. 古い家の増改築は，古い木材の利用が考慮されているか。

6. 経済性
128. 住宅や施設の建築費用と外構の費用は，総合的に見てバランスのとれた構成になっているか。
129. 建築の屋根や外壁等の費用は，耐久性，耐用性から見て必要以上に高すぎないか。
130. 建築や外構等に，維持管理費用がかかり過ぎていないか。
131. 採用する材料や工法は，イニシャル・コストとランニング・コストのバランスがとれているか。
132. 改築・改修にあたっては，改修範囲の予測と共に工事費の見積りが行われたか。

7. その他
133. 家相や気学の適用にあたっては，居住性を重視した適用の努力や計画の工夫が行われたか。

*8 『有田町地域住宅計画　有田の家づくり・町並みづくり』有田町，1985

1–12　設計方法—3　　　仮説をたてる

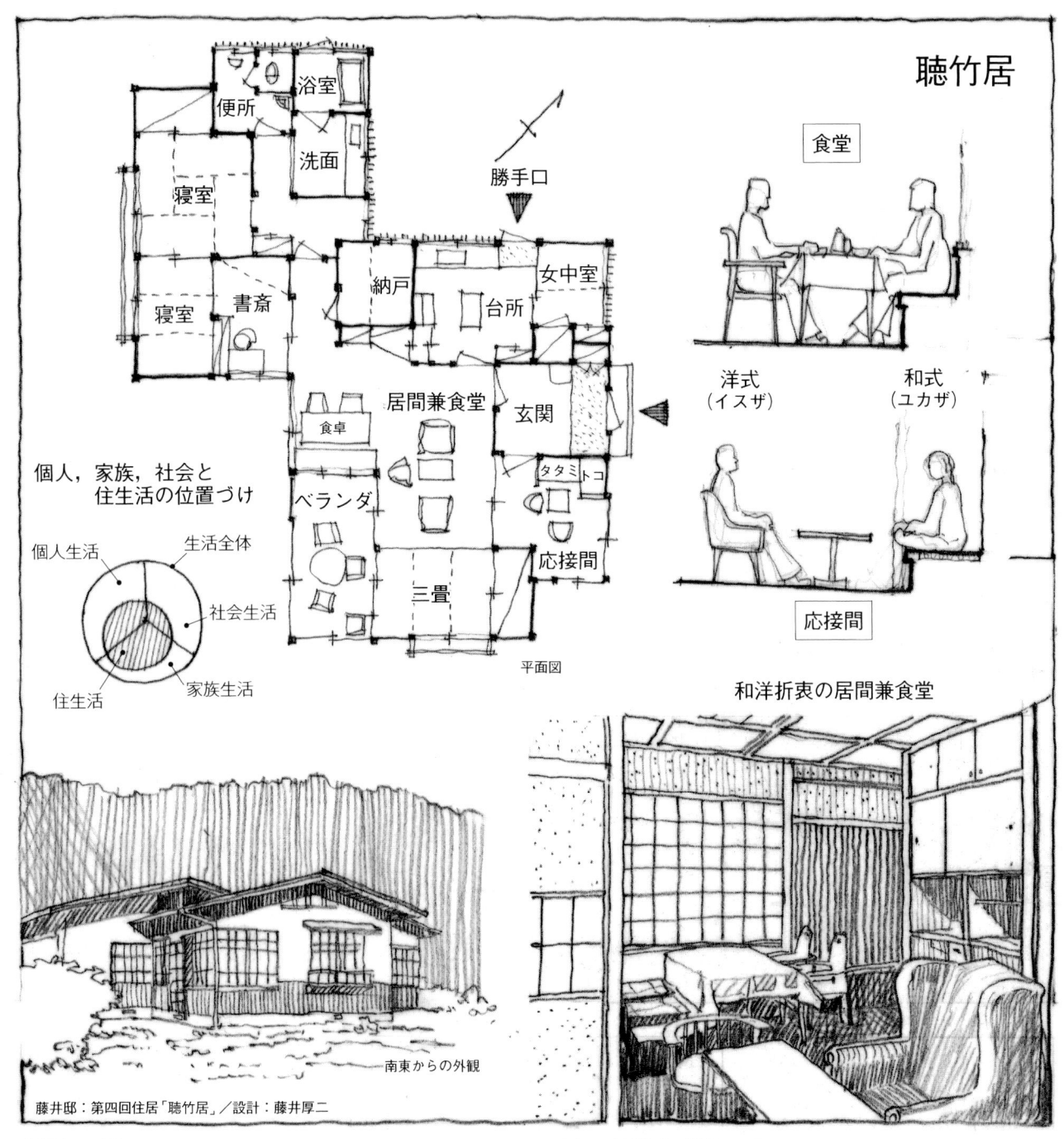

聴竹居

個人，家族，社会と住生活の位置づけ

個人生活／生活全体／社会生活／住生活／家族生活

平面図：浴室／便所／洗面／寝室／寝室／書斎／納戸／台所／女中室／勝手口／食卓／居間兼食堂／玄関／タタミトコ／ベランダ／応接間／三畳

食堂　洋式（イスザ）　和式（ユカザ）　応接間

和洋折衷の居間兼食堂

南東からの外観

藤井邸：第四回住居「聴竹居」／設計：藤井厚二

仮説をつくる

〈仮説 hypothesis〉をつくる方法は，時代が大きく変化するとき，重要な役目を果たします。例えば，20世紀初頭の工業化が本格化し始めた時代，近代建築の巨匠たちはさまざまな仮説を立てました。社会も，未来を示してくれる魅力ある建築家の仮説に期待しました。仮説にはそれを確かめる〈実験〉がつきものです。工業製品の場合は試作品で実験できますが，建築はそう簡単にいかない点が難しいところです。日本では，明治から大正にかけて洋風と和風をどのように調和させるか，戦後は都市住居をどうするか，さまざまな仮説が立てられました。これからは皆さんの時代です。環境や生態，省エネルギーの問題など建築に関連して考えなければならないテーマは山ほどあるといっていいでしょう。

5軒の実験住宅（藤井厚二）

藤井厚二は，1915（大正4）年に最初の住宅を建てた後，京都近郊の山崎に4軒もの実験住宅を次々に建て，自分で実際に住み，その居住性を自分自身で実験しています。大きなテーマは，その当時日本に入ってきた洋風と日本の伝統的な和風をどのように調和させるかということでした。〈ユカザとイスザ〉の組合せがそれです。そのほかにも，居間を中心とした〈プランニング手法〉，東西軸より南北軸がやや長い〈軸線設定〉，気候学からは高温多湿の気候風土に対する〈通風換気の処理法〉，多雨・高熱日射の環境に対する屋根，壁，床，開口部の各部位の〈デザイン手法〉などもテーマとして扱っています。その研究対象は意匠・設備・構造の全般にわたって実験を試みています。

フィロソフィーの確立

スカイハウス

収納ムーブネット
キッチンムーブネット
バスムーブネット
タイプ1

大テーブル
ベッド
家具
食卓
タイプ2

家具
タイプ3

回廊
階段
ムーブネットと家具配置パターン図

子供ムーブネットをピロティーに吊り下げる

空中に浮かぶ居住空間

築山
入口
炉
ピロティ
パーキングと地下室
道
N
配置図

スカイハウス／設計：菊竹清訓

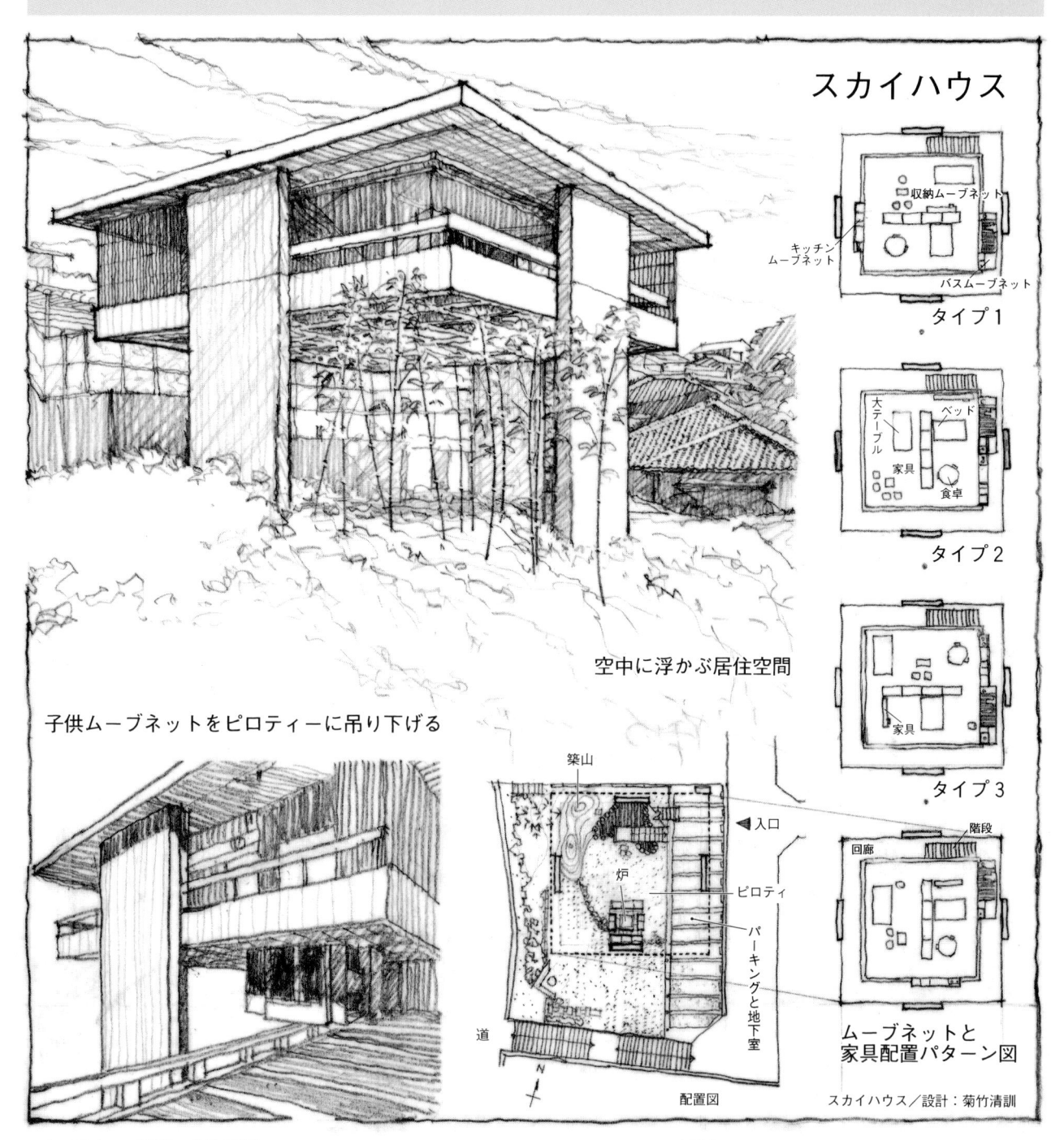

スカイハウス（設計：菊竹清訓）
菊竹清訓は，1958（昭和33）年に「スカイハウス」と呼ばれる自邸を東京に建てました。テーマは，メタボリズムの立場から〈空間装置〉と〈生活装置〉という言葉で説明されています。この頃日本では，都市住居はどのようにあるべきか，多くの建築家によってさまざまなコンセプトが提案されました。この住居は，その中の一つです。4本の壁柱に支えられた箱が空間装置，その内部に組み込まれた収納とキッチンとバスの三つのムーブネットが生活装置です。藤井厚二のように何軒も住み替えるのではなく，1軒の家の中で住み方を変えることでさまざまな実験を試みています。このようにして得た貴重なデータは，次の設計やプロジェクトで生かされることになります。

フィロソフィーの確立
方法の最後に〈フィロソフィー phylosophy〉について考えてみましょう。建築家も人間ですから，〈好み taste〉があります。好きな形，好きな材料，好きなディテールがあります。建築家になったとき，自分の好みを実現したいと誰も考えるでしょう。そのためには，〈何のために，何を，どのように〉を，すなわち〈目的―目標―案〉の一貫した流れを，いつも説明できるようにしておきます。これは，誰が見ても納得のいく〈公（おおやけ）〉の精神を常にもっておくということです。皆さんのように若く正義感のある年齢のときから訓練しておきます。経験を重ね，この大義名分と自分の好みをうまく調和できたとき，自分のフィロソフィーが確立できたと考えていいでしょう。

マルセロ・ブロイヤー
Marcel Breuer 1902〜1981

　ハンガリーのペーチに生まれ，ワルター・グロピウスのバウハウスで学んだ。1924年に22歳の若さでバウハウスの家具部門の指導をすることになる。1925年に制作された1本のスチールパイプを曲げてスツールや椅子をつくる手法は，今日世界中で使われている近代的鋼管家具の元祖といえる。彼の事務所の最初の日本人スタッフだった建築家・芦原義信氏（'98年度文化勲章受章者）は，初めて訪れたときの印象を「ブロイヤーの事務所はグランド・セントラル・ステーションからパーク・アヴェニューをすこし下ったところにある古くさいアパートの一階と二階にあった。このあたりにあるアパートは一階が道路面より上っていて，十数段の石の階段をあがると古くさいアパートの玄関扉があり，さらにその中に朱色に塗られたドアーがぱっと目に入る……」[*1]，とりわけ朱色の印象が強かったことを後々にも語っている。1952年パリのユネスコ本部の設計者に選ばれた後は，国際的に評価されることになる。彼の作品の特徴は，明快な平面構成と合理的で造形的な構造，豊かな素材感，ヒューマニティーあふれる空間，そして近代建築のすべての原理がはっきりと識別できる想像力豊かな芸術作品として昇華していることである。

2 独立住居の設計

新婚夫婦が「愛の巣をつくる」*² という表現をよく使いますが，すまいの原点はここにあります。若い二人にとっては文字どおり鳥や動物が巣づくりをするような，小さな愛らしい家庭を夢見ての言葉でしょう。この家庭生活を営む場が住宅です。住宅と住居の違いは前述したとおりですが，建築家・吉阪隆正氏は「住居と住生活という二つのものは，一方に物質が一方に人間の活動があって結びつき合っている。住居は住生活を予想して与えられた形であり，その形を与えられることで，ある生活が成立するという相互関係にある。」*³ と述べています。すまいの原点は人と人との関係から出発し，その人と物とが交渉し合うところに住居があり，物を代表するのが住宅といえましょう。

特定の独立した住宅を設計しようとするならば，前述した問題を一つずつ解決しながら建築としての住居空間をかたちづくることです。すなわち，そこに住む人々の総体としての家族の生活が表現されなければなりません。建築家（設計者）の立場は，こうしたことがらを整理（家族のすまいへの要求や機能を合理的に解決し整理すること）し適切な回答（要求を解決するための提案）を個々の部屋から住宅全体，そしてその住宅が属する地域，都市さらに家族の生活圏という系列のなかで，住居をかたちづくる役割を与えられています。設計行為はこうした条件を総括し，三次元の空間に翻訳して表現することです。建築空間を創造するということは，こうしたことがら全体の行為を指します。

また，住宅の機能や形態は時代によって変化しますし，気候や風土・文化，地域や民族，あるいは都市や農村などといった環境によっても異なります。こうした外的な要因によって住宅の形態が影響を受けるばかりでなく，現実につくられた住宅そのものの形態が，人々の生活を空間的に規制する面もあり，住宅と生活との密接な関係を認識しなければなりません。いってみれば住宅はその国の，その時代の感性と知性，そして科学と芸術とを物質を通じて建築空間に昇華したものといえるでしょう。

ここでは課題を進めるために，パイロット住居として，マルセル・ブロイヤーの自邸Ⅱ（1951年）を引用しました。日本とは風土も文化も異なるアメリカの独立住居を選んだのは，教材として優れた住居というだけでなく，異なった環境と文化を比較研究しながら設計を進めたいと考えたからです。

課題：独立住居を設計する

主題解説
都市郊外の自然に恵まれたなだらかな丘陵地に，都会の喧騒から離れたゆったりとした生活のできる独立住居を設計する。ここではなによりも家族の愛情あふれるくらしが中心である。そのために必要な空間をデザインする。室内での生活ばかりでなく，屋外での生活も楽しめるように工夫する。また，来訪者への対応も十分に考慮する。

設計条件
- 家族構成　　：夫婦＋子供2名＋犬1匹
　　　　　　　職業年齢は自由に想定する。
- 主要用途　　：専用住宅
- 敷地条件　　：600〜1,000 m²。地形は自由に考えてよいが，ゆるい傾斜を考えることが望ましい。
　　　　　　　無指定地域，前面道路は南東方向にある。幅員8 m。自家用ガレージのほかに2〜3台の来客用駐車スペースが必要。
- 構造・構法　：平屋建てとし，木造，RC造，S造から選択する。
- 建築規模　　：延床面積250 m²±10%。建築面積は問わない。
- 内外の仕上げ：表情豊かなテクスチャーをもった仕上げを考える。
- 設　　備　　：できるだけ自然の熱・光や空気を生かす設計をする。照明計画は昼光とは異なった雰囲気を演出。給排水衛生，空調換気は適宜考える。

＊1　二川幸夫写真，芦原義信，保阪陽一郎文『現代建築家シリーズ　マルセル・ブロイヤー』
＊2　渡辺武信著『住まい方の思想　私の場をいかにつくるか』
＊3　吉阪隆正著『住居学』

2-1 独立住居の設計プロセス

WEEK	1	2・3	4・5・6
STEP	1. SURVEY & ANALYSIS 調 査 と 分 析 敷 地 を 読 む	2. EXAMPLE 実 例 研 究 仕組みを理解する	3. PLANNING 基 本 計 画 条件整理と構想
内容	設計を開始する前に，敷地をよく調べておきます。敷地には個性があり，同じものはないことをよく理解しておきます。	住宅には，伝統として引き継がれてきた部分と，改良されてきた部分があります。それぞれの良い部分と問題の部分を調べておきます。	敷地分析と事例研究から，自分の設計したい住宅のイメージをおおまかにつかみます。1案だけでなく，3案くらい考えてみます。
図解	1 文化的要素：歴史，生活，街並み 2 自然的要素：地形，気候，植生	レンガの田園住宅／設計：ミース	部屋の構成／ブロイヤー邸Ⅱ
意匠 1 空間構成 2 仕上げ材料	敷地には，その土地が生み出す独自の歴史と空間があります。よく観察して，その場所の個性を発見しましょう。 それぞれの地域には，その場所を特徴づけている建築材料や植物などがあるはずです。その特徴を発見することが大切です。	生活空間は，意外に古い慣習を引き継いでいるものです。最新の事例とともに，昔の事例も調べてみます。 確認すべきこと ・空間の構成の仕方・使われ方 ・寸法・材料 新しい建材のカタログを調べるとともに，敷地近くの建物がどのような材料が使われ老朽化しているかを調べます。	住宅は生活の場として，だんらんの場，食事の場，寝る場，排泄の場などがあります。場所の領域をおおまかに決めます。 確認すべきこと ・アイデア ・イメージ ・コンセプト 仕上げ材料は，日本においては，洋風か和風かで大きく異なります。住む人の生活方式をおおまかにつかんでおきます。
3 環境・設備 4 構造・構法	ブロイヤー邸Ⅱをテキストとして選択した理由 　わたくしたちがブロイヤーの設計した住宅に着目し，お手本として引用した理由は，ブロイヤーの設計する住宅に共通する「つつましやかで，がっしりした構造，豊かな表情をもつ素材や美しい素材，快適な空間配置，思慮深いディテール」*4といった住宅設計にとって基本的な対応が適切なことにあります。そして何よりも，ブロイヤーが生涯，住宅の設計に情熱をもち，住宅の設計こそが建築設計の出発点だと考えていたことです。ブロイヤーの手になる住宅は，ドラマティックな吹抜けや人を驚かせるような造形，豪華な装飾など奇をてらうものは何もありませんが，住居に求められるヒューマンなスケールとあたたかさ，精神と肉体のくつろぎと癒しを与える空間が心にくいばかりに用意されています。住居設計を最初に学ぶにふさわしい作家と作品といえましょう。 ＊4　二川幸夫企画，撮影，スタンリー・アーバークロンビー文『GA グローバル・アーキテクチュア No.43 マルセル・ブロイヤー』A.D.A. EDITA Tokyo Co., Ltd.		部屋の数，延べ面積，階数，構造，屋根の形，コストなど，おおよその方針を決めます。

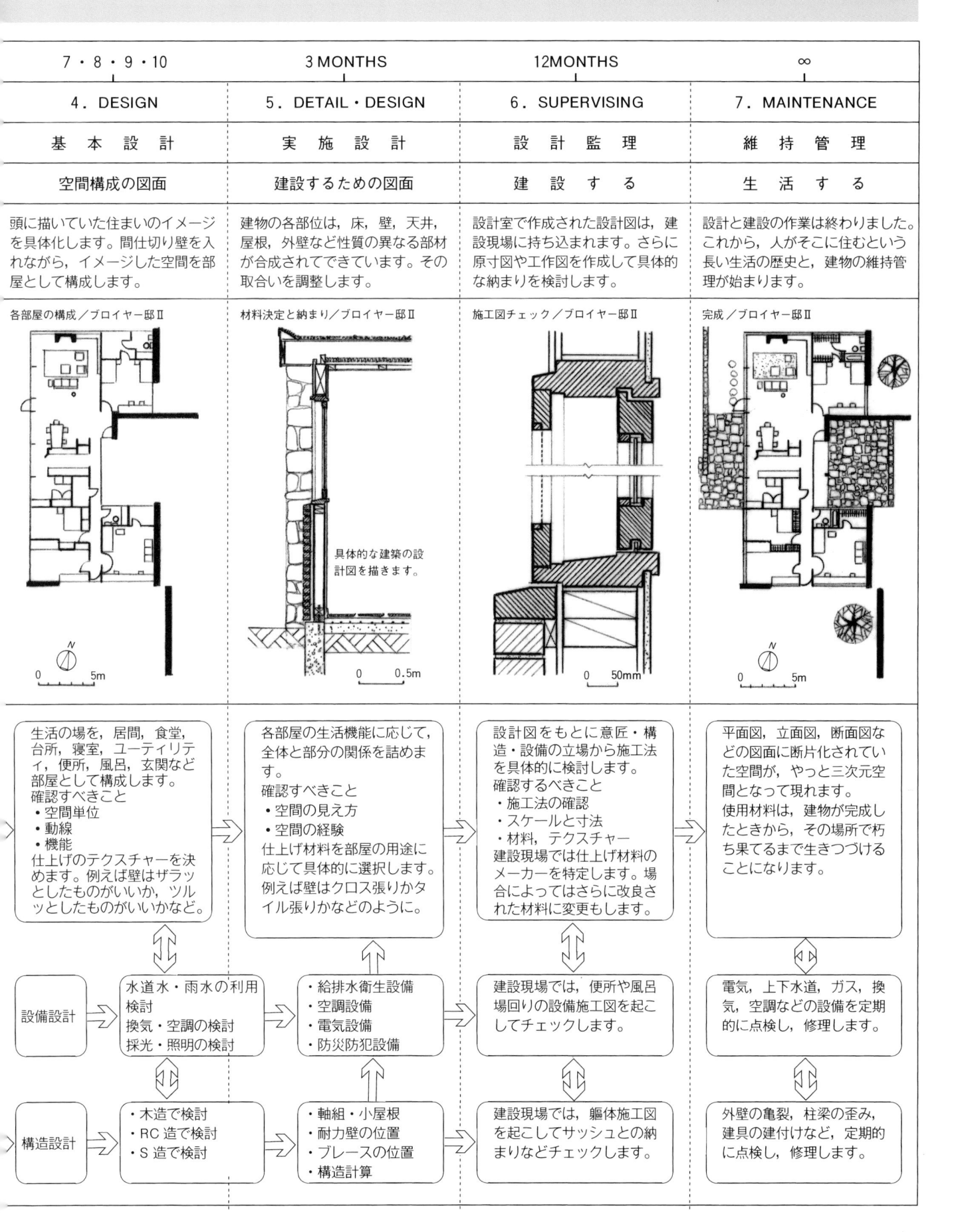

M.ブロイヤー邸 II

7・8・9・10	3 MONTHS	12 MONTHS	∞
4．DESIGN	5．DETAIL・DESIGN	6．SUPERVISING	7．MAINTENANCE
基 本 設 計	実 施 設 計	設 計 監 理	維 持 管 理
空間構成の図面	建設するための図面	建 設 す る	生 活 す る
頭に描いていた住まいのイメージを具体化します。間仕切り壁を入れながら、イメージした空間を部屋として構成します。	建物の各部位は、床、壁、天井、屋根、外壁など性質の異なる部材が合成されてできています。その取合いを調整します。	設計室で作成された設計図は、建設現場に持ち込まれます。さらに原寸図や工作図を作成して具体的な納まりを検討します。	設計と建設の作業は終わりました。これから、人がそこに住むという長い生活の歴史と、建物の維持管理が始まります。
各部屋の構成／ブロイヤー邸II	材料決定と納まり／ブロイヤー邸II	施工図チェック／ブロイヤー邸II	完成／ブロイヤー邸II
生活の場を、居間、食堂、台所、寝室、ユーティリティ、便所、風呂、玄関など部屋として構成します。確認すべきこと ・空間単位 ・動線 ・機能 仕上げのテクスチャーを決めます。例えば壁はザラッとしたものがいいか、ツルッとしたものがいいかなど。	各部屋の生活機能に応じて、全体と部分の関係を詰めます。 確認すべきこと ・空間の見え方 ・空間の経験 仕上げ材料を部屋の用途に応じて具体的に選択します。例えば壁はクロス張りかタイル張りかなどのように。	設計図をもとに意匠・構造・設備の立場から施工法を具体的に検討します。 確認するべきこと ・施工法の確認 ・スケールと寸法 ・材料、テクスチャー 建設現場では仕上げ材料のメーカーを特定します。場合によってはさらに改良された材料に変更もします。	平面図、立面図、断面図などの図面に断片化されていた空間が、やっと三次元空間となって現れます。 使用材料は、建物が完成したときから、その場所で朽ち果てるまで生きつづけることになります。
設備設計	・水道水・雨水の利用検討 換気・空調の検討 採光・照明の検討	・給排水衛生設備 ・空調設備 ・電気設備 ・防災防犯設備	建設現場では、便所や風呂場回りの設備施工図を起こしてチェックします。	電気、上下水道、ガス、換気、空調などの設備を定期的に点検し、修理します。
構造設計	・木造で検討 ・RC造で検討 ・S造で検討	・軸組・小屋根 ・耐力壁の位置 ・ブレースの位置 ・構造計算	建設現場では、躯体施工図を起こしてサッシとの納まりなどチェックします。	外壁の亀裂、柱梁の歪み、建具の建付けなど、定期的に点検し、修理します。

2-2 敷地を読む　　都市と環境のインフラ調査1

事前調査の手順

1. 地図の入手
まず最初に，地図を手に入れます。国土地理院発行の地図は，地図専門店や規模の大きな書店で売っています。市町村の役所でも地図を入手することができます。敷地のある管轄内の法務局登記所に行けば，敷地の公図や謄本を入手することができます。場合によっては古地図なども調べてみます。これらの地図は縮尺がさまざまなので，コピー機やCADを使って縮小・拡大し，スタディしやすいようにしておきます。

2. 敷地を歩く
次に，地図とカメラをもって敷地を訪ねます。その場所のもっている雰囲気をつかんでおきます。風の吹いてくる方向や，日当り，見通しの良い方向などを調べます。また，最寄りの駅から敷地までの間の商店や公共施設の位置なども調べましょう。短期間での敷地調査には限界がありますが，住むとなればそこで一生を送ることになるのですから，近所の人に，それとなく「このあたりの住み心地はどうですか」などと質問をしてみるのもいいでしょう。

3. 文献や資料を調べる
敷地の属している市町村の図書館に行き，その場所に関する文献を調べてみます。その場所にはどのような歴史や文化があるか，その土地はどのような地質や地形や水利で形成されているか，独特な植生や動物・昆虫の分布はあるかなど調べてみます。将来の町づくりや展望については，市町村ではどこでもパンフレットにまとめていますから，聞いてみましょう。敷地や建物に関する法律については，市町村の都市計画課に行って調べます。

敷地面積の調査
敷地面積は，建築計画を行うときの基本となる資料です。
- 水平投影面積：敷地面積は敷地に勾配や凸凹があっても，水平に投影された面積で算出します。測量方法は，平板測量の簡単なものから光波の精密なものまであります。
- 三斜求積表：敷地内に引いた補助線と境界各辺で囲まれた三角形面積の総和で算出します。

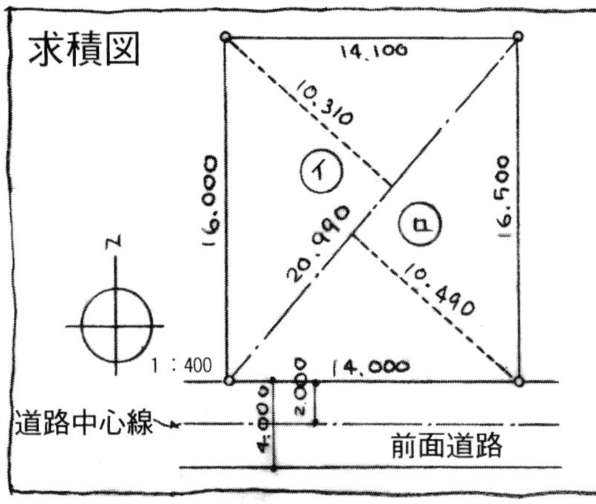

求積図

求積表

	底辺(m)	高さ(m)	倍面積(㎡)
㋑	20.990	10.310	216.4069
㋺	20.990	10.490	220.1851
合計	—	—	436.5920
1/2	—	—	218.2960
地積	—	—	218.30

敷地面積　218.30㎡（66.04坪）

地形・地質の調査
敷地の形が良いか，地盤の強さは十分か，実際に敷地を訪れ，歩いてみて確認します。
- 平面の形：構想している平面計画が，敷地に収まるかどうか判断します。
- 断面の形：敷地の高低差と建物の高さ，玄関と道路の高さの関係などを調べます。
- 地盤の強さ：建物を支える地耐力を確認します。

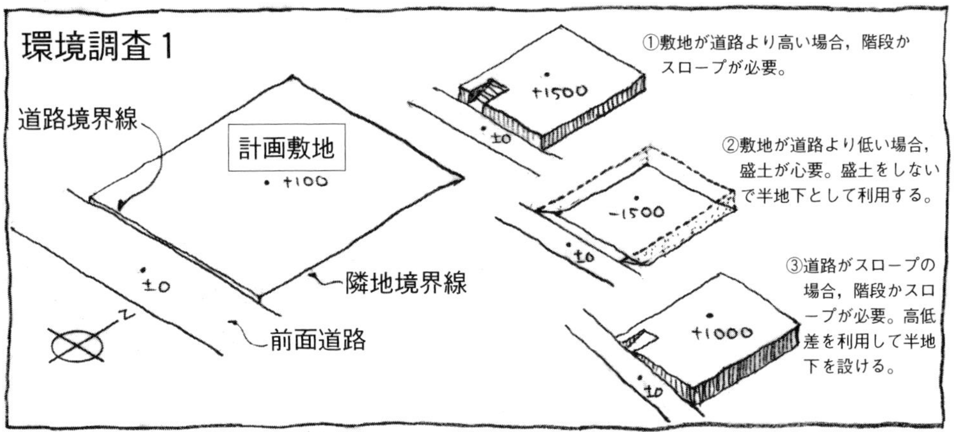

環境調査1

①敷地が道路より高い場合，階段かスロープが必要。

②敷地が道路より低い場合，盛土が必要。盛土をしないで半地下として利用する。

③道路がスロープの場合，階段かスロープが必要。高低差を利用して半地下を設ける。

自然要素の調査
この要素は，敷地を訪れて初めてわかるものです。
- 風の流れ：1日敷地に滞在して風向きをつかみます。
- 水の流れ：雨の日に行くと敷地の水道(ミズミチ)がわかります。
- 植物の分布：公園や近所の庭木から調べます。
- 生物の分布：蚊や蝿などの害虫のほかに，蝶や蝉や蛍などの生息も調べます。

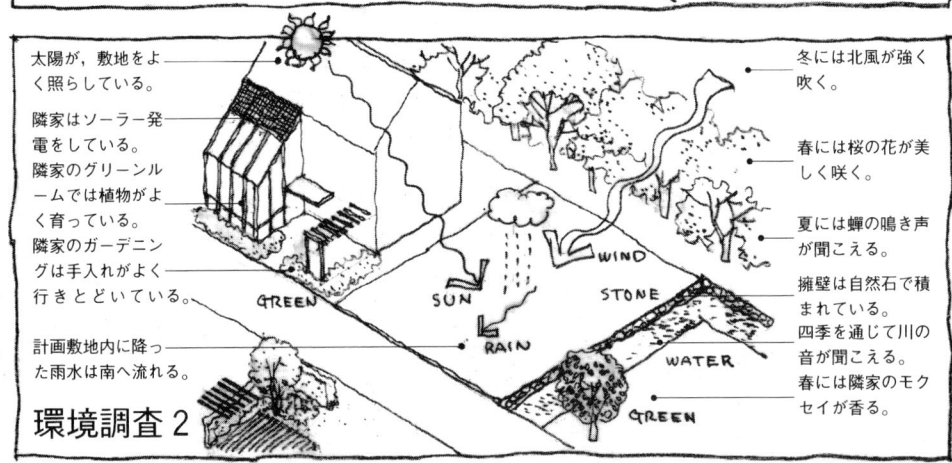

環境調査2

太陽が，敷地をよく照らしている。
隣家はソーラー発電をしている。
隣家のグリーンルームでは植物がよく育っている。
隣家のガーデニングは手入れがよく行きとどいている。
計画敷地内に降った雨水は南へ流れる。
冬には北風が強く吹く。
春には桜の花が美しく咲く。
夏には蝉の鳴き声が聞こえる。
擁壁は自然石で積まれている。
四季を通じて川の音が聞こえる。
春には隣家のモクセイが香る。

都市と環境のインフラ調査2

都市施設の調査
その地域でどのような生活が可能か，すでに整備されている都市施設を調べます。
- 交通機関：通勤通学に必要な駅やバス停の位置
- 商業施設：毎日の生活必需品を買う商店街の位置
- 公共施設：役所，図書館，交番，公園などの位置
- 医療施設：病院の位置
- 教育施設：幼稚園や小中学校の位置

環境調査3

派出所／コンビニエンスストア／クリーニング店／墓地／幹線道路／寺院／歩道橋／バス停／小学校／水路／計画敷地／通学路／地域内幹線道路／医院

都市設備の調査
敷地へのエネルギー供給とともに，敷地の外への排水が可能か調べます。
- 上水道本管：給水
- 下水道本管：汚水雑排水
- 側溝：雨水排水
- 都市ガス：ない場合はプロパンガスなどが必要。
- 電気：電柱の位置
- 電話
- ケーブルテレビ

環境調査4

電気・電話・CATV／電柱／引込み電柱／電気メーター／第一次汚水桝／雨水本管／前面道路／計画建物／雨樋／雨水桝／雨水排水管／ガスメーター／水道メーター／側溝／ガス本管／水道本管／下水本管

敷地を見学するとき，どこから電線や配管を引き込むか検討をつけておく。メーター類は目立たないように配置するのが設計のコツ。

インフラ：インフラストラクチャー infra-structure：道路，鉄道などの交通施設，上下水道，電力など都市に不可欠な基幹施設または設備。

景観の調査
カメラを持って敷地を訪れます。ポイントとなる場所を撮影します。
- 道路からの景観：前面道路両側の町並みの写真を撮ります。
- 敷地からの景観：遠くの眺めはよいか，隣の建物の窓の位置はどこにあるかなどを写真に撮ります。合わせてメモをとります。

環境調査5

道路から敷地がどのように見えるかチェックしておく。／計画敷地

敷地から外がどのように見えるかチェックしておく。
- 隣家の窓の位置
- 隣家の外壁の位置や材料
- 隣家の植木の位置や種類
- 道路に接している方向の見え方

主な関連法律の調査
その敷地の所轄官庁で都市計画的な法規制を調べます。
- 用途地域：計画している建物の用途は建設可能か。
- 斜線制限：道路斜線，隣地斜線，北側斜線などの確認。
- 容積率：敷地面積に対する延床面積の割合。
- 建蔽率：敷地面積に対する建築面積の割合。

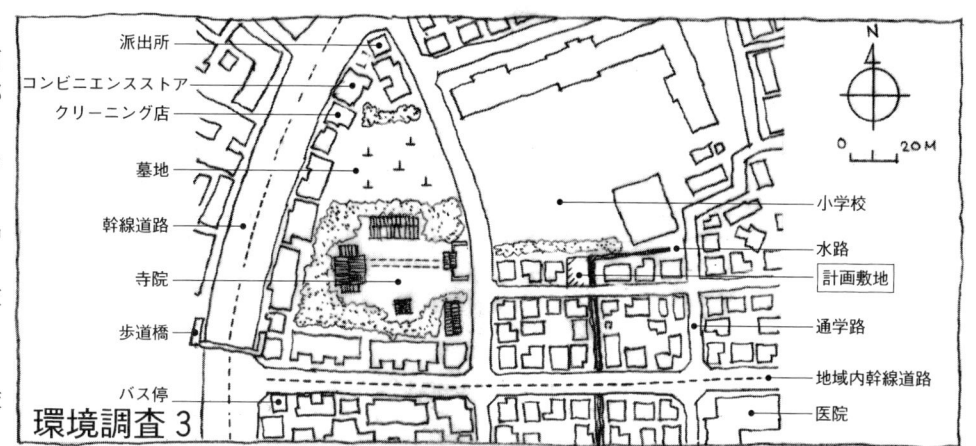

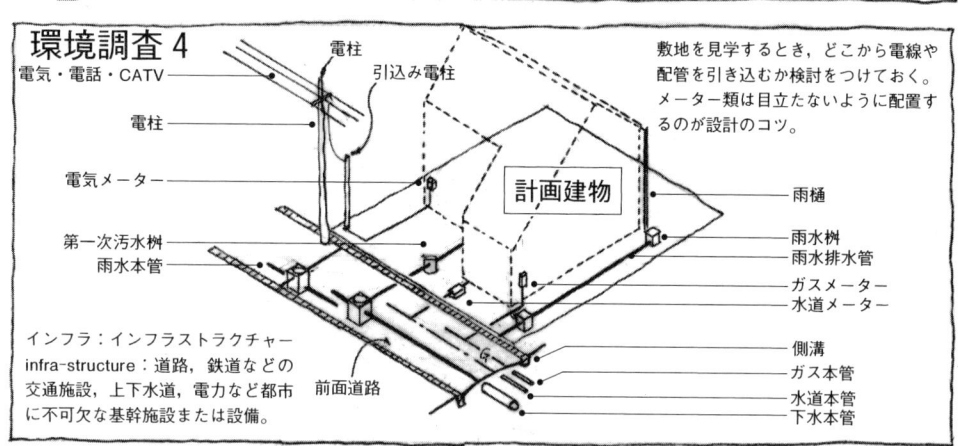

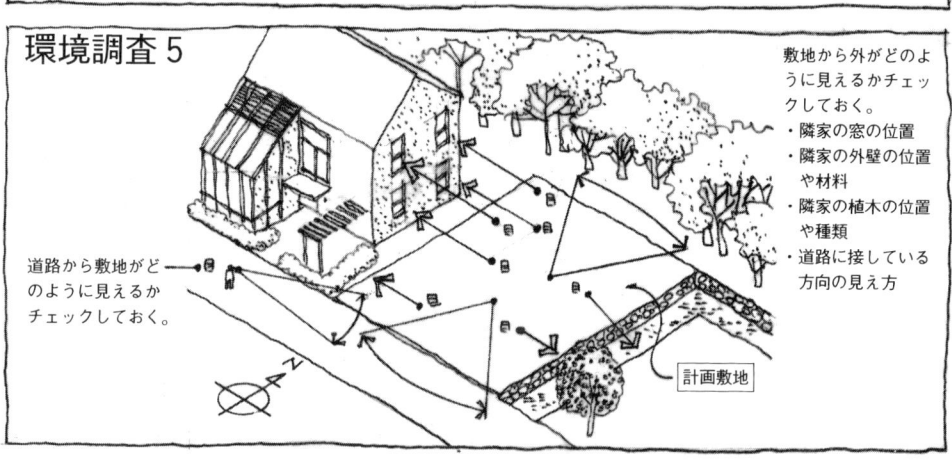

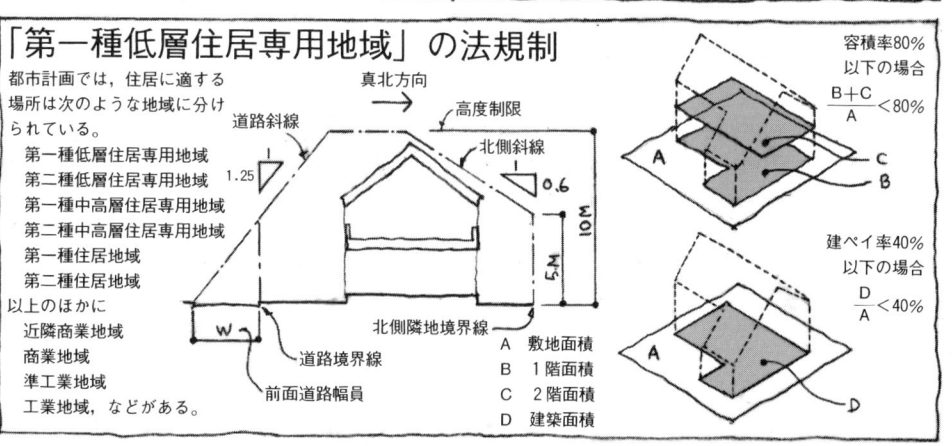

「第一種低層住居専用地域」の法規制

都市計画では，住居に適する場所は次のような地域に分けられている。
- 第一種低層住居専用地域
- 第二種低層住居専用地域
- 第一種中高層住居専用地域
- 第二種中高層住居専用地域
- 第一種住居地域
- 第二種住居地域

以上のほかに
- 近隣商業地域
- 商業地域
- 準工業地域
- 工業地域，などがある。

真北方向／道路斜線／高度制限／北側斜線／1.25／0.6／10M／5M／北側隣地境界線／道路境界線／前面道路幅員

A 敷地面積
B 1階面積
C 2階面積
D 建築面積

容積率80%以下の場合
$$\frac{B+C}{A} < 80\%$$

建ペイ率40%以下の場合
$$\frac{D}{A} < 40\%$$

2-3 構想―1

設計条件の整理

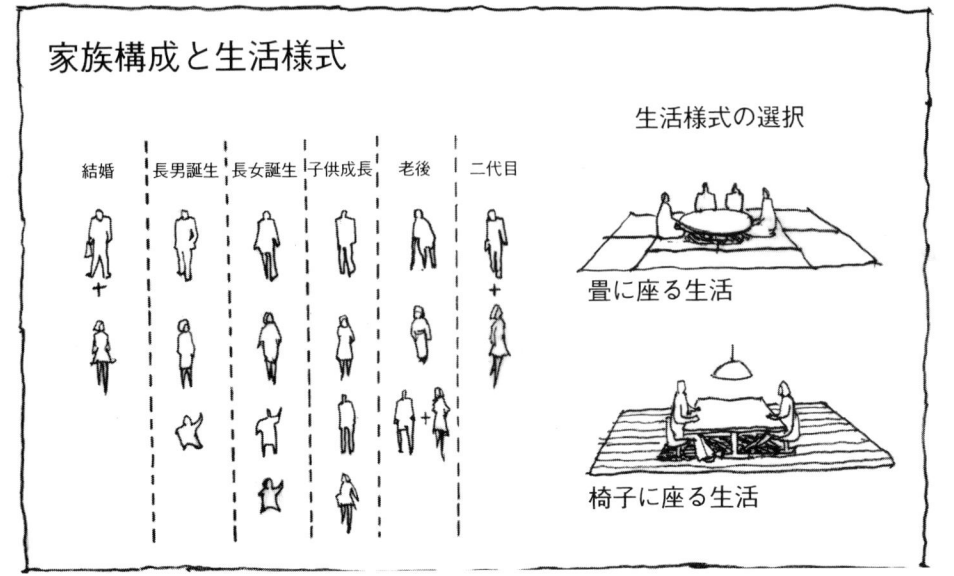

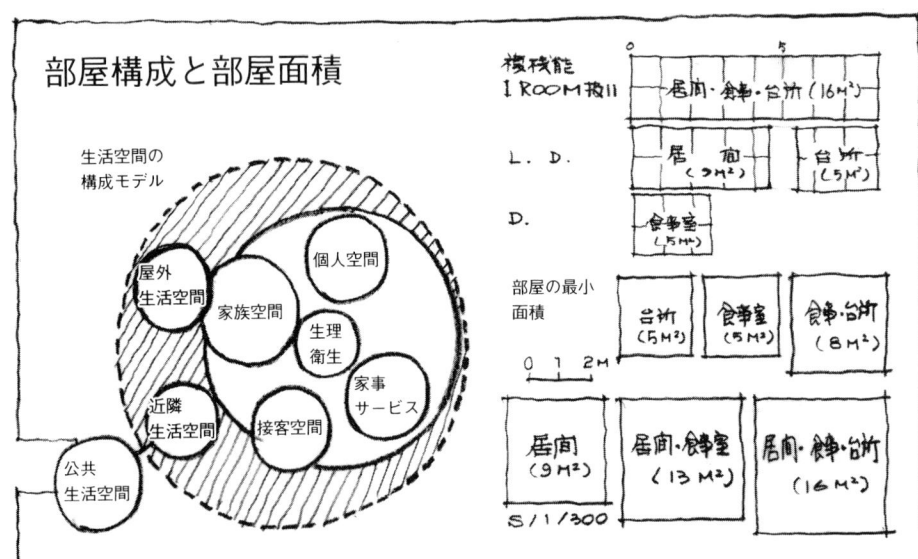

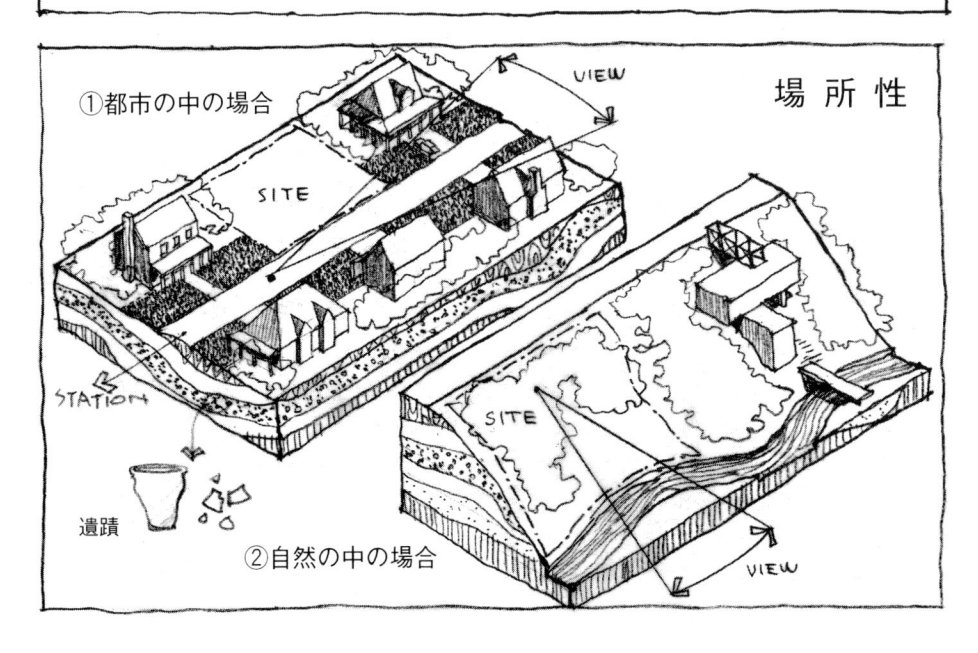

家族構成と生活様式

結婚 / 長男誕生 / 長女誕生 / 子供成長 / 老後 / 二代目

生活様式の選択

畳に座る生活

椅子に座る生活

家族構成と生活様式

住居は，一つの〈家族〉が基本になっていますから，その家族のことをよく理解しておきます。まず，〈家族構成〉はどのようになっているか。そして，どのような〈生活様式〉を望んでいるか，家族とよく話し合い，設計条件としてまとめます。アメリカのように，結婚したとき，子供ができたとき，老後など，そのつど住居を買い替えていく国もあります。日本では，一度住居を手に入れると，ほとんど一生を終わるまで住み続けていますから，その家族の変化をもよく理解しておきます。

部屋構成と部屋面積

生活空間の構成モデル：屋外生活空間／個人空間／家族空間／生理衛生／家事サービス／近隣生活空間／接客空間／公共生活空間

複核能 1 ROOM 提案 居間・食事・台所（16㎡）

L.D. 居間（7㎡） 台所（5㎡）

D. 食事室（5㎡）

部屋の最小面積：台所（5㎡）／食事室（5㎡）／食事・台所（8㎡）／居間（9㎡）／居間・食事室（13㎡）／居間・食事・台所（16㎡）

S=1/300

部屋構成と面積

家族構成と生活様式が決まると，次に，どのような〈部屋〉が，どれくらいの〈面積〉で必要かを決めなければなりません。アメリカのように〈敷地面積〉にゆとりがある国では，必要な〈部屋面積〉を足していけば，合計が〈延べ面積〉として出てきます。日本のように敷地が狭い国では，許容される〈延べ面積〉から逆算して〈部屋の面積〉を決める，ということがよく行われます。しかしながら，このような狭さのなかに，日本独特の住空間を生むヒントがあることも念頭におきましょう。

場所性

①都市の中の場合（SITE／STATION／VIEW／遺蹟）

②自然の中の場合（SITE／VIEW）

場所の個性

選ばれた敷地は地球広しといえども，ほかに同じ場所はありません。隣や筋向かいの敷地とも違います。その敷地は，そこにしかない個性があるはずです。〈敷地を読む〉のところで調べた調査項目から，設計のコンセプトに生かせそうな内容を探し出して条件化します。敷地の高低差などの〈地形条件〉，日照や風向などの〈気象条件〉，眺望などの〈視覚条件〉，土地の歴史がもつ〈文化条件〉など，場所にしかないという特徴を実際に自分の五感で体験し，設計に生かすようにしましょう。

発想する

発想とは

建築の設計は，何となく進めていけば，平面図，立面図，断面図といった図面ができ上がるというものではありません。出発点として，このすまいをこのようにしたいという〈思い〉が必要です。それが〈発想〉の原点となって，次第に設計が肉付けされていきます。発想というと，何か特殊な才能が必要に思われますが，決してそうではありません。この部屋を，あのような〈見え方〉にしたい，このような〈材料〉を使いたい，あんな〈家具〉を置きたいという思いを徐々に膨らませていきます。そして，そのイメージを紙の上にスケッチしてみることです。何枚もスケッチするうちにイメージが少しずつ明確になります。

イメージとコンセプト

〈イメージ〉は，言葉で表現できない部分を〈エスキース〉や〈模型〉で表したものです。イメージは，頭の中にボヤッとあるだけでは検討の対象にはなりませんから，まず目に見えるように紙の上にスケッチしたり簡単な模型に表現してみます。〈コンセプト〉は，自分の考えを〈言葉〉で表したものです。〈単語〉を並べただけでもいいし，〈文章〉で表してもいいでしょう。

〈コンセプトとイメージ〉は，二つが〈一体〉となって大きな力を発揮しますから，その両方を表現できるよう訓練を重ねます。コンセプトがイメージを育て，イメージがコンセプトを啓発します。

表現例

このページの右側には，M.ブロイヤーが自邸を設計するとき，描いたであろう〈イメージ〉をスケッチにして3枚示してあります。考えたと思われる〈コンセプト〉を言葉で表すと，次のようになります。

1. 〈内部と外部の融合〉 大きなガラスを用いることで，建物の内部と外部の一体化を図る（上）。
2. 〈中心性〉 暖炉を象徴的に扱うことで居間に中心をつくる（中）。
3. 〈新材料と昔からの材料〉 鉄，ガラス，コンクリートなどの工業製品のほかに，テクスチャーのある木や石やレンガなど昔からの材料も使う（下）。

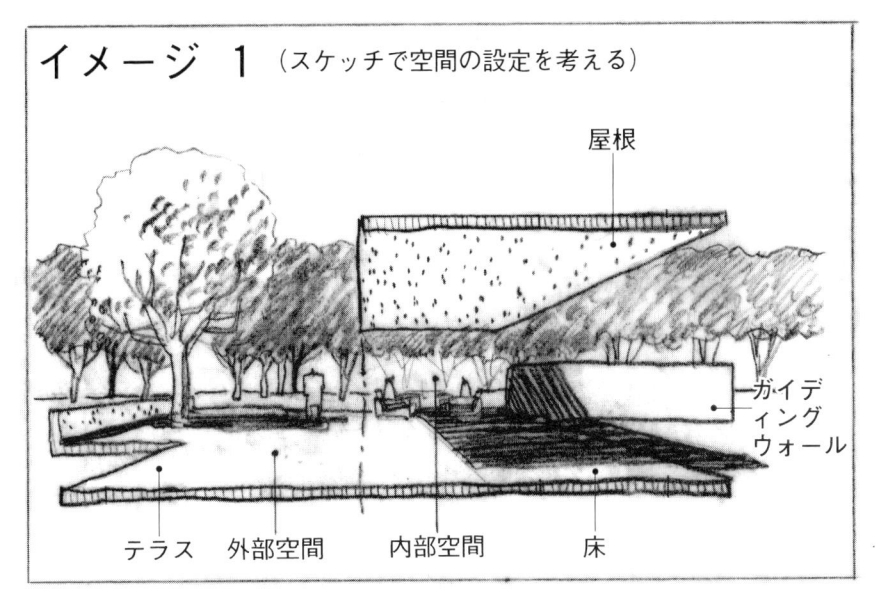

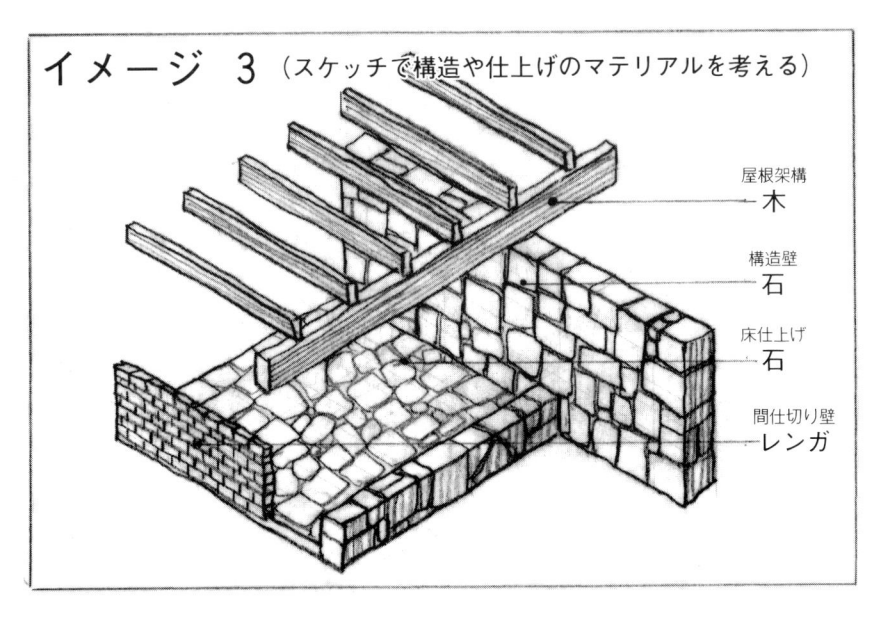

イメージ 1（スケッチで空間の設定を考える）
- 屋根
- ガイディングウォール
- テラス　外部空間　内部空間　床

イメージ 2（スケッチでくらしの装置を考える）
- 風景
- 暖炉
- 家具　カーペット

イメージ 3（スケッチで構造や仕上げのマテリアルを考える）
- 屋根架構　木
- 構造壁　石
- 床仕上げ　石
- 間仕切り壁　レンガ

2-4 構想-2　　エスキスを重ねる

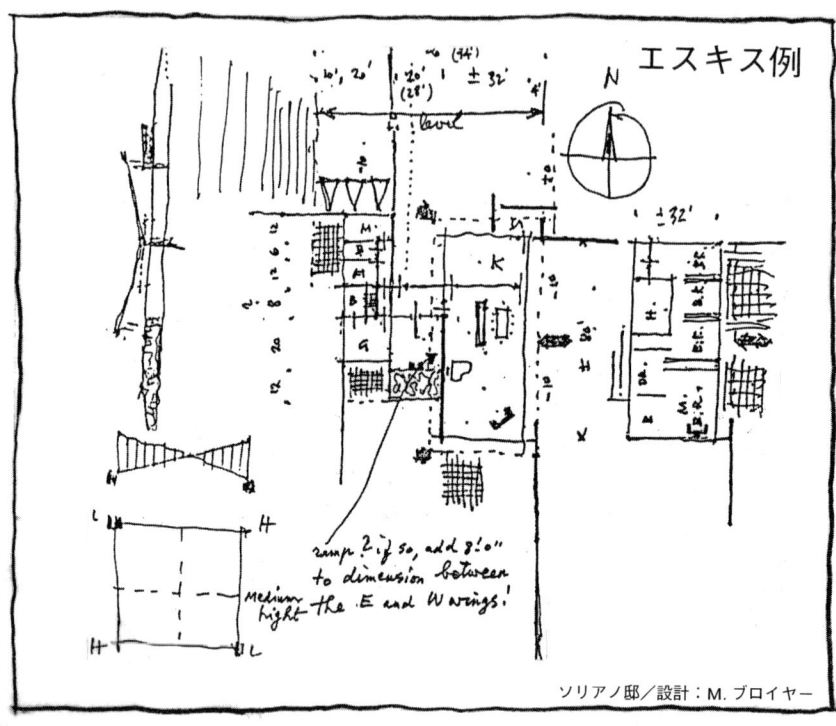

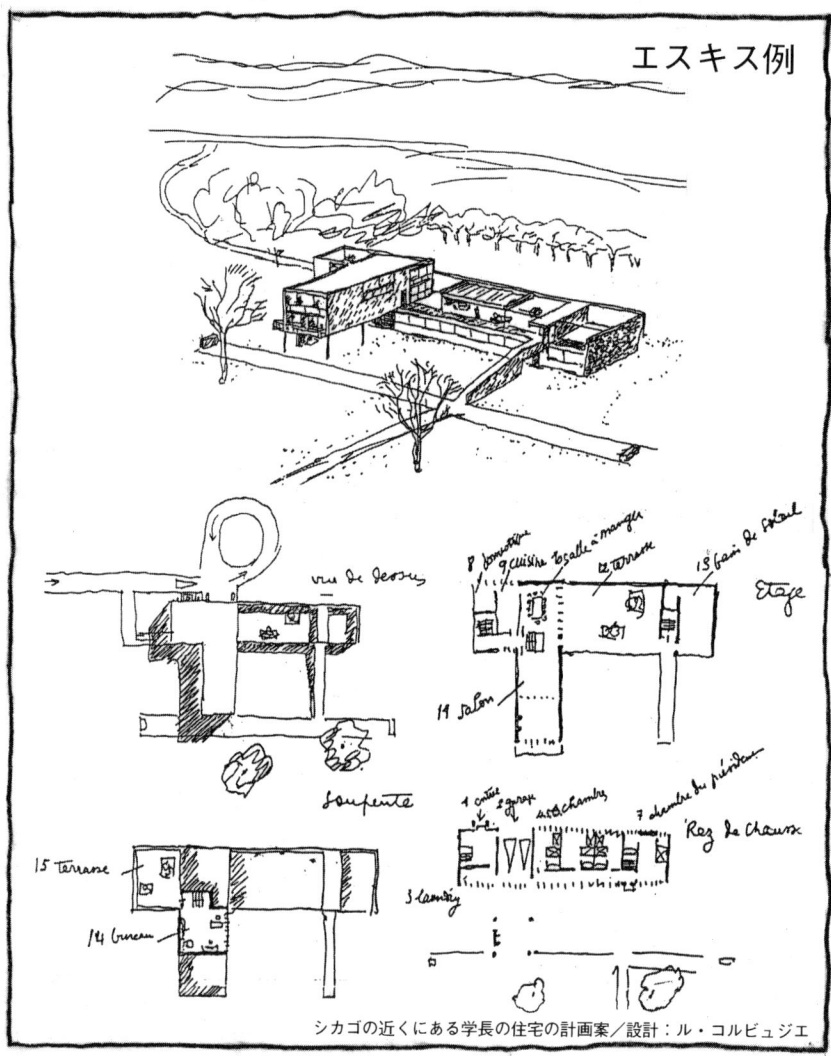

エスキス例

ソリアノ邸／設計：M. ブロイヤー

エスキス例

シカゴの近くにある学長の住宅の計画案／設計：ル・コルビュジエ

エスキス

家族や敷地からの〈条件〉と，建築家の〈イメージとコンセプト〉をもとに〈エスキス esquisse〉を開始します。エスキスとは，フランス語で〈下書き〉という意味です。英語では，〈スケッチ sketch〉ともいいます。最初から，平面図，立面図，断面図といった完成に近い〈図面 drawing〉をつくろうとしないで，ラフな下書きから次第に詳しい図面へと整えていきます。エスキスの段階で大切なのは，建築家として提案したいイメージやコンセプトを，表現しておくことです。エスキスは，完成した図面のようにきれいに描く必要はありません。部屋数や面積などの条件を守りながらも，よくなると思うアイデアをたくさん出しておきます。

手の訓練

エスキスをしながら，建築雑誌で見た建築の〈イメージ〉は頭にありありと浮かんでくるのに，なぜエスキスが進まないのでしょうか。

画家や彫刻家の作品は，創造性が要求されます。しかし彼らの修業時代は〈手〉に持った鉛筆で，目の前にある静物や風景など〈日常的〉に一般的な対象をスケッチする毎日です。そしていよいよキャンパスや素材に向かうとき，〈手〉に持った筆やノミで大いに〈創造性〉を発揮します。ル・コルビュジエの若き日の手帖『東方への旅』や『ドイツ紀行』が彼の作品の源泉になっています。皆さんもスケッチブックを持って旅に出掛けてみませんか。そして，手が自由自在に動くようにしましょう。

CADとエスキス

現代では，CADやCGを抜きにしては建築デザインは考えられません。もし，エスキスの段階でCADやCGを使う場合は，〈手〉に持ったペンシルと同じくらいに，〈手〉にしたマウスやキーボードを使いこなせるまで訓練しておくことが大切です。例えば，ギターを習った作曲家は，ギターで作曲します。ピアノを習った作曲家は，ピアノで作曲します。どちらが良くてどちらが悪いというものではありません。建築のデザインも同じことが言えます。美しい形や空間など外界の〈情景を摂取〉するときに使う〈手〉と，発想したデザインを〈表現〉する〈手〉は，同じ訓練を積んだ方がいいでしょう。ペンシルとマウスの間には貴賎上下の差別はありません。

模型で練る

模型
模型には，大きく分けて〈スタディ模型〉と〈完成模型〉の2種類があります。構想の段階では，スタディ模型をつくって案を練ります。スタディ模型は，精密につくる必要はありませんが，おおまかな寸法をある程度決めてから製作します。材料は，モデルボードやスチレンボードなどやわらかく加工しやすいものを使います。

三案くらいつくる
最後には，一つの案に決定しなければなりませんが，その案を決めるために，〈三案〉くらいつくってみます。スタディ模型では，駄目だと思う案もつくってみます。駄目な案もどこがまずいか確認しておくという意味で無駄ではありません。M.ブロイヤー邸では，同じ平面の上に，違う屋根の架け方を三案つくってみました。
- A案　切妻屋根（キリヅマヤネ）
- B案　寄棟屋根（ヨセムネヤネ）
- C案　陸屋根（ロクヤネ）

案の評価
これらのなかから最もいいものを一つ選びます。これらのそれぞれが〈代案 alternative〉，すなわち〈案〉と呼ばれているものです。構想段階でさまざまな案を比較検討しておくことは大切です。案を評価するとき，形は美しいか，雨漏りはないか，工事はしやすいかなど〈比較基準 criteria〉をつくって検討します。このような過程を〈評価 evaluation〉と言います。屋根に限らず，設計過程のさまざまな場面で迷ったときは，複数の案をつくり，評価基準をつくって比較検討します。

A案　切妻屋根

B案　寄棟屋根

C案　陸屋根

スタディ模型

2—5 構想—3　　　　模型による追体験

模型で考える

模型については，大きく分けて〈スタディ模型〉と〈完成模型〉の2種類あることは前述しました。また〈模型づくりのテクニック〉については，本書の姉妹編『建築設計演習 基礎編 建築デザインの製図法から簡単な設計まで』(彰国社)を参照して下さい。ここでは設計時の模型の役割と効果について述べます。

　模型で考える場合，スタディの目的によって模型材料を選択します。アイデアが浮かんだときには，何でもよいから手近にある材料—新聞紙でも—で取りあえずつくってみます。そのくらい，スタディ模型は簡単なボリュームや形態，空間の大ざっぱな構成を確認するものです。一般的には，ボリュームや彫刻的なスタディの場合は粘土を使います。つくったりこわしたりする場合はスチレンペーパーやイラストボードなどを用います。完成模型には木，石こう，プラスチック，金属を選びます。

模型による追体験

〈ものごとを習う〉のに大切なのは，良いお手本を見習うことです。ルーブル美術館に行くと，たくさんの画学生が名画の前でキャンバスを広げて模写をしています。ニセモノを制作しているのではなく，先人の叡知—構図や手法—を学んでいるわけです。建築設計でも同様のことがいえます。実際の作品に触れること—空間のスケール感や構成材のテクスチャーなど—が大切ですが，模型での追体験もこれに匹敵します。

　まず，自分がその建物を設計者になったつもりで，空間の組立て方を考えます。次に施工者になったつもりで，床・壁・天井・屋根・窓などの部品をつくってみます。組立て始めると実際の建物をつくるのと同じことに気付くはずです。最後に家具や絵などを置いて，自分がそこで暮らすことをイメージしてみましょう。次の写真はいずれも大学1～2年生の学生作品です。

落水荘／設計：F.L. ライト

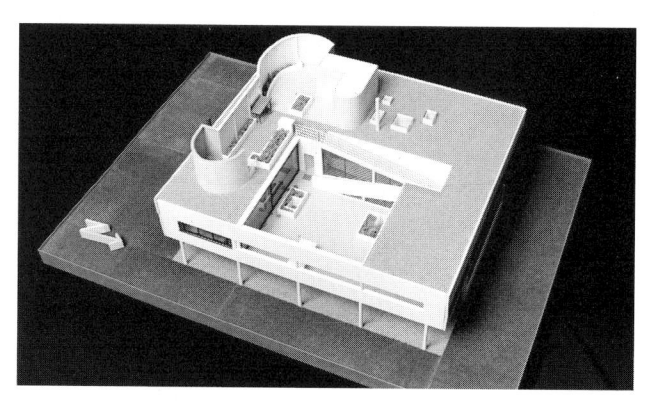

サヴォワ邸／設計：ル・コルビュジエ

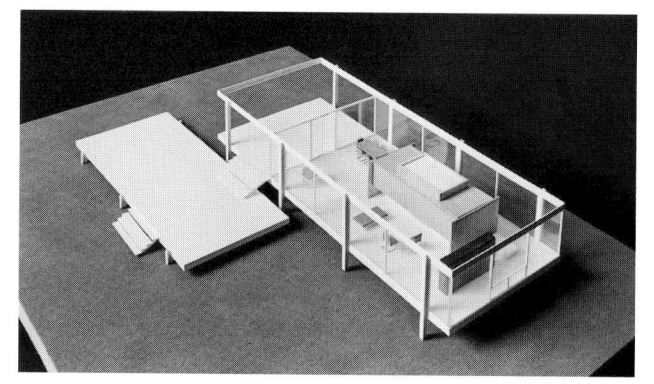

ファンズワース邸／設計：ミース v.d. ローエ

学生作品

マリオ・ボッタの作品の模型　　芦澤大介（法政大学1年）

同左の内部

学生作品　　松村真理（共立女子大学2年）

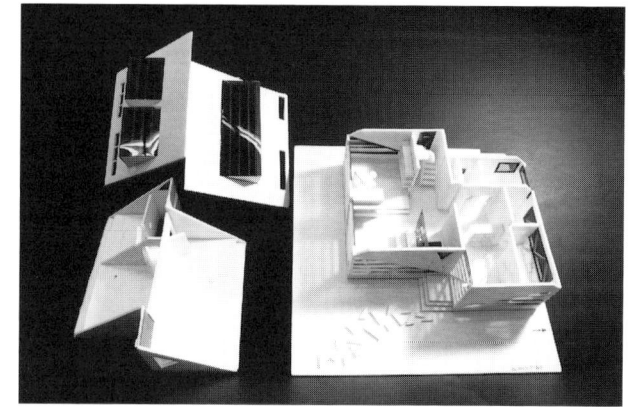

同左の内部

学生作品　　石樽宣之（法政大学1年）

学生作品　　小田祐希子（共立女子大学2年）

学生作品　　三浦浩二（法政大学1年）

学生作品　　鈴木桃子（共立女子大学2年）

2–7 空間構成—1

M.ブロイヤー邸Ⅱ
玄関とアプローチ

生活機能

玄関は，ただ単に建物に〈出入りするための開口部〉ではありません。隣人との〈立ち話の場〉であったり〈出会いや別離の場〉でもあります。

また，引越しのときの〈家具の運搬〉や家族の〈冠婚葬祭〉の出入口になります。

動 線

玄関の外側と内側では，動線への配慮が違います。外側では，道路から玄関に近づくときの〈連続的な視覚展開〉を大切にします。玄関の内側では，各部屋へ至る動線のルートが，〈扇の要〉のように玄関と連絡されているよう配慮します。

部 位

〈玄関扉〉は，開く方向に注意します。日本では雨水を切るため〈外開き〉が普通ですが，西欧では客を招き入れることを大切にするため〈内開き〉が一般的です。日本では玄関で傘を開いたりたたんだりするので〈庇〉が必要です。

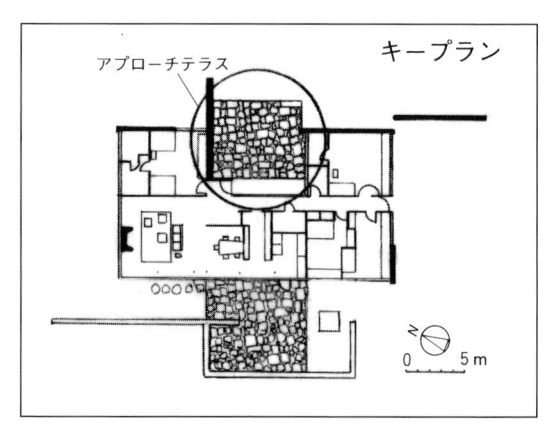

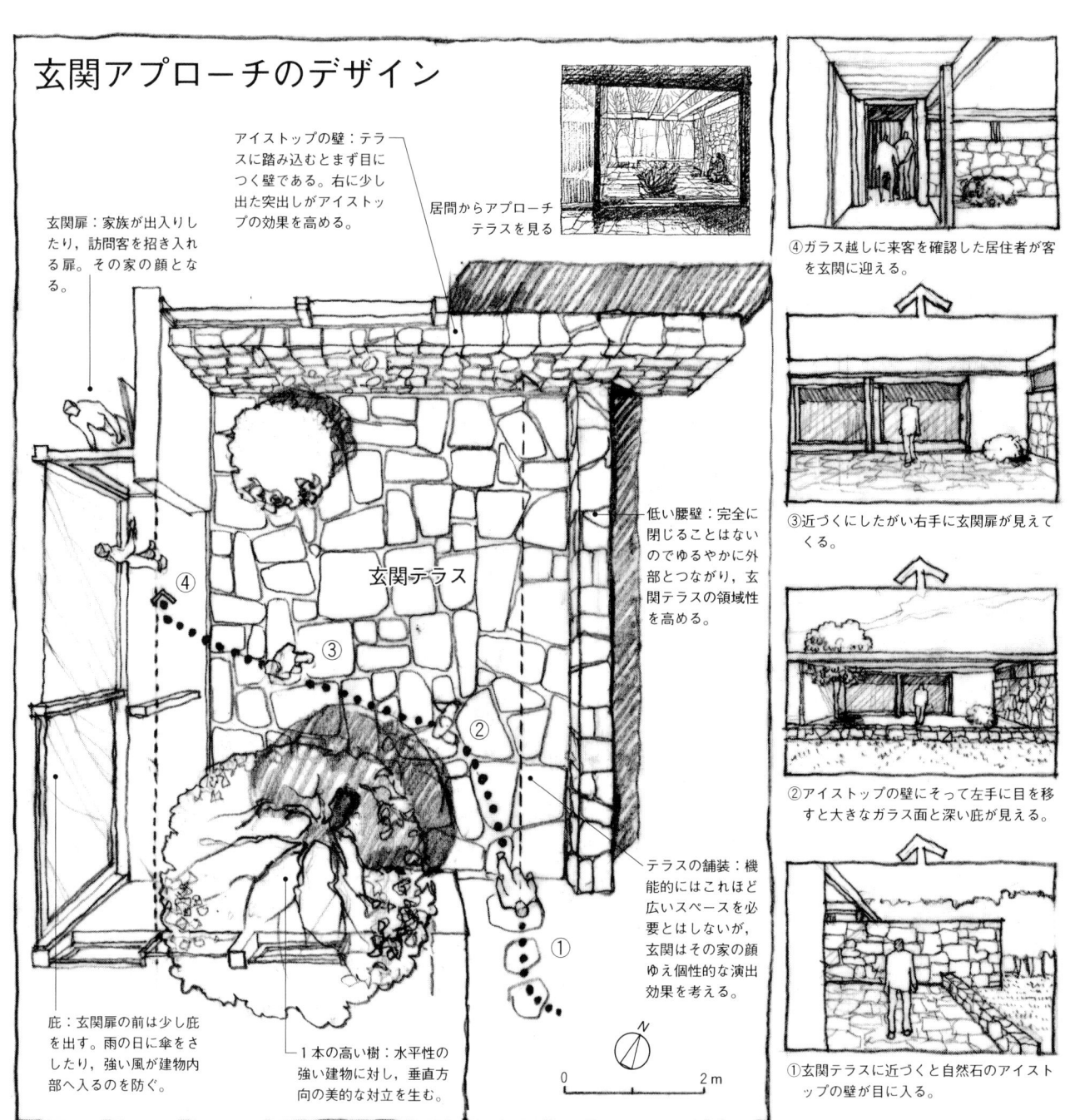

キープラン

玄関アプローチのデザイン

アイストップの壁：テラスに踏み込むとまず目につく壁である。右に少し出た突出がアイストップの効果を高める。

居間からアプローチテラスを見る

玄関扉：家族が出入りしたり，訪問客を招き入れる扉。その家の顔となる。

低い腰壁：完全に閉じることはないのでゆるやかに外部とつながり，玄関テラスの領域性を高める。

玄関テラス

テラスの舗装：機能的にはこれほど広いスペースを必要とはしないが，玄関はその家の顔ゆえ個性的な演出効果を考える。

庇：玄関扉の前は少し庇を出す。雨の日に傘をさしたり，強い風が建物内部へ入るのを防ぐ。

1本の高い樹：水平性の強い建物に対し，垂直方向の美的な対立を生む。

④ガラス越しに来客を確認した居住者が客を玄関に迎える。

③近づくにしたがい右手に玄関扉が見えてくる。

②アイストップの壁にそって左手に目を移すと大きなガラス面と深い庇が見える。

①玄関テラスに近づくと自然石のアイストップの壁が目に入る。

設計資料

沓脱ぎ
日本の住居は，さまざまな部分で洋風化しています。しかし，玄関で〈靴を脱ぐ〉という昔ながらの習慣はまだまだ大勢を占めています。そのため，玄関は〈土間〉と〈板間〉に分けて設計し，その間に〈上がり框(カマチ)〉で段差を設けて上下足の履替えを行います。

玄関の収納
玄関を広く使うためには，使用していない〈靴や傘〉をできるだけ〈収納〉しておきます。一般には毎日使う靴のほかに，雨靴，下駄，サンダル，スニーカーなど一人で何種類もの履物やコートなどを持っています。玄関の収納スペースは，十分確保しておきましょう。

高齢者対策
将来，高齢者になったとき困らないように，新築のとき対策を立てておきます。玄関の上がり框の〈段差〉は，できるだけ少なくしておきます。靴を脱ぐときは，片足になり不安定ですから，一度〈腰掛け〉にかけて靴を脱ぐようにしておきます。座るときや立ち上がるときも不安定になりますから，手を添えることができる〈手摺〉を付けておきます。段差は，できるだけ〈スロープ〉にしておきます。機能だけでなく見た目にもよいデザインにします。

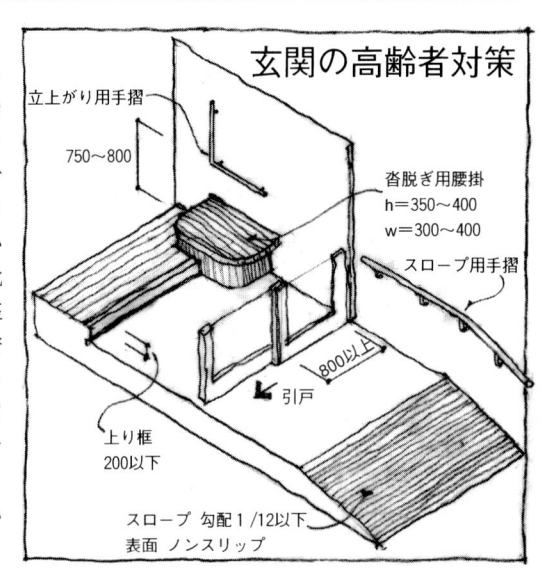

玄関の高齢者対策
- 立上がり用手摺　750〜800
- 沓脱ぎ用腰掛　h＝350〜400　w＝300〜400
- スロープ用手摺
- 引戸　800以上
- 上り框　200以下
- スロープ 勾配 1/12以下
- 表面 ノンスリップ

日本の玄関：沓脱ぎの習慣

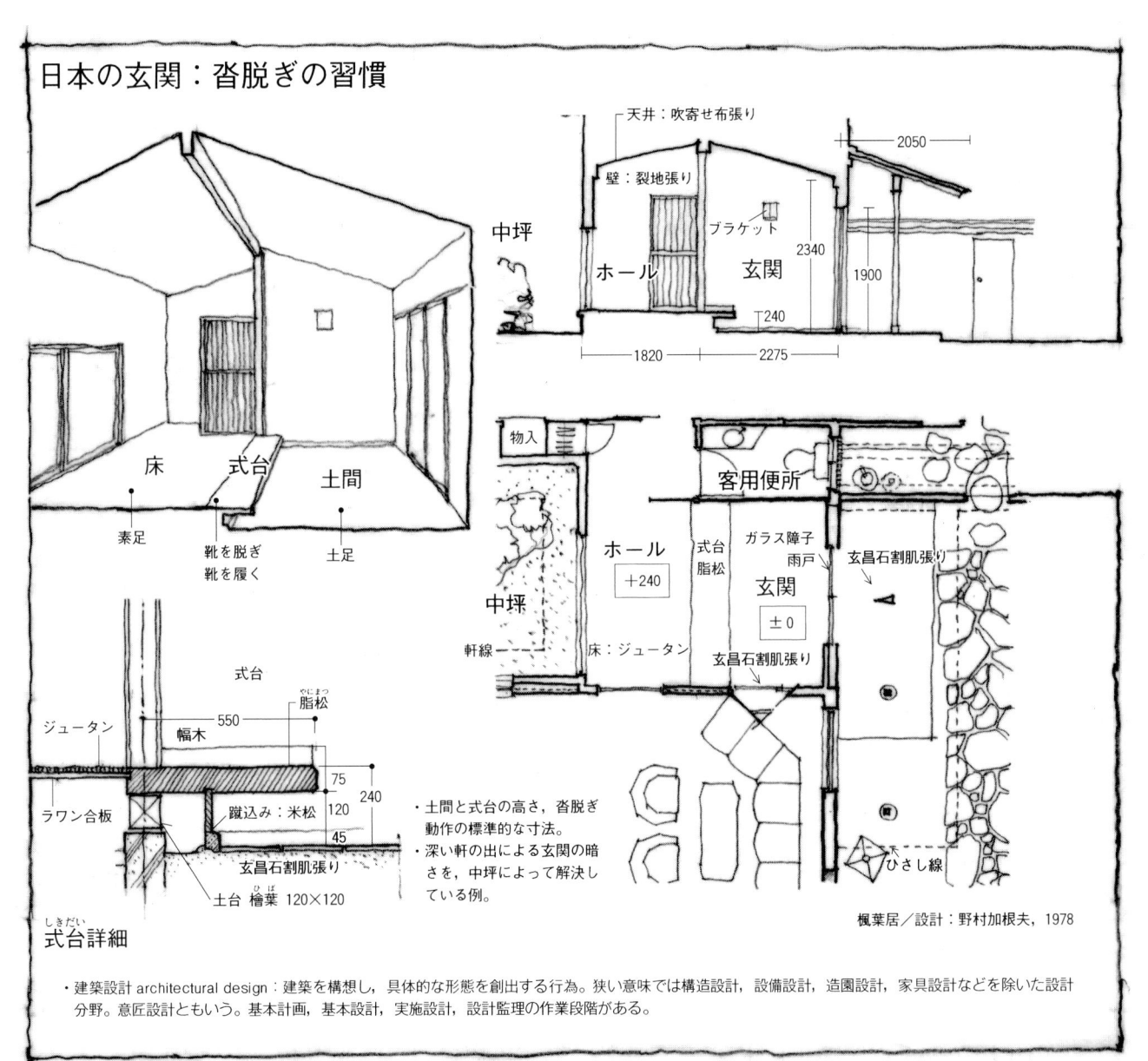

床／式台／土間
素足／靴を脱ぎ靴を履く／土足

天井：吹寄せ布張り
壁：裂地張り
ブラケット
中坪／ホール／玄関
2050／2340／1900／240
1820／2275

物入／客用便所
中坪／ホール(+240)／式台 脂松／ガラス障子／雨戸／玄関(±0)／玄昌石割肌張り
軒線／床：ジュータン
ひさし線

式台詳細
- ジュータン
- 式台 脂松 幅木 550
- ラワン合板
- 蹴込み：米松
- 75／120／45／240
- 玄昌石割肌張り
- 土台 檜葉 120×120

・土間と式台の高さ，沓脱ぎ動作の標準的な寸法。
・深い軒の出による玄関の暗さを，中坪によって解決している例。

楓葉居／設計：野村加根夫, 1978

・建築設計 architectural design：建築を構想し，具体的な形態を創出する行為。狭い意味では構造設計，設備設計，造園設計，家具設計などを除いた設計分野。意匠設計ともいう。基本計画，基本設計，実施設計，設計監理の作業段階がある。

2-8 空間構成-2

**M.ブロイヤー邸II
居間**

生活機能
居間は，家族が集まる〈だんらんの場〉です。住居の中心となる場所です。外来の客があるときは〈接客の場〉にもなります。居間の設計では，ソファなどの〈家具の配置〉をまず考えて，部屋の大きさや，窓や扉などの位置や大きさを考えます。

動線
居間は住居の中心ですから，各部屋との連絡が大切です。居間の中央を横切ることなく〈端や隅を横切って〉各部屋へ行けるように考えておきます。居間と直接関係する動線として〈玄関〉と〈食事スペース〉との関係も大切です。

部位
居間の生活機能で，まずソファなど家具の配置が大切であると述べました。そこに座ることを想定して，風景の見える方向に窓などの〈開口部〉を設けます。それから，〈壁面〉の位置を決めて，棚，暖炉，絵などを飾る場所を想定します。

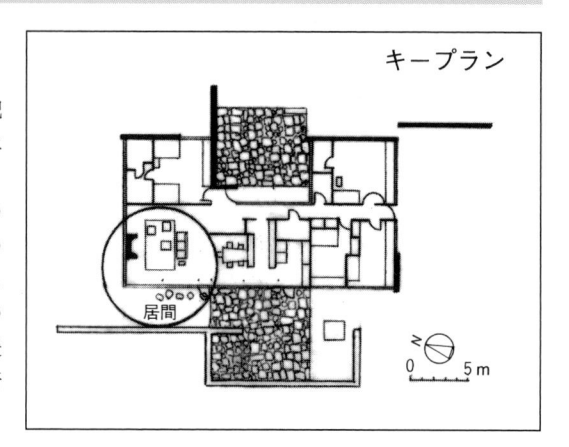

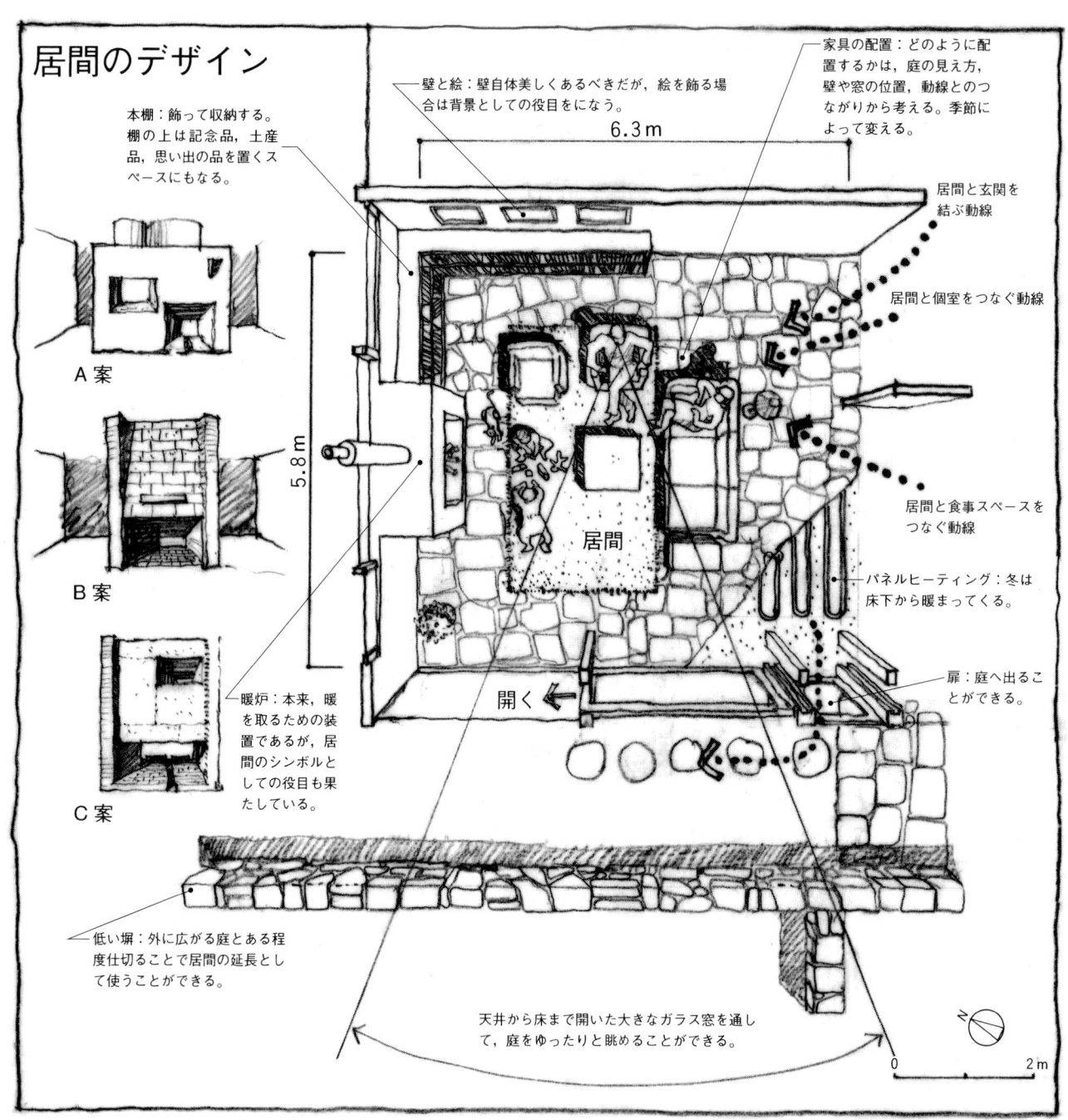

キープラン

居間のデザイン

- **本棚**：飾って収納する。棚の上は記念品，土産品，思い出の品を置くスペースにもなる。
- **壁と絵**：壁自体美しくあるべきだが，絵を飾る場合は背景としての役目をになう。
- **家具の配置**：どのように配置するかは，庭の見え方，壁や窓の位置，動線とのつながりから考える。季節によって変える。
- 居間と玄関を結ぶ動線
- 居間と個室をつなぐ動線
- 居間と食事スペースをつなぐ動線
- **パネルヒーティング**：冬は床下から暖まってくる。
- **扉**：庭へ出ることができる。
- **暖炉**：本来，暖を取るための装置であるが，居間のシンボルとしての役目も果たしている。
- **低い塀**：外に広がる庭とある程度仕切ることで居間の延長として使うことができる。
- 天井から床まで開いた大きなガラス窓を通して，庭をゆったりと眺めることができる。

6.3 m
5.8 m
開く
居間

A案
B案
C案

設計資料

壁と開口部

居間の位置を決めるときは，〈眺望〉や〈日当り〉の良い場所を選びます。建築家は，敷地を最初に訪れたとき，眺めや日当りの良い方向を自分の身体で感じておきます。居間の〈開口部〉を設計するときにその体験を生かします。居間では〈壁〉の位置も大切です。暖炉や飾り棚や本棚は，その後ろに壁を必要とします。ソファの背と壁の関係なども，最初から考えておきましょう。

家具の配置

居間の設計は，〈家具の配置〉を決めてから進めるといいでしょう。家具の配置は，その家族がどのような〈だんらんの仕方〉を望んでいるかよく確かめて決めます。新しく住居を設計する場合，部屋の大きさや形を決めてしまったあとで，家具を配置すると部屋とのバランスが悪くなります。家具は設計の段階でうまく配置しておかないと，生活に役立つどころか逆に生活を圧迫します。

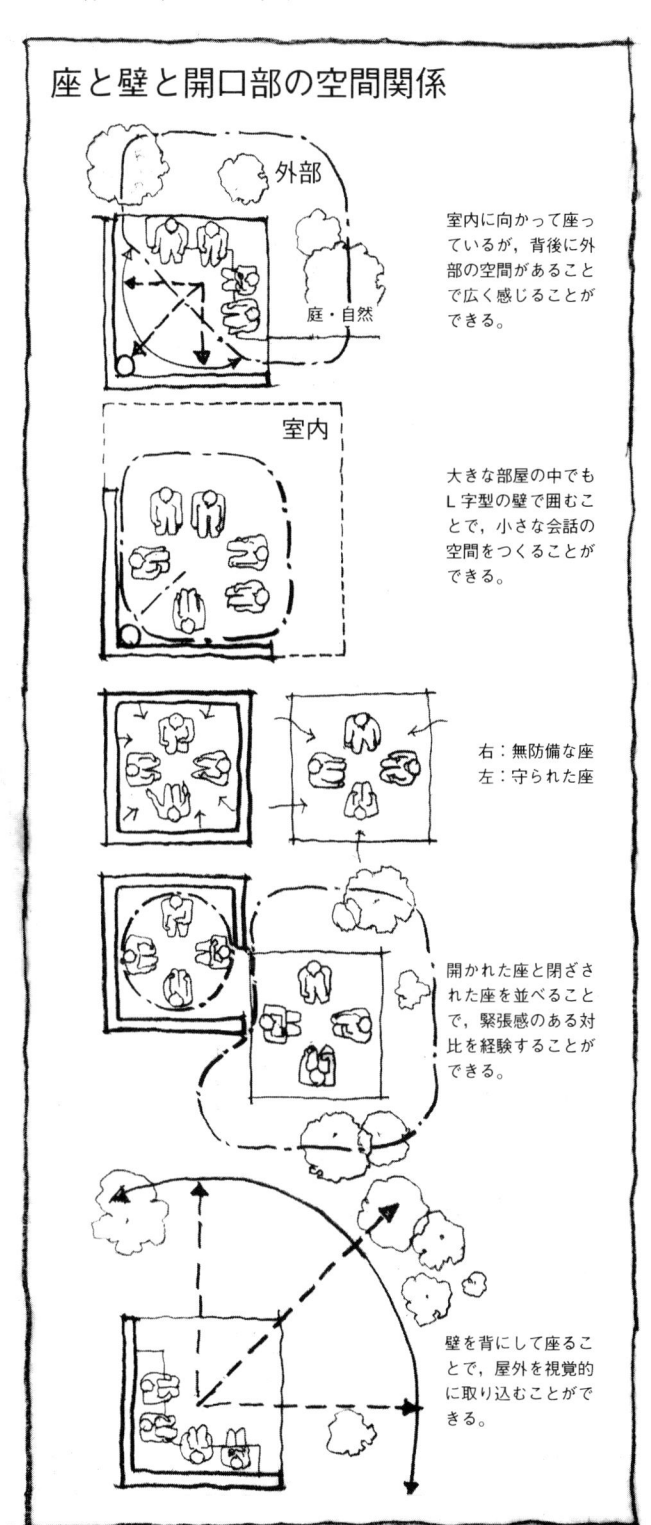

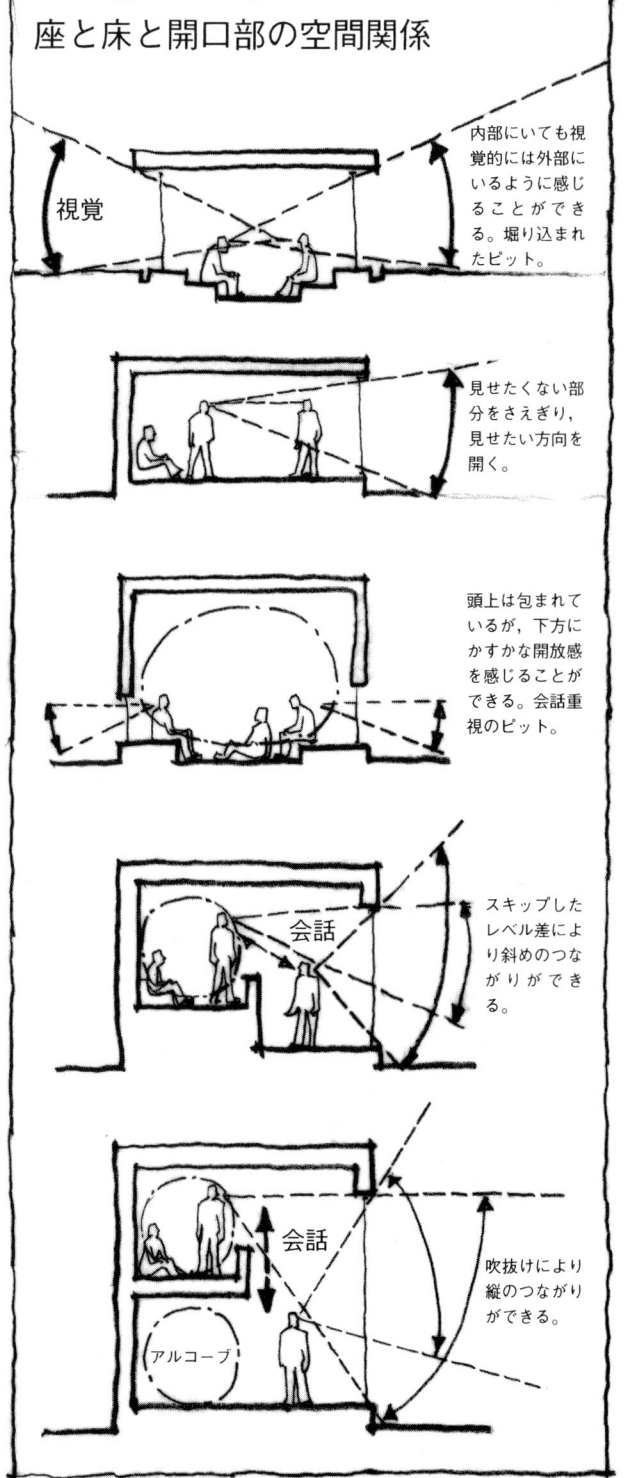

座と壁と開口部の空間関係

室内に向かって座っているが，背後に外部の空間があることで広く感じることができる。

大きな部屋の中でもL字型の壁で囲むことで，小さな会話の空間をつくることができる。

右：無防備な座
左：守られた座

開かれた座と閉ざされた座を並べることで，緊張感のある対比を経験することができる。

壁を背にして座ることで，屋外を視覚的に取り込むことができる。

座と床と開口部の空間関係

内部にいても視覚的には外部にいるように感じることができる。堀り込まれたピット。

見せたくない部分をさえぎり，見せたい方向を開く。

頭上は包まれているが，下方にかすかな開放感を感じることができる。会話重視のピット。

スキップしたレベル差により斜めのつながりができる。

吹抜けにより縦のつながりができる。

2-9 空間構成-3

M.ブロイヤー邸II
食事のスペース

生活機能
食事スペースは，基本的には〈食事の場〉ですが，居間に次いで大切な家族のだんらんの場でもあります。食事スペースを設計するとき〈食卓と照明器具〉を一緒に考えます。食事室というより，食事の〈場〉の設計と考えるべきでしょう。

動線
食事室と最も密接な関係にある動線は，厨房との関係です。食事をつくり〈食卓に運ぶ〉動線をまず考えます。次に，食べた後の汚れた食器を〈片付ける〉動線も考えておきます。この二つの動線は意外に違っていることに気付くはずです。

部位
〈食事室〉として一つの部屋にするか，居間の一部を〈食事コーナー〉として使うかで〈壁〉の考えが違ってきます。部屋にする場合は〈間仕切り壁〉が必要です。コーナーにする場合は〈袖壁〉などでやわらかく区切るようにします。

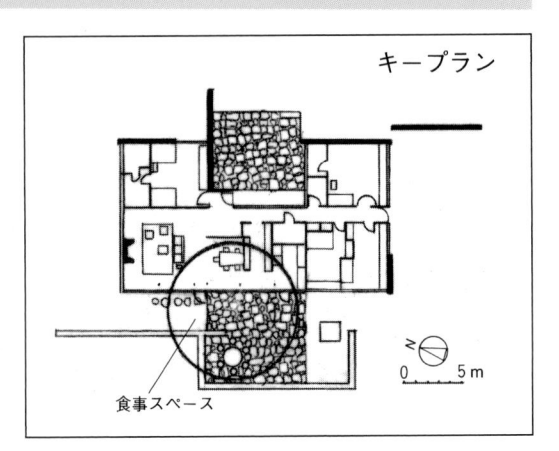

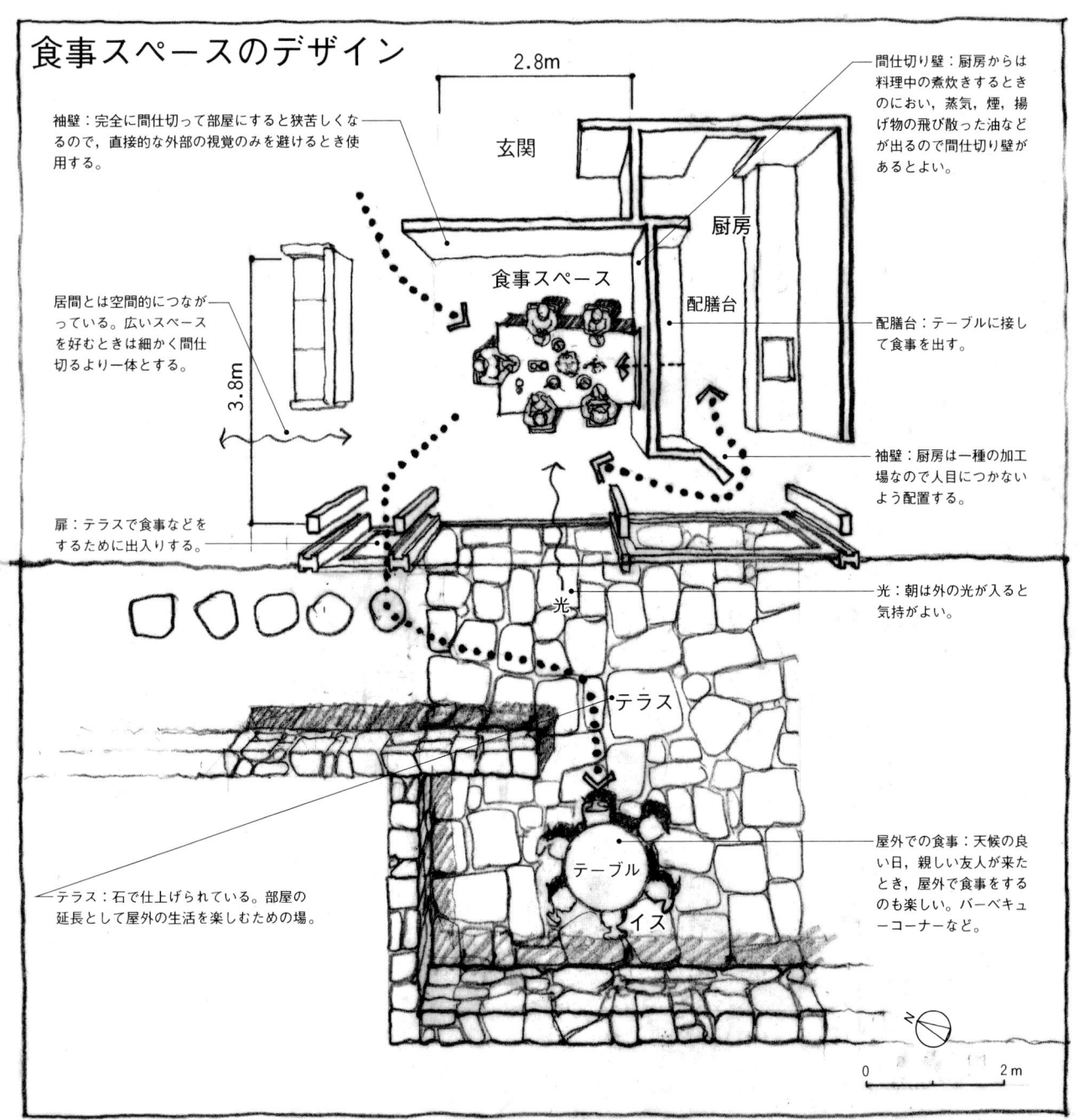

キープラン

食事スペース

食事スペースのデザイン

- **袖壁**：完全に間仕切って部屋にすると狭苦しくなるので，直接的な外部の視覚のみを避けるとき使用する。
- 居間とは空間的につながっている。広いスペースを好むときは細かく間仕切るより一体とする。
- **扉**：テラスで食事などをするために出入りする。
- **テラス**：石で仕上げられている。部屋の延長として屋外の生活を楽しむための場。
- **間仕切り壁**：厨房からは料理中の煮炊きするときのにおい，蒸気，煙，揚げ物の飛び散った油などが出るので間仕切り壁があるとよい。
- **配膳台**：テーブルに接して食事を出す。
- **袖壁**：厨房は一種の加工場なので人目につかないよう配置する。
- **光**：朝は外の光が入ると気持がよい。
- **屋外での食事**：天候の良い日，親しい友人が来たとき，屋外で食事をするのも楽しい。バーベキューコーナーなど。

2.8m / 3.8m
玄関 / 厨房 / 食事スペース / 配膳台 / テラス / テーブル / イス / 光

設計資料

用語〈食堂〉について
よく使用される〈食堂〉という用語はここでは使用していません。食堂の〈堂〉は、堂塔伽藍と言われるように、仏教寺院の僧が食事をする〈一つの建物〉を意味していました。ここでは、居間の一部という意味で〈食事スペース〉を採用しました。

多機能テーブル
〈食卓テーブル〉は、文字どおりに読めば食事をする卓という意味ですが、予想以上に多くの家事をこなしています。家計簿をつけたり、新聞を読んだり、アイロンをかけたり、子供の宿題を見たりと、家の中で一番働き者の家具かもしれません。

食卓の形と配置
〈食卓は多機能テーブル〉ということを再認識することによって、その形や配置を再考してみましょう。家具の名称からではなく、実際には食卓はどのような使われ方をしているかを振り返ってみると、案外面白いデザインができるかもしれません。

動作寸法

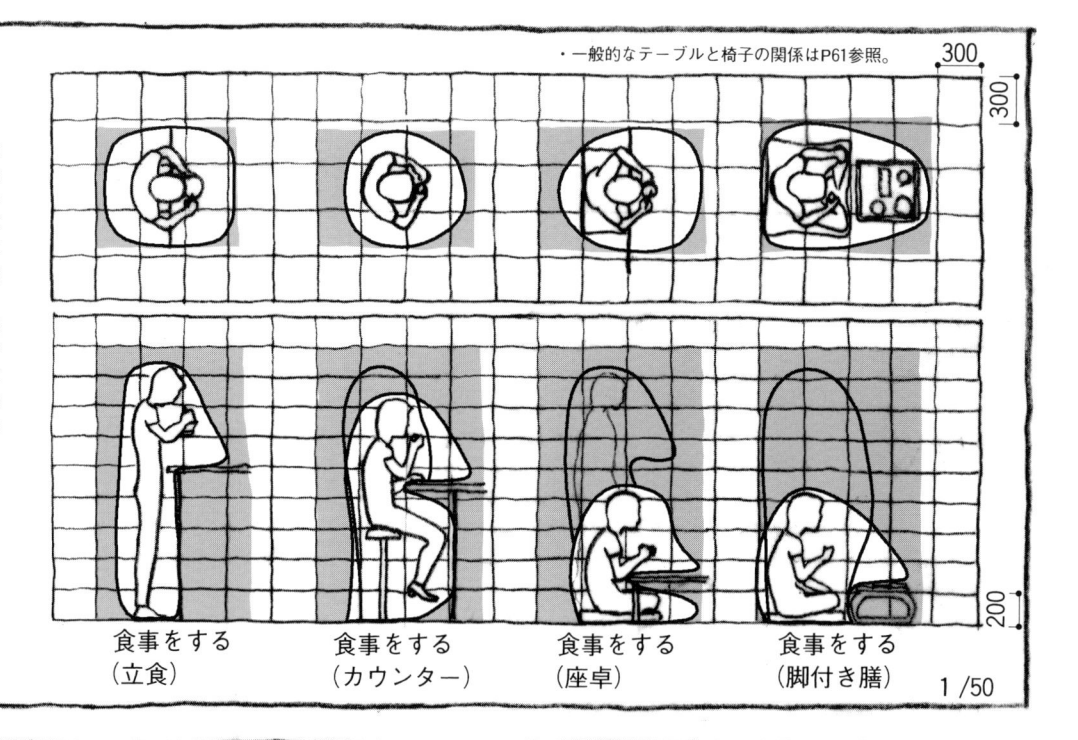

食事スペースの設計にあたっては、テーブルや椅子など〈家具の寸法〉はもちろんであるが、そのまわりに必要な〈動作寸法〉も一緒に考えておく。〈椅子〉に座って食べるときと〈正座〉して食べるときの違いを理解しておく。とくに椅子で食事をする場合は、食卓にアプローチするまでと、椅子を引いて座るときの動作寸法を十分とっておく。

・一般的なテーブルと椅子の関係はP61参照。

食事をする（立食）　食事をする（カウンター）　食事をする（座卓）　食事をする（脚付き膳）

1/50

テーブルと椅子

テーブルを囲んでの座り方にはいくつか方法がある。最も適した配置を決めてから、部屋の大きさを考える。食卓のまわりには必要な空間を十分とっておく。

・円形や多角形のテーブルでも考えてみましょう。

2人掛け（≒2.5m²）　4人掛け（≒3.8m²）　4人掛け（≒5.5m²）　6人掛け（≒7.3m²）

1/100

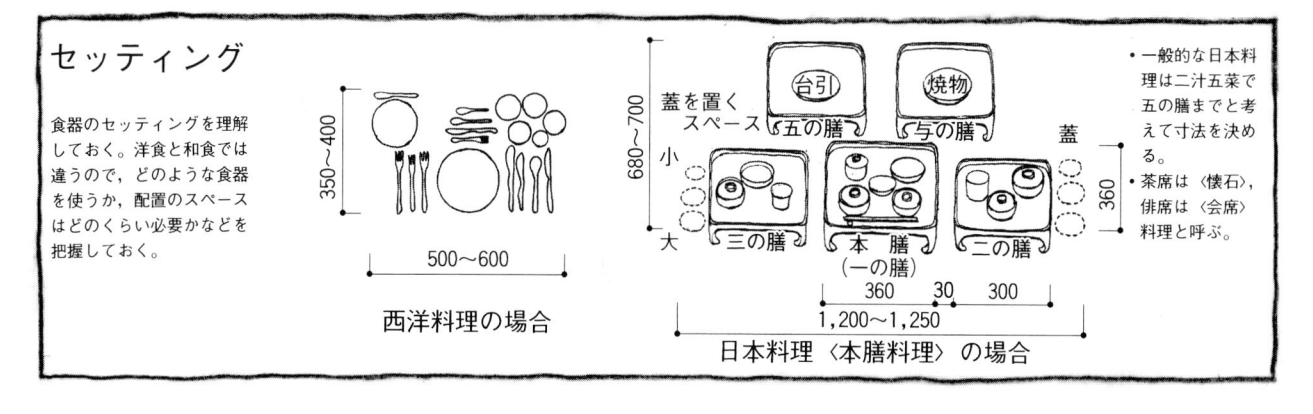

セッティング

食器のセッティングを理解しておく。洋食と和食では違うので、どのような食器を使うか、配置のスペースはどのくらい必要かなどを把握しておく。

西洋料理の場合

日本料理〈本膳料理〉の場合

・一般的な日本料理は二汁五菜で五の膳までと考えて寸法を決める。
・茶席は〈懐石〉、俳席は〈会席〉料理と呼ぶ。

2-10 空間構成-4

M. ブロイヤー邸 II
厨房

生活機能
厨房は，〈食事をつくる場〉です。調理には順序があり，設備が必要なので，住居の中では最も〈機能〉が要求される場所です。

忘れてならないのが，厨房は，食事の後の汚れた食器や残り物を〈処理する場〉でもあることです。

動線
厨房では，〈厨房器具〉と〈人の動き〉の関係が大切です。〈調理の流れ〉として…
冷蔵庫（食品庫）→洗う→切る→煮る→盛る→食卓…
を考えておきます。食べた後の食器や残飯の〈後片付けの流れ〉も考えておきましょう。

部位
厨房は，火と水を使って〈食事をつくる工場〉と言ってもいいでしょう。床，壁，天井は，火に対しては〈不燃材料〉を使い，水に対しては〈防水材料〉を使います。厨房でよく使われる磁器タイルは，火と水の両方に強い材料です。

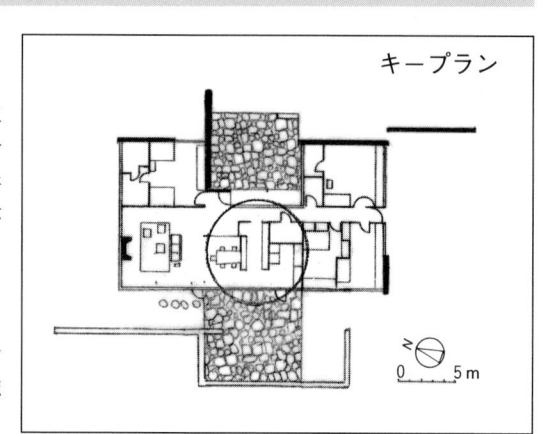

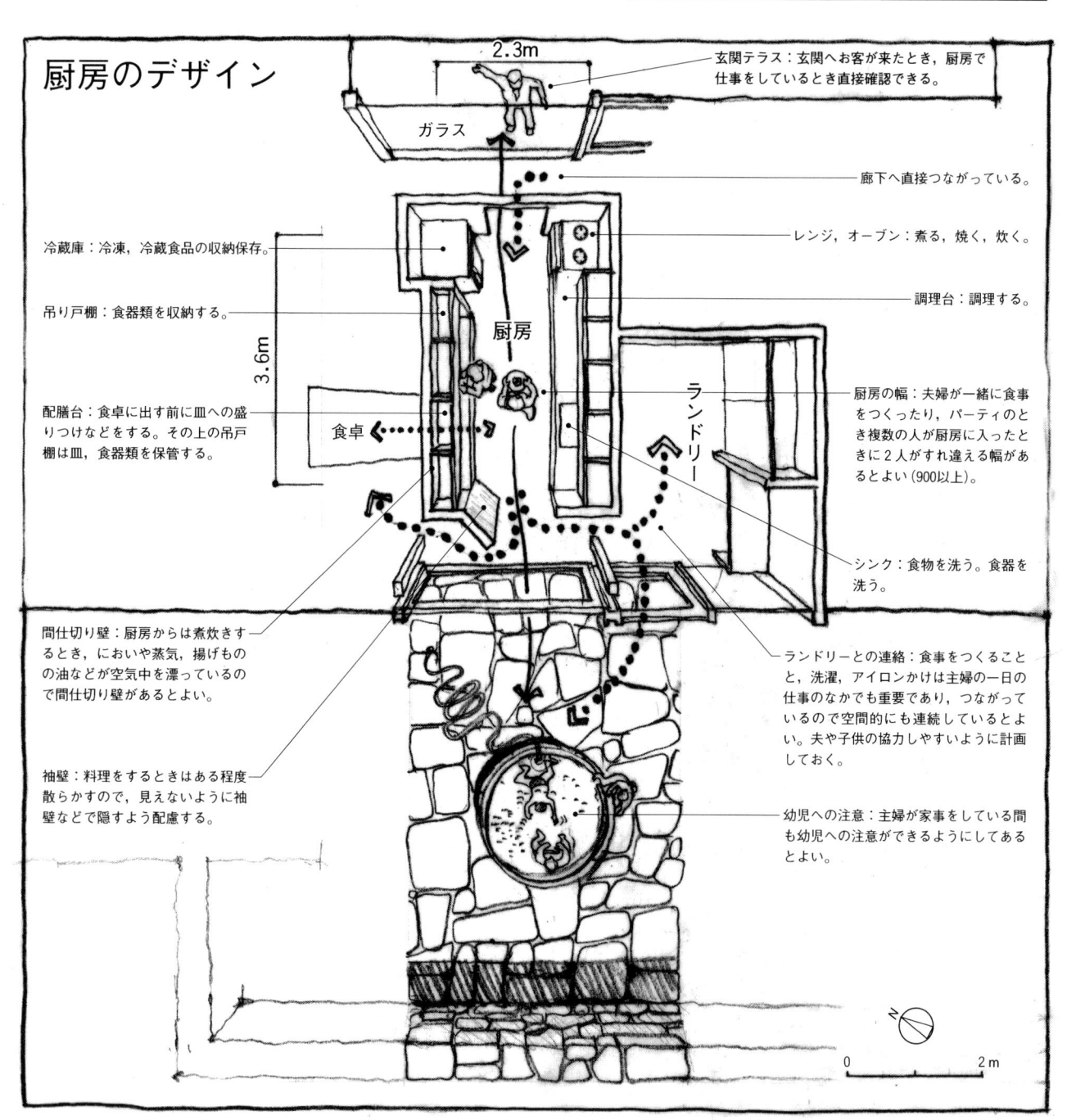

キープラン

厨房のデザイン

- 玄関テラス：玄関へお客が来たとき，厨房で仕事をしているとき直接確認できる。
- 廊下へ直接つながっている。
- レンジ，オーブン：煮る，焼く，炊く。
- 調理台：調理する。
- 厨房の幅：夫婦が一緒に食事をつくったり，パーティのとき複数の人が厨房に入ったときに2人がすれ違える幅があるとよい（900以上）。
- シンク：食物を洗う。食器を洗う。
- ランドリーとの連絡：食事をつくることと，洗濯，アイロンかけは主婦の一日の仕事のなかでも重要であり，つながっているので空間的にも連続しているとよい。夫や子供の協力しやすいように計画しておく。
- 幼児への注意：主婦が家事をしている間も幼児への注意ができるようにしてあるとよい。

- 冷蔵庫：冷凍，冷蔵食品の収納保存。
- 吊り戸棚：食器類を収納する。
- 配膳台：食卓に出す前に皿への盛りつけなどをする。その上の吊戸棚は皿，食器類を保管する。
- 間仕切り壁：厨房からは煮炊きするとき，においや蒸気，揚げものの油などが空気中を漂っているので間仕切り壁があるとよい。
- 袖壁：料理をするときはある程度散らかすので，見えないように袖壁などで隠すよう配慮する。

設計資料

厨房は主婦の司令塔
朝起きるとまず朝ごはんの用意，そして昼ごはんの用意，午後には夕ごはんの準備が始まります。食事の後片付けと料理の下ごしらえをしながら，その間に掃除や洗濯をしなくてはなりません。主婦は〈厨房を中心〉に動いていることがわかります。

厨房は小さな工場
厨房の〈エネルギー源〉としては，電気・ガス・太陽熱などがあります。調理後は，排水・排気・生ゴミなど〈廃棄物〉の処理が必要です。調理には火を使いますから〈防火対策〉が必要です。厨房は，他の居室と根本的に違うことを理解しましょう。

料理の楽しみ
食事をつくることは，昔はつらい労働の一つでした。厨房器具や台所用品のめざましい進歩によって，現在では楽しい仕事になっています。また「男子厨房に入らず」と封建的な時代もありましたが，最近は男性も積極的に参加する時代です。

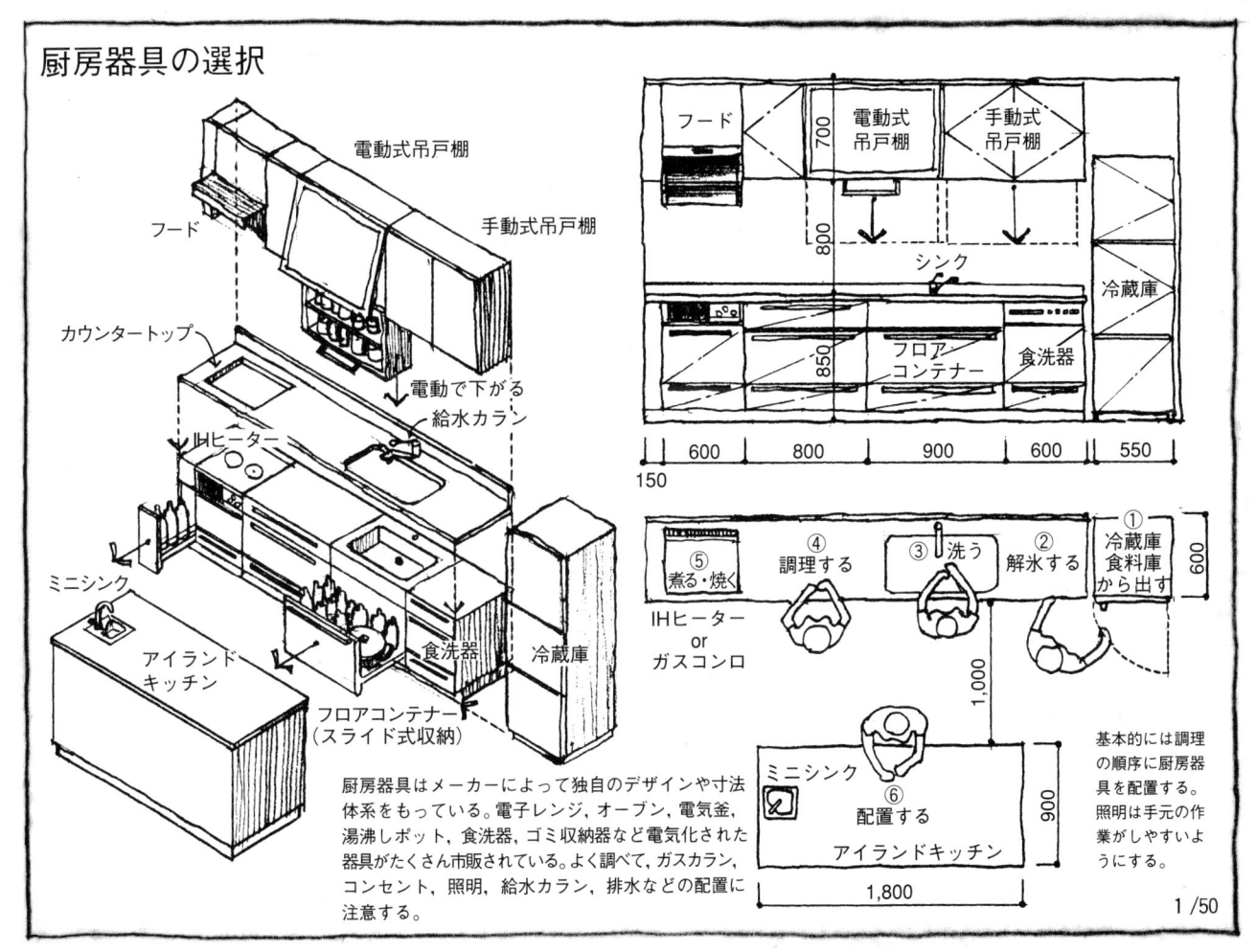

動作寸法
厨房の〈器具の寸法〉と〈動作寸法〉を一緒に考えて設計する。とくに器具の〈高さ〉と料理する主婦の〈身長〉は密接な関係にある。独立住居の厨房は，一人の主婦が専有して使用することが多いので，設計するにあたっては，使いやすい寸法を割り出す。
厨房器具・台所用品の発達はまざましいので，ショールームなどを訪ねてみるとよい。

1/50

厨房器具の選択

電動式吊戸棚／手動式吊戸棚／フード／カウンタートップ／電動で下がる給水カラン／IHヒーター／ミニシンク／アイランドキッチン／フロアコンテナー（スライド式収納）／食洗器／冷蔵庫

厨房器具はメーカーによって独自のデザインや寸法体系をもっている。電子レンジ，オーブン，電気釜，湯沸しポット，食洗器，ゴミ収納器など電気化された器具がたくさん市販されている。よく調べて，ガスカラン，コンセント，照明，給水カラン，排水などの配置に注意する。

① 冷蔵庫・食料庫から出す
② 解水する
③ 洗う
④ 調理する
⑤ 煮る・焼く（IHヒーター or ガスコンロ）
⑥ 配置する アイランドキッチン
ミニシンク

基本的には調理の順序に厨房器具を配置する。照明は手元の作業がしやすいようにする。

1/50

2—11　空間構成—5

M.ブロイヤー邸Ⅱ
家具

家具から部屋へ
居間や食事スペースを設計するとき、〈家具の配置〉から〈部屋の設計〉へと移ることが大切だと前述しました。昔はちゃぶ台での〈座式〉生活が普通でした。現代では〈椅子式〉生活と部屋の関係をよく理解しておきましょう。

家具の種類
〈椅子と机〉は、一体として考えることが大切です。居間でくつろぐときの〈ソファとテーブル〉、食事をするときの〈チェアとダイニング・テーブル〉。これらは、形も寸法も違います。個室で使う〈スタディ・デスクとチェア〉も違います。

家具の製作
〈建築〉と〈家具〉は、専門分野が違います。しかし両者は一体となって〈生活の場〉を形成しています。分野にこだわらず、自分の設計した部屋に合う椅子や机を、自分で〈設計〉し、自分で〈製作〉してみるのもいいでしょう。

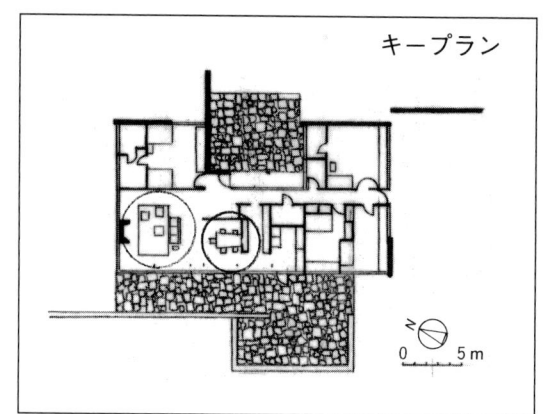

キープラン

居間の椅子 (ワシリー・チェア, 1928)

M.ブロイヤーが70年前にデザインした椅子。鉄パイプの力学的性質とレザーを使って皮膚感覚のテクスチャーを生かした斬新なデザインである。皆さんも椅子のデザインに挑戦してみよう。

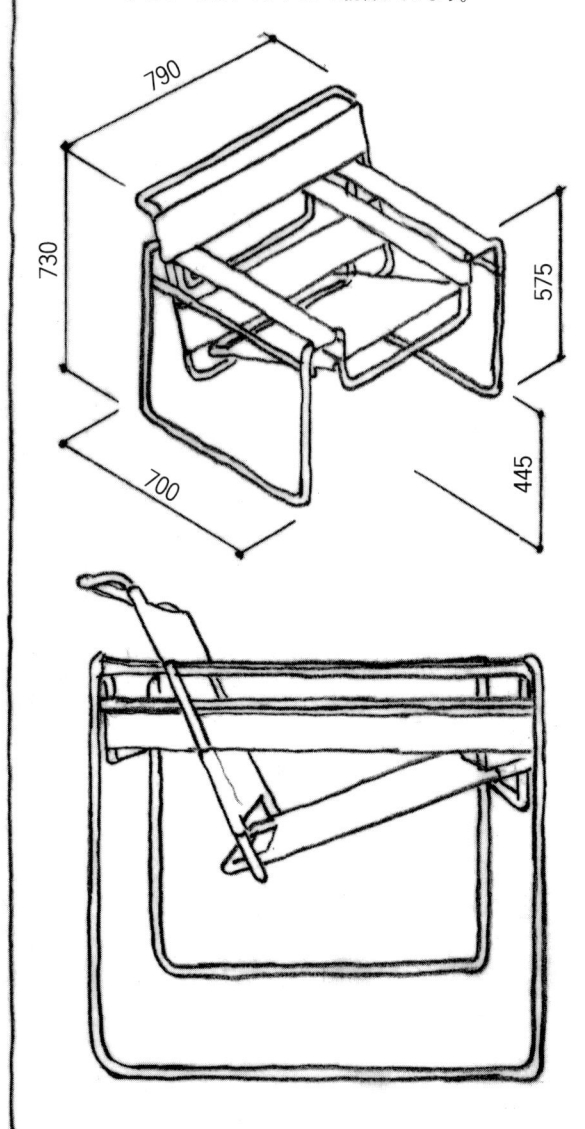

食卓の椅子 (キャンチレバー・チェア, 1928)

この椅子もM.ブロイヤーのデザイン。ワシリー・チェアと同じく構造部分は鉄パイプをクロームメッキしたもので、人の触る部分は木と籐でつくられている。

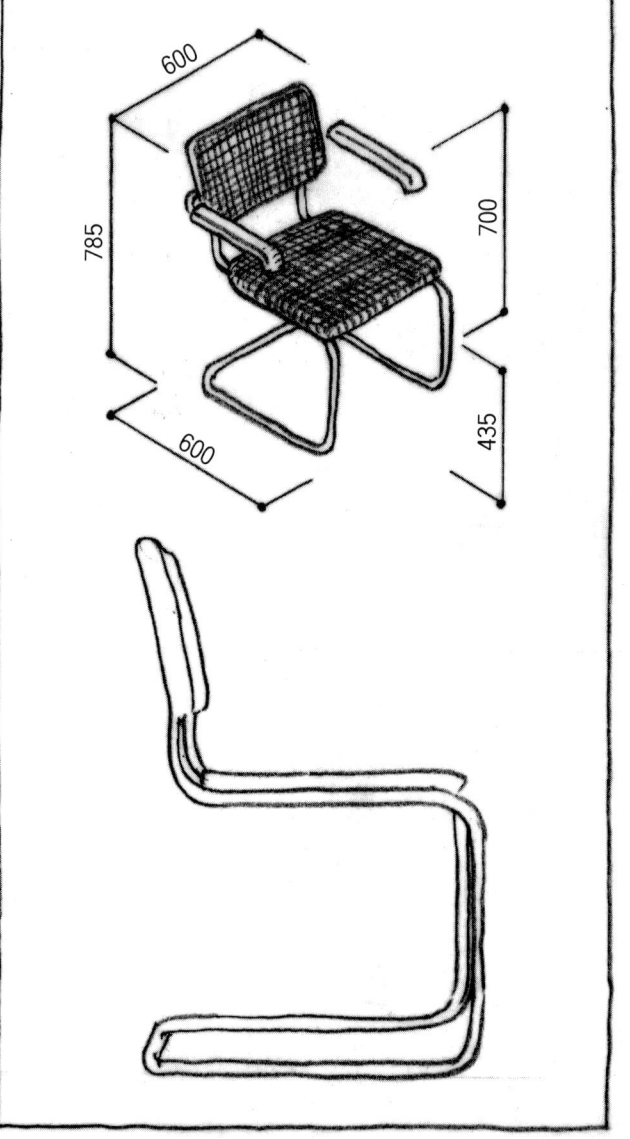

56

設計資料

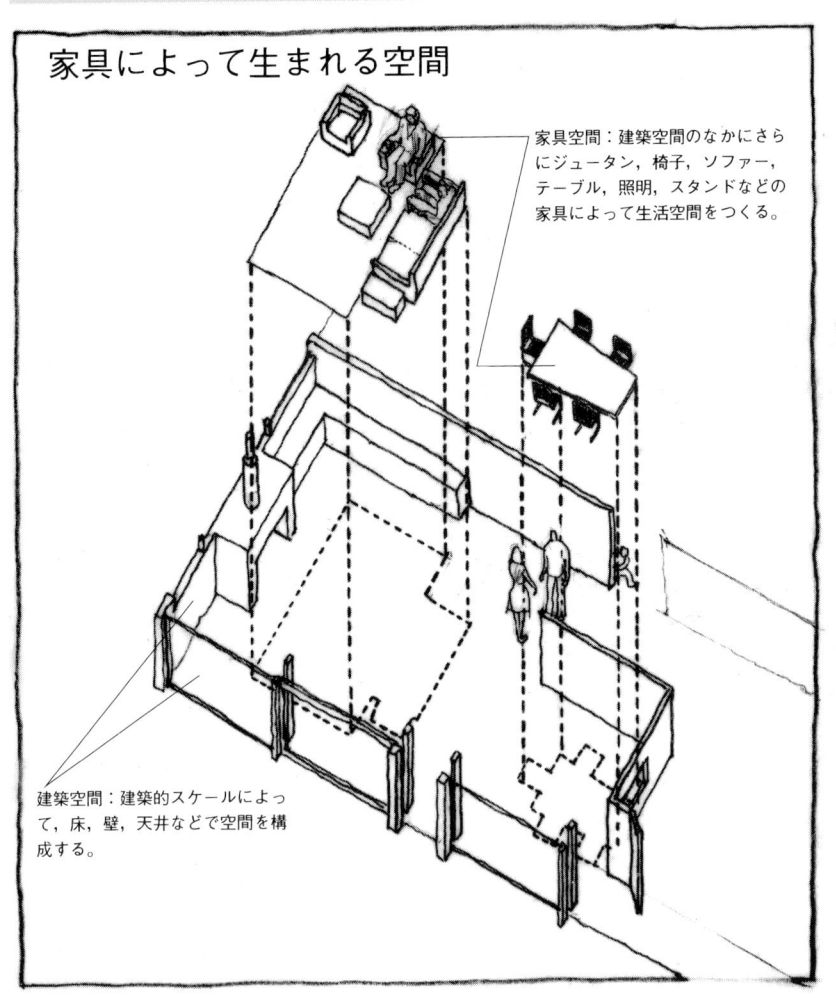

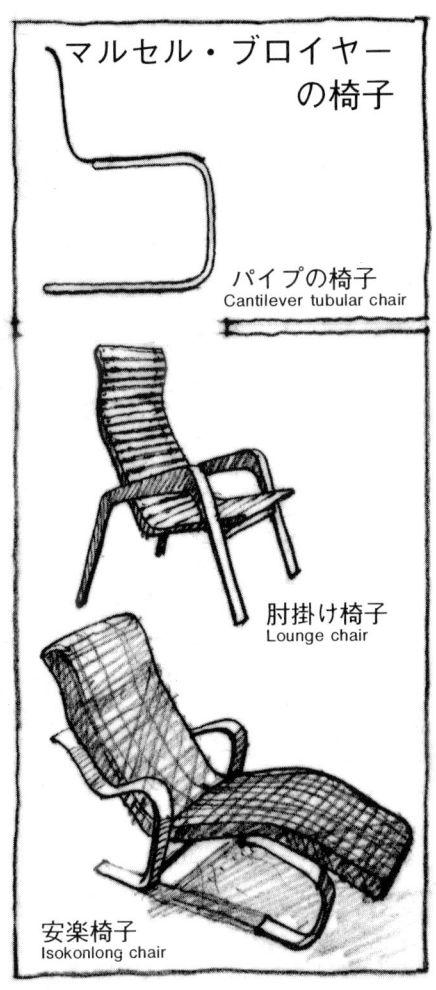

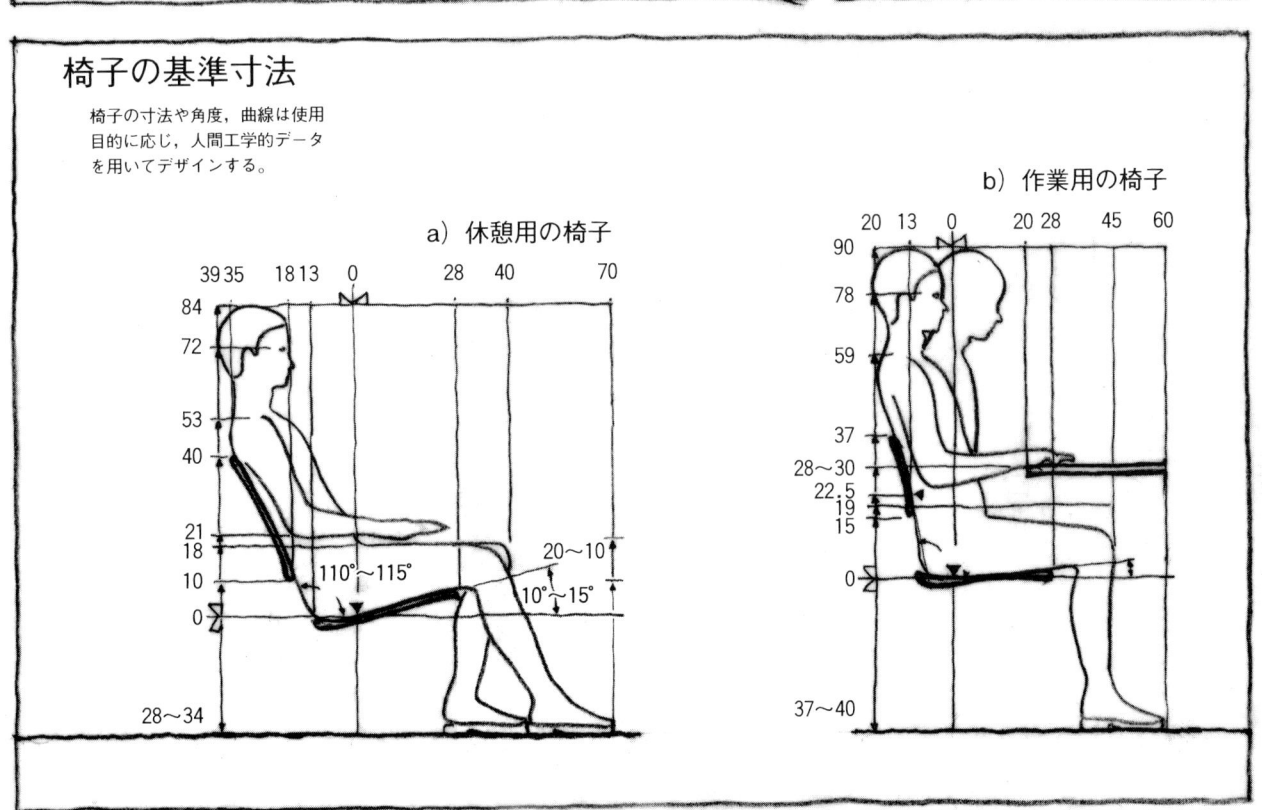

家具によって生まれる空間

家具空間：建築空間のなかにさらにジュータン，椅子，ソファー，テーブル，照明，スタンドなどの家具によって生活空間をつくる。

建築空間：建築的スケールによって，床，壁，天井などで空間を構成する。

マルセル・ブロイヤーの椅子

パイプの椅子
Cantilever tubular chair

肘掛け椅子
Lounge chair

安楽椅子
Isokonlong chair

椅子の基準寸法

椅子の寸法や角度，曲線は使用目的に応じ，人間工学的データを用いてデザインする。

a) 休憩用の椅子

39 35　18 13　0　　28　40　　70

84
72
53
40
21
18
10
0

110°～115°　　20～10
　　　　　　　10°～15°

28～34

b) 作業用の椅子

20　13　0　　20 28　45　60

90
78
59
37
28～30
22.5
19
15
0

37～40

2-12　空間構成-6

M. ブロイヤー邸II
主寝室

生活機能
主寝室は，夫と妻の〈寝る場〉ですが，他人にじゃまされない〈自分たちの場〉でもあります。寝室は〈ベッドの配置〉から考えていくことが大切です。また，バスルームやクローゼットも，寝室に関連した生活の一部として考えます。

動線
個室は，プライバシーが守られねばなりません。ほかの部屋を通ることなく〈直接廊下から出入り〉できる動線が必要です。
便所やバスルームが個室に連続していない場合，短距離で行くことのできる動線を考えておきます。

部位
主寝室では，夫婦間の秘密の会話が交わされたり，性行為も行われます。〈プライバシー〉が高く保たれる構造が要求されます。
床，壁，天井などの部位に関しては，隣室や階下に〈音や振動〉が伝わらないような構造が必要です。

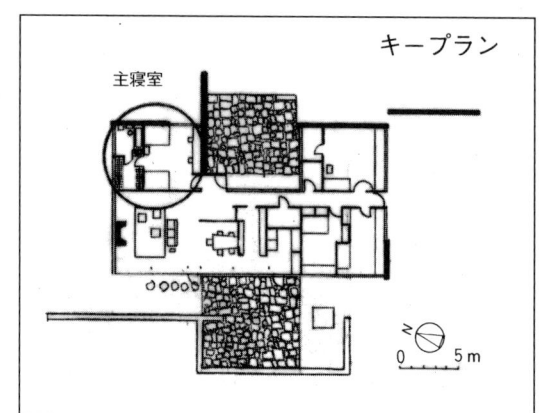

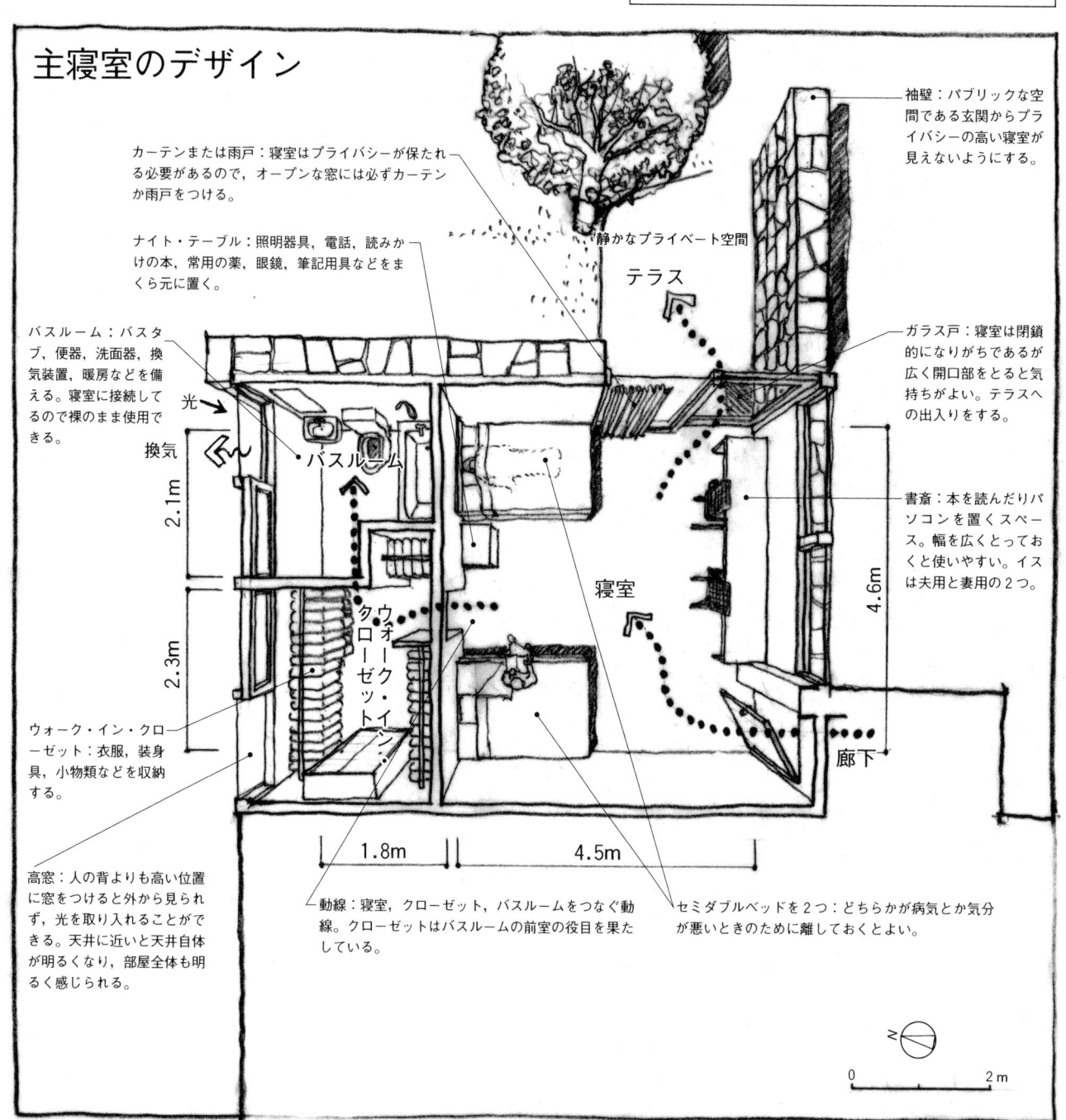

キープラン

主寝室のデザイン

カーテンまたは雨戸：寝室はプライバシーが保たれる必要があるので，オープンな窓には必ずカーテンか雨戸をつける。

ナイト・テーブル：照明器具，電話，読みかけの本，常用の薬，眼鏡，筆記用具などをまくら元に置く。

バスルーム：バスタブ，便器，洗面器，換気装置，暖房などを備える。寝室に接続しているので裸のまま使用できる。

ウォーク・イン・クローゼット：衣服，装身具，小物類などを収納する。

高窓：人の背よりも高い位置に窓をつけると外から見られず，光を取り入れることができる。天井に近いと天井自体が明るくなり，部屋全体も明るく感じられる。

動線：寝室，クローゼット，バスルームをつなぐ動線。クローゼットはバスルームの前室の役目を果たしている。

袖壁：パブリックな空間である玄関からプライバシーの高い寝室が見えないようにする。

静かなプライベート空間
テラス

ガラス戸：寝室は閉鎖的になりがちであるが広く開口部をとると気持ちがよい。テラスへの出入りをする。

書斎：本を読んだりパソコンを置くスペース。幅を広くとっておくと使いやすい。イスは夫用と妻用の2つ。

セミダブルベッドを2つ：どちらかが病気とか気分が悪いときのために離しておくとよい。

設計資料

部屋名以外の使い方

部屋の名前は，その部屋の〈主な〉使い方を表していますが，〈名前〉から判断してその使い方しかできないと錯覚してしまうのはもったいない話です。〈寝室〉は寝るだけでなく，うまく工夫すると〈書斎〉や〈趣味の部屋〉としても使えます。

寝具の収納

日本では，夏布団と冬布団の使い分けをしますから，〈使っていない季節〉の収納を考えておきます。また親戚や知人の宿泊に備えて〈予備の布団〉の収納も必要な場合があります。布団の収納は，スペースをとりますから十分考えておきましょう。

動作寸法

昼間の生活では，天井高を考えねばなりませんが，夜寝るときは水平に身体を横たえたときの〈身長〉が基準になります。寝返りを打つ〈動作寸法〉も考えておきます。また，寝具の周囲に〈ベッドメーキング〉（取替え）のスペースも考えておきます。

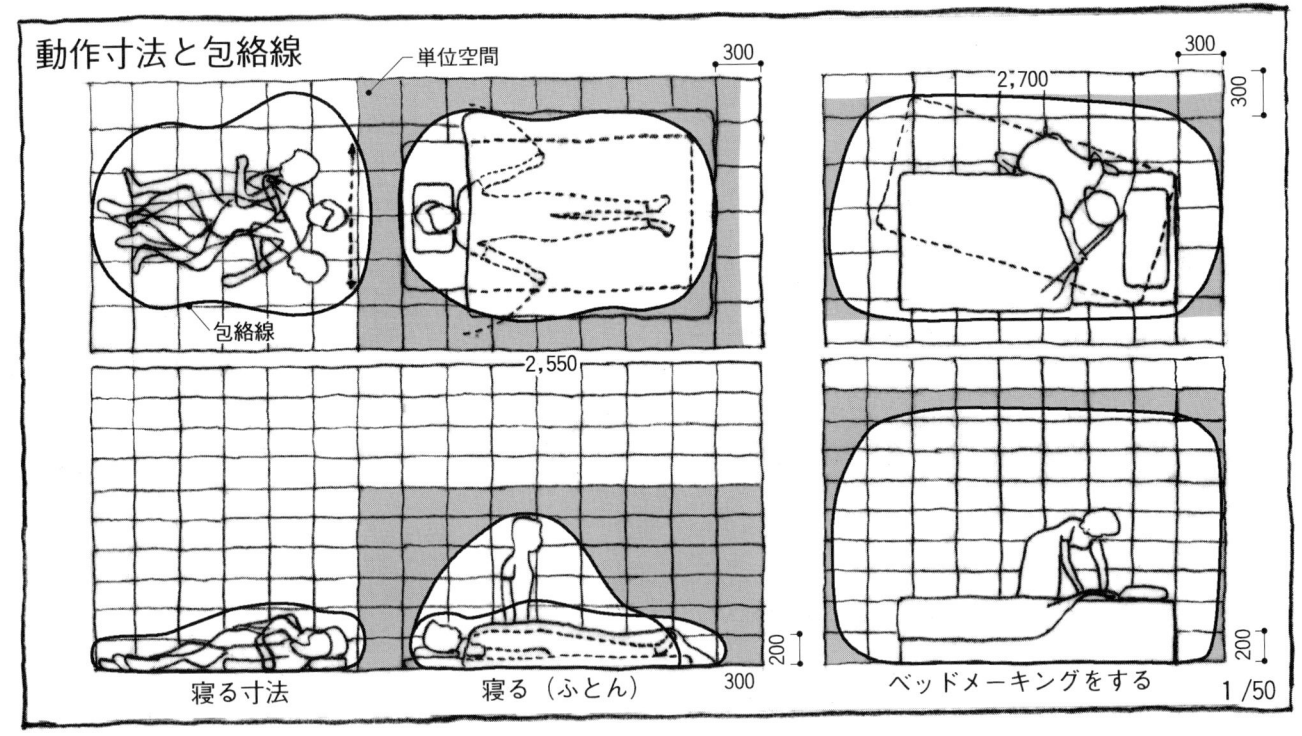

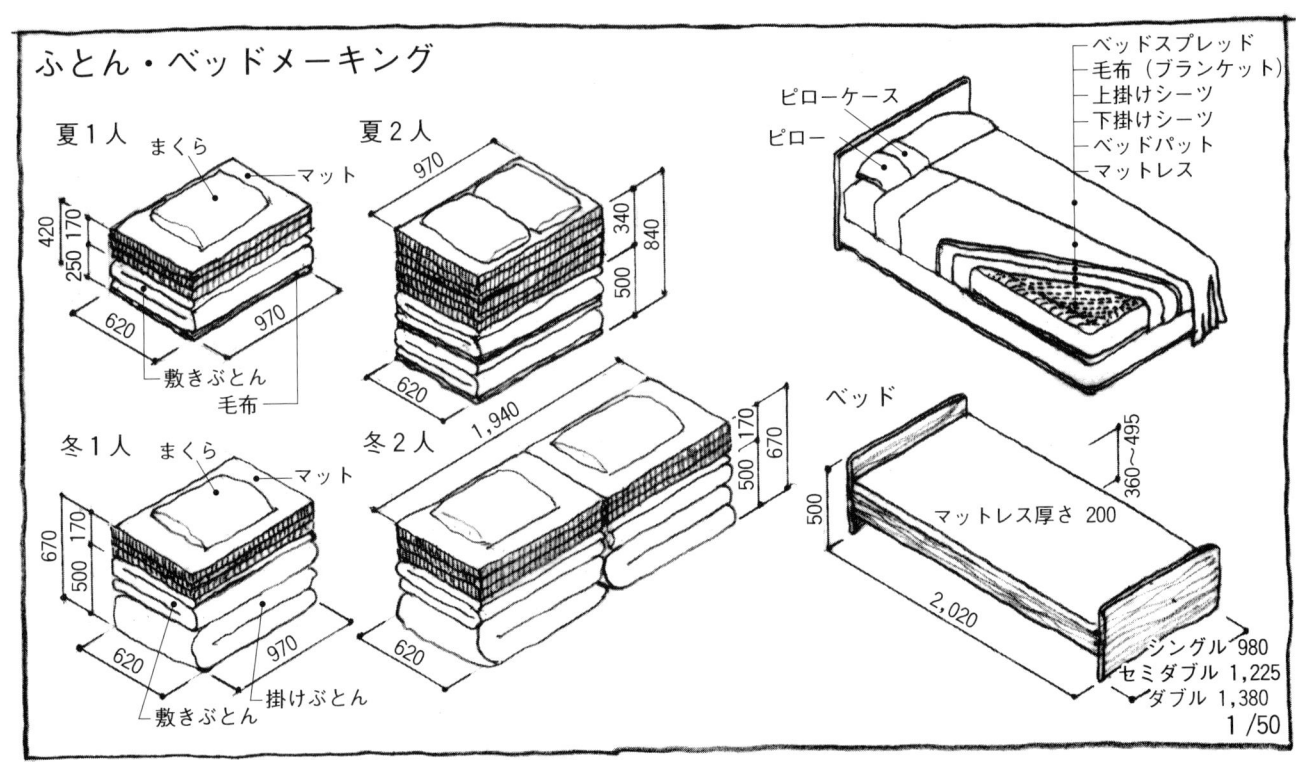

動作寸法と包絡線

- 単位空間
- 包絡線
- 寝る寸法
- 寝る（ふとん）
- ベッドメーキングをする

1/50

ふとん・ベッドメーキング

夏1人／夏2人／冬1人／冬2人／ベッド

- まくら
- マット
- 敷きぶとん
- 毛布
- 掛けぶとん
- ピローケース
- ピロー
- ベッドスプレッド
- 毛布（ブランケット）
- 上掛けシーツ
- 下掛けシーツ
- ベッドパット
- マットレス

マットレス厚さ 200

シングル 980
セミダブル 1,225
ダブル 1,380

1/50

2–13 空間構成−7

M.ブロイヤー邸Ⅱ
子供室

生活機能
子供室は子供の〈寝る場〉であると同時に、〈勉強や遊びの場〉でもあります。また、幼児から青年へと〈成長する場〉でもあります。〈ベッドの位置〉とともに〈勉強机の位置〉も考えておきます。意外に大切なのが〈本棚の大きさ〉です。

動線
子供室も個室ですから、プライバシー確保のため、ほかの部屋を通ることなく〈直接廊下から出入りできる〉動線とします。一方で子供の監督も必要なので、学校や外の遊びに行き来するときの動線を、母親が〈確認できる〉位置にします。

部位
子供室は、子供の成長に合わせて自由に間仕切れるようにしておきます。幼児のときは、〈広い一室〉でともに生活し、思春期になったら〈間仕切り壁〉で別の部屋にします。その場合は前もって〈二つの扉〉を設けておきます。

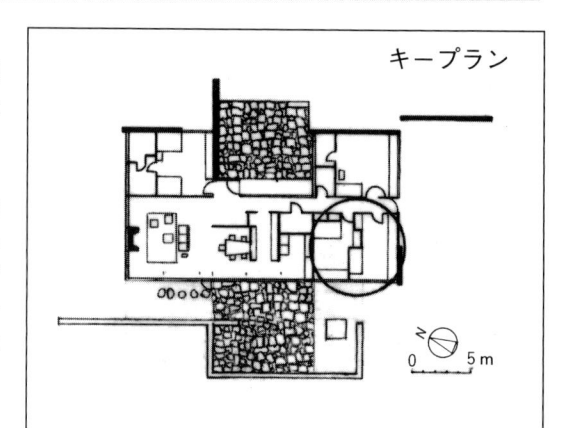

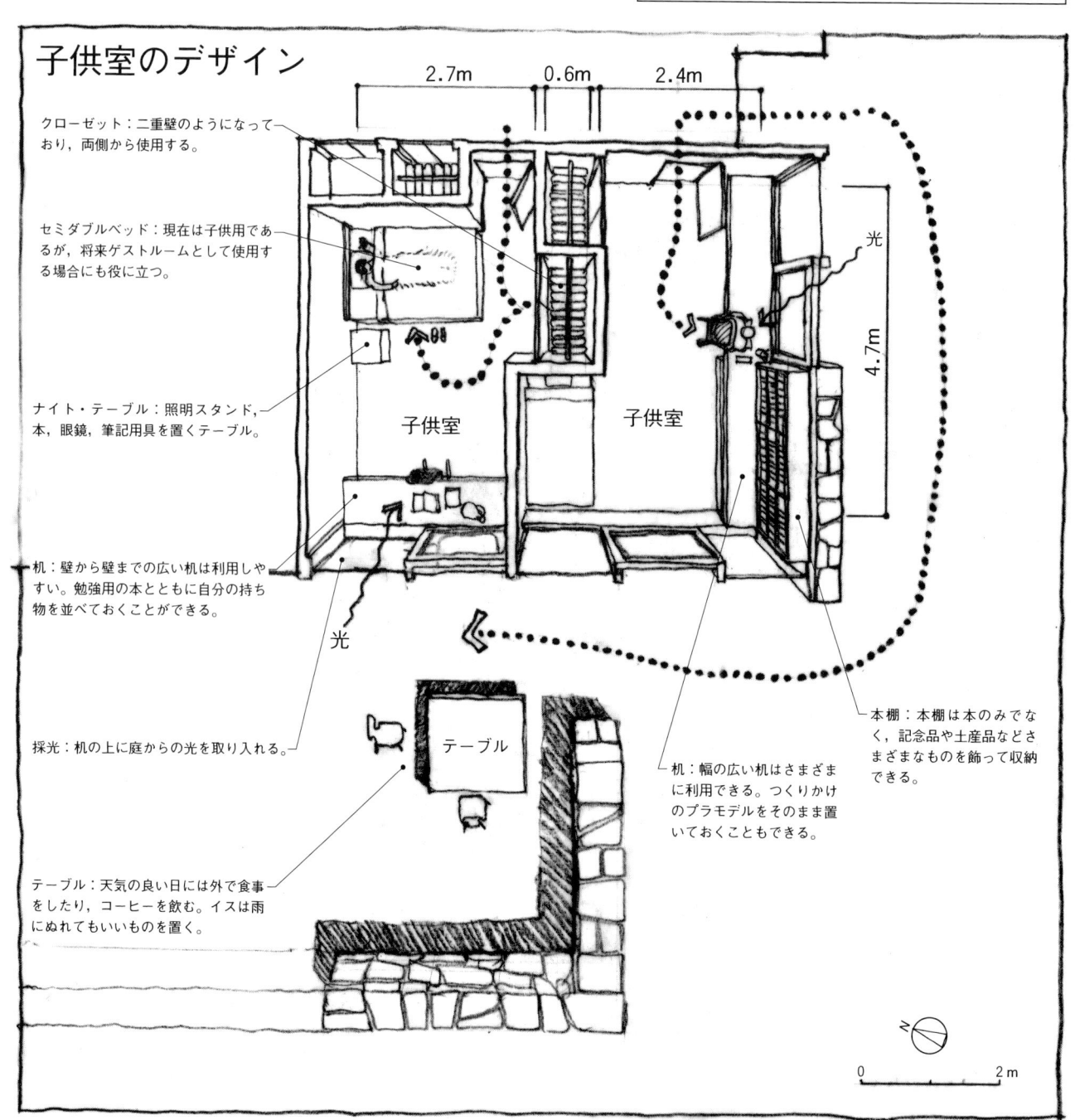

キープラン

子供室のデザイン

- クローゼット：二重壁のようになっており、両側から使用する。
- セミダブルベッド：現在は子供用であるが、将来ゲストルームとして使用する場合にも役に立つ。
- ナイト・テーブル：照明スタンド、本、眼鏡、筆記用具を置くテーブル。
- 机：壁から壁までの広い机は利用しやすい。勉強用の本とともに自分の持ち物を並べておくことができる。
- 採光：机の上に庭からの光を取り入れる。
- テーブル：天気の良い日には外で食事をしたり、コーヒーを飲む。イスは雨にぬれてもいいものを置く。
- 本棚：本棚は本のみでなく、記念品や土産品などさまざまなものを飾って収納できる。
- 机：幅の広い机はさまざまに利用できる。つくりかけのプラモデルをそのまま置いておくこともできる。

設計資料

寝る・学ぶ・遊ぶ

子供室は寝る以外に〈さまざまな使い方〉をすることを理解しておきましょう。例えば、床でおもちゃで遊ぶ、机に向かって勉強する、音楽を聞く、模型をつくる、友達と話す、パソコンを使うなど成長とともに変化します。また、意外に広さを必要とします。

子供の収納

子供服は、夫婦の服と同じように〈クローゼット〉を造り付けにして自分の部屋に収納できるようにします。子供は自分の物を次第に増やしていきますが、成長の記録としてなかなか捨てられません。壁面はできるだけ棚にして収納を増やせるようにします。

動作寸法

少年期に使う机と椅子の寸法は、子供の身長に合わせて〈高さの調節〉ができるようにしておきます。子供室は、子供の〈一日の生活の場〉と考えるといいでしょう。体を動かして遊ぶときの〈動作寸法〉を十分にとっておきます。

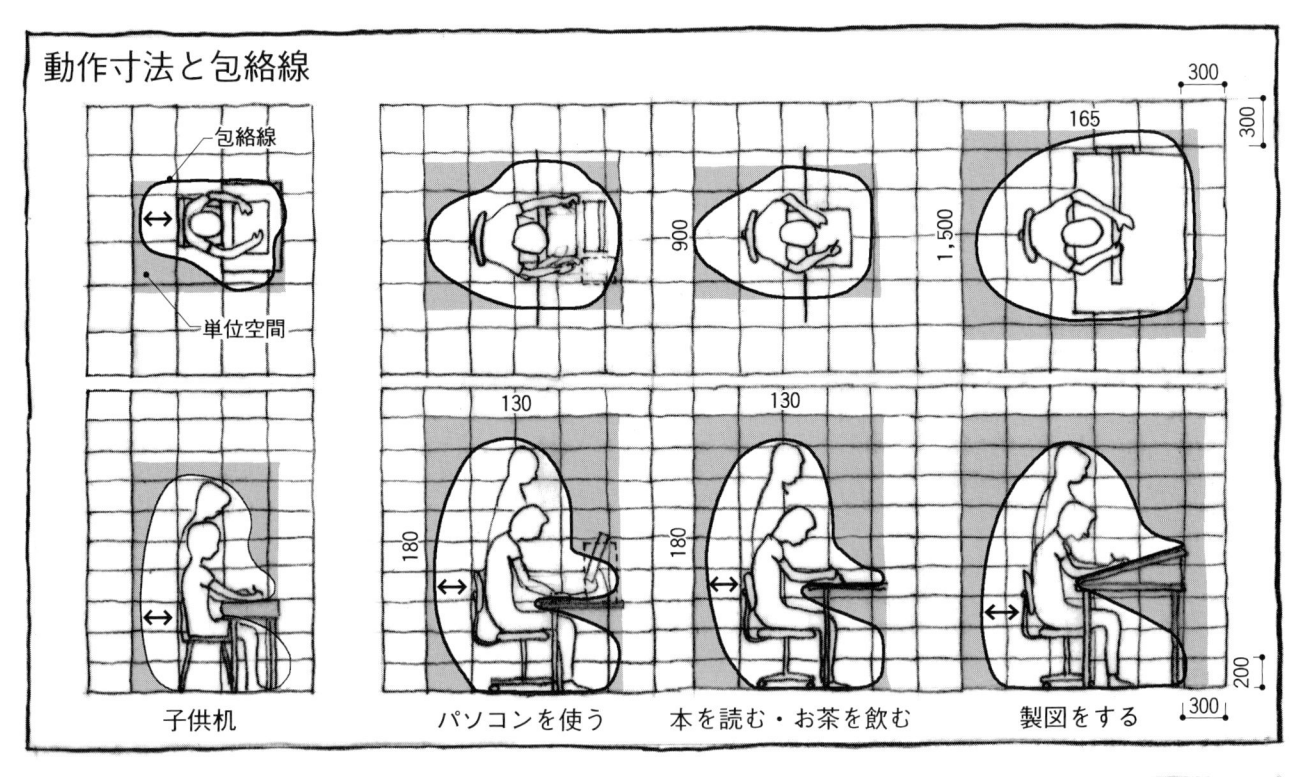

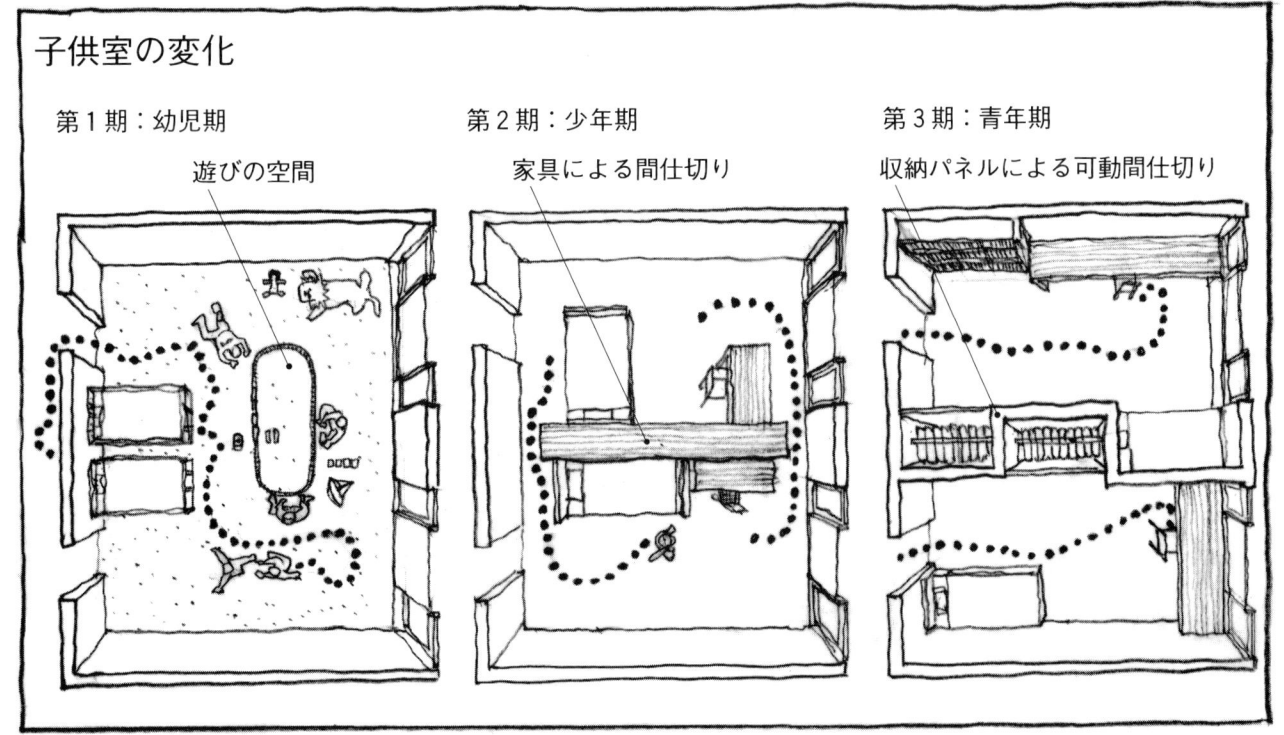

動作寸法と包絡線

子供机 / パソコンを使う / 本を読む・お茶を飲む / 製図をする

子供室の変化

第1期：幼児期 — 遊びの空間

第2期：少年期 — 家具による間仕切り

第3期：青年期 — 収納パネルによる可動間仕切り

2-14 空間構成-8

M.ブロイヤー邸Ⅱ
浴室・洗面所・便所

生活機能

欧米では，便所・風呂・洗面所は〈個人〉に属しているという観念があります。日本では〈家族〉に属しているのが一般的です。これらの直接肌の触れる水まわりの設計は，住む人の価値観を強く反映しますからよく相談して決めます。

動線

欧米では，便所・風呂・洗面所を〈バスルーム〉として一部屋にし，各寝室に直結した動線にします。日本のように家族で使う場合は〈便所〉，〈風呂〉，〈洗面所〉はそれぞれ別の部屋にし，廊下から出入りできる動線が一般的です。

部位

欧米では，〈バスタブ〉内で石鹸を使いシャワーで流します。日本では，浴槽の外の〈洗い場〉で石鹸を使うので，どうしても床が水びたしになってしまいます。日本の夏はカビが生えやすいので，衛生に配慮した〈防水材料〉を使用します。

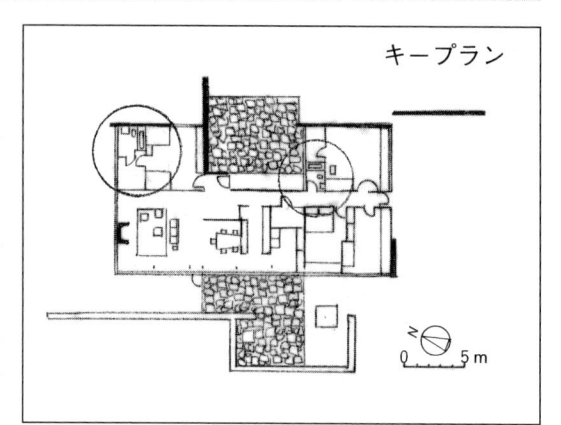

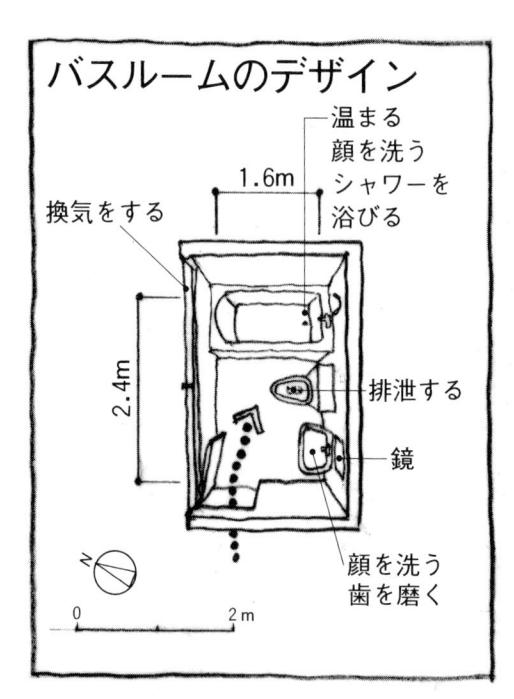

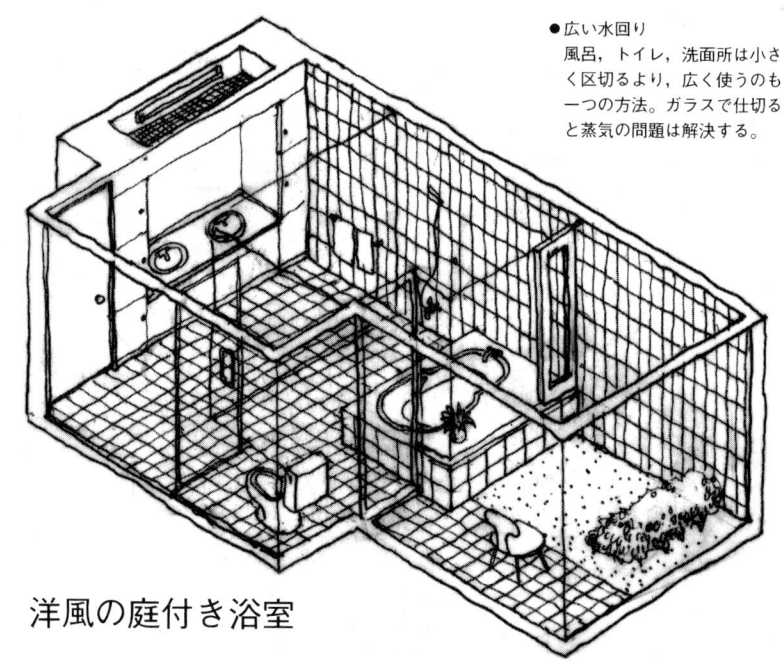

キープラン

バスルームのデザイン

- 換気をする
- 1.6m
- 2.4m
- 温まる／顔を洗う／シャワーを浴びる
- 排泄する
- 鏡
- 顔を洗う／歯を磨く

● 広い水回り
風呂，トイレ，洗面所は小さく区切るより，広く使うのも一つの方法。ガラスで仕切ると蒸気の問題は解決する。

洋風の庭付き浴室

動作寸法

浴室，洗面所，便所は，プライベートな場所なので，できるだけ小さな空間ですませたいところである。しかし，手や足を伸ばしたり体を動かす空間であることも考えておく。また，これらの場所を清潔に保つために，掃除が必要なので，無理のない動作ができるように考えておく。

浴槽，洗面器，便器などは，さまざまに工夫された新製品が市販されている。ショールームなどで調べてみよう。

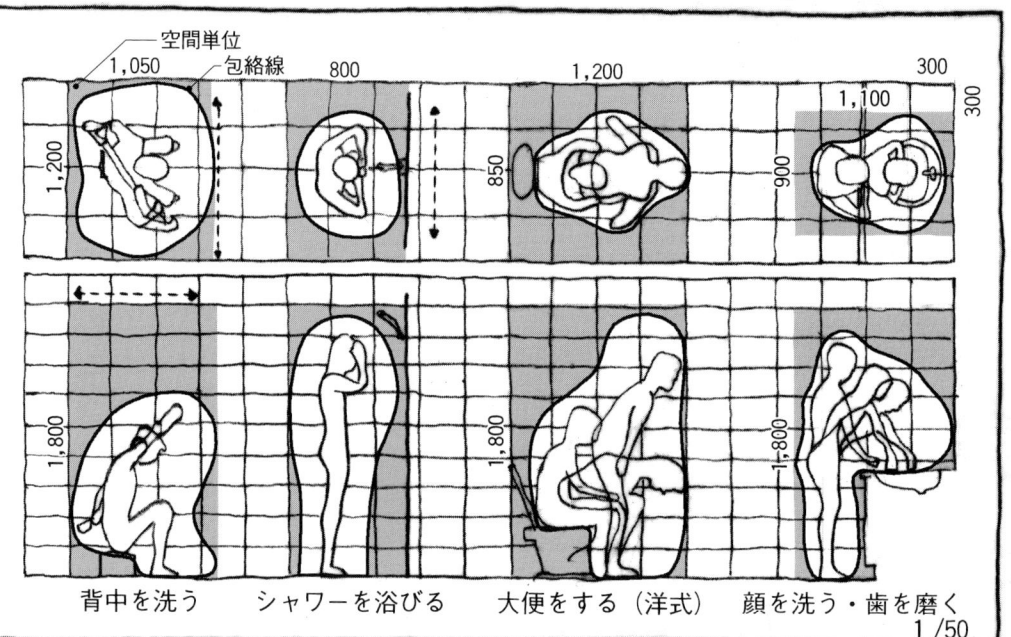

空間単位／包絡線
1,050／800／1,200／300
1,200／850／1,100／900／300
1,800／1,800／1,800

背中を洗う　シャワーを浴びる　大便をする（洋式）　顔を洗う・歯を磨く
1/50

設計資料

バリアフリーの納まり

〈バリアフリー〉の納まりは，高齢者や身障者のためとくに必要だと考えるのではなく，健常者にとっても使いやすいもの（ユニバーサルデザインの思想）と考えるべきでしょう。年をとったとき，または身障者になったときに改装するのではなく，新築のときに健常者にも使いやすい装置として計画しておくべきでしょう。

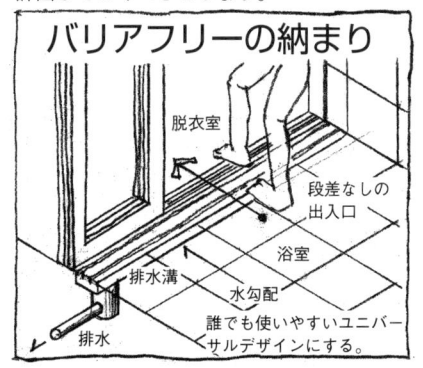

和風の庭付き浴室

● 坪庭のある風呂
日本には古くから衛生面のためだけでなく，入浴を楽しむ風習がある。木を植えたり灯籠を置いたり，眺めて楽しい庭を考えてみる。

風呂

洗い場からバスタブに入るとき，片足になるので不安定になります。玄関で靴を脱ぐときと同じように，〈腰掛け〉に一度腰掛けてバスタブに出入りできるようにします。脱衣場と浴室の間は，排水溝をつけて〈無段差〉にしておきます。動作の変わり目の所に〈手摺〉を付けておくと便利です。〈ドアの幅〉は十分とっておきましょう。

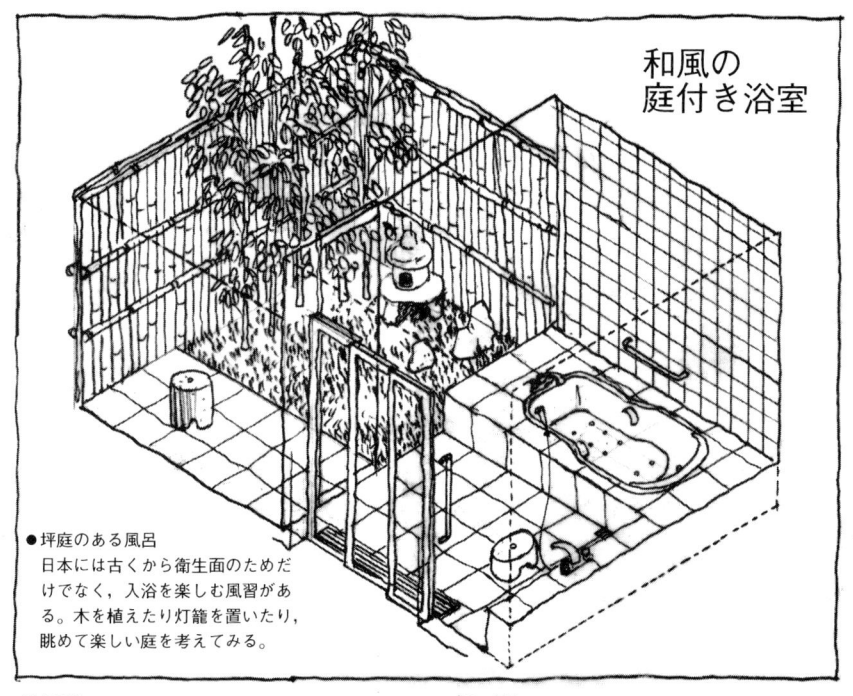

洗面所

健常者は立ったままの姿勢で，顔を洗ったり，歯を磨いたりします。車椅子使用者は，車椅子に〈座ったまま〉の状態で洗面しますから，洗面台の下に膝が入るように計画しておきます。洗面所の中で車の向きを変えなければならない場合を考え，回転スペースをとっておきます。〈ドアの幅〉は車椅子でも楽に通過できるようにします。

便所

高齢者や身障者になったとき，〈介護〉が必要になります。便所は，一人分の空間ではなく二人分の空間として計画しておくといいでしょう。健常者のときでも，広い空間で用を足すのは気持ちのいいものです。動作を手助けする〈手摺〉を付けておきます。〈ドアの幅〉は介護者が一緒に入れるように十分とっておきます。

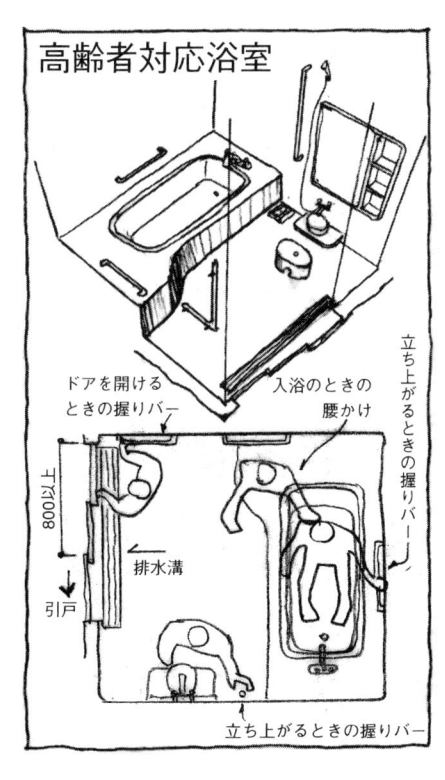

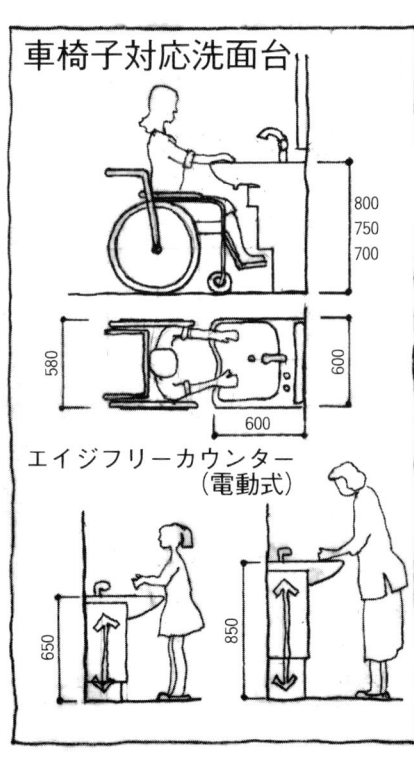

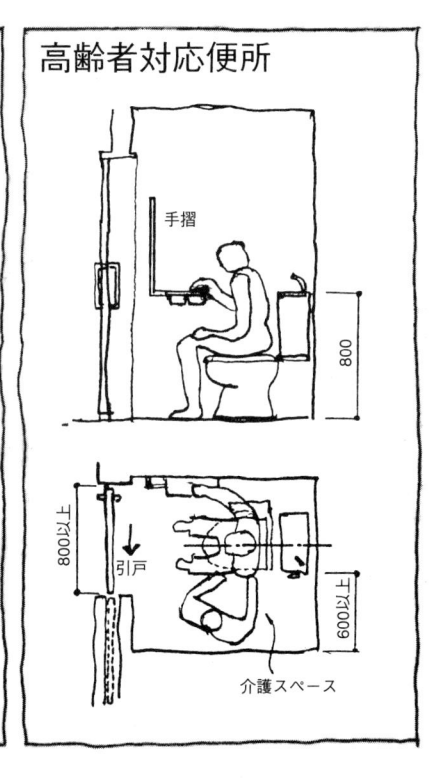

2-15 空間構成-9

M.ブロイヤー邸II
ランドリー

生活機能
ランドリーは、〈洗濯する場〉ですが〈アイロンをかける場〉でもあります。またアイロンをかけたあと衣類を〈たたむ場〉でもあります。このような家事は、以前は嫌われていましたが、快適な空間を整えれば、楽で楽しい仕事となります。

動線
欧米では、主婦が1日のなかで一番時間を費やす〈厨房〉に近い動線にランドリーを設けています。日本では、〈脱衣場〉に設ける場合が多く見受けられます。いずれも利点があり、家族の生活様式に依存するところが多いと考えられます。

部位
洗濯機や乾燥機の機械の中で水や熱や蒸気は処理されますから、部屋全体は完全な防水・防火の材料で施工する必要はありません。工場のような完全防備の部屋にするより、楽しみながら家事のできる〈明るく楽しい仕上げ〉にしましょう。

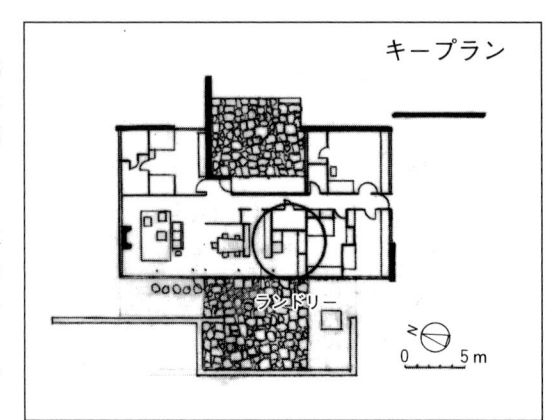

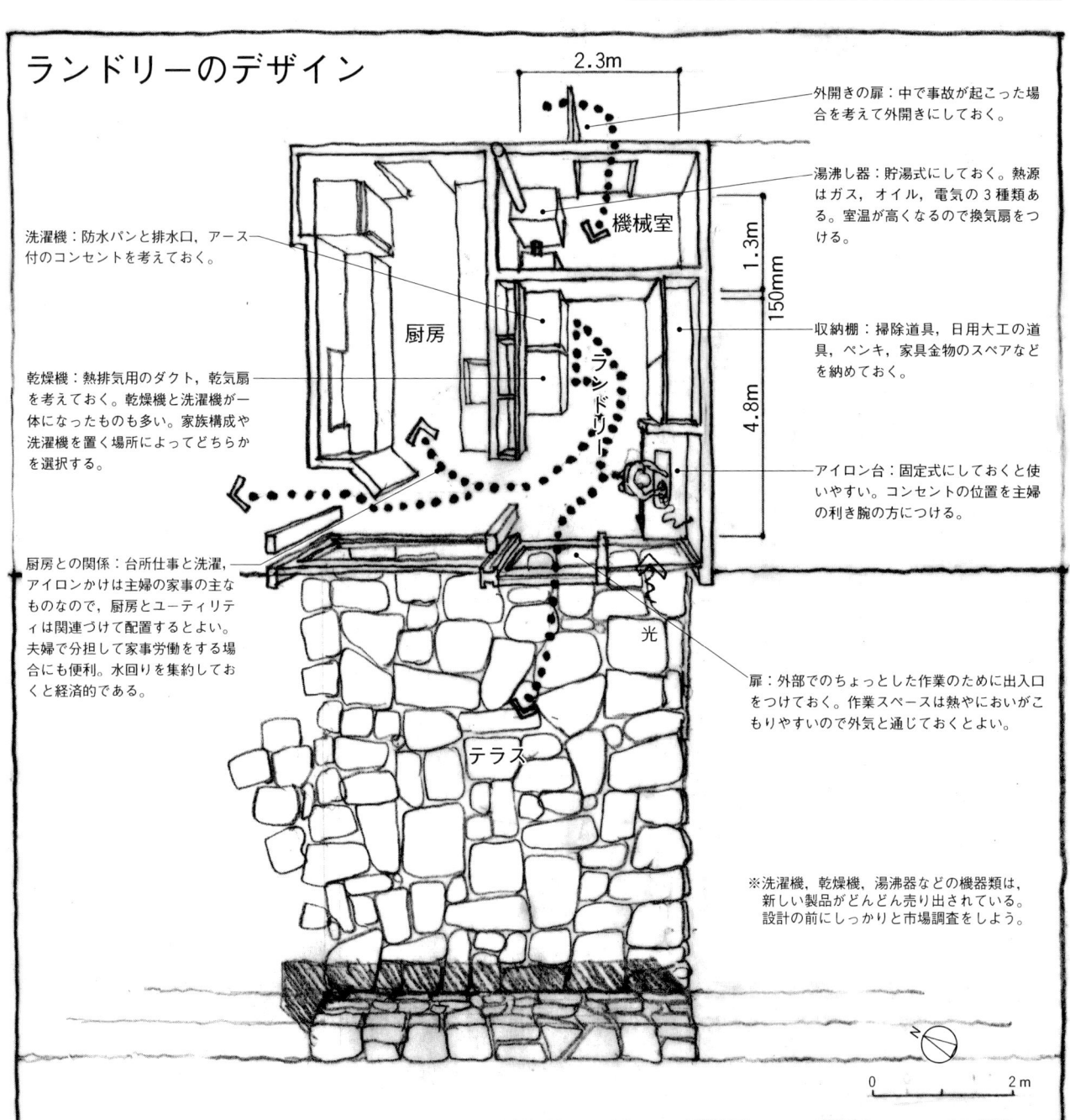

キープラン

ランドリーのデザイン

- **洗濯機**：防水パンと排水口、アース付のコンセントを考えておく。
- **乾燥機**：熱排気用のダクト、乾気扇を考えておく。乾燥機と洗濯機が一体になったものも多い。家族構成や洗濯機を置く場所によってどちらかを選択する。
- **厨房との関係**：台所仕事と洗濯、アイロンかけは主婦の家事の主なものなので、厨房とユーティリティは関連づけて配置するとよい。夫婦で分担して家事労働をする場合にも便利。水回りを集約しておくと経済的である。
- **外開きの扉**：中で事故が起こった場合を考えて外開きにしておく。
- **湯沸し器**：貯湯式にしておく。熱源はガス、オイル、電気の3種類ある。室温が高くなるので換気扇をつける。
- **収納棚**：掃除道具、日用大工の道具、ペンキ、家具金物のスペアなどを納めておく。
- **アイロン台**：固定式にしておくと使いやすい。コンセントの位置を主婦の利き腕の方につける。
- **扉**：外部でのちょっとした作業のために出入口をつけておく。作業スペースは熱やにおいがこもりやすいので外気と通じておくとよい。

※洗濯機、乾燥機、湯沸器などの機器類は、新しい製品がどんどん売り出されている。設計の前にしっかりと市場調査をしよう。

設計資料

ランドリーの位置
ランドリーの位置は，浴室の〈脱衣場〉に置く方法と〈厨房〉の近くに置く方法があります。両者には一長一短があります。厨房の家事を中心に，洗濯や乾燥やアイロンかけなどをする場合は，厨房の近くにランドリーを置きます。

ランドリー器具
〈洗濯機〉と〈乾燥機〉は，上下に重ねる方法と，左右に並べて置く方法，1台で洗濯・乾燥を兼ねたものがあります。乾燥後に〈たたむ台〉が必要です。シャツやハンカチなど〈アイロンかけ〉のスペースも確保します。洗濯物を納める〈収納棚〉を十分にとりましょう。

動作生法
洗濯する，干す，洗濯物をたたむ，アイロンをかける，といった行為は，家事としてはあまり楽しい労働とは考えられていません。設計のとき，これらの動作に無理のないように，そして空間も十分にとって明るく楽しい空間になるように心がけます。

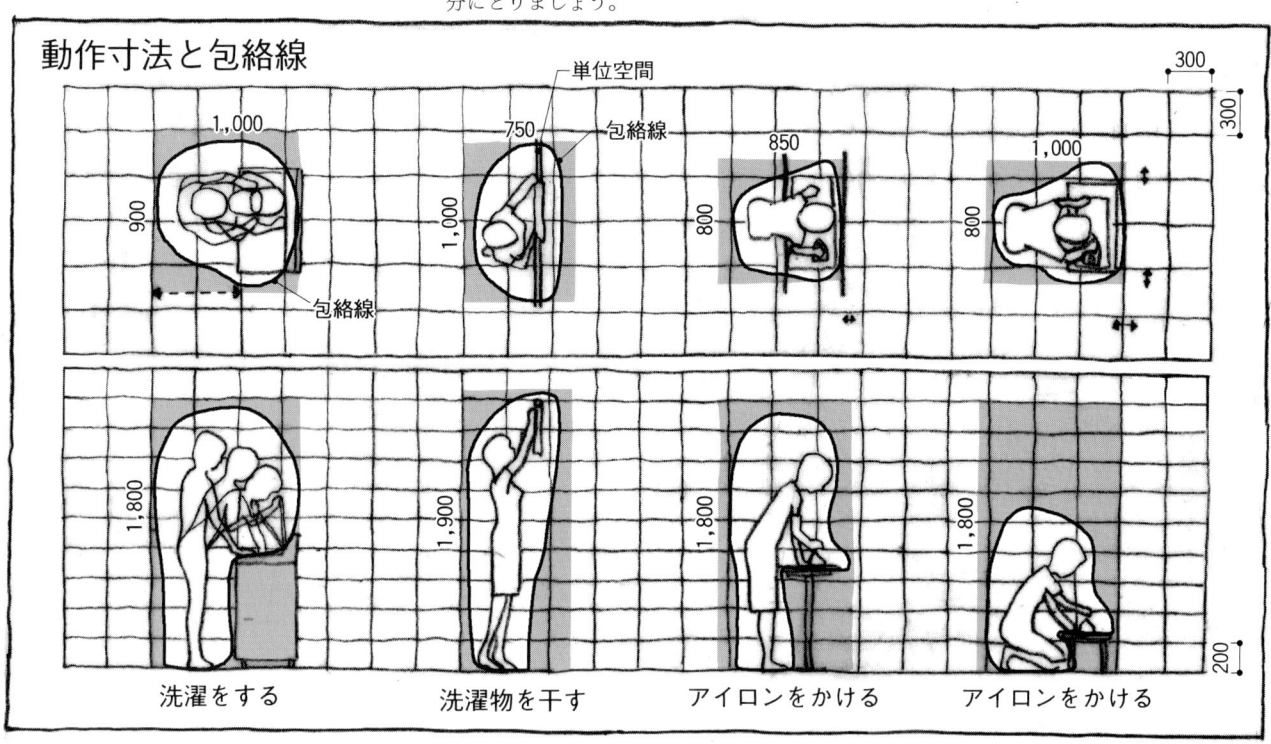

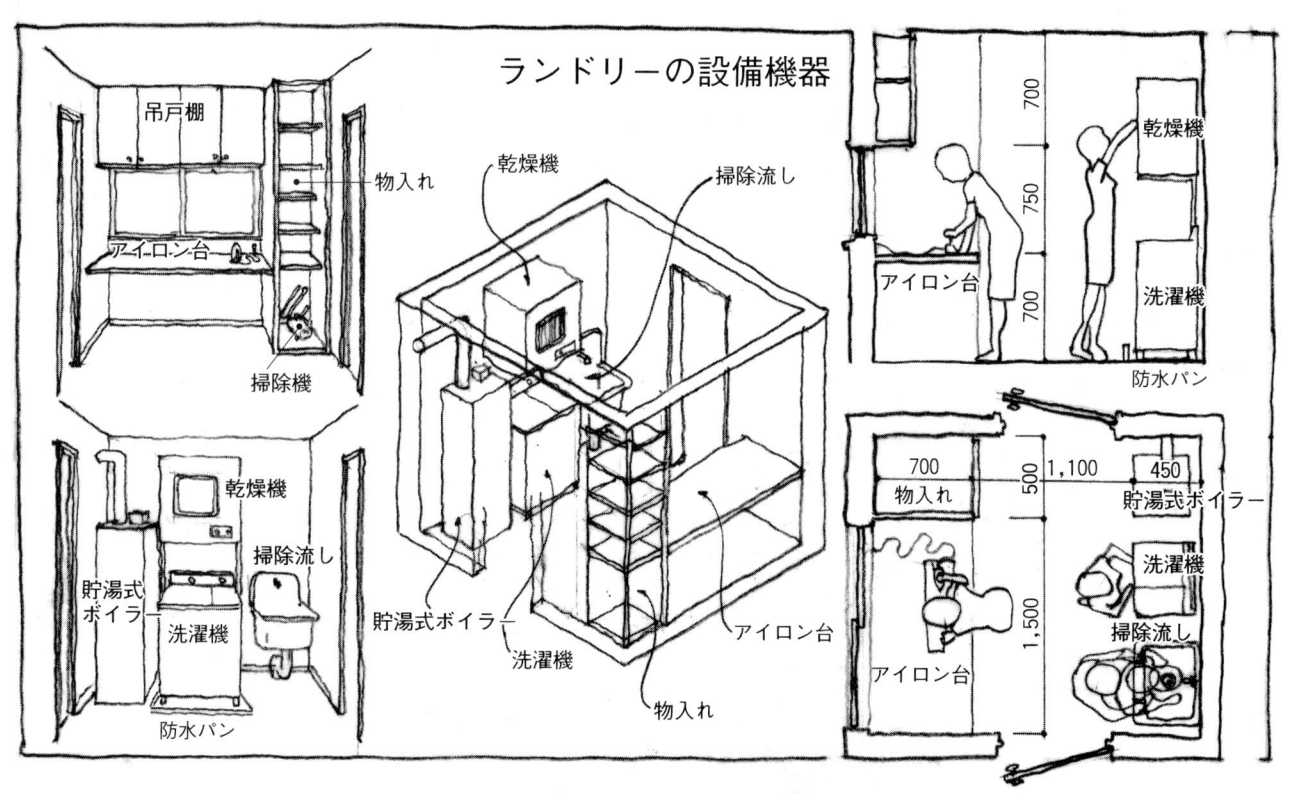

動作寸法と包絡線

洗濯をする／洗濯物を干す／アイロンをかける／アイロンをかける

ランドリーの設備機器

2–16　空間構成—10

M.ブロイヤー邸Ⅱ
収納

生活機能

だんらんする，食べる，排泄する，寝るといった〈表〉の生活機能の外に，〈裏〉で支える〈収納〉の機能も大切です。表の生活空間を，広く有効に使うためには，収納スペースを十分とっておきます。設計の開始にあたっては，その家族がすでに所持している〈生活用具〉をリストアップし，寸法を測っておきます。さらに，新たに購入予定の生活用具もよく聞いておきます。設計に際しては，それぞれの〈収納場所〉をどこに配置するかよく考えておきます。

動線

生活用具は，〈納める〉ときも〈取り出す〉ときも容易でなければなりません。面積だけ広い納戸を確保しても，奥に収納した物は二度と取り出せないというのでは役に立ちません。収納時に〈手〉を自由に動かせると同時に，〈足〉を自由に動かせる動線が大切です。〈ウォーク・イン・クローゼット〉のように内部で歩行ができるものと，壁に浅く埋め込んだ〈扉付き収納棚〉の前を横に移動して出し入れする二つの方法があります。

部位

ウォーク・イン・クローゼットは，一つの部屋ですから〈建築工事〉として扱われます。扉付き収納棚は〈家具工事〉として扱われます。家具工事費は，工事途中で削られないようしっかり予算化しておきます。収納には，いくつかの方法があります。食品や石鹸などの日用雑貨は〈棚板〉に並べて収納します。服やネクタイなどは〈吊り棒〉に下げて収納します。スキーやゴルフバッグなどの縦長のものは〈仕切り板〉で転ばないようにしておきます。

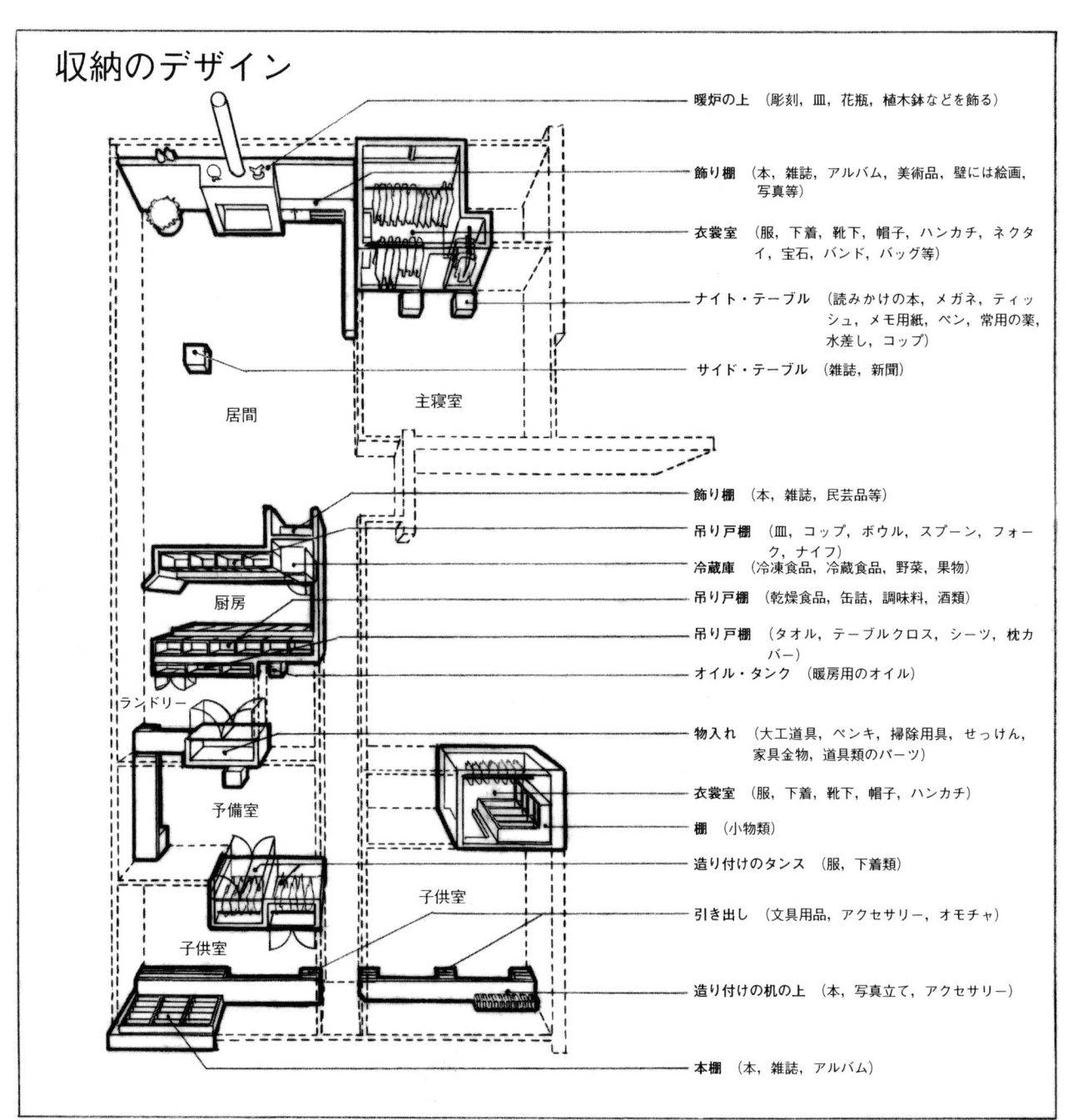

収納のデザイン

- 暖炉の上　（彫刻，皿，花瓶，植木鉢などを飾る）
- 飾り棚　（本，雑誌，アルバム，美術品，壁には絵画，写真等）
- 衣裳室　（服，下着，靴下，帽子，ハンカチ，ネクタイ，宝石，バンド，バッグ等）
- ナイト・テーブル　（読みかけの本，メガネ，ティッシュ，メモ用紙，ペン，常用の薬，水差し，コップ）
- サイド・テーブル　（雑誌，新聞）
- 飾り棚　（本，雑誌，民芸品等）
- 吊り戸棚　（皿，コップ，ボウル，スプーン，フォーク，ナイフ）
- 冷蔵庫　（冷凍食品，冷蔵食品，野菜，果物）
- 吊り戸棚　（乾燥食品，缶詰，調味料，酒類）
- 吊り戸棚　（タオル，テーブルクロス，シーツ，枕カバー）
- オイル・タンク　（暖房用のオイル）
- 物入れ　（大工道具，ペンキ，掃除用具，せっけん，家具金物，道具類のパーツ）
- 衣裳室　（服，下着，靴下，帽子，ハンカチ）
- 棚　（小物類）
- 造り付けのタンス　（服，下着類）
- 引き出し　（文具用品，アクセサリー，オモチャ）
- 造り付けの机の上　（本，写真立て，アクセサリー）
- 本棚　（本，雑誌，アルバム）

設計資料

ウォーク・イン・クローゼット
中に歩いて入ることのできるクローゼット（walk-in-closet）という意味です。納戸と同じ機能で，寝室に付属して設けられます。主に，衣類をハンガーに吊るして収納しますが，その他のこまごまとした持ち物を収納しておきます。

クローゼット
壁面に〈浅く〉埋め込み，扉を付けて収納します。〈扉付き収納〉または〈造り付け家具〉と言ってもいいでしょう。収納物の必要な厚みだけ奥行があれば収納可能です。押入れは，布団で奥行寸法が決まっているため〈深い〉ことに注意して下さい。

飾り棚
扉のない〈オープンな棚〉の意味です。しまいこむのではなく〈飾って〉収納する方法のことです。居間の〈造り付けの棚〉，和室の〈違い棚〉などが，この方法にあたります。子供室や書斎の〈本棚〉は，飾って収納する方法の典型といえましょう。

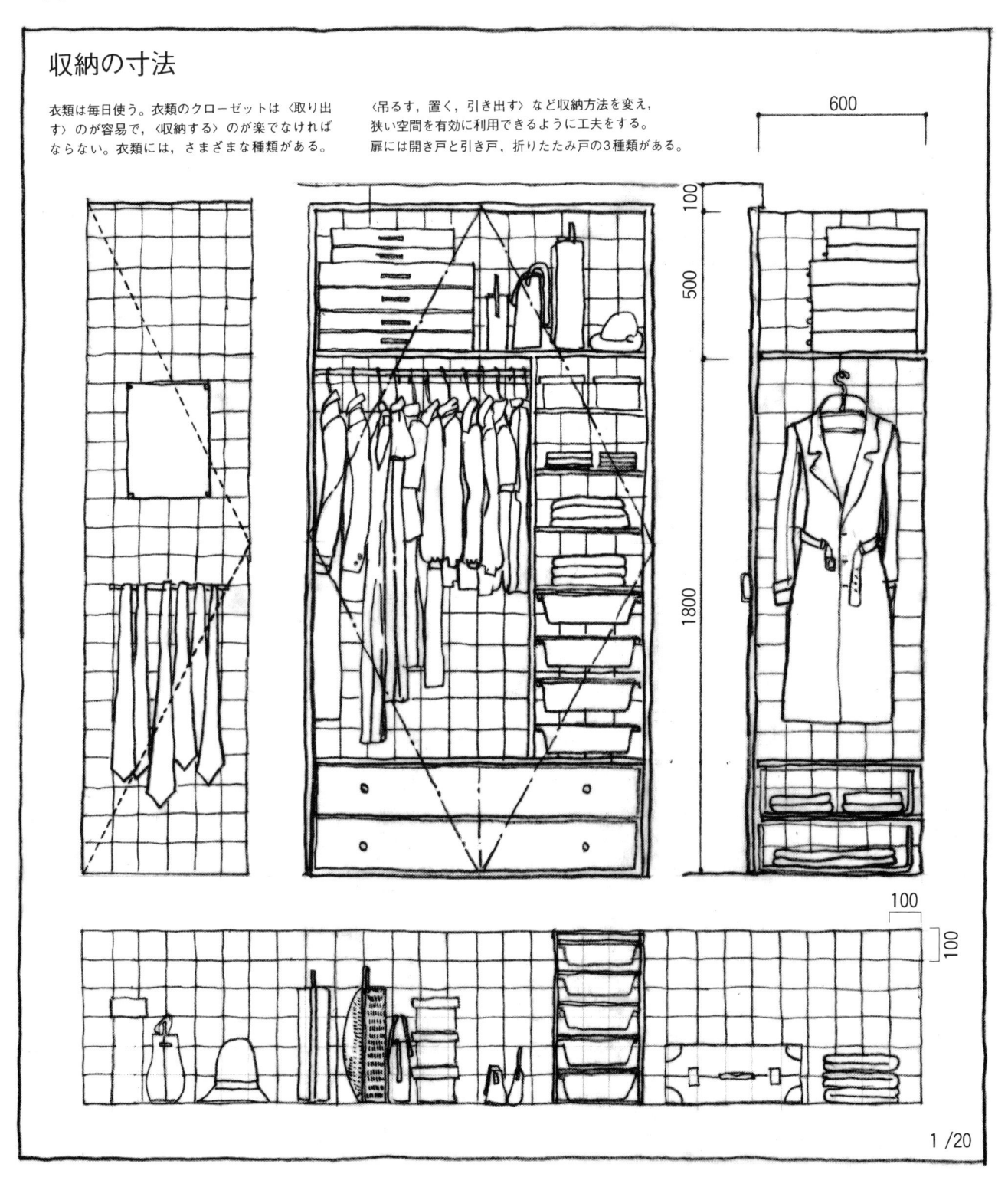

収納の寸法

衣類は毎日使う。衣類のクローゼットは〈取り出す〉のが容易で，〈収納する〉のが楽でなければならない。衣類には，さまざまな種類がある。

〈吊るす，置く，引き出す〉など収納方法を変え，狭い空間を有効に利用できるように工夫をする。扉には開き戸と引き戸，折りたたみ戸の3種類がある。

1/20

2-17 空間構成―11

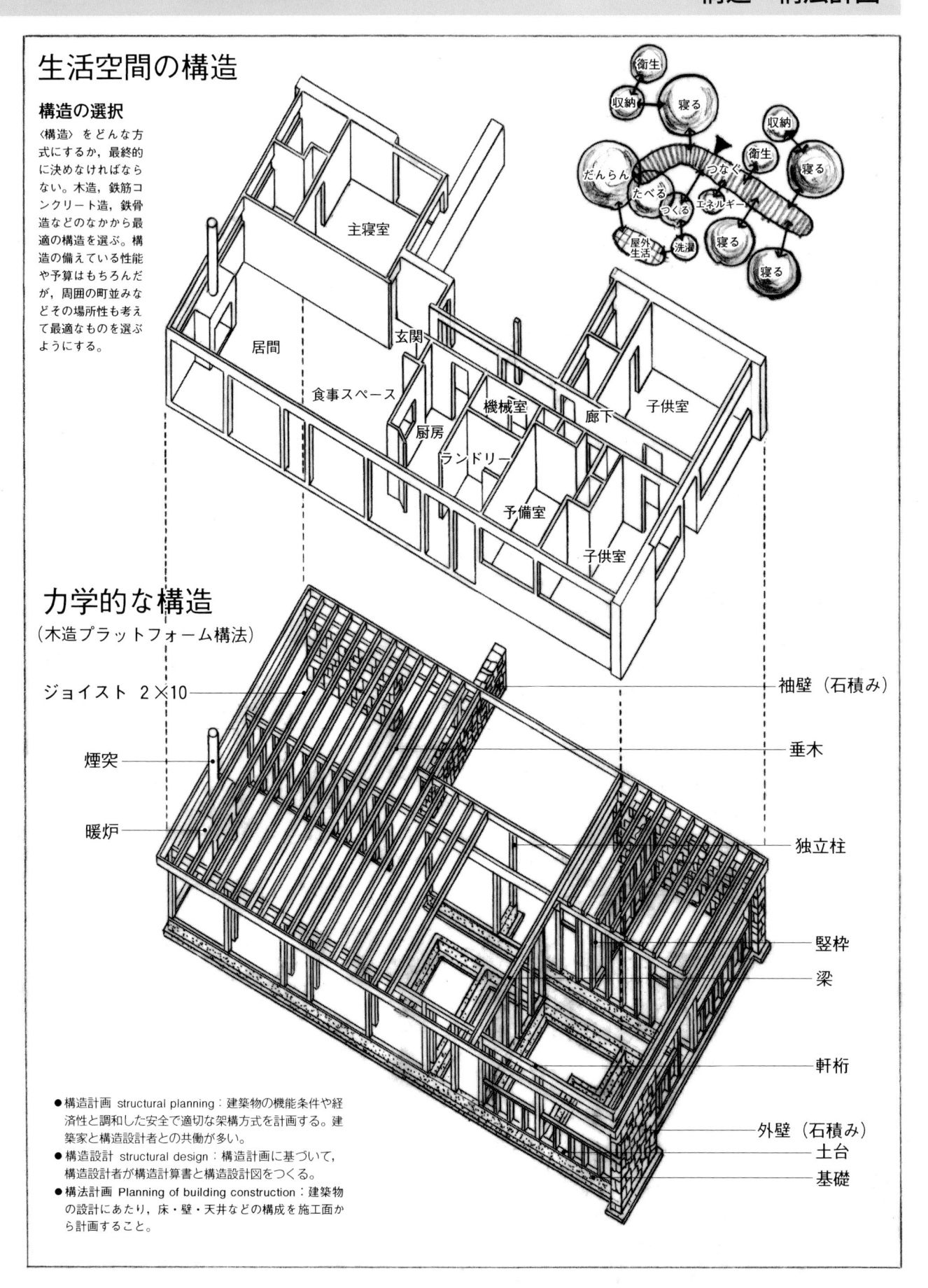

M.ブロイヤー邸 II
構造・構法計画

生活空間の構造

構造の選択

〈構造〉をどんな方式にするか，最終的に決めなければならない。木造，鉄筋コンクリート造，鉄骨造などのなかから最適の構造を選ぶ。構造の備えている性能や予算はもちろんだが，周囲の町並みなどその場所性も考えて最適なものを選ぶようにする。

（図中ラベル：主寝室，居間，玄関，食事スペース，厨房，機械室，ランドリー，廊下，子供室，予備室，子供室）

（バブル図：衛生，収納，寝る，だんらん，つなぐ，たべる，つくる，エネルギー，衛生，寝る，屋外生活，洗濯，寝る）

力学的な構造
（木造プラットフォーム構法）

- ジョイスト 2×10
- 煙突
- 暖炉
- 袖壁（石積み）
- 垂木
- 独立柱
- 竪枠
- 梁
- 軒桁
- 外壁（石積み）
- 土台
- 基礎

- **構造計画** structural planning：建築物の機能条件や経済性と調和した安全で適切な架構方式を計画する。建築家と構造設計者との共働が多い。
- **構造設計** structural design：構造計画に基づいて，構造設計者が構造計算書と構造設計図をつくる。
- **構法計画** Planning of building construction：建築物の設計にあたり，床・壁・天井などの構成を施工面から計画すること。

設計資料

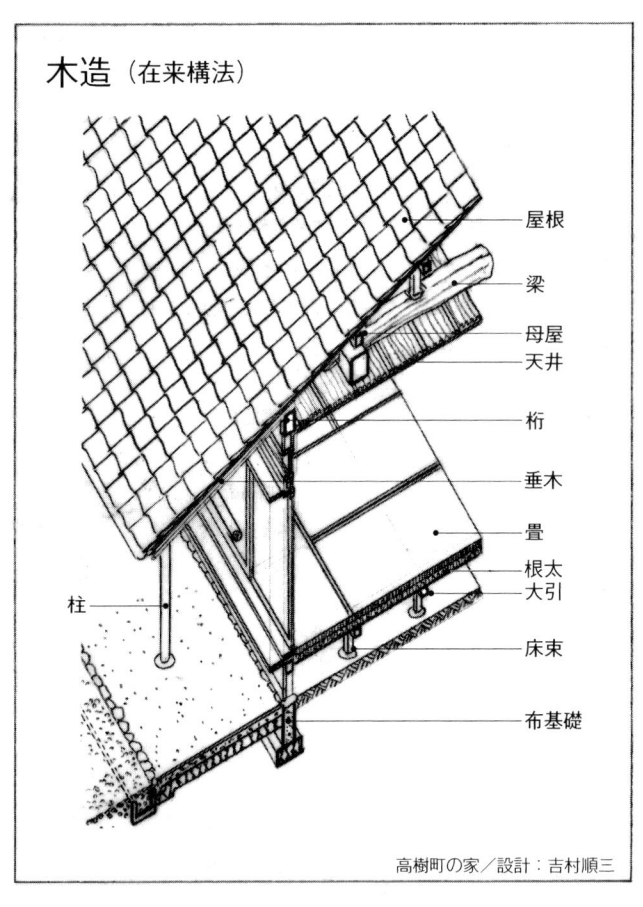

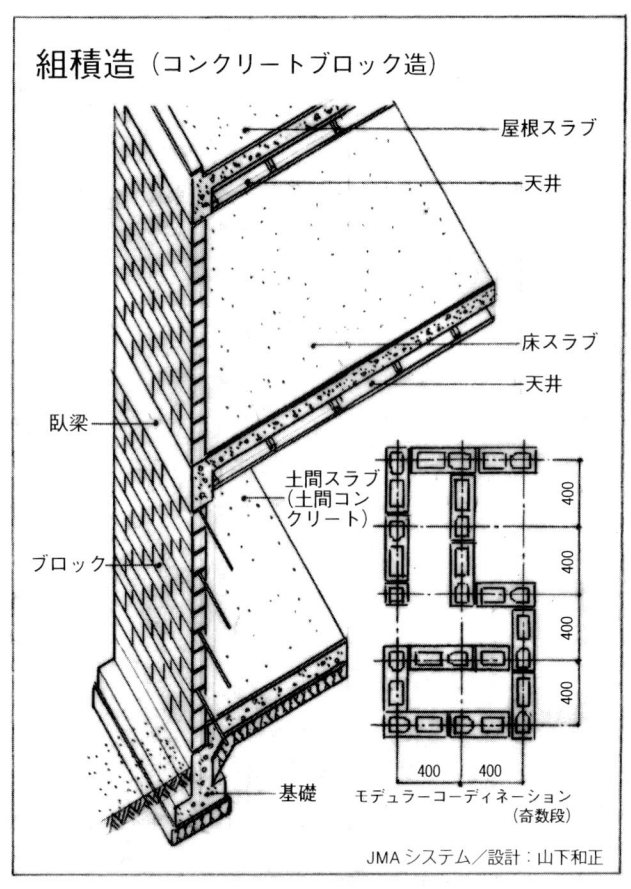

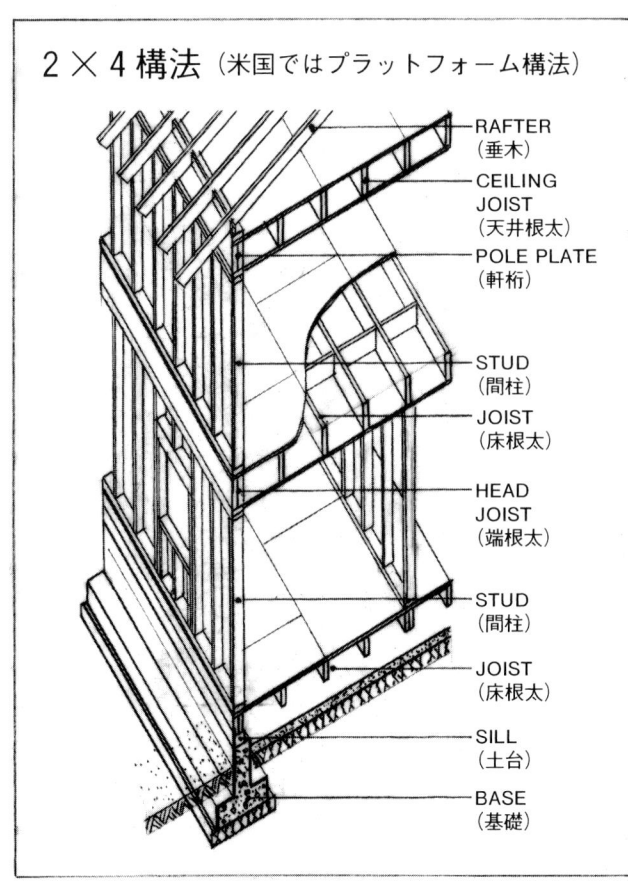

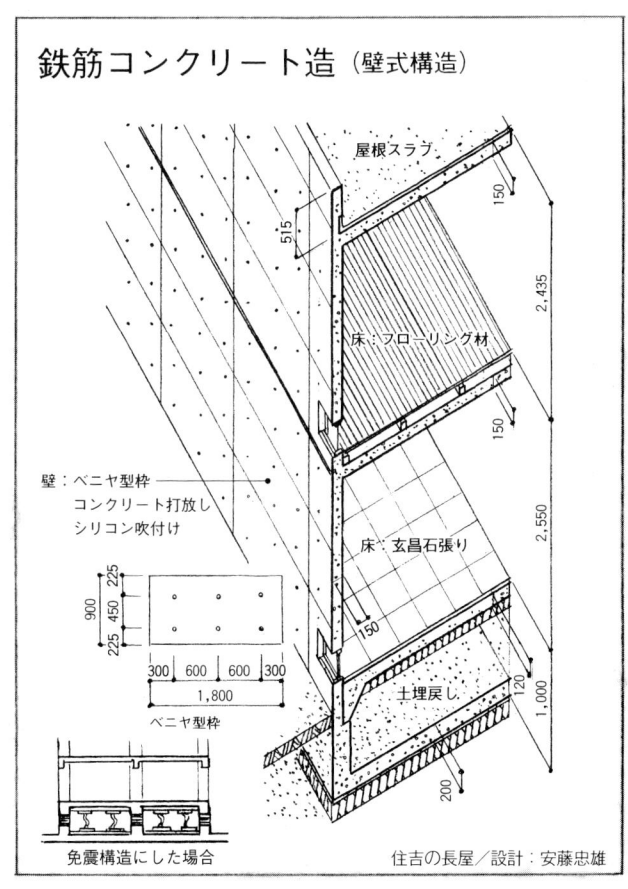

木造（在来構法）

- 屋根
- 梁
- 母屋
- 天井
- 桁
- 垂木
- 畳
- 根太
- 大引
- 柱
- 床束
- 布基礎

高樹町の家／設計：吉村順三

組積造（コンクリートブロック造）

- 屋根スラブ
- 天井
- 床スラブ
- 天井
- 臥梁
- 土間スラブ（土間コンクリート）
- ブロック
- 基礎

モデュラーコーディネーション（奇数段）
400／400／400／400／400／400

JMAシステム／設計：山下和正

2×4構法（米国ではプラットフォーム構法）

- RAFTER（垂木）
- CEILING JOIST（天井根太）
- POLE PLATE（軒桁）
- STUD（間柱）
- JOIST（床根太）
- HEAD JOIST（端根太）
- STUD（間柱）
- JOIST（床根太）
- SILL（土台）
- BASE（基礎）

鉄筋コンクリート造（壁式構造）

- 屋根スラブ
- 床：フローリング材
- 壁：ベニヤ型枠コンクリート打放しシリコン吹付け
- 床：玄昌石張り
- 土埋戻し

515／150／2,435／150／2,550／150／1,000／120／200

225／450／225／900
300／600／600／300／1,800

ベニヤ型枠
免震構造にした場合

住吉の長屋／設計：安藤忠雄

2-18 空間構成-12

環境計画—1
日照と方位

日 照
日本では住居の〈日照〉すなわち〈日当り〉に対してたいへん高い関心が払われます。フランスなどでは，家具の日焼けを嫌って居間を北側にすることもあります。日本ではほとんどの場合，居間は南に面して配置されます。しかし敷地の形状や周辺環境（眺めの良い方向）によって主要な部屋の方位が決まります。

日 影
建物を建てると，当然その北側に〈日影〉を落とします。自分の住居の日照も大切ですが，北側に住む近隣への日照も考えておきます。基本計画で建物の輪郭が決まると，冬至のときどのような影ができるか〈日影図〉を描いてチェックします。法律で許容された範囲内で影が収まるようにするのは必要最低限の義務です。

夏至（北緯35°東京付近）

時　　　角度	8:00 / 16:00	9:00 / 15:00	10:00 / 14:00	11:00 / 13:00	12:00
方位角	94°00′	85°08′	73°48′	50°48′	0°
入射角	37°12′	49°23′	61°20′	72°09′	77°46′
倍率(y/x)	1.320	0.857	0.546	0.372	0.216

冬至（北緯35°東京付近）

時　　　角度	8:00 / 16:00	9:00 / 15:00	10:00 / 14:00	11:00 / 13:00	12:00
方位角	53°22′	42°45′	30°15′	15°47′	0°
入射角	8°04′	17°09′	24°24′	29°11′	30°52′
倍率(y/x)	7.220	3.289	2.232	1.813	1.694

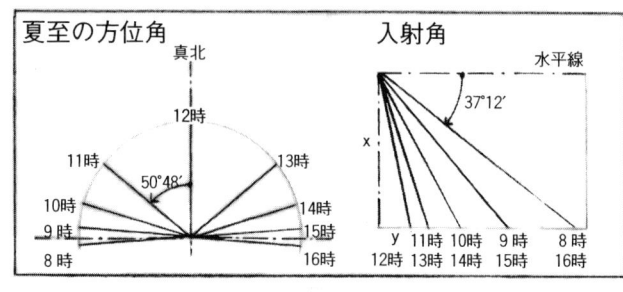

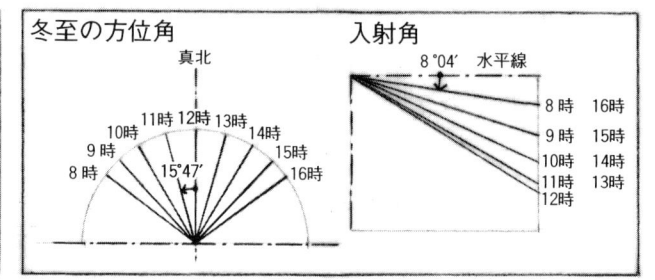

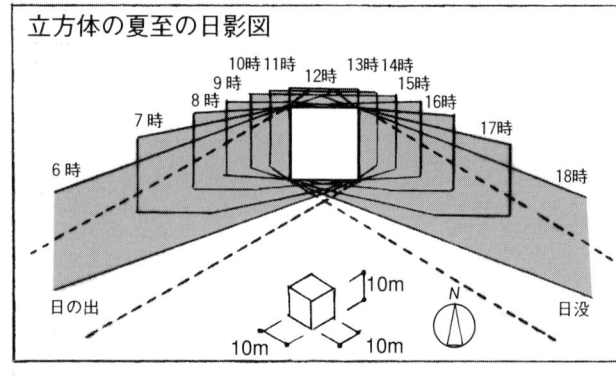

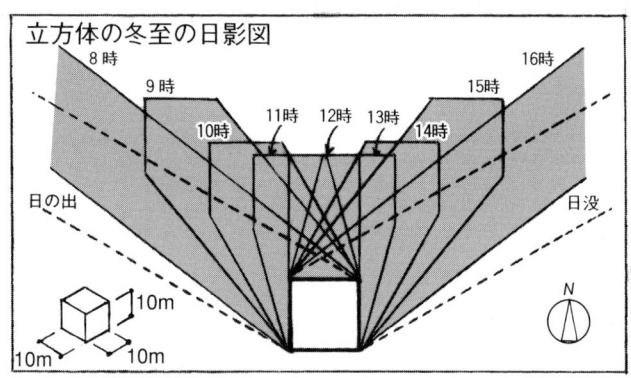

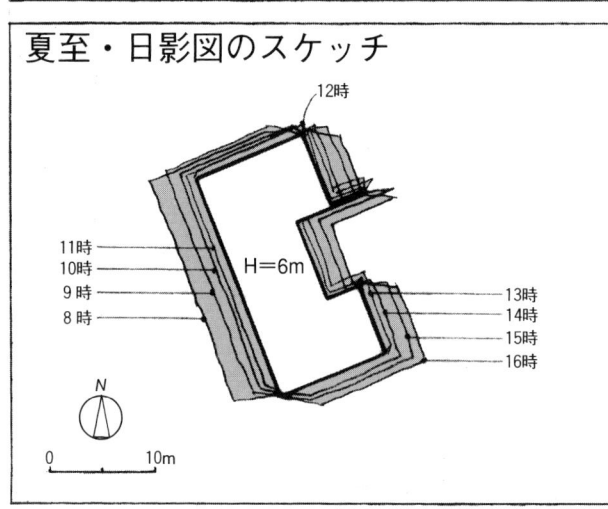

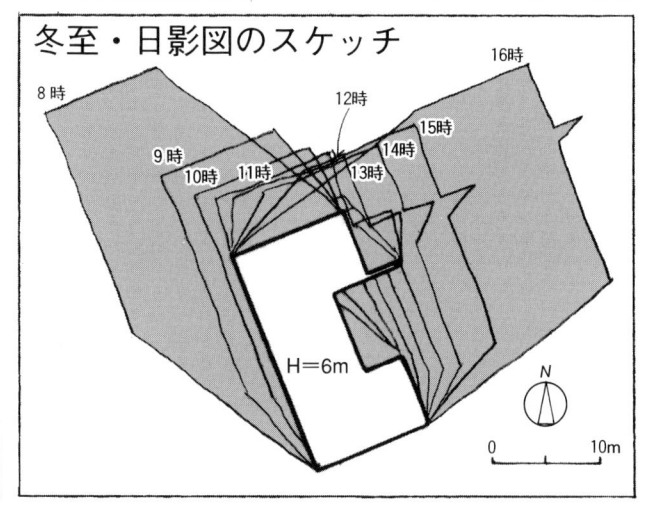

夏至の方位角　入射角

立方体の夏至の日影図

夏至・日影図のスケッチ

冬至の方位角　入射角

立方体の冬至の日影図

冬至・日影図のスケッチ

環境計画—2
採光と照明

明るさ
光の明るさには二つあります。①電球など光源自体の明るさ（ワット：W）と、②床面や机上面に届いたときの明るさ（ルックス：lx）です。ワット数については、電球の表示を見ればわかります。ルックス数については、配光曲線でわかりますが、照度計で実際に測り、明るさと照度との関係を体験しておきます。

生活に必要な明るさは、どれくらいが適当か体験をしておきます。勉強するときの机上面の明るさ500 lx、食事をするときの食卓面の明るさは300 lx、だんらんに必要な明るさは200 lxなど主な数値を覚えておきます。廊下や居間全体では50 lx程度でも十分生活できるので、全体とのバランスを考えて計画します。

	lx 2,000 1,500 1,000 750 500 300 200 150 100 75 50 30 20 10 5 2 1
住生活での機能別照度	勉強・読書 / 食卓・調理台・流し台・ひげそり・化粧 / 全般（食堂・厨房・書斎・便所） / 全般（納戸） / 通路 / 深夜防犯
	手芸・裁縫・ミシン / 読書・電話・化粧・鏡・工作 / だんらん・娯楽・テーブル・飾り棚・洗濯・沓脱ぎ / 全般（子供室・家事室・浴室・玄関・食事） / 全般（居間・廊下・階段・車庫） / 全般（寝室）

採光計画
窓などの〈開口部〉を効果的に配置し、外部からの〈昼光〉の取り入れ方を計画します。日照は南の開口部から主に取り入れますが、採光は、南に限らず北東西の壁面からも可能です。また屋根の天窓からも可能です。地下室の場合は、ドライエリアをつくって空気とともに光を取り入れることも可能です。

照明計画
夜の生活を想定して、照明器具を有効に配置しておきます。
1. 一般照明：部屋全体の明るはを確保。
2. 機能照明：食卓や書斎の机、厨房の作業台などの照明。
3. スポット照明：絵や置物に効果的に光を当てる。
4. アクセント照明：場所を際立たせるためのもの。

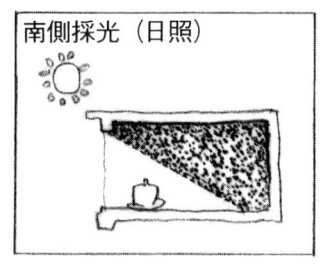

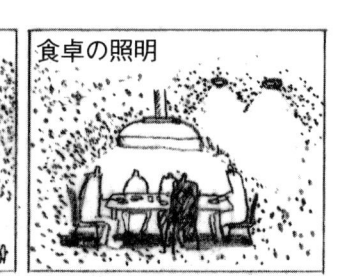

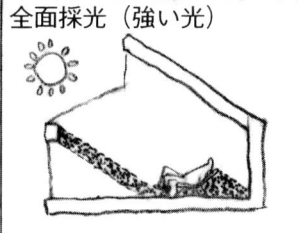

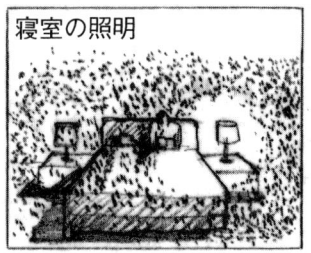

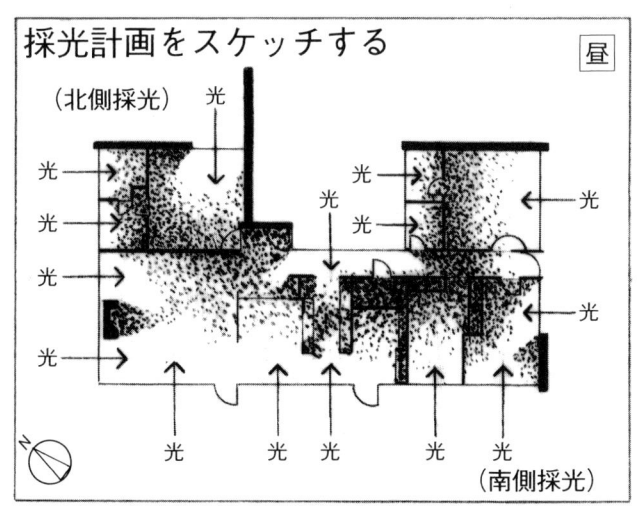

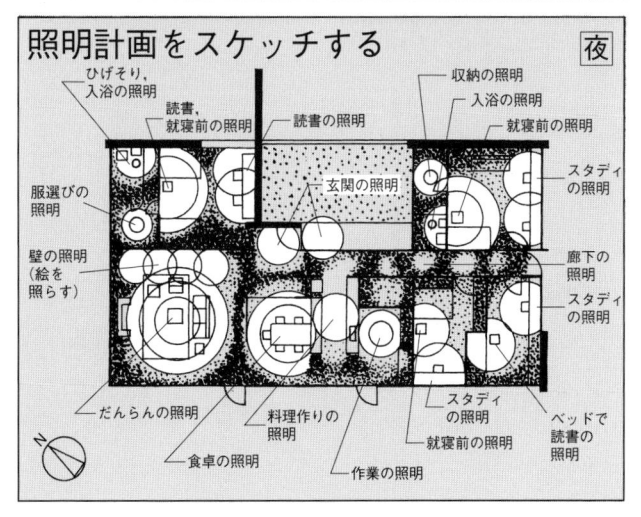

南側採光（日照） ／ 北側採光（やわらかい光） ／ 天窓採光（拡散する光） ／ 全面採光（強い光）

居間の照明 ／ 食卓の照明 ／ スタディの照明 ／ 寝室の照明

採光計画をスケッチする　昼
（北側採光）
（南側採光）

照明計画をスケッチする　夜
ひげそり、入浴の照明／収納の照明／読書、就寝前の照明／読書の照明／入浴前の照明／服選びの照明／玄関の照明／就寝前の照明／スタディの照明／壁の照明（絵を照らす）／廊下の照明／スタディの照明／だんらんの照明／料理作りの照明／スタディの照明／ベッドで読書の照明／食卓の照明／就寝前の照明／作業の照明

2-19 空間構成-13

環境計画-3
通風と換気

通 風

日本では古くから住居の中に〈風の道〉をつくり，夏の蒸し暑さを解消してきました。現代では〈冷暖房機〉の出現により，大きな〈開口部〉を必要としなくなりました。しかし，春秋の中間期には〈自然の風〉を楽しめるようにしておくことも必要です。

換 気

部屋の汚れた空気を外に出すことを排気，新鮮な空気を外部から取り入れることを給気，そしてこのサイクルを〈換気〉といいます。台所，便所，風呂，洗面所では，とくに換気扇を用いて排気し(機械換気)，給気はガラリなどの開口部より取り入れます(自然換気)。

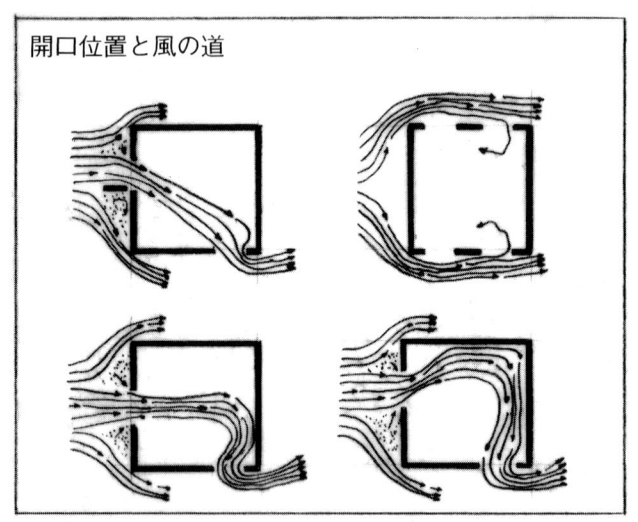

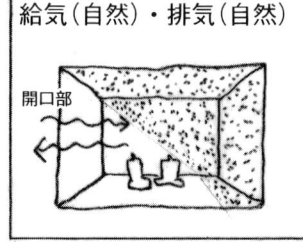

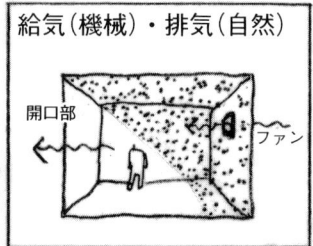

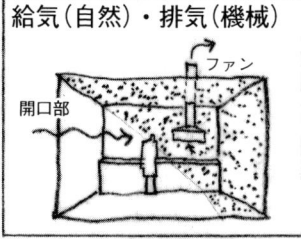

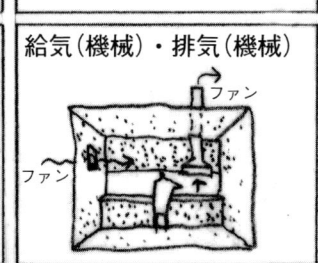

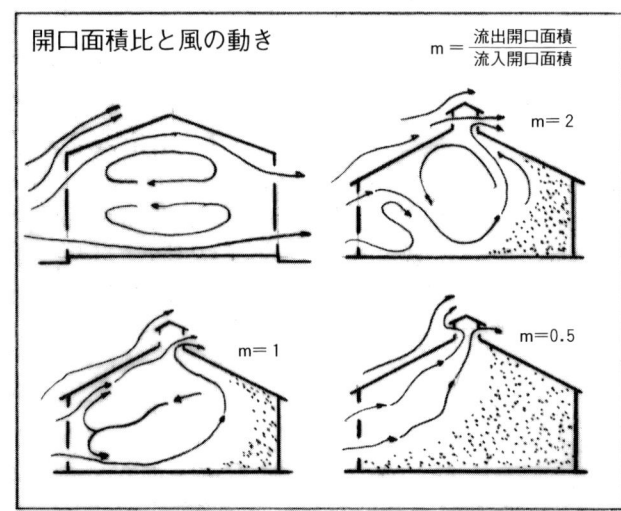

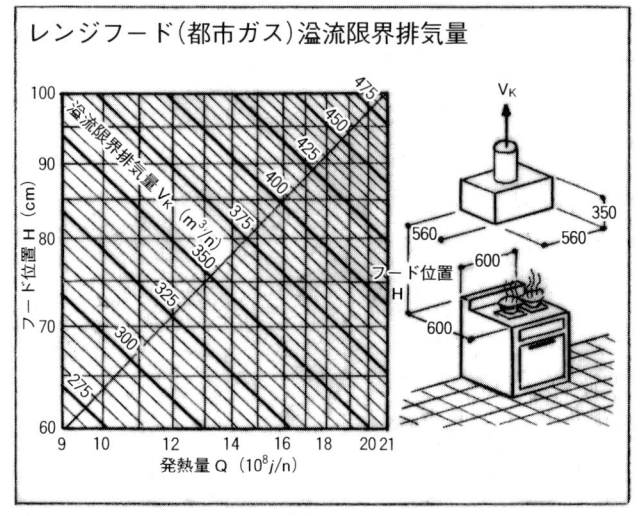

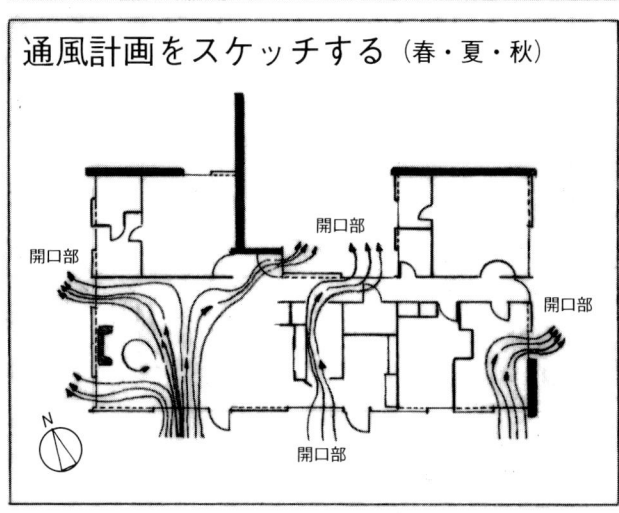

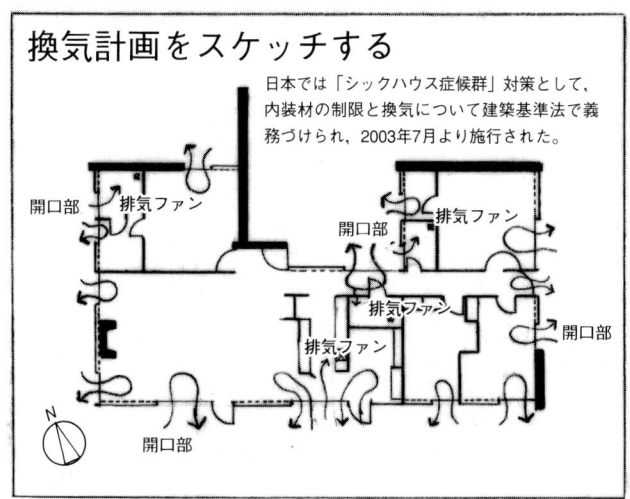

開口位置と風の道

給気(自然)・排気(自然)　**給気(機械)・排気(自然)**

給気(自然)・排気(機械)　**給気(機械)・排気(機械)**

開口面積比と風の動き

$$m = \frac{流出開口面積}{流入開口面積}$$

m=2　　m=1　　m=0.5

レンジフード(都市ガス)溢流限界排気量

溢流限界排気量 V_K (m³/h)

フード位置 H (cm)

発熱量 Q (10⁸j/h)

通風計画をスケッチする(春・夏・秋)

開口部

換気計画をスケッチする

日本では「シックハウス症候群」対策として，内装材の制限と換気について建築基準法で義務づけられ，2003年7月より施行された。

開口部　排気ファン

環境計画—4
断熱と遮音

断熱

冬と夏の〈冷暖房〉には，相当な電気やガスのエネルギーを必要とします。地球の温暖化を防ぐため，また家庭の光熱費を安価にするためにも〈省エネルギー化〉の工夫をします。外壁や屋根や床下，そして間仕切り壁にも〈断熱材〉を十分入れます。

遮音

自分の発する〈騒音〉はそれほど気になりません。しかし，他人の発する〈騒音〉は思いのほか神経を刺激します。〈外壁〉には十分に〈遮音材〉を入れます。また〈床〉にも〈遮音材〉を入れておき，下の階に音が漏れないようにしておきます。

部位別熱貫流率 (kcal/m²hr°C)

	木造	ALC, CB	コンクリート
屋根・天井	引掛け桟瓦20／野地板10　K値=4.17	防水層／ALC断熱材5／空気層100／天井杉板20／5　K値=0.96	防水層／コンクリート／断熱材20／120／20／断熱材吹付け　K値=1.69
壁	軟質繊維板／アルミはく／中空層／下見板／下見板 10 10 100 6　126　K値=1.23	モルタル／軽量ブロック／プラスター 7 94 7　108　K値=3.85	モルタル／リシン吹付け／コンクリート／断熱材／軟質繊維板 10 150 246　190　K値=1.01
床	畳60／板12　K値=1.20	床杉板／中空層／ALC 10／20／100　K値=0.88	リノリウム／合板3／中空層12／30／150／断熱材吹付け／コンクリート　K値=0.69

遮音損失 (dB)

材料名	周波数（Hz）					
	125	250	500	1,000	2,000	4,000
RC／コンクリート（120）両面モルタル塗り（20）	33	—	46	—	—	—
重量CB（150）両面モルタル仕上げ（10）	33	36	46	53	58	61
両面石膏ボード（6）プラスター塗り（20）空気層（100）	28	41	56	62	—	—
両面石膏ボード（9）グラスウール（50）空気層（100）	23	41	50	54	58	56

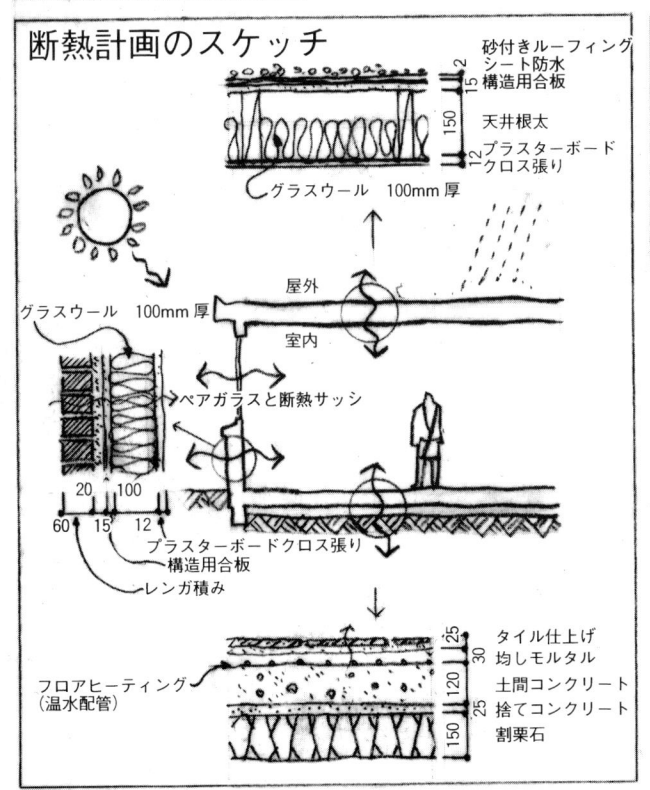

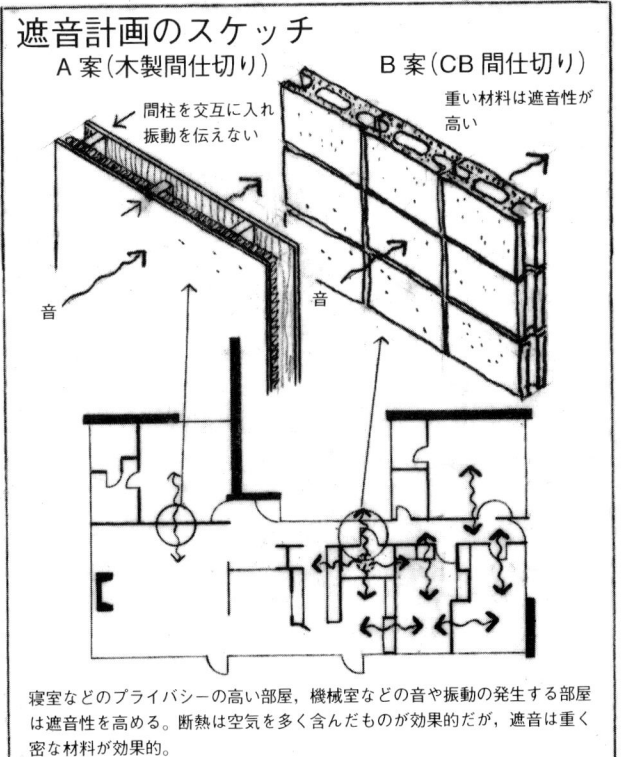

断熱計画のスケッチ

砂付きルーフィング／シート防水／構造用合板／天井根太／プラスターボードクロス張り／グラスウール 100mm厚

グラスウール 100mm厚／屋外／室内／ペアガラスと断熱サッシ／プラスターボードクロス張り／構造用合板／レンガ積み

タイル仕上げ／均しモルタル／土間コンクリート／捨てコンクリート／割栗石／フロアヒーティング（温水配管）

遮音計画のスケッチ

A案（木製間仕切り）：間柱を交互に入れ振動を伝えない

B案（CB間仕切り）：重い材料は遮音性が高い

寝室などのプライバシーの高い部屋，機械室などの音や振動の発生する部屋は遮音性を高める。断熱は空気を多く含んだものが効果的だが，遮音は重く密な材料が効果的。

2-20 空間構成―14

環境計画―5
設備システム

自然と共生

住居での生活に必要な〈エネルギー〉を，その敷地で自然に得られるものはないか考えてみます。

例えば，給水は水道を引き込むことで解決できますが，〈雨水〉は利用できないだろうか，空調は冷暖房機を設置することで解決できますが〈太陽熱〉を利用できないだろうか，同様に太陽光発電ができないか，〈風〉を利用することで発電できないだろうかと。〈自然と共生〉できる部分はないか，いろいろ考えてみます。

設備の設計

〈電気，ガス，水道〉などの生のエネルギーを生活に役立つように〈変換〉するのが，〈設備機械〉です。建築家は，これらの設備機械や機械を使ったシステムを直接設計することはありません。これらの〈設計〉は，設備の専門家に依頼した設計してもらいます。しかしここで，建築家は最初に考えた〈自然と共生〉できる部分を，設備の専門家と一緒になって考えてみます。どこまでを〈自然〉でできるか，どこまでを〈人工〉にするかを考えてみます。

カタログの入手

建築家は，設備機器の設計を直接行うことはありません。もちろん，関心のある人は挑戦して下さい。建築家はむしろ，的確な設備機器を〈選択〉できる目を養う必要があります。設備機器のメーカーは〈カタログ〉を充実させていますから，入手して参考にします。カタログの入手方法は，建築関係の雑誌の広告で調べます。または，ショールームに直接行って確認するのもいいでしょう。カタログと一緒に，実物もよく見ておきます。

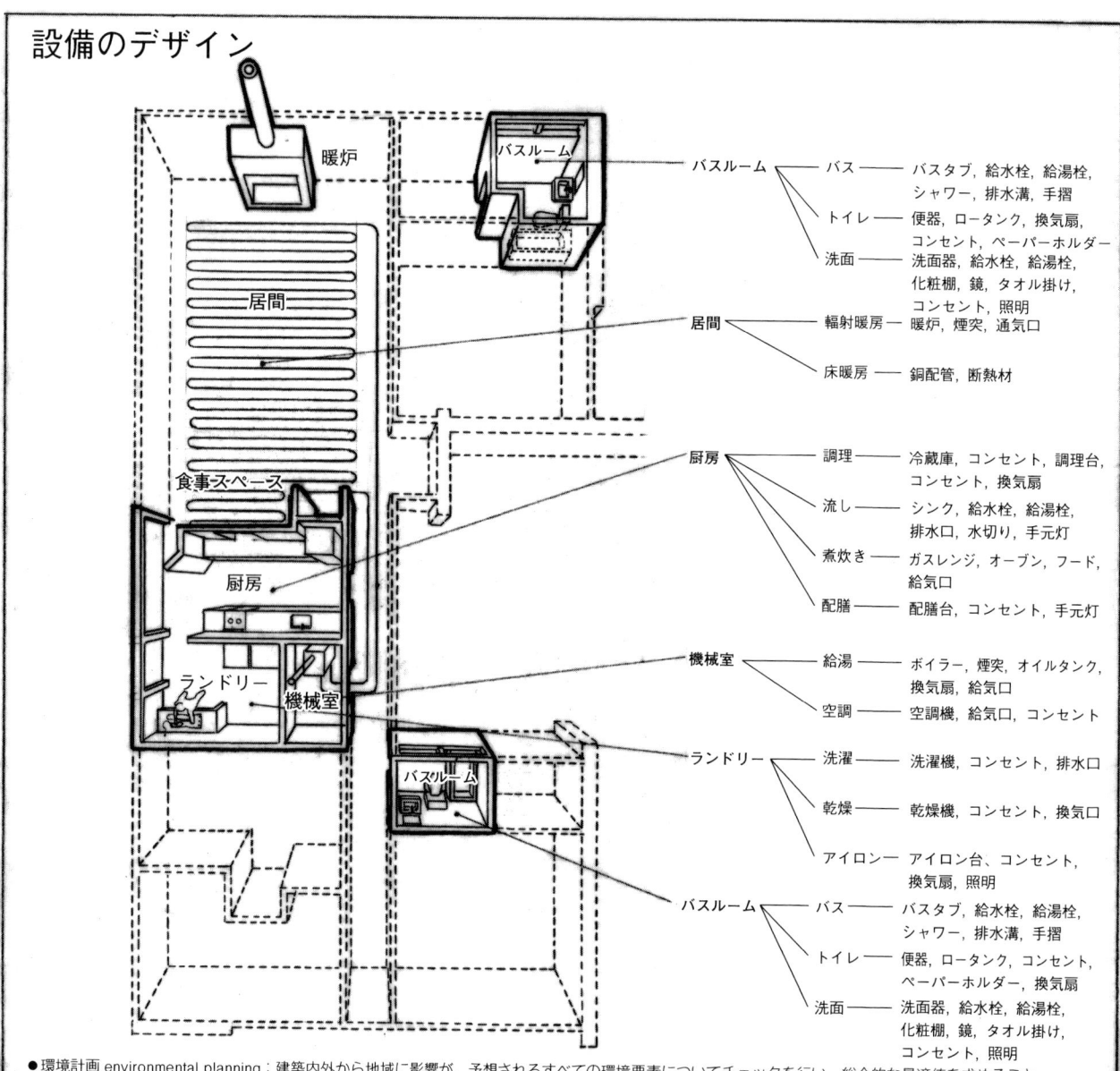

設備のデザイン

室	設備	機器・部材
バスルーム	バス	バスタブ，給水栓，給湯栓，シャワー，排水溝，手摺
	トイレ	便器，ロータンク，換気扇，コンセント，ペーパーホルダー
	洗面	洗面器，給水栓，給湯栓，化粧棚，鏡，タオル掛け，コンセント，照明
居間	輻射暖房	暖炉，煙突，通気口
	床暖房	銅配管，断熱材
厨房	調理	冷蔵庫，コンセント，調理台，コンセント，換気扇
	流し	シンク，給水栓，給湯栓，排水口，水切り，手元灯
	煮炊き	ガスレンジ，オーブン，フード，給気口
	配膳	配膳台，コンセント，手元灯
機械室	給湯	ボイラー，煙突，オイルタンク，換気扇，給気口
	空調	空調機，給気口，コンセント
ランドリー	洗濯	洗濯機，コンセント，排水口
	乾燥	乾燥機，コンセント，換気口
	アイロン	アイロン台，コンセント，換気扇，照明
バスルーム	バス	バスタブ，給水栓，給湯栓，シャワー，排水溝，手摺
	トイレ	便器，ロータンク，コンセント，ペーパーホルダー，換気扇
	洗面	洗面器，給水栓，給湯栓，化粧棚，鏡，タオル掛け，コンセント，照明

- 環境計画 environmental planning：建築内外から地域に影響が，予想されるすべての環境要素についてチェックを行い，総合的な最適値を求めること。
- 設備計画 equipment planning：建物において，その目的を達成させるための各種設備の企画・立案をさす。建築設計の初期の段階から参加し，法的制約や経済性などを配慮しながら，合理的に安全で快適な室内環境を形成するための作業。
- 建築設備設計 building equipment design：建築に設けられる環境形成・維持システム・利便の安全設備，これらに必要なエネルギー・水・空気などの供給設備を具体化する作業。電気・ガス・給水・排水・換気・暖房・冷房・消火・排煙・汚物処理などの設備を設計すること。

設計資料

設備器具の選択

設備機器の〈選択〉は，〈設計〉と同じくらいの努力が必要です。機器を自分で設計しないかわりに，広範な〈知識〉と最適の機器を一つ選ぶという〈決断力〉が要求されます。機器を選択するときの注意事項としては，次のような項目が挙げられます。

1. 機器の〈容量〉を調べる。
2. 機器の〈寸法〉をチェックする。
3. 機器の〈色〉は，外壁や部屋の色に合わせて決める。
4. 機器の〈コスト〉と〈ランニングコスト〉を調べる。
5. 〈家族の希望〉をよく聞いて，例えば，キッチンセットの台の高さなどは，使用する人の身長と関連して選択する。
6. 機器の〈在庫〉があるかチェックする。

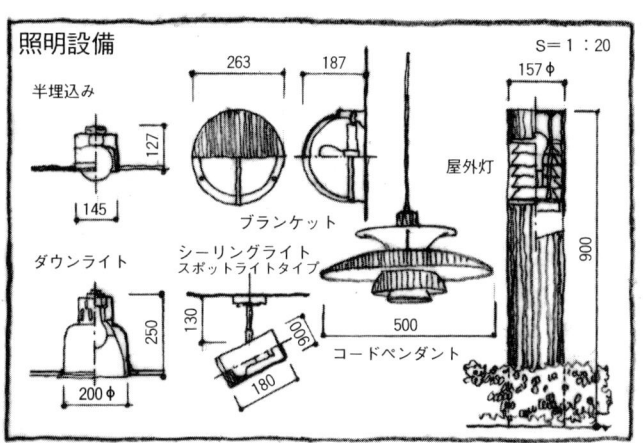

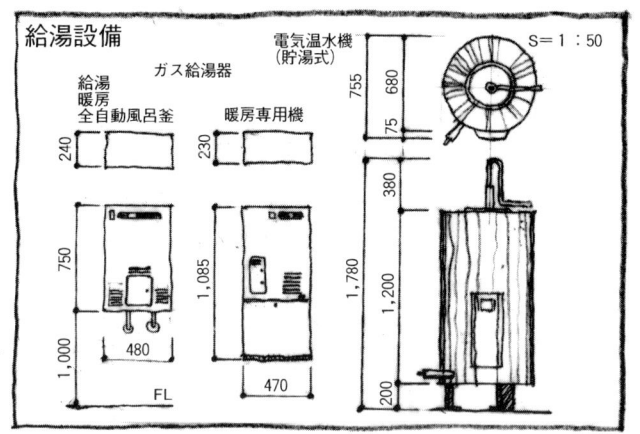

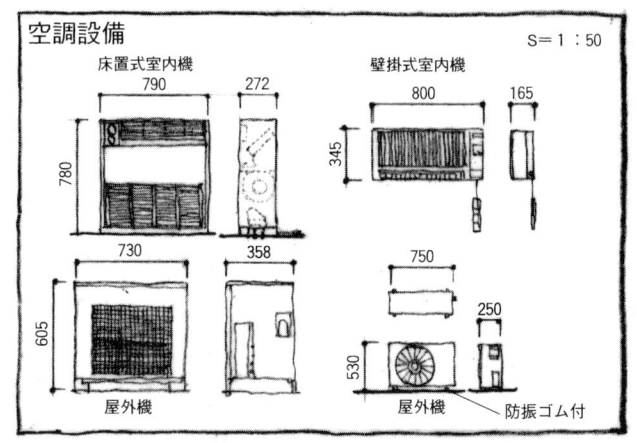

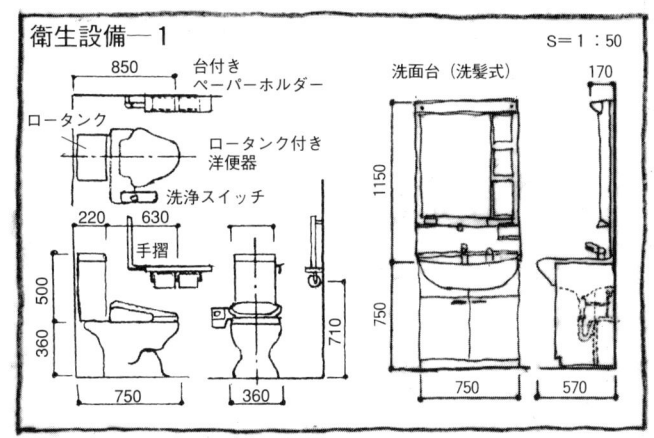

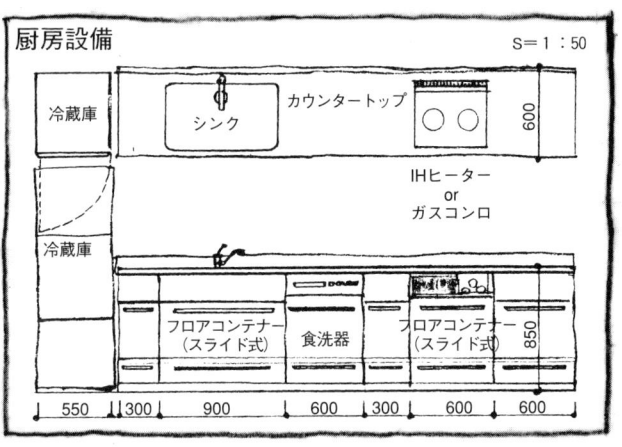

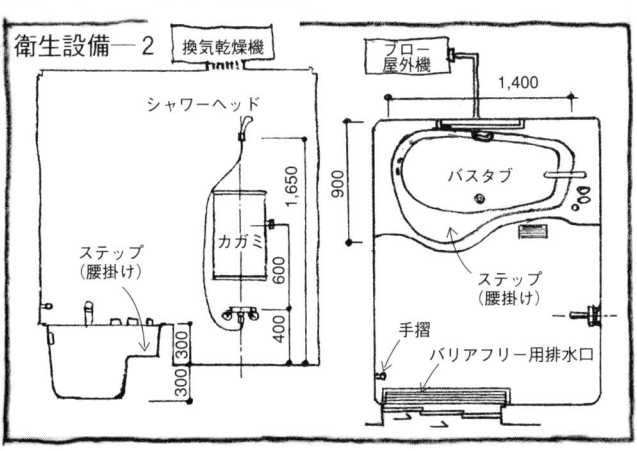

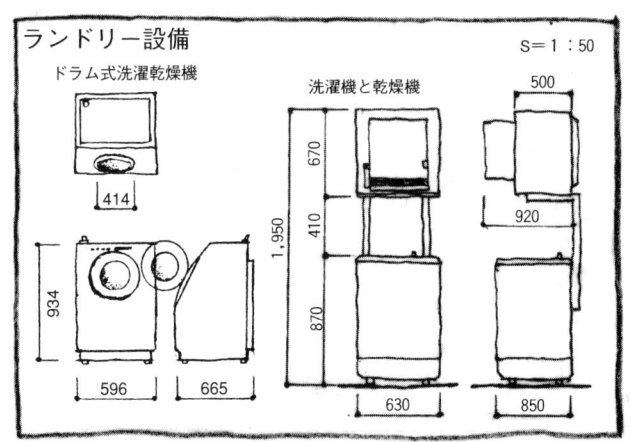

2-21　空間構成―15

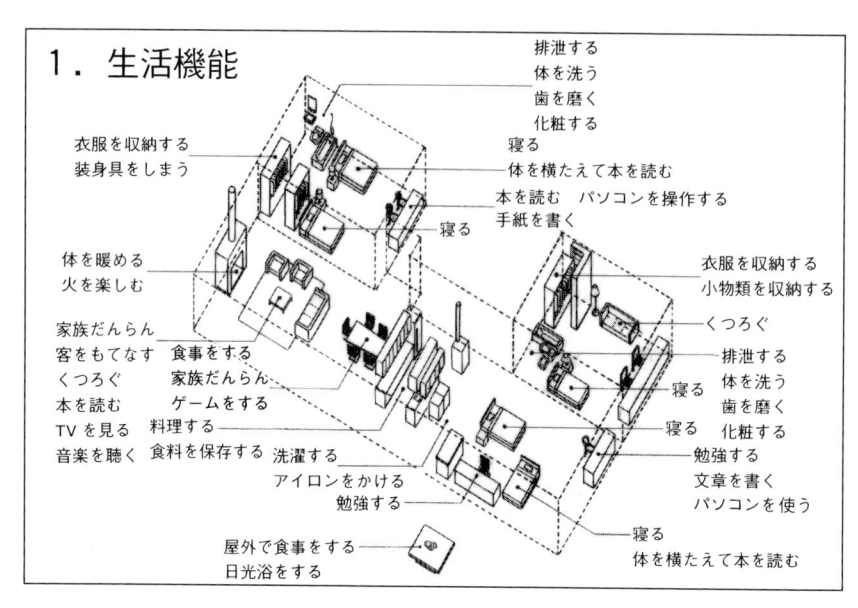

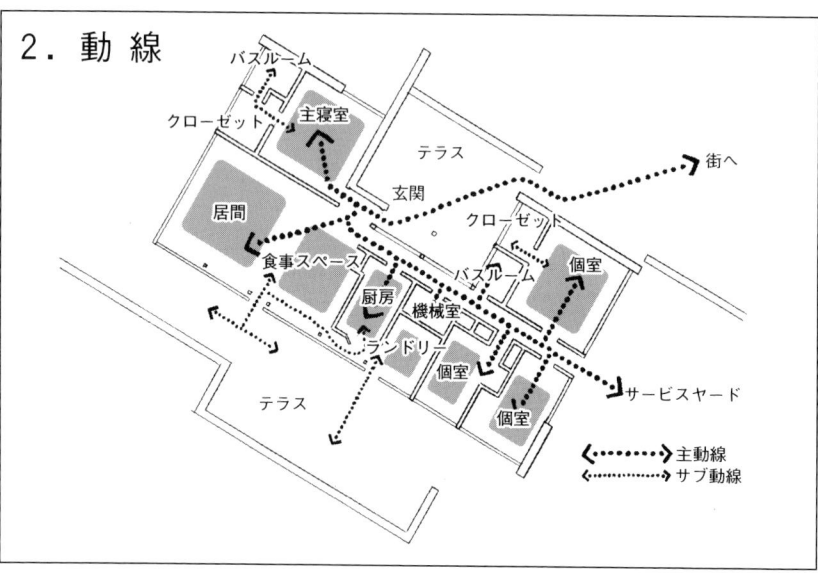

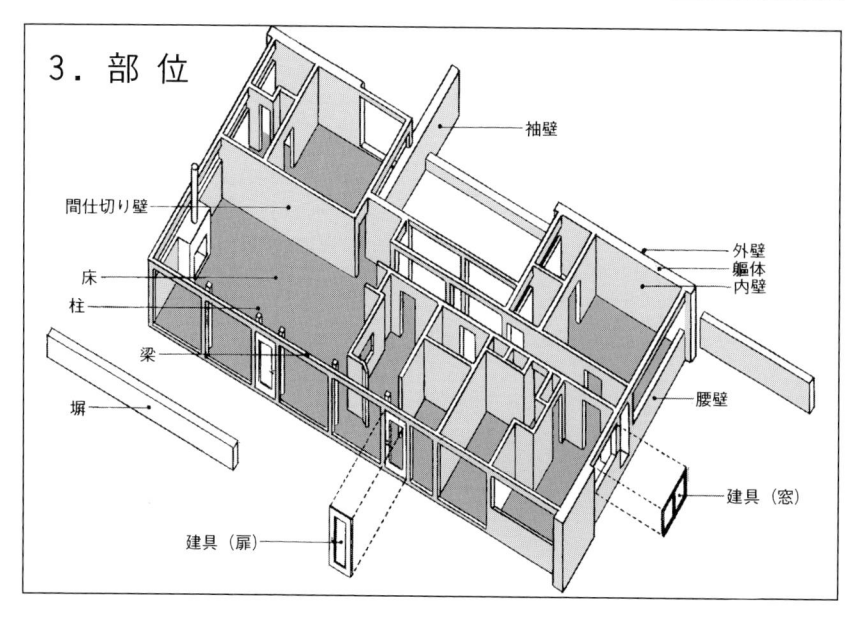

1. 生活機能

- 衣服を収納する
- 装身具をしまう
- 排泄する
- 体を洗う
- 歯を磨く
- 化粧する
- 寝る
- 体を横たえて本を読む
- 本を読む　パソコンを操作する
- 手紙を書く
- 体を暖める
- 火を楽しむ
- 寝る
- 衣服を収納する
- 小物類を収納する
- くつろぐ
- 家族だんらん
- 客をもてなす
- くつろぐ
- 本を読む
- TVを見る
- 音楽を聴く
- 食事をする
- 家族だんらん
- ゲームをする
- 料理する
- 食料を保存する
- 洗濯する
- アイロンをかける
- 勉強する
- 排泄する
- 体を洗う
- 歯を磨く
- 化粧する
- 寝る
- 勉強する
- 文章を書く
- パソコンを使う
- 屋外で食事をする
- 日光浴をする
- 寝る
- 体を横たえて本を読む

2. 動線

- バスルーム
- クローゼット
- 主寝室
- テラス
- 玄関
- 街へ
- 居間
- クローゼット
- 食事スペース
- バスルーム
- 個室
- 厨房
- 機械室
- ランドリー
- 個室
- サービスヤード
- テラス
- 個室

⇠⇢ 主動線
⇠⇢ サブ動線

3. 部位

- 袖壁
- 間仕切り壁
- 外壁
- 躯体
- 内壁
- 床
- 柱
- 梁
- 腰壁
- 塀
- 建具（窓）
- 建具（扉）

デザインをまとめる

空間構成のトライアングル

```
       生活機能
         △
   動線 ───── 部位
```

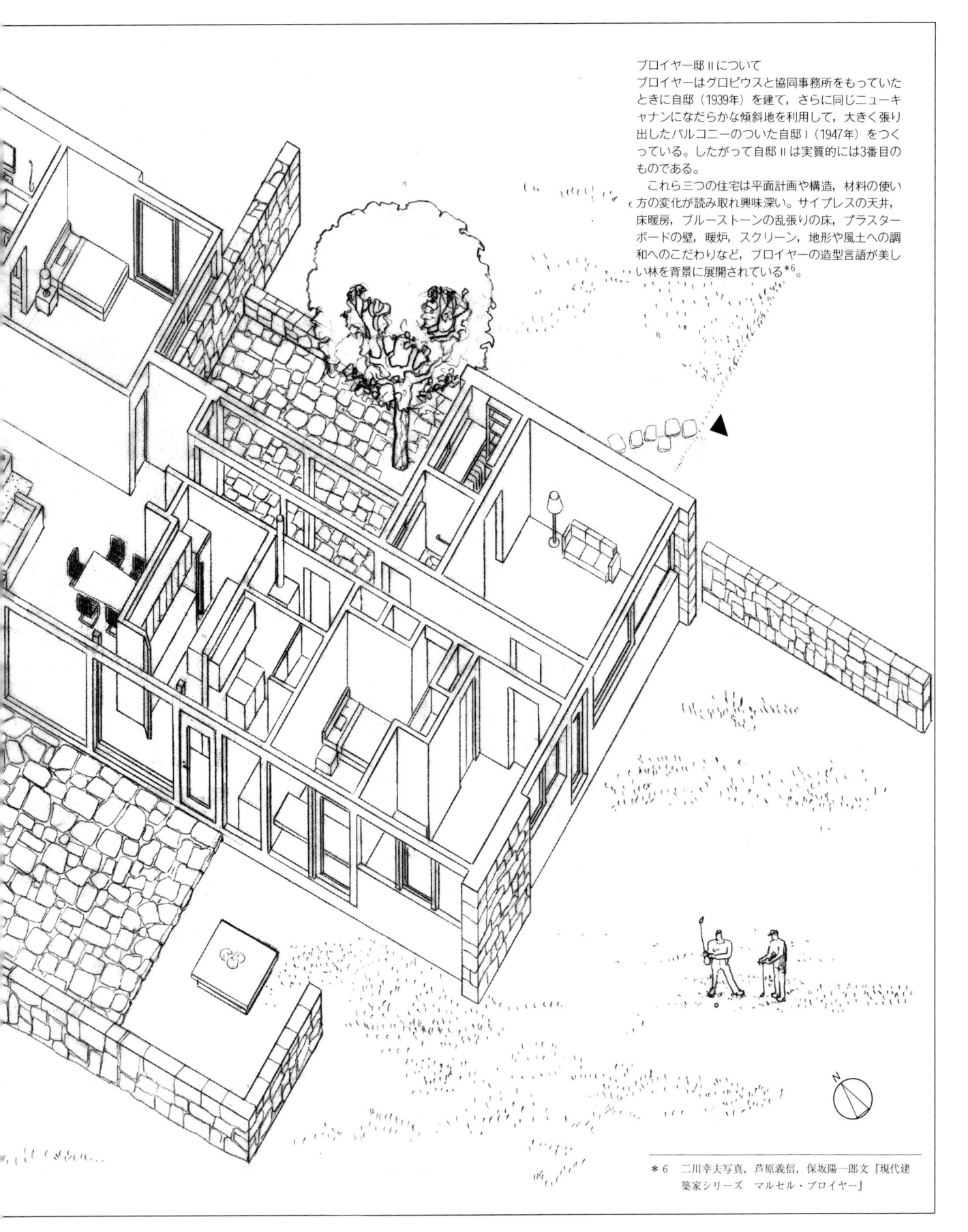

M.ブロイヤー邸II
まとめ

ブロイヤー邸IIについて
ブロイヤーはグロピウスと協同事務所をもっていたときに自邸（1939年）を建て、さらに同じニューキャナンになだらかな傾斜地を利用して、大きく張り出したバルコニーのついた自邸I（1947年）をつくっている。したがって自邸IIは実質的には3番目のものである。

これら三つの住宅は平面計画や構造、材料の使い方の変化が読み取れ興味深い。サイプレスの天井、床暖房、ブルーストーンの乱張りの床、プラスターボードの壁、暖炉、スクリーン、地形や風土への調和へのこだわりなど、ブロイヤーの造型言語が美しい林を背景に展開されている[*6]。

*6 二川幸夫写真，芦原義信，保坂陽一郎文『現代建築家シリーズ マルセル・ブロイヤー』

2-22　提案する図面-1

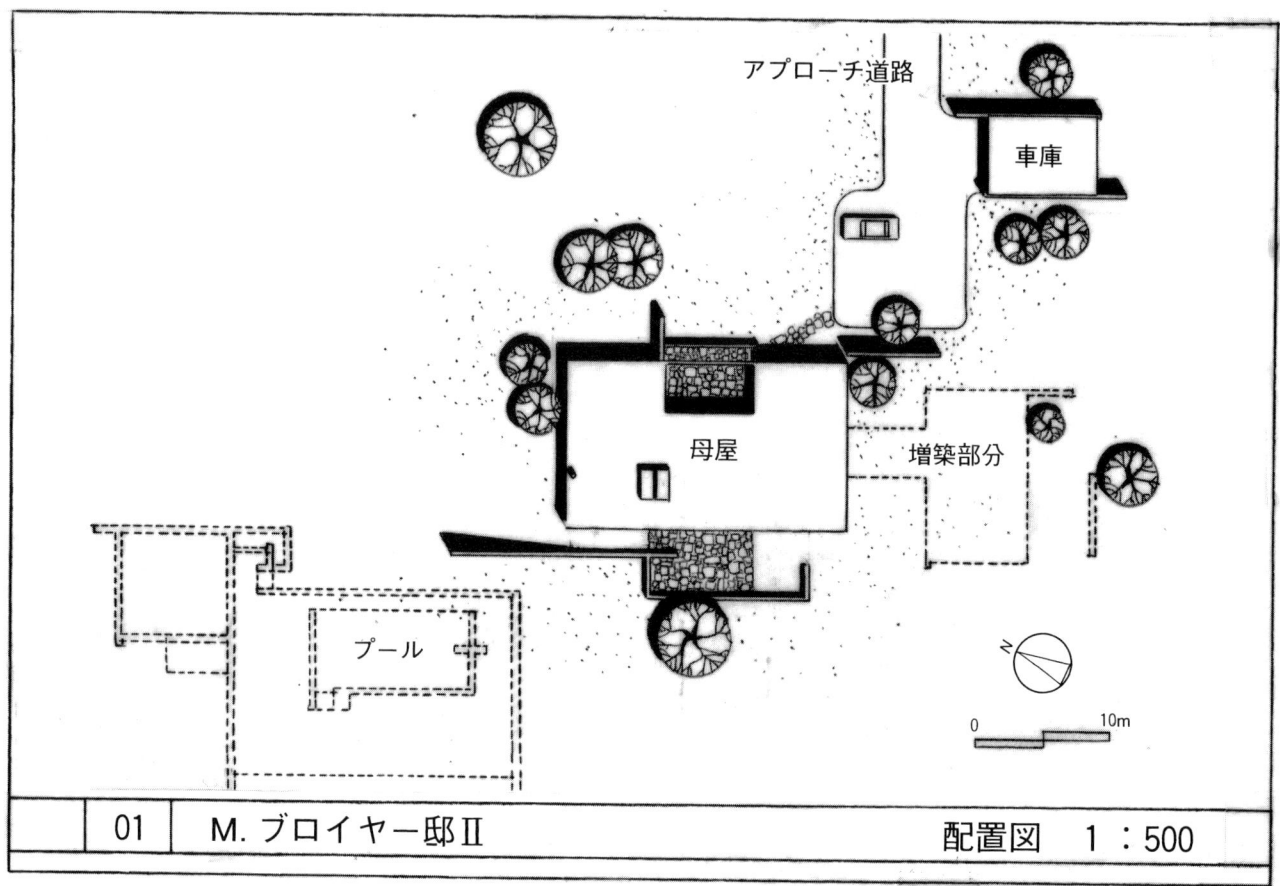

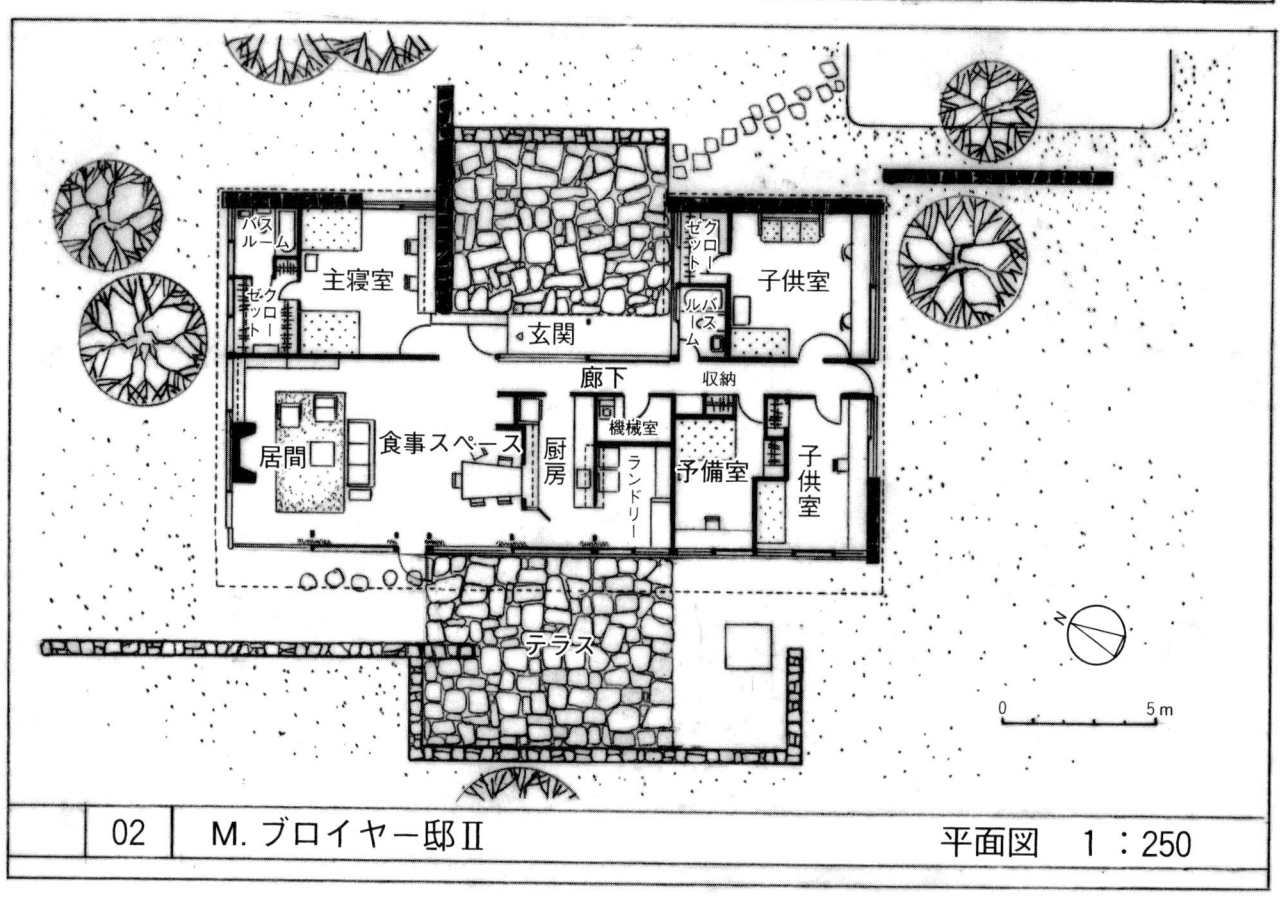

M.ブロイヤー邸Ⅱ
配置図・平面図

| 01 | M.ブロイヤー邸Ⅱ | 配置図　1：500 |

| 02 | M.ブロイヤー邸Ⅱ | 平面図　1：250 |

レンダリングの順序

配置図（SITE PLAN）

〈提案〉のための図面は、〈実施〉のための図面とは違います。提案内容を施主や関係者に、よく理解してもらうための図面です。そのためには、表現技法（rendering）をしっかり習得しておきましょう。

配置図では、敷地と建物の〈位置関係〉を明確にします。また、建物だけでなく敷地内外の〈環境状態〉もよくわかるように表現しておきます。表現しなければならない内容として、次のものが挙げられます。

1. 敷地境界線（道路境界と隣地境界）
2. 前面道路と幅員の関係
3. 建物の形（屋根伏図または平面図）
4. 敷地境界線と建物の距離
5. 高さ（等高線、高低差）
6. 駐車場の位置
7. 舗装（タイル、石、レンガ）
8. 水域（池、川、水路）
9. 植栽（高木、低木、灌木、草類）
10. 擁壁や石垣、門や塀
11. 方位

配置図のレンダリングとしては、建物に立体感を出すために日影を描き入れる技法を使ってみましょう。

平面図（PLAN）

平面図では、柱や壁などの〈ハード＝構造体〉を描くのはもちろんですが、家具や設備などを描き入れて、そこでの〈ソフト＝生活の仕方〉が生き生きと浮かび上がるようにします。表現しなければならない内容としては、次のものが挙げられます。

1. 構造：柱、外壁、間仕切り壁、玄関扉、キッチン扉、窓
2. 家具：居間（ソファとテーブル）
   食事コーナー（食卓と椅子）
   主寝室（ベッド、机と椅子）
   子供室（ベッド、机と椅子）
3. 設備：台所（シンク、コンロ、冷蔵庫）、ランドリー（洗濯機、乾燥機）、浴室（バスタブ、便器、洗面器）

平面図で忘れてならないのが〈部屋名〉です。部屋の中央に記入します。

全図面に共通する〈図面タイトル〉には、
1. 図面番号（1、2、3、…）
2. プロジェクト名（M.ブロイヤー邸Ⅱなど）
3. 図面名称（平面図、立面図など）
4. 縮尺（1：100、1：200など）

を書き入れます。

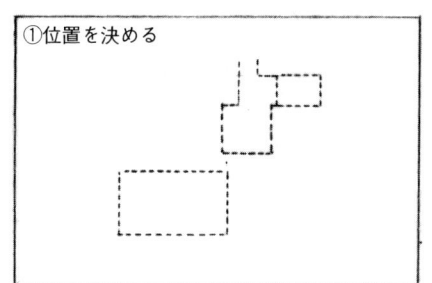

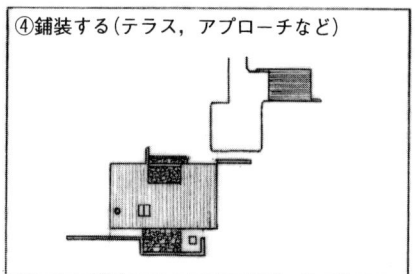

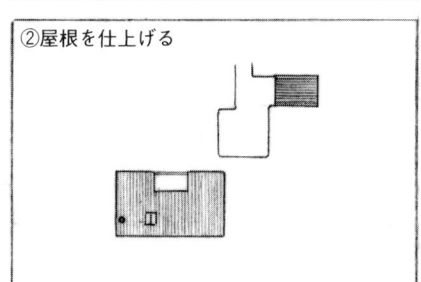

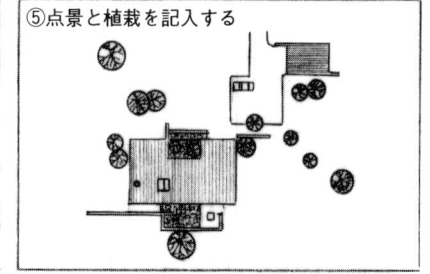

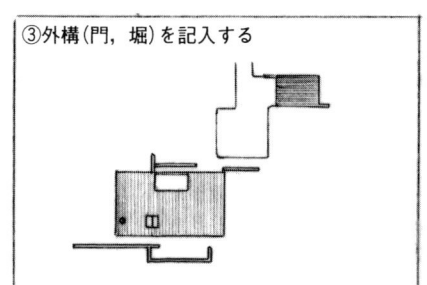

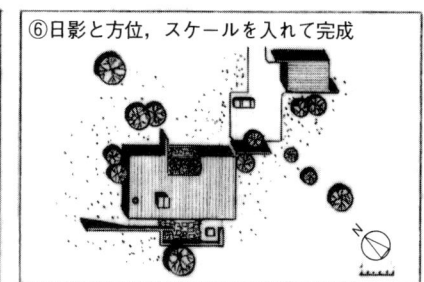

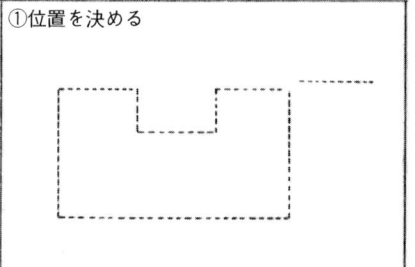

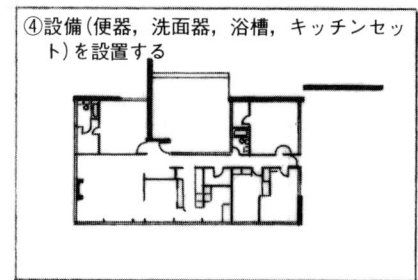

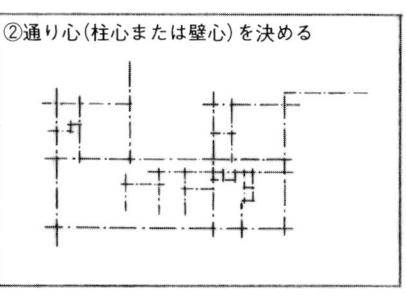

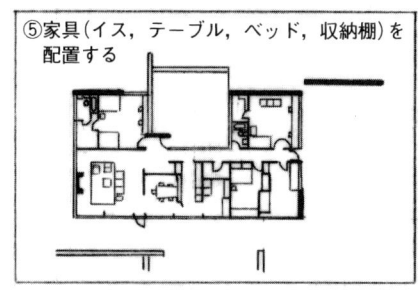

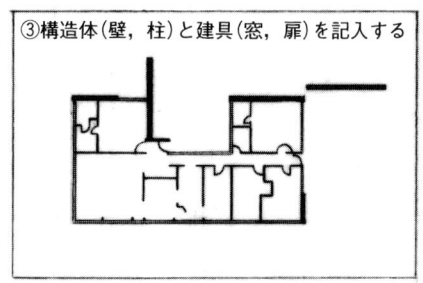

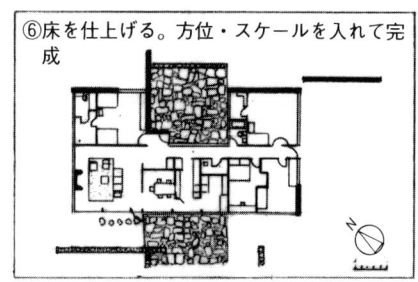

①位置を決める
②屋根を仕上げる
③外構（門、堀）を記入する
④舗装する（テラス、アプローチなど）
⑤点景と植栽を記入する
⑥日影と方位、スケールを入れて完成

①位置を決める
②通り心（柱心または壁心）を決める
③構造体（壁、柱）と建具（窓、扉）を記入する
④設備（便器、洗面器、浴槽、キッチンセット）を設置する
⑤家具（イス、テーブル、ベッド、収納棚）を配置する
⑥床を仕上げる。方位・スケールを入れて完成

2–23 提案する図面—2

M.ブロイヤー邸Ⅱ
立面図・断面図・矩計図

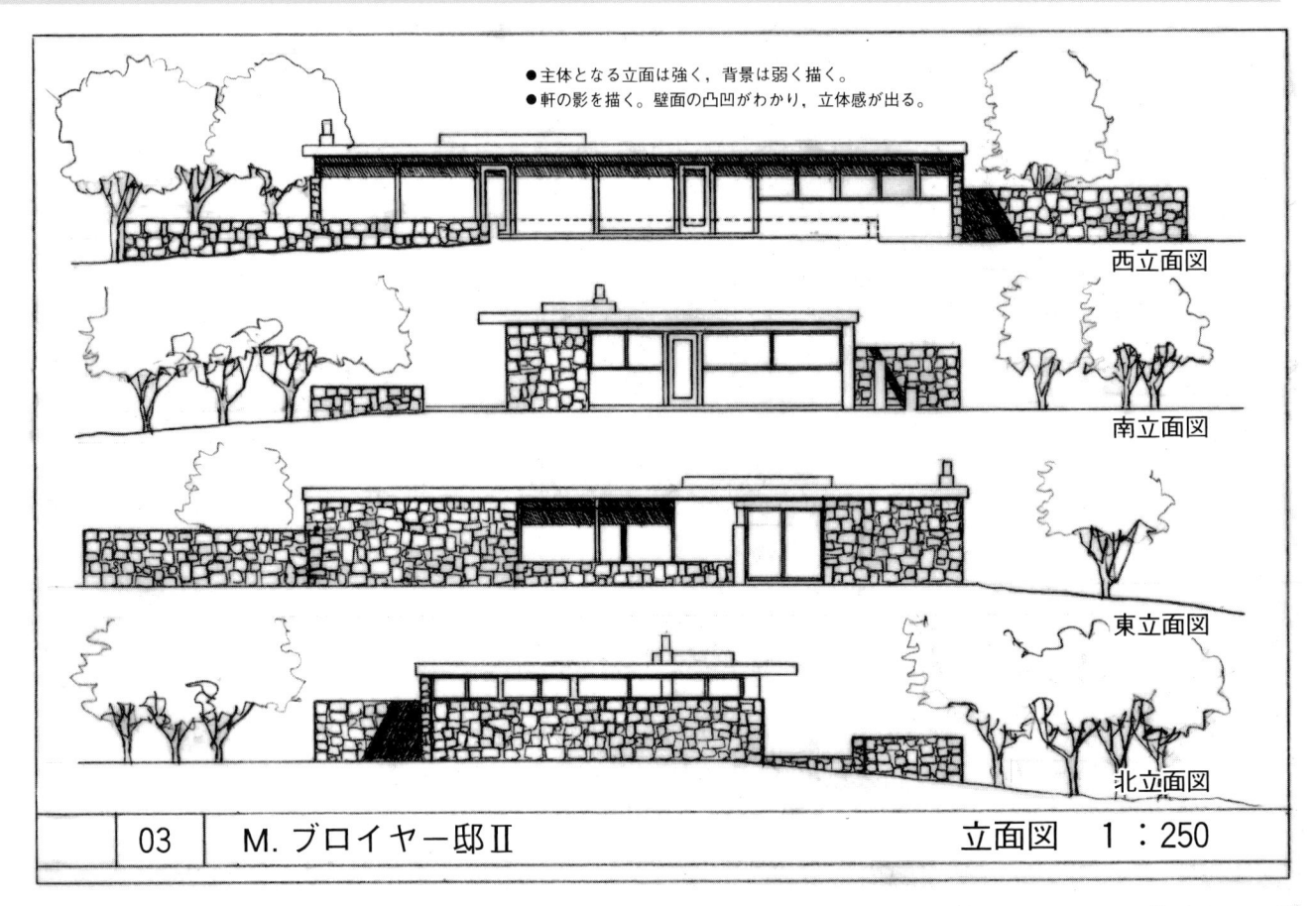

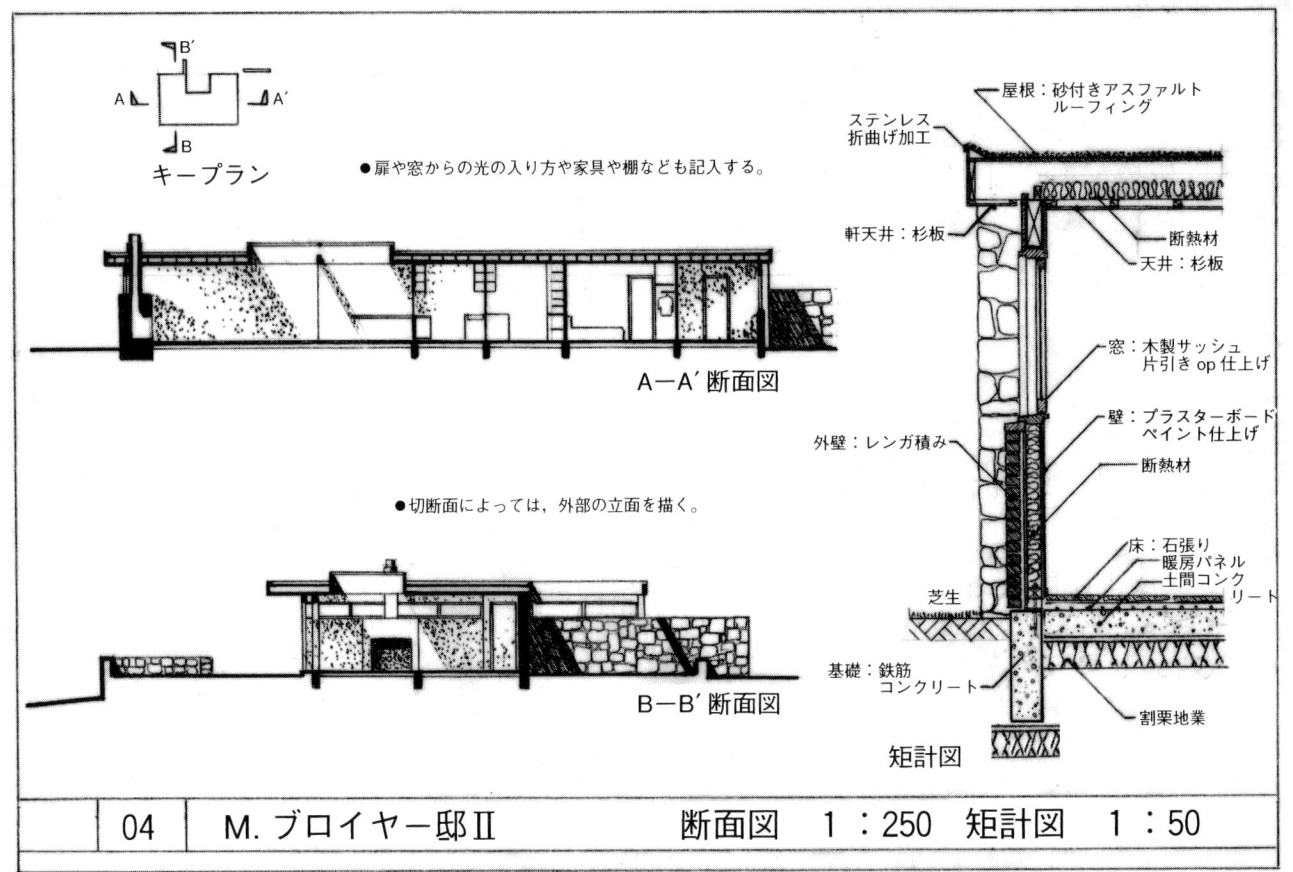

- 主体となる立面は強く，背景は弱く描く。
- 軒の影を描く。壁面の凸凹がわかり，立体感が出る。

西立面図
南立面図
東立面図
北立面図

| 03 | M.ブロイヤー邸Ⅱ | 立面図　1：250 |

キープラン

- 扉や窓からの光の入り方や家具や棚なども記入する。

A—A′断面図

- 切断面によっては，外部の立面を描く。

B—B′断面図

屋根：砂付きアスファルトルーフィング
ステンレス折曲げ加工
軒天井：杉板
断熱材
天井：杉板
窓：木製サッシュ片引き op 仕上げ
外壁：レンガ積み
壁：プラスターボードペイント仕上げ
断熱材
床：石張り
暖房パネル
土間コンクリート
芝生
基礎：鉄筋コンクリート
割栗地業

矩計図

| 04 | M.ブロイヤー邸Ⅱ | 断面図　1：250　矩計図　1：50 |

レンダリングの順序

立面図 (ELEVATION)

立面図は，東西南北の四面で表します。〈屋根〉や〈外壁〉そして〈窓や扉〉などの〈仕上げ〉を，図面を見ただけで十分理解できるようにします。さらに〈門やフェンス〉，〈高木や灌木〉などを加え住居の環境を整えます。最後に，軒下などに〈影〉をつけて立体感を出します。

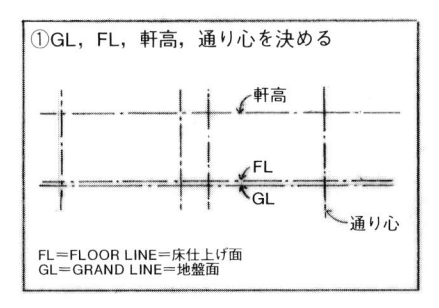

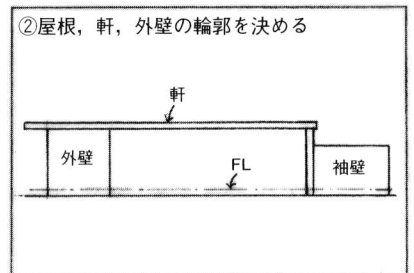

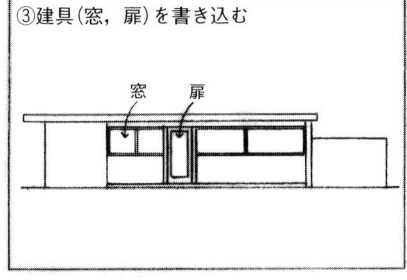

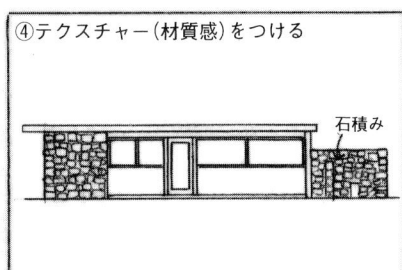

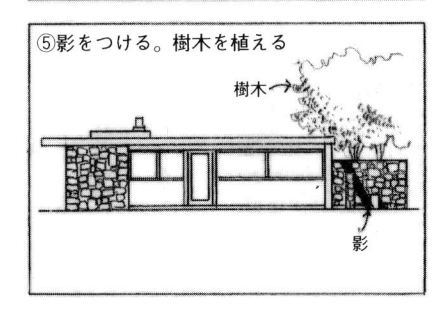

① GL，FL，軒高，通り心を決める

FL＝FLOOR LINE＝床仕上げ面
GL＝GRAND LINE＝地盤面

② 屋根，軒，外壁の輪郭を決める

③ 建具(窓，扉)を書き込む

④ テクスチャー(材質感)をつける

⑤ 影をつける。樹木を植える

断面図 (SECTION)

断面図では，〈屋根と梁〉，〈床と地中梁〉，〈外壁と間仕切り壁〉など，その建物の構造の主要な部分がよく理解できるようにします。構造の〈切断部分〉は，黒く塗るなど表現を工夫します。最後に，立面図と同じように壁の〈仕上げ〉を描き入れ，〈影〉をつけて立体感を出します。

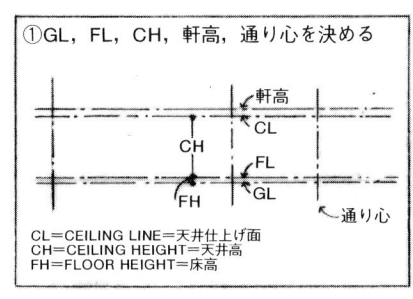

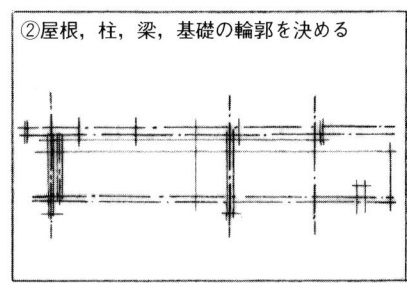

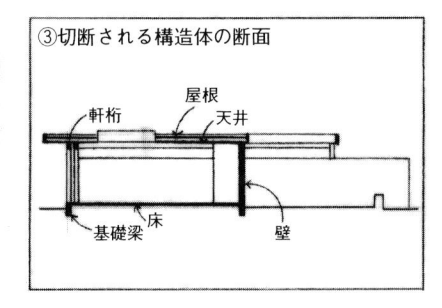

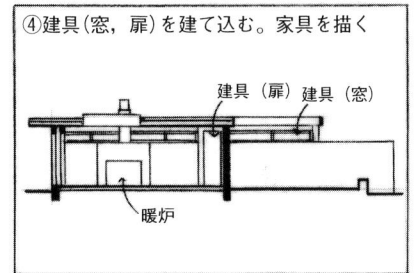

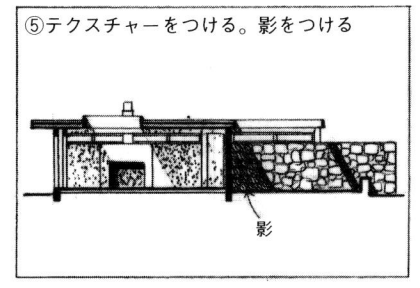

① GL，FL，CH，軒高，通り心を決める

CL＝CEILING LINE＝天井仕上げ面
CH＝CEILING HEIGHT＝天井高
FH＝FLOOR HEIGHT＝床高

② 屋根，柱，梁，基礎の輪郭を決める

③ 切断される構造体の断面

④ 建具(窓，扉)を建て込む。家具を描く

⑤ テクスチャーをつける。影をつける

矩形図 (SECTION DETAIL)

矩形図は，断面図の一種ですが，さらに詳しい図面を，1/30 や 1/20 のスケールでかきます。〈軒高〉，〈階高〉，〈床高〉，〈天井高〉などの高さ方向の基本寸法を決定するためのものです。そして，屋根，外壁，床などの〈材料名〉と〈仕上げ厚〉，屋根に勾配があるときは〈勾配〉を記入します。

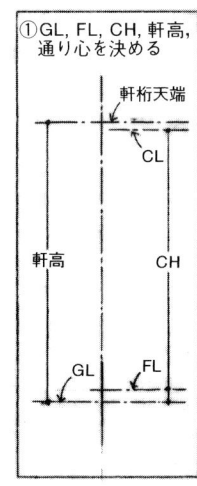

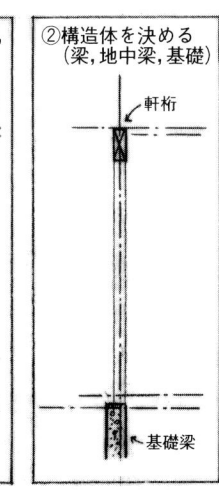

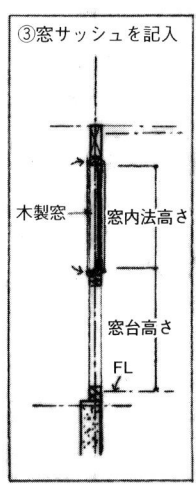

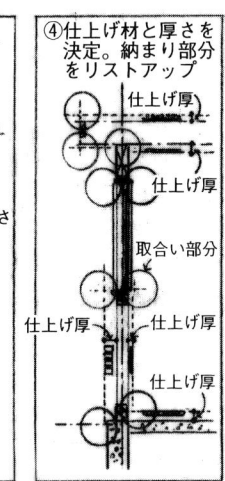

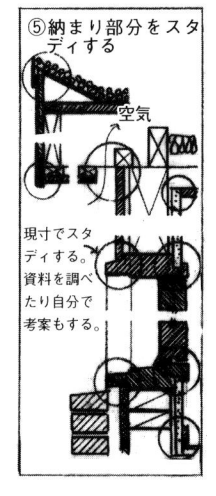

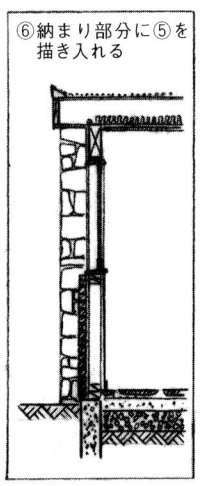

① GL, FL, CH, 軒高, 通り心を決める

② 構造体を決める (梁, 地中梁, 基礎)

③ 窓サッシュを記入

④ 仕上げ材と厚さを決定。納まり部分をリストアップ

⑤ 納まり部分をスタディする

⑥ 納まり部分に⑤を描き入れる

2-24 提案する図面-3

M.ブロイヤー邸II
透視図

居間の透視図

玄関アプローチ側の外観透視図

レンダリングの順序

内観透視図 (INTERIOR PERSPECTIVE)

内観透視図は，建物内部の〈見え方〉を描いたものです。透視図で大切なのは〈視点の位置〉と〈視覚の方向〉です。視点は，いつも座るソファや通る通路の目の高さを選ぶといいでしょう。視覚の方向は，その部屋の見せ場になっている壁面や，外の風景を選ぶと効果的です。〈家具や暖炉や棚〉なども描きます。

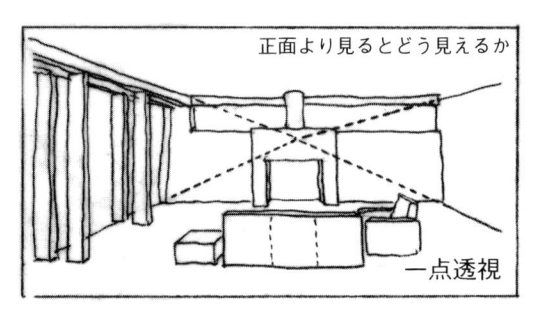

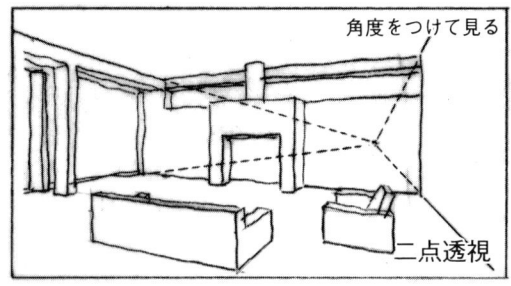

正面より見るとどう見えるか
一点透視

角度をつけて見る
二点透視

外観透視図 (EXTERIOR PERSPECTIVE)

外観透視図は建物外部の〈見え方〉を描いたものです。内観透視図と同じく〈視点の位置〉と〈視覚の方向〉が大切です。ポイントは，道路から玄関に近づくときの見え方です。もう一つのポイントは，庭から居間など開放的に開けているテラスの方向の見え方向です。〈樹木やフェンスや舗装〉なども描きます。

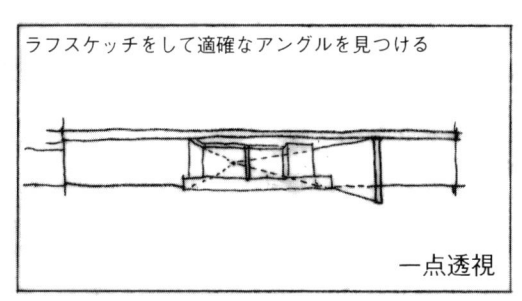

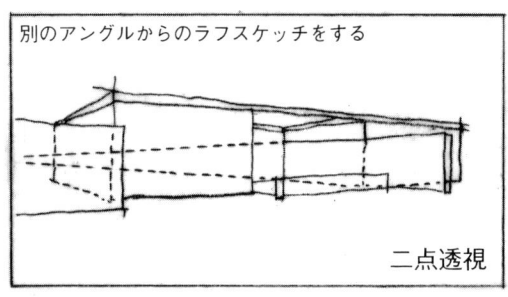

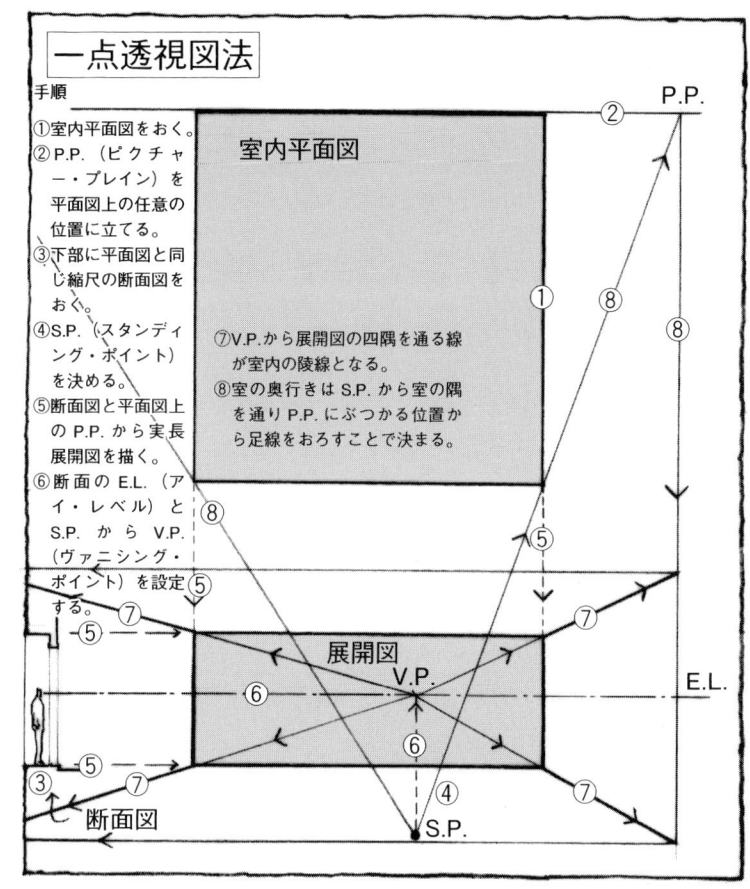

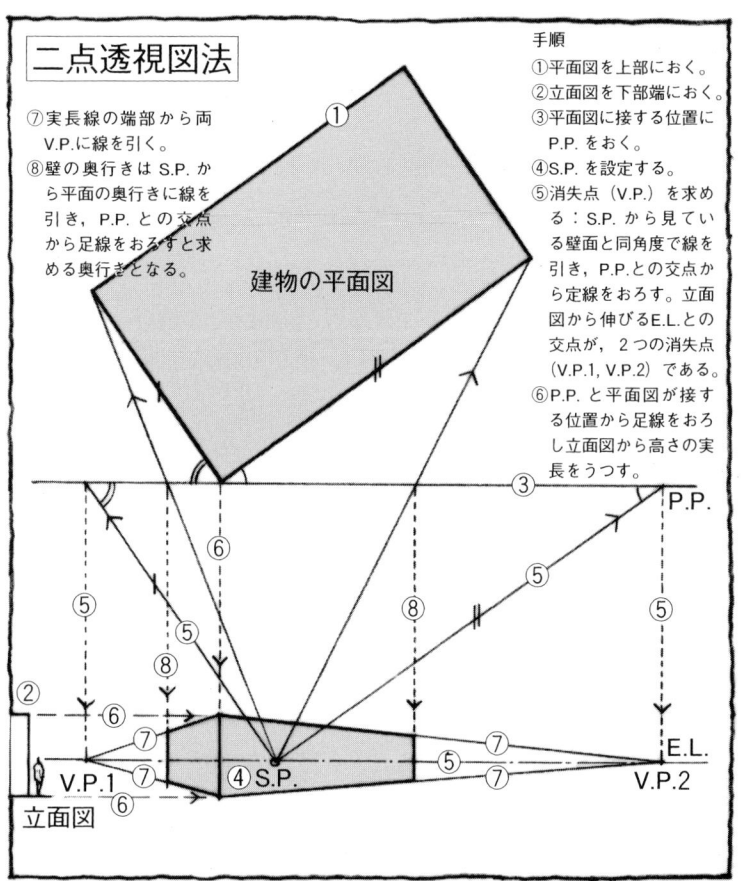

ラフスケッチをして適確なアングルを見つける
一点透視

別のアングルからのラフスケッチをする
二点透視

一点透視図法

手順
① 室内平面図をおく。
② P.P.（ピクチャー・プレイン）を平面図上の任意の位置に立てる。
③ 下部に平面図と同じ縮尺の断面図をおく。
④ S.P.（スタンディング・ポイント）を決める。
⑤ 断面図と平面図上のP.P.から実長展開図を描く。
⑥ 断面のE.L.（アイ・レベル）とS.P.からV.P.（ヴァニシング・ポイント）を設定する。
⑦ V.P.から展開図の四隅を通る線が室内の陵線となる。
⑧ 室の奥行きはS.P.から室の隅を通りP.P.にぶつかる位置から足線をおろすことで決まる。

二点透視図法

⑦ 実長線の端部から両V.P.に線を引く。
⑧ 壁の奥行きはS.P.から平面の奥行きに線を引き，P.P.との交点から足線をおろすと求める奥行きとなる。

手順
① 平面図を上部におく。
② 立面図を下部端におく。
③ 平面図に接する位置にP.P.をおく。
④ S.P.を設定する。
⑤ 消失点（V.P.）を求める：S.P.から見ている壁面と同角度で線を引き，P.P.との交点から定線をおろす。立面図から伸びるE.L.との交点が，2つの消失点（V.P.1, V.P.2）である。
⑥ P.P.と平面図が接する位置から足線をおろし立面図から高さの実長をうつす。

2–25 生活する

M.ブロイヤー邸II
住宅から住居の風景へ

生 活
設計図に基づいて建物が完成すると，いよいよ生活が始まります。M.ブロイヤー邸IIは，実際に建てられた独立住宅です。実際に生活されている住居の様子を見ると，住み手のくらしの好みが読みとれます。設計を開始する前に，どのようなくらしの場を設定するか，〈生活〉のスタイルを十分に考えておくことがいかに大切かということがわかります。

家 具
居間の生活の様子を見ると，生活は〈家具〉と密接に関係していることがわかります。眼に入ってくるのは家具と観葉植物といってもいいほどです。広く自由に使えそうに見える居間ですが，ソファやテーブルの置き方を見ると，その配置はこれ以外にはないと思われるほどよく考えつくされています。

壁と開口部
暖炉や本棚などの設備や家具をうまく配置するためには〈壁面〉が必要だということがわかります。もう一つ大切なのがその場所にふさわしい〈開口部〉です。ここでは，テラス側に開けた床から天井までの〈大きな窓〉と，暖炉の上部の〈高窓〉が，それぞれ個性を発揮しています。さて，皆さんの設計した住宅はどんな生活ができそうですか。シミュレーションしてみましょう。

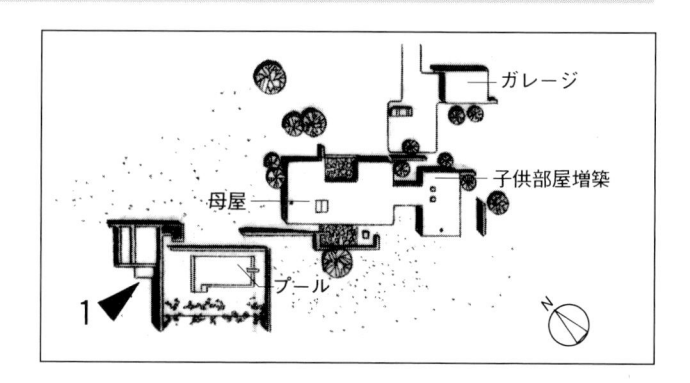

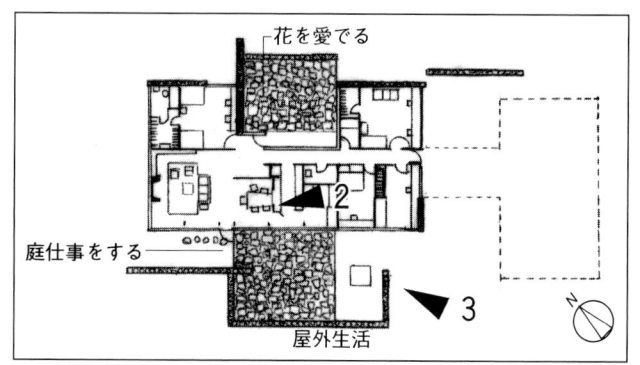

▼ 1．西の庭から母屋を見る

M.ブロイヤー邸II
生活をデザインする

▲ 2. 食堂から居間をのぞむ　　　　　　　　　　　　▼ 3. テラスからの夜景

ハーレン・ジードルンク　Halen Siedlung

スイス・ベルン市（人口約20万人）の中心より4.5kmのハーレン橋の近く，美しいランドスケープのなかにある。この集合住居は，晩年のル・コルビュジエの強い影響を受けたスイス人の建築家グループ，アトリエ5によって1956年から1957年に設計され，1961年に完成した。

この集合住居には5つの大きな特徴がある。
①建築家自身が投資家を募り，自分たちが施主となって建設した。商業主義を排して，彼らの考える理想的な居住区を実現したこと。
②戸建住居の良さと完全なプライバシー空間を集合住居に創出したこと。
③ヒューマン・コンタクトを育てる戸外のコミュニケーション空間と適切な共同施設の設置。
④メゾネットタイプのテラスハウスが基本単位にもかかわらず，全体としては均一化が感じられない変化に富んだ景観構成に成功していること。
⑤屋上に土盛をして雑草を繁らせ周辺の森と一体になるような自然との共生を実現したこと。当時（1961年）としては画期的なことであった。その斬新さは今日でも評価されている。

住戸の構成においても，一見観念的に見える量産住宅のプロットであるが，この住区を歩くと中世の集落のようなアノニマスな人間的スケールと建築的仕掛けに親しみを感じさせる。それぞれの家に付属したアプローチの中庭や南の主庭，庭の先端にある東屋風の雰囲気は，ガーデニングへの意欲をそそる。共同住居にもかかわらず，独立住居の良さと親切な設計（内装インテリアはもちろん，部屋割りまで買手の自由になるシステム）が読み取れる作品である。

3 集合住居の設計

集合住宅とは住戸を集合化して建てたもので，計画的に大量に建設された住宅をいいます。また，これらは共同住宅，集団住宅，アパート，マンションなどの呼び名もありますが，正確な定義はありません。集合住宅のような形式は，すでにギリシャ時代には存在したとされ，古代ローマにはレンガ造の7〜8階建ての高層アパートがあったとされています。

最近では集合住宅に対して〈集住体〉という言葉が使われることもあります。都市計画家の延藤安弘さんは「集住体とは，住み手の自発的生命力を内なるうながしとしつつ，集まって住む文化の仕掛けである。それは基本的には〈空間〉〈行為〉〈意識〉の三つの住からなる。」[*1]とし，集住体の空間構成の基本的な考えを次のように挙げております。

①適地適住の原則—都市全体からの計画　⑥参加行動の原則—相互学習と自己啓発
②領域画定の原則—ナワバリの明確化　　⑦相互作用の原則—インター・アクション
③楽遊混成の原則—職・住・遊の一体化　⑧劇的行動の原則—パフォーマンス行為
④風景生成の原則—トポスの回復　　　　⑨共同感性の原則—気づきの感性
⑤自発行動の原則—ボランタリーな行動　⑩環境態度の原則—環境への働きかけ

これらは集まり住み暮らすことの大変重要なキー・コンセプトです。

集合住宅は単なる住戸の集まりではありません。人間の生活の器であることには違いありませんが，人間が人らしく生き，安らぎ，ともに幸せを育てる大切な場です。集まり住むという生活の営みは，古くからの集落の生活のように，共同で暮らす楽しみ，権利と義務，今風にいえばコミュニティの一員としてそれを育て，地域社会に貢献し，その土地の新しい文化を育てることにあります。そうした意味を含めて，ここでは〈集合住宅の設計〉と呼びます。単なる人間の入れものとしての集合住宅ではなく，くらしの文化を育てる生き生きとした住環境を設計するところにこの課題の目的があります。

その優れた例がハーレンの集合住宅です。1961年に建設され，81戸・大人160人＋子供116人[*2]がつくり出すコミュニティは，40数年の時間のなかで，人と建築と自然の調和，生活の楽しみと誇りをうたいあげています。このハーレン・ジードルンクをお手本として集合住居の設計を進めましょう。

課題：集合住居を設計する

主題解説
都心から少し離れた森のなかに建設する。敷地はゆるやかな傾斜地で，その先には大きな河川がある。こうした環境から，居住地開発による自然に対する環境をアセスメントする。その上で，新しい居住環境とコミュニティの計画をたてる。集まりすむとはどんなことか，——その規模は？　住居単位は？　社会構造は？　環境デザインは？——をみんなで考えてみよう。

設計条件
- 居住者　　：居住者の想定家族は，夫婦＋子供1〜2名。さまざまな職業の人々と80家族（大人160名＋子供100名程度）〜100戸を想定する。
- 主要用途　：専用住居とその住居とコミュニティをサポートするのに必要な施設。
- 敷地条件　：敷地面積25,000 m²（2.5 ha）。敷地は自然保護林で囲まれている。無指定地域。南側に12 mの幹線道路がある。
- 構造・構法：2層または3層のメゾネットタイプか，それらに類する魅力的な空間を表現するのにふさわしい構造。大量生産によるローコスト化を考えた構法とする。
- 建築規模　：住戸タイプ　タイプA ……………… 住戸面積約250 m²　30〜40戸
　　　　　　　　　　　　　タイプB ………………　〃　170 m²　40〜50戸
　　　　　　　　　　　　　タイプC ………………　〃　150 m²　5〜10戸
　　　　　　　　　　　　　その他（管理人室など）　　　　　　　2戸
　　　　　　　　　　　　　　　　　　　　　　　　　　　　計　80〜100戸
　　　　　　その他に共用施設として，ショッピングセンター，レストラン，倉庫
　　　　　　・駐車場（居住者用80台＋来客用20台）
　　　　　　・延床面積：約20,000 m²（2 ha）
　　　　　　・人口密度：100〜120人/ha
　　　　　　・住戸には必ずプライベート・ガーデンを設ける。
- 設備　　　：地域暖房・給湯の熱源を供給する機械室を設ける。そのための設備用ピットを考えておくこと。
- その他　　：計画にあたってより快適なくらしをするために必要と思われる施設は，要求にはないが積極的に提案すること。

[*1]　延藤安弘著『集まって住むことは楽しいナ　住宅でまちをつくる』
[*2]　『GA グローバル・アーキテクチュア No.23〈アトリエ5〉』A.D.A. EDITA Tokyo Co., Ltd

3–1　集合住居の設計プロセス—1

WEEK	1	2・3	4・5・6
STEP	1. SURVEY & ANALYSIS 調 査 と 分 析	2. EXAMPLE 実 例 研 究	3. PLANNING 基 本 計 画
内　容	敷 地 を 読 む 設計を開始する前に，敷地をよく調べておきます。同じ条件の敷地というものはありません。敷地の個性・特徴をしっかりとらえ，設計に反映させます。	仕組みを理解する 集合住居は，伝統として引き継がれてきた部分と改良されてきた部分があります。それぞれの良い部分と問題点を学びます。	条件整理と構想 敷地分析と事例研究から，自分の設計したい集合住居のイメージをおおまかにつかみます。1案だけでなく数案つくってみましょう。
図　解	1 文化的要素：歴史，生活，街並み （ハーレン橋／敷地／ハーレン河） 2 自然的要素：地形，気候，植生	マルセイユの集合住宅ユニット 設計：ル・コルビュジエ ラヴェンナの大聖堂広場	住戸の案　A案／B案／C案 全体配置の案　A案／B案／C案 A：タウンハウス型 B：コートハウス型 C：ヒル・ハウジング型

1	意匠	空間構成	それぞれの敷地には，その土地が生み出す独自の歴史と空間があります。よく観察して，その場所の個性を発見します。 それぞれの地域には，その場所を特徴づけている建築材料や植物などがあるはずです。 その特徴を発見し設計に反映させます。	生活空間は，意外に古い慣習を引き継いでいるものです。 最近の事例とともに，昔の事例も調べてみます。 新しい建材のカタログを調べると同時に，敷地近くの建物を調べて，材料がどのように使われ，老朽化しているかを調べます。	集合住居は，それぞれの家族が住む住戸の空間と，近隣の人々がともに使う共同の空間の双方に配慮が必要です。 集合住居では外観にどんな仕上げ材料を使ったかで，その地域環境のイメージが大きく左右されることに注意します。周辺環境との調和が大切です。
2.		仕上げ材料			
3	環境・設備		〈モモの目〉になりましょう 「大都会の北部には，広大な新住宅街ができあがりました。そこには，まるっきり見分けのつかない，おなじ形の高層住宅が，見わたすかぎりえんえんとつらなっています。……整然と直線のつらなる砂漠です！ここに住む人びとの生活もまた，これとおなじになりました。地平線までただ一直線にのびる生活！ここではなにもかも正確に計算され，計画されていて，1センチのむだも，1秒のむだもないからです」*3。時間どろぼうとぬすまれた時間を人間にとりかえしてくれた女の子〈モモ〉の目に映ったものは，均質で大量の集合住宅の殺伐とした風景です。近代への厳しい批判の眼差しが読み取れます。あなたもこのモモの目になって都市の風景を見てみましょう。 ＊3　ミヒャエル・エンデ著，大島かおり訳『モモ』岩波書店，1976		都市設備から敷地への引込み位置。設備内容と維持費のシミュレーションをします。
4	構造・構法				住戸タイプ，住戸面積，戸数，延べ面積，構造，コストなどおおよその方針を決めます。

ハーレン・ジードルンク

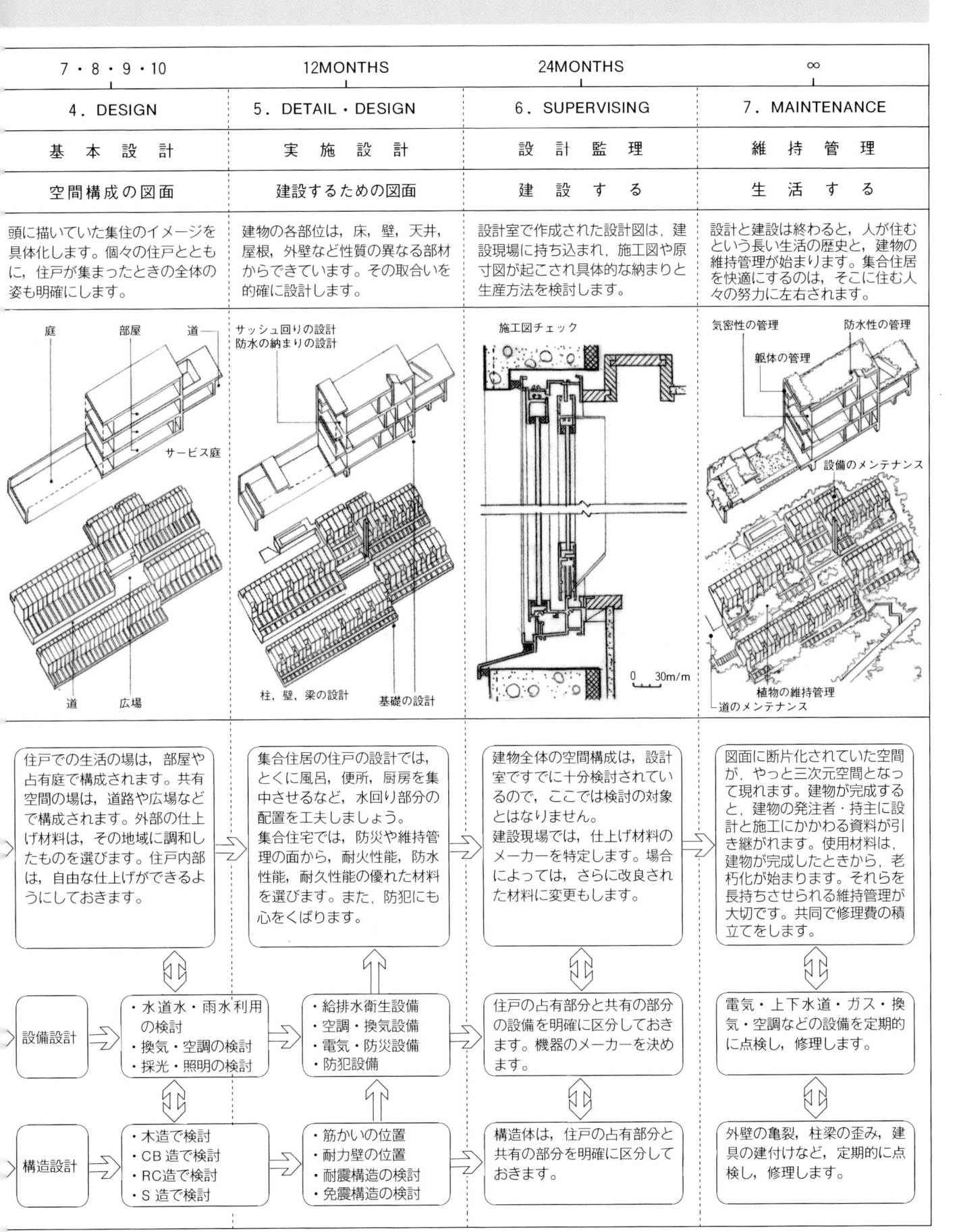

7・8・9・10	12MONTHS	24MONTHS	∞
4．DESIGN	5．DETAIL・DESIGN	6．SUPERVISING	7．MAINTENANCE
基 本 設 計	実 施 設 計	設 計 監 理	維 持 管 理
空間構成の図面	建設するための図面	建 設 す る	生 活 す る
頭に描いていた集住のイメージを具体化します。個々の住戸とともに，住戸が集まったときの全体の姿も明確にします。	建物の各部位は，床，壁，天井，屋根，外壁など性質の異なる部材からできています。その取合いを的確に設計します。	設計室で作成された設計図は，建設現場に持ち込まれ，施工図や原寸図が起こされ具体的な納まりと生産方法を検討します。	設計と建設は終わると，人が住むという長い生活の歴史と，建物の維持管理が始まります。集合住居を快適にするのは，そこに住む人々の努力に左右されます。

（図：庭／部屋／道／サービス庭／道／広場；サッシュ回りの設計／防水の納まりの設計／柱，壁，梁の設計／基礎の設計；施工図チェック；気密性の管理／防水性の管理／躯体の管理／設備のメンテナンス／植物の維持管理／道のメンテナンス）

住戸での生活の場は，部屋や占有庭で構成されます。共有空間の場は，道路や広場などで構成されます。外部の仕上げ材料は，その地域に調和したものを選びます。住戸内部は，自由な仕上げができるようにしておきます。	集合住居の住戸の設計では，とくに風呂，便所，厨房を集中させるなど，水回り部分の配置を工夫しましょう。集合住宅では，防災や維持管理の面から，耐火性能，防水性能，耐久性能の優れた材料を選びます。また，防犯にも心をくばります。	建物全体の空間構成は，設計室ですでに十分検討されているので，ここでは検討の対象とはなりません。建設現場では，仕上げ材料のメーカーを特定します。場合によっては，さらに改良された材料に変更もします。	図面に断片化されていた空間が，やっと三次元空間となって現れます。建物が完成すると，建物の発注者・持主に設計と施工にかかわる資料が引き継がれます。使用材料は，建物が完成したときから，老朽化が始まります。それらを長持ちさせられる維持管理が大切です。共同で修理費の積立をします。

設備設計	・水道水・雨水利用の検討 ・換気・空調の検討 ・採光・照明の検討	・給排水衛生設備 ・空調・換気設備 ・電気・防災設備 ・防犯設備	住戸の占有部分と共有の部分の設備を明確に区分しておきます。機器のメーカーを決めます。	電気・上下水道・ガス・換気・空調などの設備を定期的に点検し，修理します。
構造設計	・木造で検討 ・CB造で検討 ・RC造で検討 ・S造で検討	・筋かいの位置 ・耐力壁の位置 ・耐震構造の検討 ・免震構造の検討	構造体は，住戸の占有部分と共有の部分を明確に区分しておきます。	外壁の亀裂，柱梁の歪み，建具の建付けなど，定期的に点検し，修理します。

3-2　集合住居の設計プロセス—2　　考え方と設計1

設計プロセス
集合住居は，一戸建ての住居と違い，解決すべき問題がたくさんあります。これらの問題は一度に解こうとするとたいへんです。数学の問題を解くように，段階を追って一つずつ解決していきます。〈設計プロセス〉の各段階では何が大切かを学ぶことが重要です。

ル・コルビュジエの例
ル・コルビュジエのカプ・マルタン計画を参考にして，設計プロセスを説明します。ル・コルビュジエから学ぶものは数多くありますが，とくに重要なのは設計過程を秘密にしないで，スケッチで公にしていることです。最初のイメージを具体化していく過程を学びましょう。

敷地を読む
ル・コルビュジエは，青春時代に地中海地方のさまざまな場所を旅しています。彼は訪れた地域の建築や都市をスケッチすることで，その土地の歴史や環境と建築がどのような関係にあるかを探っています。その成果は別の敷地で新たな計画を行うとき，随所に生かされています。

ル・コルビュジエのスケッチ

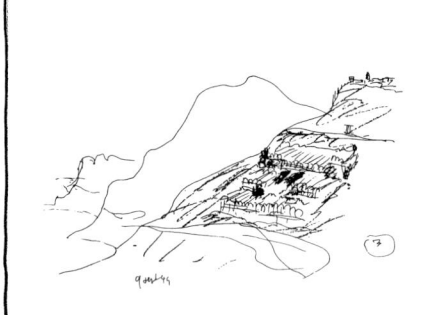

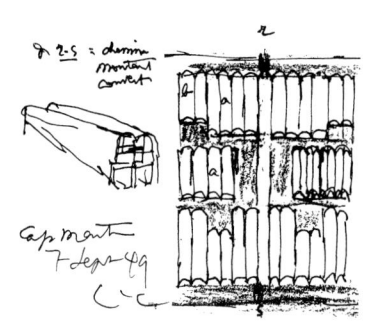

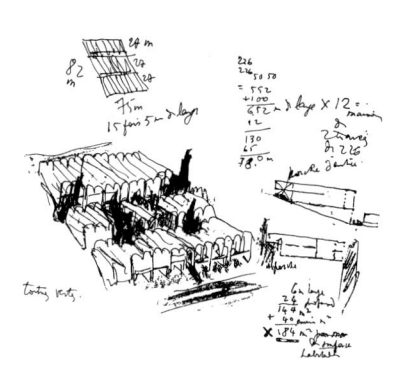

敷地を決定するためのコルビュジエの最初のスケッチ（1949年9月）。すでに都市計画的な配慮が見られる。斜面を利用した視覚的に開かれた景観が確保されている。

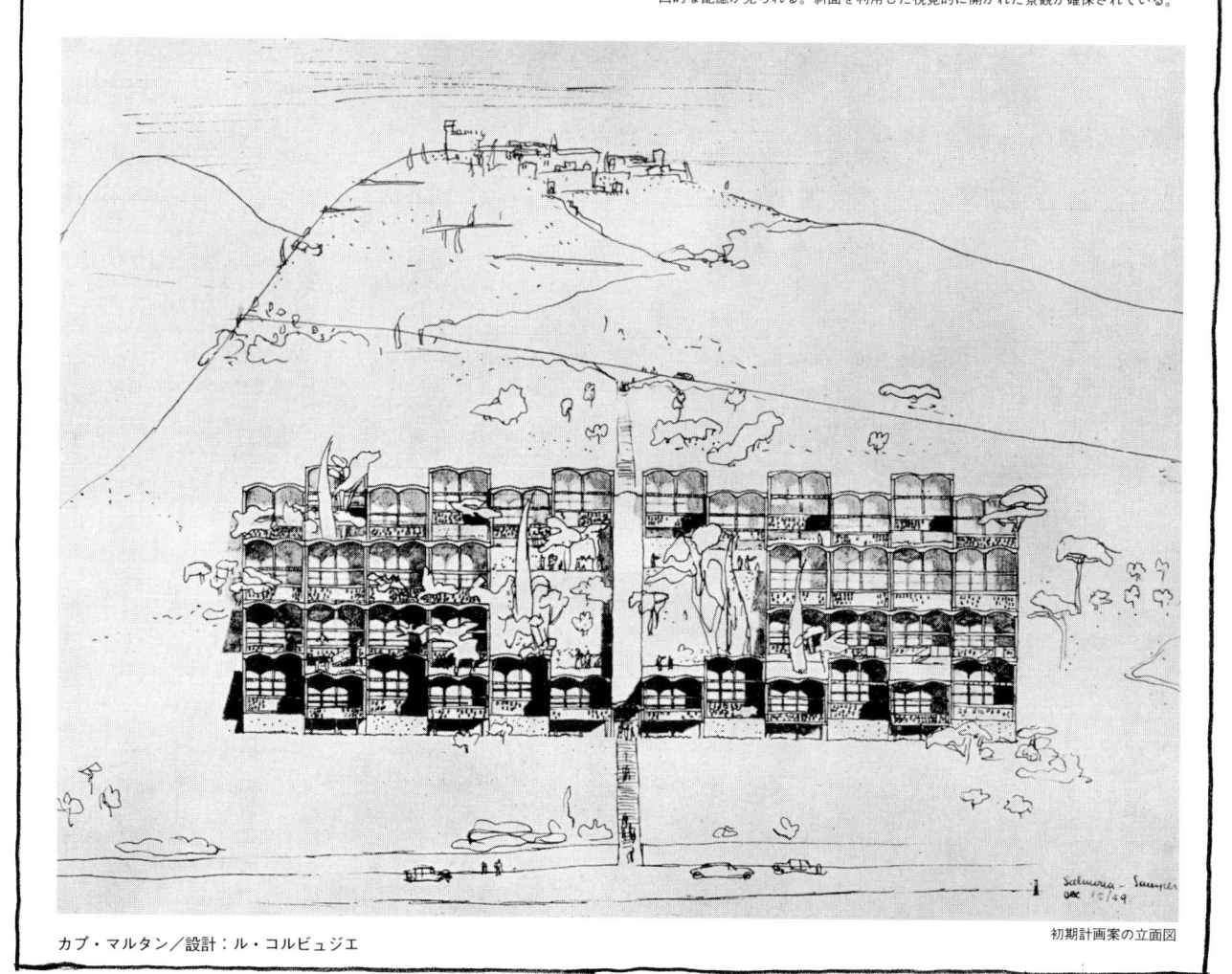

カプ・マルタン／設計：ル・コルビュジエ

初期計画案の立面図

考え方と設計 2

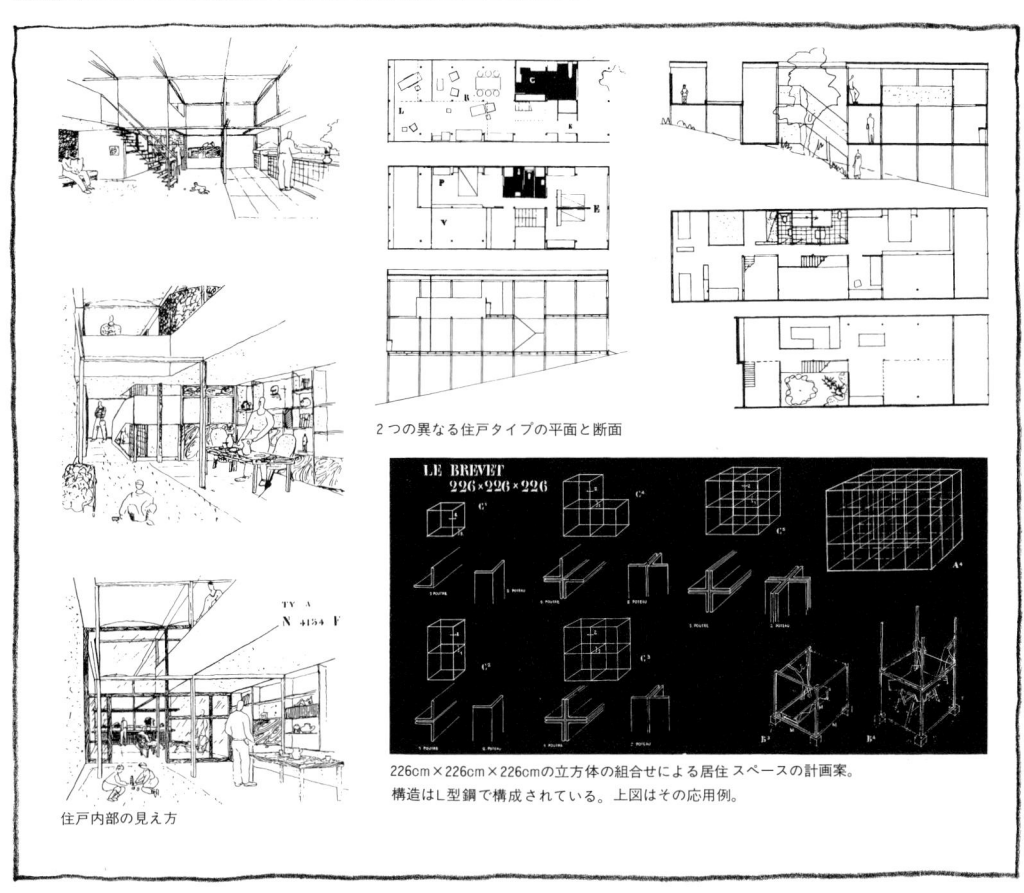

住戸計画

一戸建てでも，集合住居でも，人間がそこで人生を送るという意味では同じ条件です。ル・コルビュジエの計画には，そのような基本理念がうかがえます。

まず住戸を，全体計画にさきがけてしっかり計画しておきます。平面図と断面図で，部屋の配置を決めます。そして，廊下や階段で動線計画をします。

ル・コルビュジエは，平面図と断面図以外に常に透視図を描いて見え方や空間デザインをチェックしています。平面や立面を練るのはもちろんですが，建物が完成したとき，目の高さでどのように見えるかを入念に検討しています。

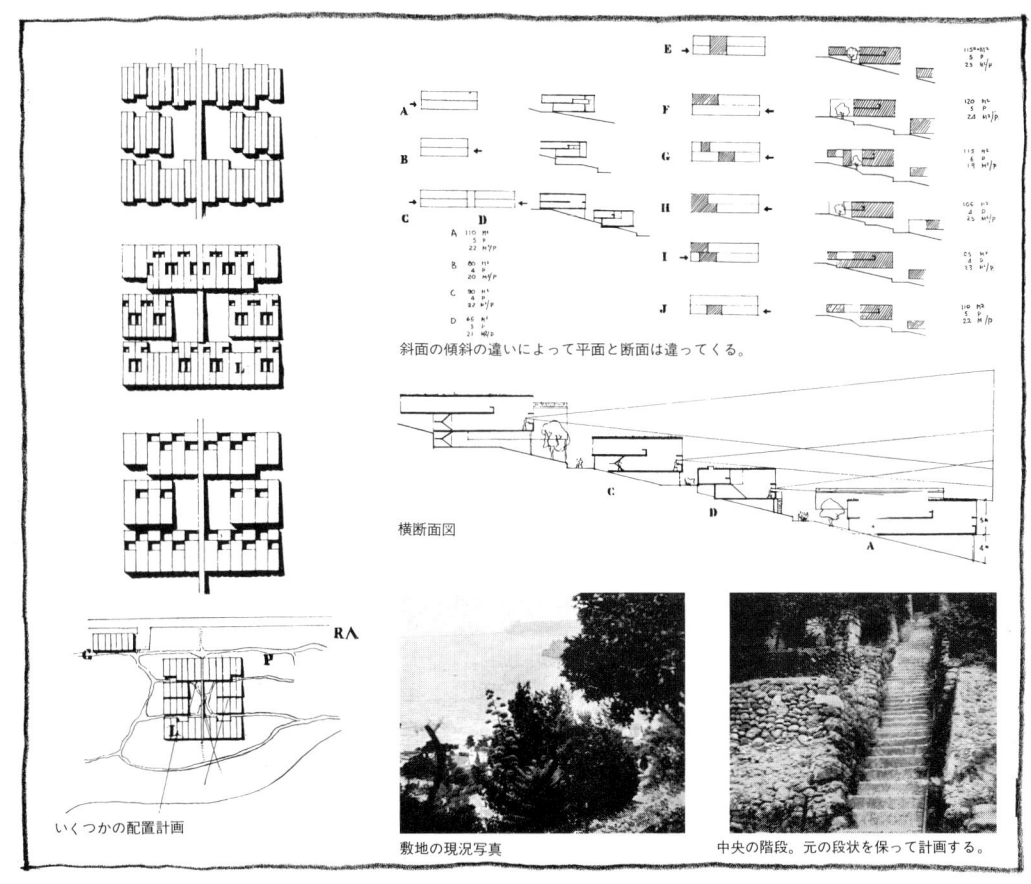

2つの異なる住戸タイプの平面と断面

226cm×226cm×226cmの立方体の組合せによる居住スペースの計画案。構造はL型鋼で構成されている。上図はその応用例。

住戸内部の見え方

配置計画

一つ一つの住戸をまとめた後で，全体の配置計画を行います。全体配置は，1案だけでなく何案も考えてみましょう。

平面配置では，住戸をいくつか集めて一つの住棟をつくります。住棟をさらにいくつか集めて変化のある町並みを工夫します。そのとき，道路や広場などの空間も一緒に考えます。

断面計画では，とくに敷地が斜面になっている場合は，元の地形を生かすように配慮します。階高や階段の勾配に無理がないようにチェックします。窓からの風景の見え方も大切です。補助線を引いて視覚チェックしましょう。

斜面の傾斜の違いによって平面と断面は違ってくる。

横断面図

いくつかの配置計画

敷地の現況写真

中央の階段。元の段状を保って計画する。

3-3 敷地を読む

集合住居1

事前調査の手順
〈事前調査の手順〉は，独立住居で述べた内容と同じです。独立住居のところをもう一度読み返して下さい。

敷地面積の調査
敷地面積は，建築計画を行うときの基本となる資料です。独立住居のところで学びましたので38頁を参照して下さい。敷地面積は傾斜があっても〈水平投影面積〉であること，面積の算出は〈三斜求積図〉で求めることは修了済みです。敷地面積は前述のように実測することのほかに，登記所や市町村役場などで公図（土地の権利関係や地積を表した原図）を調べて確認します。

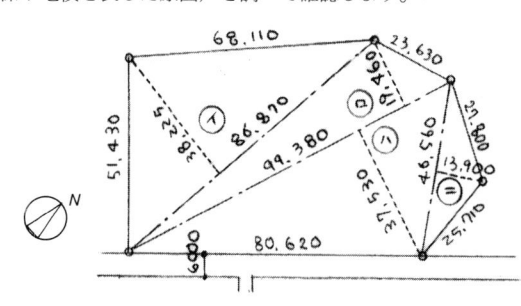

求積表

	底辺	高さ	倍面積
㋑	86.870	38.225	3320.6057
㋺	99.380	19.460	1933.9348
㋩	99.380	37.530	3729.7314
㋥	46.560	13.900	647.1840
合計	—	—	9631.4559
1/2			4815.7279
地積			4815.73

敷地面積 4815.73m² (1456.76坪)

地質の調査
規模の大きい建物の場合は，ボーリング調査を行ってその土地の性質を調べます。
- 柱状図：ボーリング結果から，土質の層の断面図をつくります。この図から地盤の良し悪しを判断します。
- N値：標準貫入試験での打撃回数で，建物の規模や重量によって基礎構造を決める資料です。

ボーリング柱状図　　　　ボーリングNo.1

地形の調査
地形（じがた＝敷地の形）がどのようなのか実際に敷地を訪れて確認します。38頁の「地形・地質の調査」を参照して下さい。建物を建てる地形は平らなところばかりでなく，造成地のように雛壇状になっていたり，傾斜があったり，それらは方位や道路との関係から複雑な建築的解決を求められることもあります。図面からは読み取れないことが多いものです。

- 敷地の特性を読む。
- ゆるい南傾斜を生かす。
- 近隣への影響を調べる。
- 自然を活用する方法を考える。
- 道路づきを考える。

敷地分析1

自然要素の調査
この項もすでに38頁で学習済みです。晴天のときだけでなく，雨や雪のような条件の悪いときにも行ってみると，思わぬ発見をします。昔の中国では「風水学」といって都市づくりや建築をする前に，その土地の風景や自然現象をよく観察して自然の摂理と調和する方法を考えました。自然から学ぶことはたくさんあります。

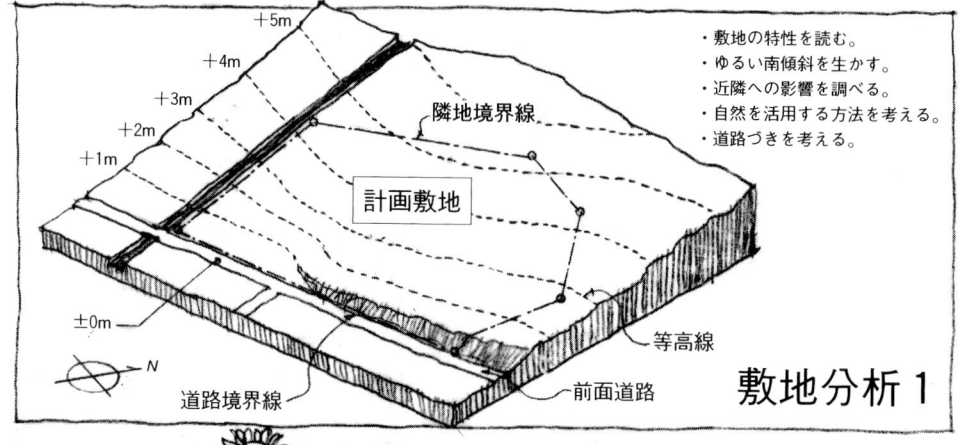

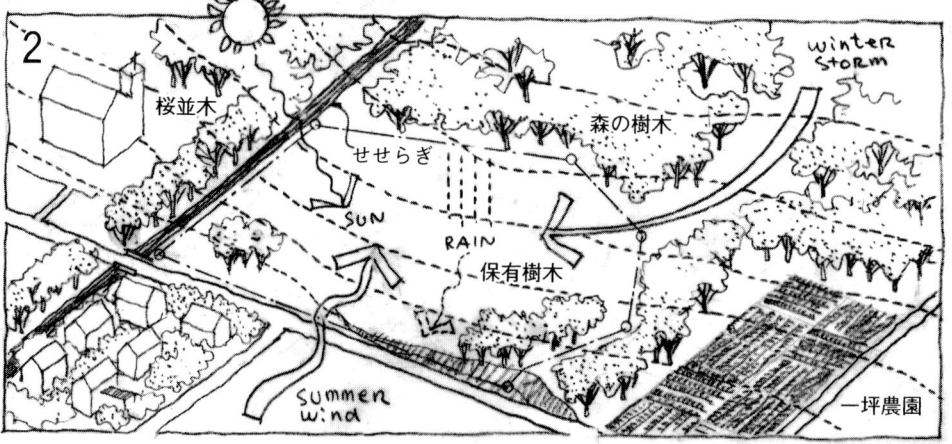

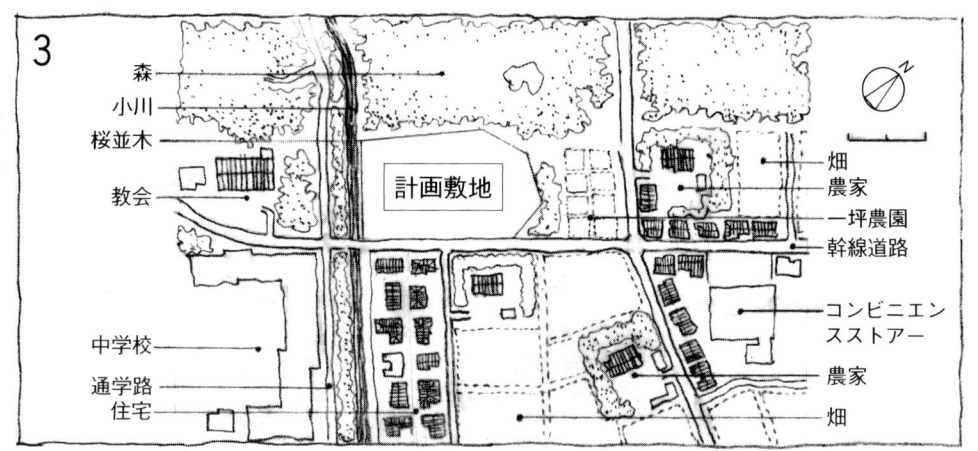

集合住居 2

3 森／小川／桜並木／教会／中学校／通学路／住宅／計画敷地／畑／農家／一坪農園／幹線道路／コンビニエンスストアー／農家／畑

4 電気・電話・CATV／電柱／引込み電柱／前面道路／敷地／計画敷地／側溝／ガス本管／水道本管／下水本管／A-A'断面図／前面道路

5
- A 門や玄関の見え方を道路から確認しておく。
- B 敷地周辺がどのように見えるか確認しておく。
- C 敷地内の樹木の見え方を調べておく。
- D 隣家の窓の位置を確認しておく。

教会／桜並木／小川／森／既存樹木／住宅地／農家／一坪農園

6 「第一種低層住居専用地域」の法規制

都市計画では，住居に適する場所は次のような地域に分けられている。
- 第一種低層住居専用地域
- 第二種低層住居専用地域
- 第一種中高層住居専用地域
- 第二種中高層住居専用地域
- 第一種住居地域
- 第二種住居地域

以上のほかに
近隣商業地域，商業地域，準工業地域，工業地域，などがある。行政側と事前に打ち合わせる。

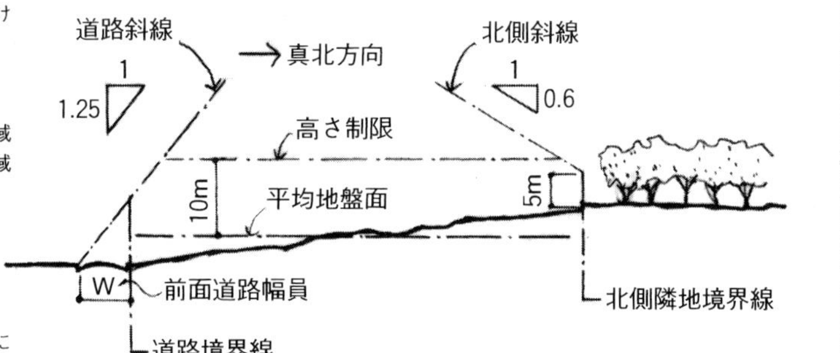

道路斜線 1／1.25／真北方向／北側斜線 1／0.6／高さ制限／平均地盤面／10m／5m／W／前面道路幅員／道路境界線／北側隣地境界線

容積率と建蔽率は第2章を参照すること

都市施設の調査

39頁を参照しましょう。以下の項目も同様にすでに独立住居のところで学習しました。ここではもう少し発展させて考えてみましょう。39頁では徒歩圏を中心に調査をしましたが，自家用車や電車やバスを積極的に使って，買物や観劇，スポーツなどを楽しむことも配慮してグローバルな都市施設へのアクセスも調べてみましょう。

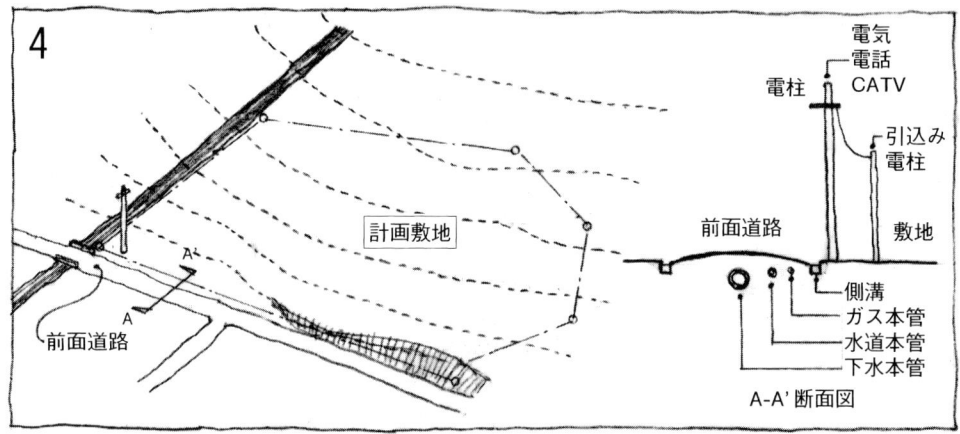

都市設備の調査

水道やガス・電気があるのは当然と考えていないでしょうか。こうした都市設備が地震や台風などの自然災害に弱いことは阪神・淡路大震災が証明ずみです。日頃からこうした災害への対応を考えておきます。例えば天水（雨水）の利用，バーベキューなどで使う炭のストック，太陽電池や携帯ラジオ，ろうそくなども折々に使ってみます。

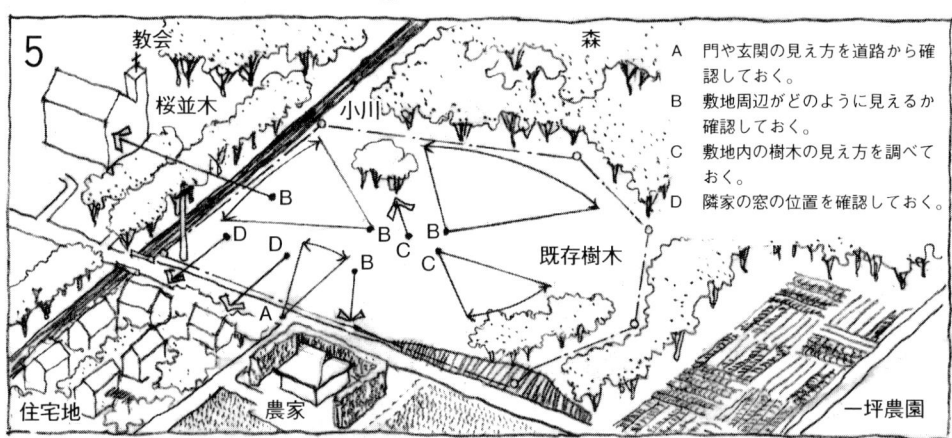

景観の調査

景観には見る・見られるといった二つの側面があります。見る面から調査をすると，敷地に面した隣家の窓や壁が異常に気になります。同様に隣地の人もどんな家が建つのか，自分たちに影響がないか気にしているものです。ここで計画する場合，住戸ではどの家もプライバシーが保て広々とした美いし景観が楽しめるように工夫します。

主な関連法規の調査

敷地を所轄する官庁で法規則を調べます。用途地域・容積率・建蔽率・高さ制限などですが，地域によっては特別の制約や建築協定のようなものがあります。この計画のように規模が大きくなると，建築への規制だけでなく地域全体の規制があります。敷地に対する道路率や駐車台数，公園や緑化率，火災時の防火用水槽の設置などです。

3-4 構想-1　　　　　住戸計画

1. 条件をつくる

住戸の設計の基本は、個人住居とほぼ同じです。個人住居の章・34頁を参照して下さい。違うのは、個人住居は、そこに暮らす人たちの顔が見え、しっかりしたライフスタイルを理解して設計を進めますが、集合住宅では居住者が不特定です。したがって、そこで生活する人たちのさまざまな家族構成やライフスタイルを建築家が考えなければなりません。

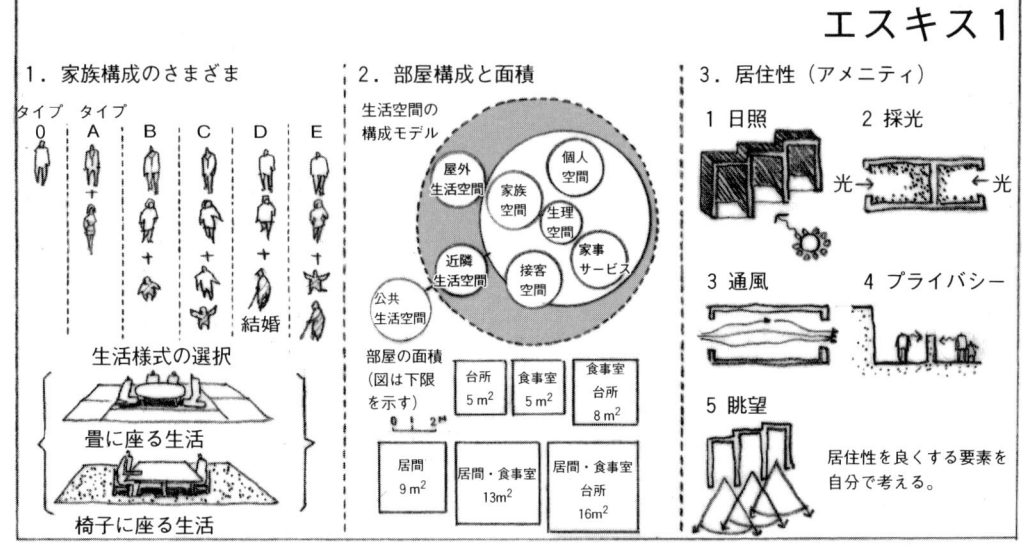

エスキス1

1. 家族構成のさまざま（タイプ0、タイプA、B、C、D、E、結婚）
2. 部屋構成と面積（生活空間の構成モデル：屋外生活空間、家族空間、個人空間、近隣生活空間、生理空間、接客空間、家事サービス、公共生活空間／部屋の面積（図は下限を示す）：台所5m²、食事室5m²、食事室・台所8m²、居間9m²、居間・食事室13m²、居間・食事室・台所16m²）
3. 居住性（アメニティ）：1 日照、2 採光、3 通風、4 プライバシー、5 眺望。居住性を良くする要素を自分で考える。

生活様式の選択：畳に座る生活／椅子に座る生活

2. 発想する

少なくとも3案くらい考えてみます。例えば、
A案　タウンハウス型
B案　コートハウス型
C案　ヒル・ハウジング型
のように。

集合住宅の場合でも、常に〈一戸建ての良さ〉を頭において〈発想〉するとよいでしょう。

住居の発想は1階の空間構成ではなく、2層にしたりスキップにしたりと、いろいろな案を考えてみます。

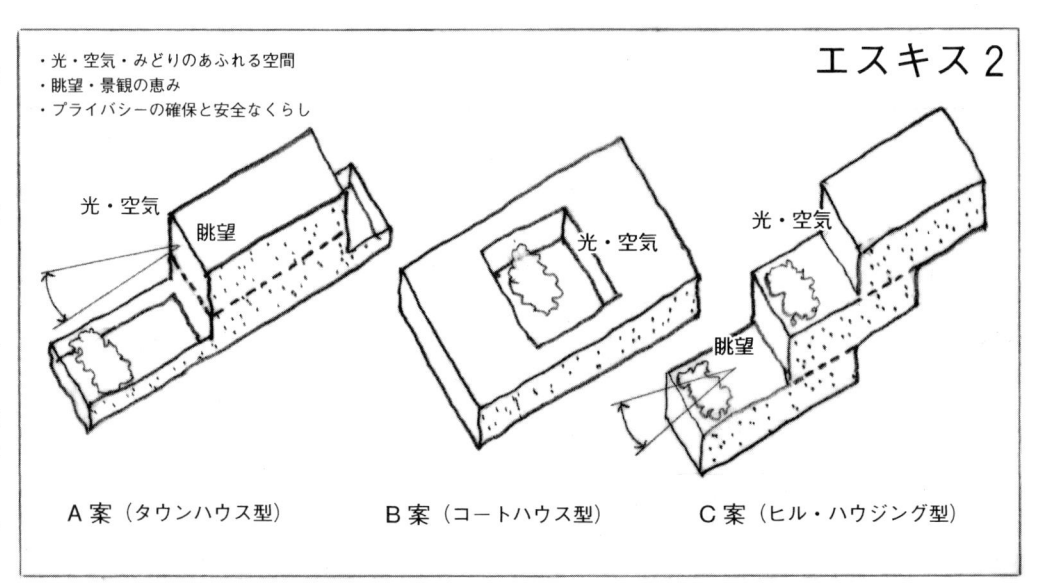

エスキス2

- 光・空気・みどりのあふれる空間
- 眺望・景観の恵み
- プライバシーの確保と安全なくらし

A案（タウンハウス型）　B案（コートハウス型）　C案（ヒル・ハウジング型）

3. 整える

自由に発想した案のなかから、いけそうだという案を一つ選び出します。そして〈整え〉〈発展〉させます。整えるというのは、発想の段階で大まかに考えた全体の形から部分に目を向け、部分と全体の間の調整を図ります。最初につくった条件（家族構成、生活様式、部屋構成、床面積、居住性など）をもう一度思い出しながら、さらに密度を上げ発展させます。

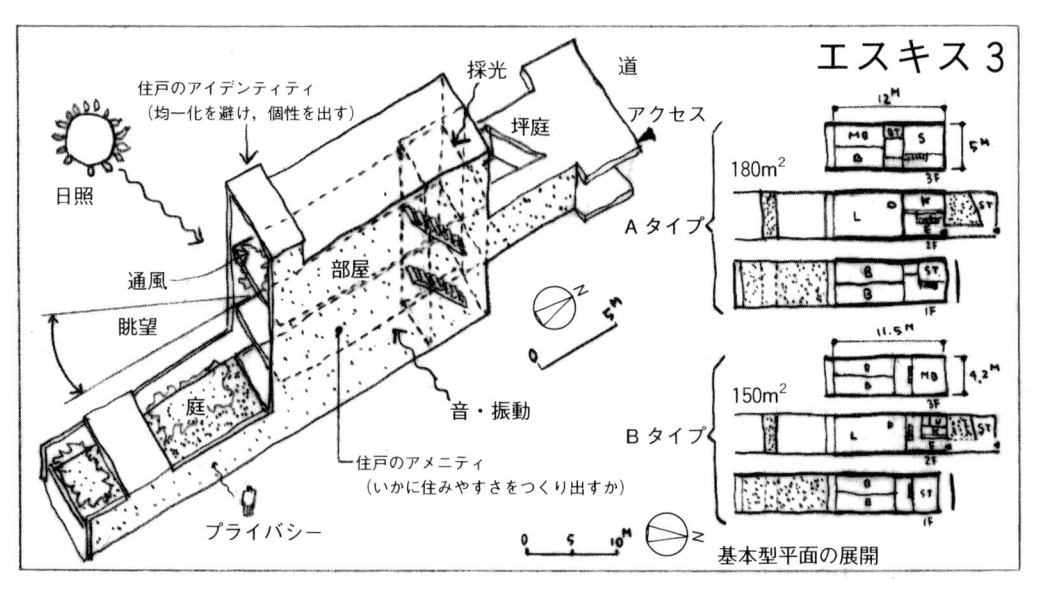

エスキス3

日照、通風、眺望、庭、プライバシー、住戸のアイデンティティ（均一化を避け、個性を出す）、採光、坪庭、道、アクセス、部屋、音・振動、住戸のアメニティ（いかに住みやすさをつくり出すか）

Aタイプ 180m²　Bタイプ 150m²　基本型平面の展開

設計資料

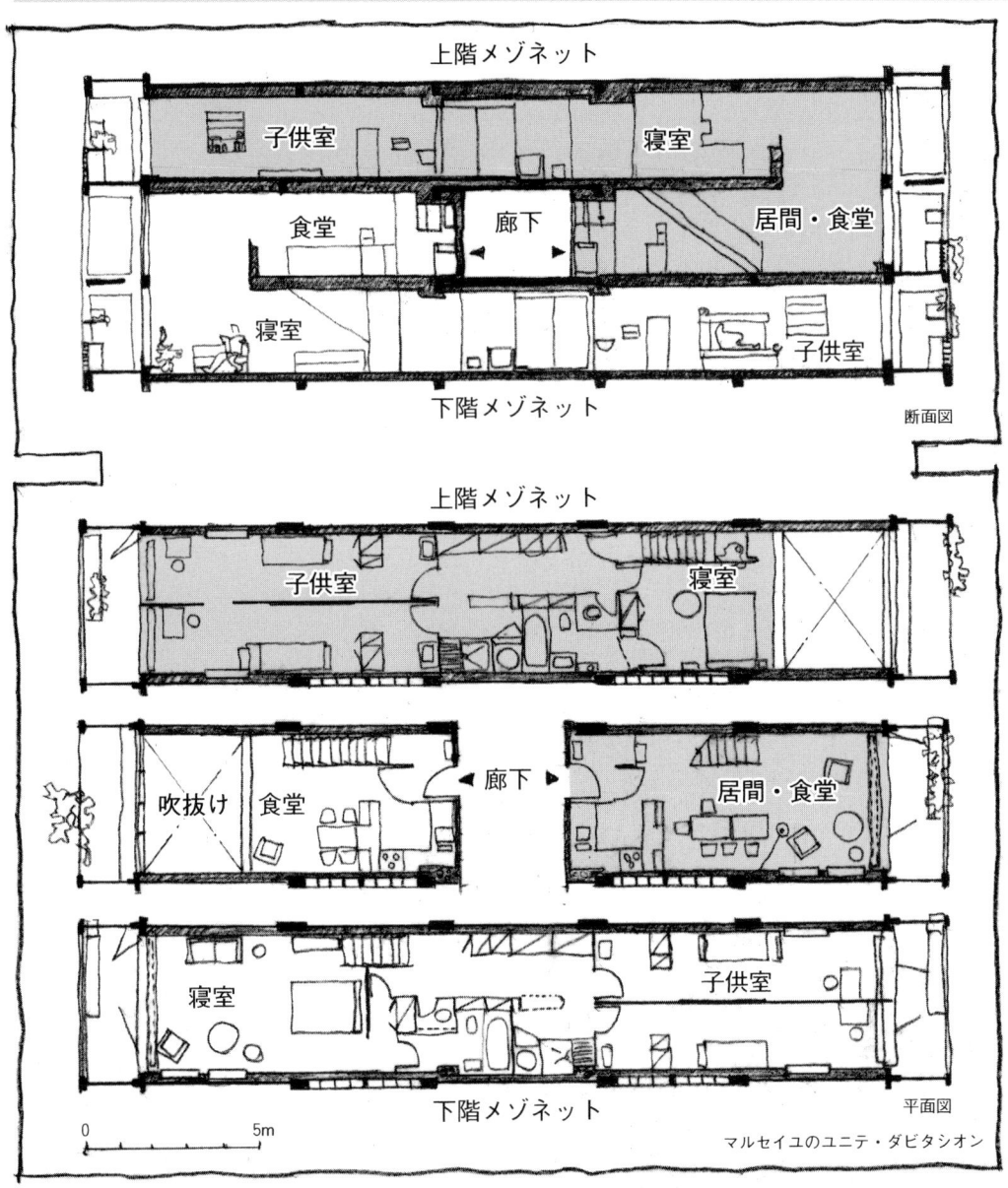

資料集め

設計の開始にあたって、すでに建設されている集合住居の〈実例〉を、雑誌や著書あるいは写真集などで調べてみます。

スケッチや模型で残されている〈計画案〉でも優れたものであれば参考例として調べてみます。

資料の新旧

参考例は、まず最近の〈新しい例〉を調べてみます。単行本よりも月刊や季刊などの雑誌の方が、情報量も多く新しいでしょう。一方、参考例は新しいから良いというものでもありません。人々の生活は、意外に昔からの古い習慣を受け継いでいるものです。〈古い例〉でも名建築として評価の高いものも調べてみます。

マルセイユのユニテ

アトリエ5は、ル・コルビュジエの設計した〈ユニテ・ダビタシオン〉の良さを実によく研究しています。ユニテは、古くて新しい実例ということができます。

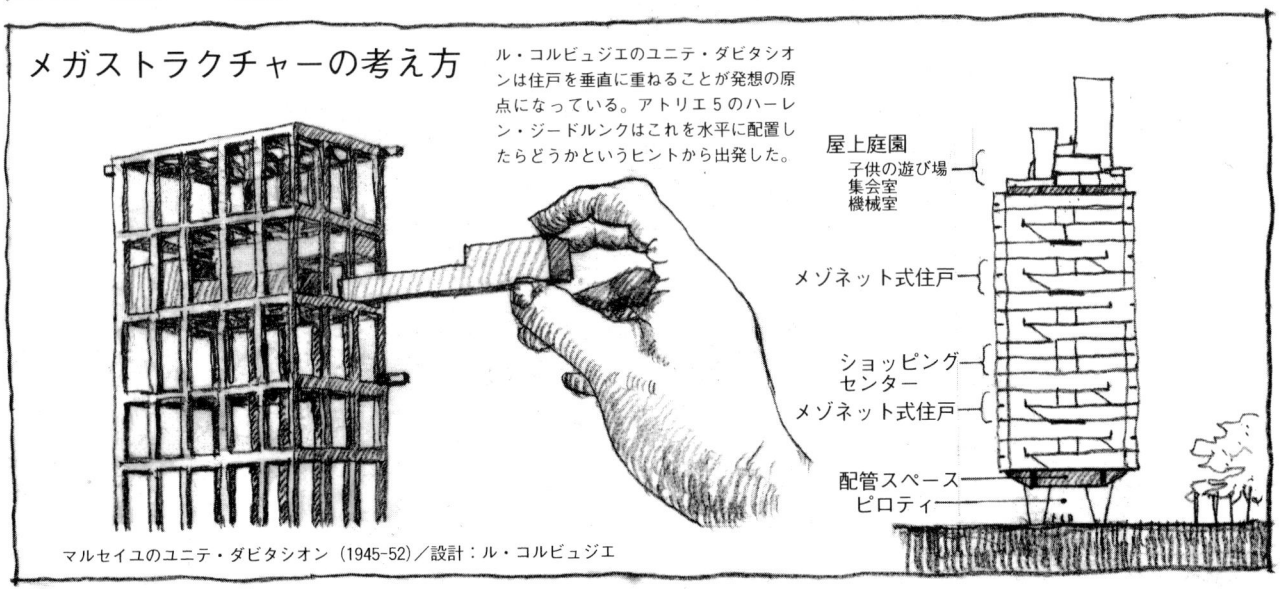

断面図
平面図
マルセイユのユニテ・ダビタシオン

メガストラクチャーの考え方

ル・コルビュジエのユニテ・ダビタシオンは住戸を垂直に重ねることが発想の原点になっている。アトリエ5のハーレン・ジードルンクはこれを水平に配置したらどうかというヒントから出発した。

マルセイユのユニテ・ダビタシオン（1945-52）／設計：ル・コルビュジエ

屋上庭園
子供の遊び場
集会室
機械室
メゾネット式住戸
ショッピングセンター
メゾネット式住戸
配管スペース
ピロティ

3—5 構想—2

配置計画

1. 条件をつくる

与えられた敷地に，住戸が〈何戸〉入るか見当をつけます。前もって検討しておいた住戸タイプを，敷地いっぱいに並べてみます。おおよその目標を〈条件〉としてつくっておきます。

① 敷地面積　約2.5 ha
② 戸数合計　81戸
　（Aタイプ　33戸）
　（Bタイプ　41戸）
　（その他　　7戸）
③ 延床面積　約2.0 ha
④ 駐車台数　80台
⑤ 予算　　　○円

エスキス1

（条件1：要求される面積と数の住戸／条件2：要求される数の駐車スペース／住居／保存緑地）

2. 発想する

条件づくりでの配置は便宜的なもので，これが〈住みやすい環境〉でないことは明らかです。そこで，ぜひここに住みたいと思いたくなるようなアイデアを〈発想〉します。例えば"そうだ広場だ"と自分で感動して新しい条件をつくり出します。

建築家の側から積極的に〈提案〉をします。提案が無駄になってもかまいません。発想を大切にします。

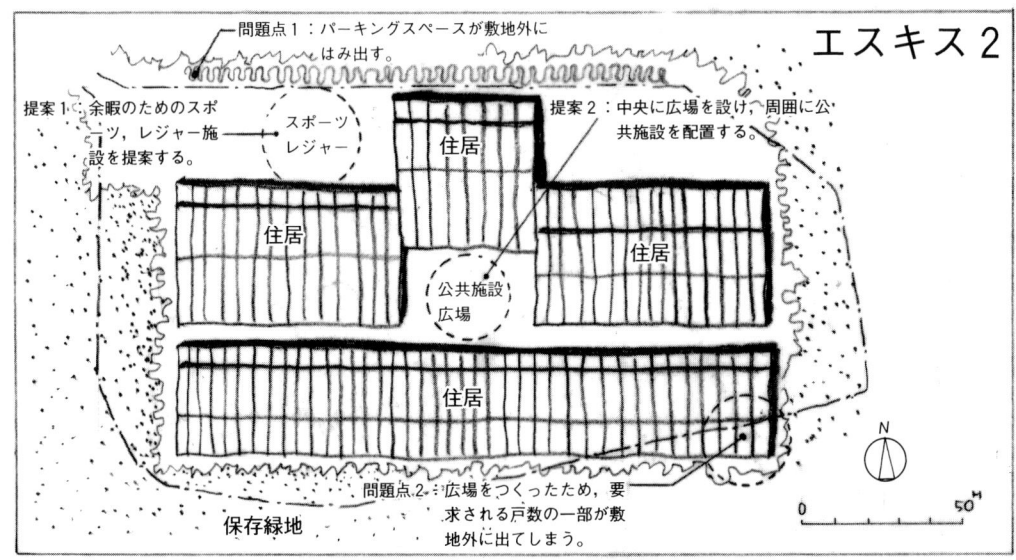

エスキス2

（問題点1：パーキングスペースが敷地外にはみ出す。／提案1：余暇のためのスポーツ，レジャー施設を提案する。／提案2：中央に広場を設け，周囲に公共施設を配置する。／スポーツ・レジャー／住居／公共施設・広場／保存緑地／問題点2：広場をつくったため，要求される戸数の一部が敷地外に出てしまう。）

3. 整える

アイデアを出して基本案をふくらませていくと，どうしても規模や予算がオーバーしてしまいます。そこで，最初に検討した条件（戸数，戸数に見合う駐車台数，延床面積など）をもう一度思い出し，敷地全体との〈調整〉を行います。

敷地境界の範囲や高低差，残すべき緑地などを頭に入れながら，〈要求条件〉と〈発想〉との調和を図ります。

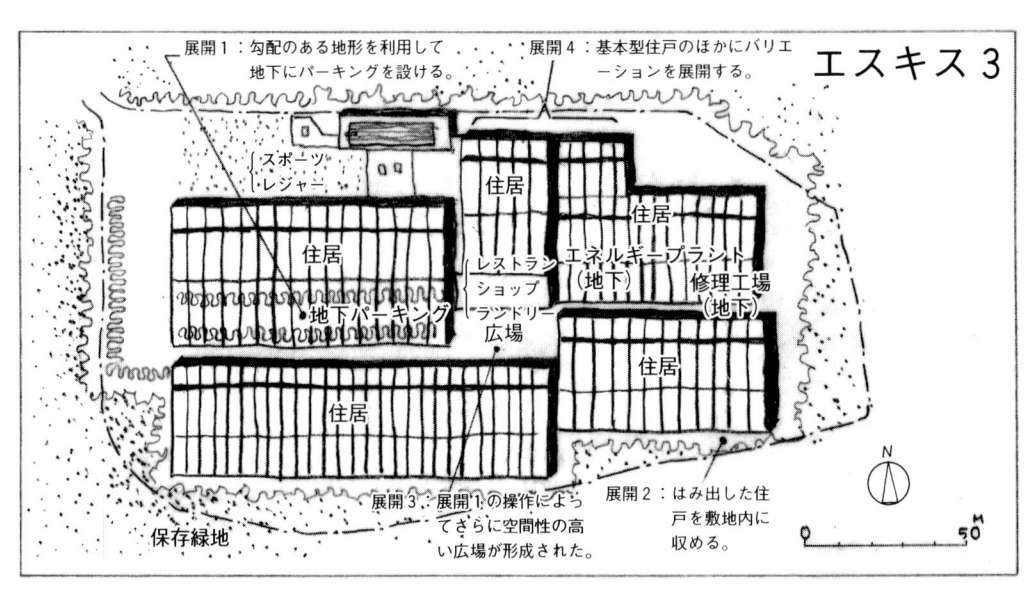

エスキス3

（展開1：勾配のある地形を利用して地下にパーキングを設ける。／展開4：基本型住戸のほかにバリエーションを展開する。／スポーツ・レジャー／住居／レストラン・ショップ／エネルギープラント（地下）／修理工場（地下）／地下パーキング／ランドリー／広場／保存緑地／展開3：展開1の操作によってさらに空間性の高い広場が形成された。／展開2：はみ出した住戸を敷地内に収める。）

96

設計資料

配置の基本型と展開

集合住居は〈単位〉となる住戸が集合されてできており、その〈配置方法〉にはいくつかの〈基本型〉がある。

平面配置と断面配置に分けられ、それぞれに特徴がある。主な配置には一般によく使用されている〈かた〉があるので、その名称を覚える。

基本型を〈組み合わせたり〉、〈くずしたり〉して、敷地条件や居住条件に対応させ、理想の形に近づけてゆく。

1. 基本型（戸建て型）

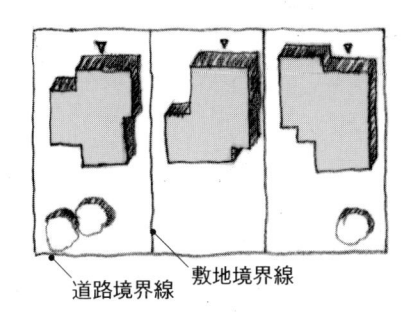

2. 基本型（タウンハウス型）

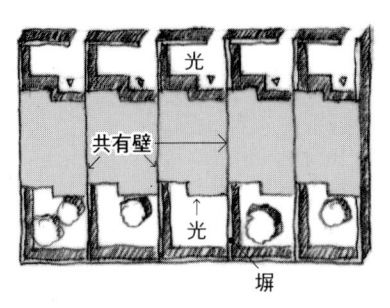

3. 基本型（セミ・デタッチド型）

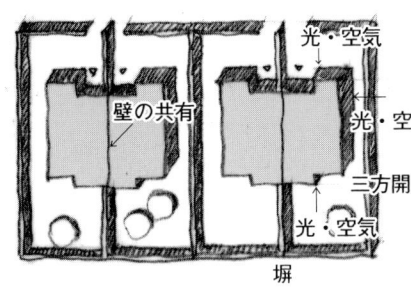

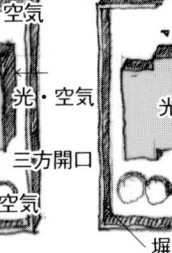

4. 基本型（ゼロ・ロットライン型）

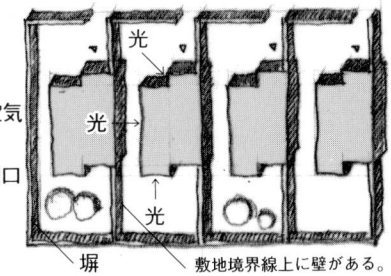

5. 基本型（コートハウス型）

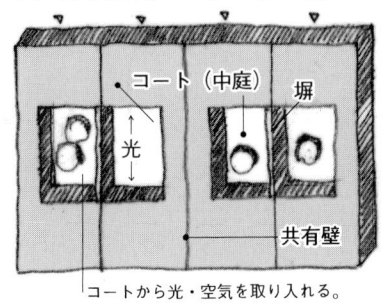

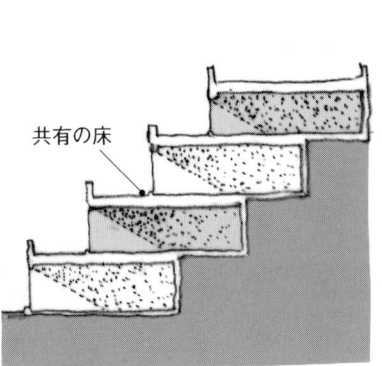

6. 基本型（ヒルハウジング型）

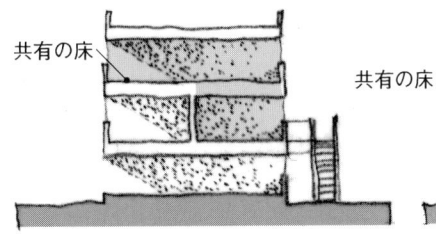

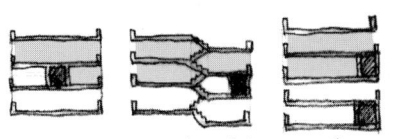

7. 基本型（メゾネット型）

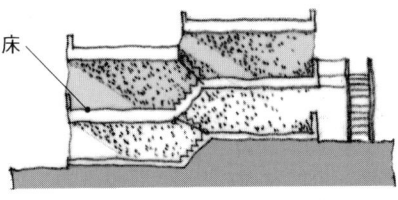

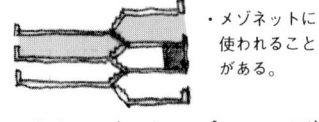

8. 基本型（スキップフロア型）

展開例1（組合せ化）

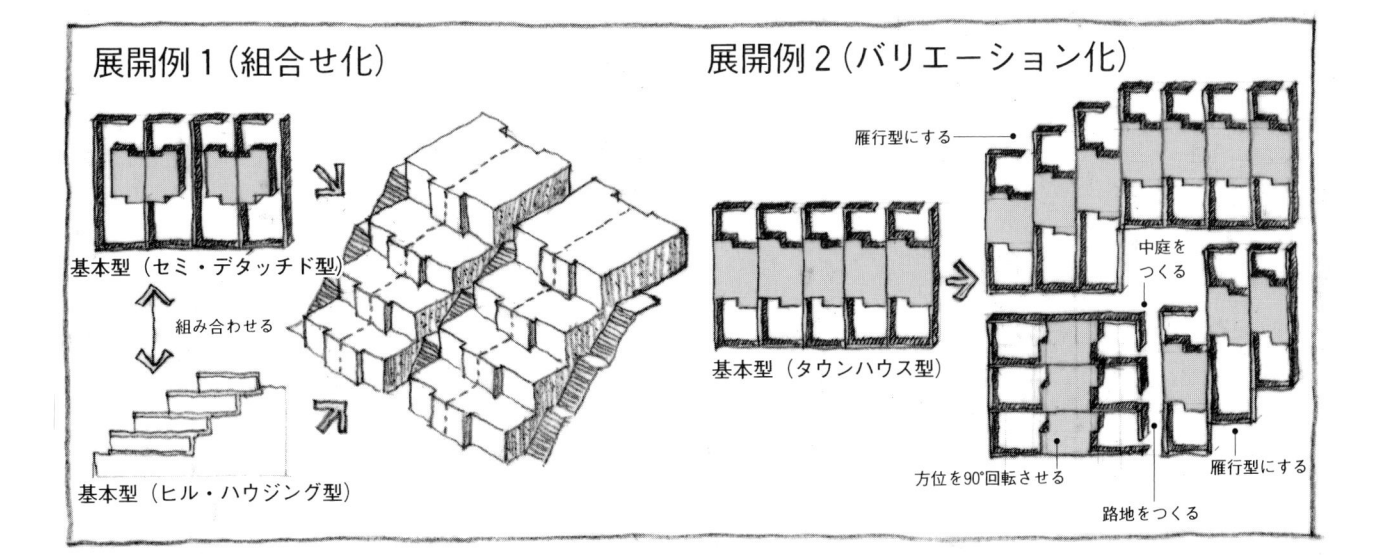

基本型（セミ・デタッチド型）
組み合わせる
基本型（ヒル・ハウジング型）

展開例2（バリエーション化）

基本型（タウンハウス型）
→ 雁行型にする
中庭をつくる
方位を90°回転させる
路地をつくる
雁行型にする

97

3-6 構想-3　　　動線計画

1. 条件をつくる

動線は，大きく二つに分けられます。
① 人の動き
② 車の動き
です。動線ではありませんが，車と人の動きの中間（接点）に位置するものとして，〈駐車場〉を考えておきます。

動線計画の最初の段階では，主要施設の間の人や車の動きを，〈線〉や〈矢印〉で結んで，最小限必要な動きを条件化しておきます。

エスキス1
- 条件1：パーキングはアクセス道路に接続させる。車は敷地内を通過させないように配慮する。
- 条件2：パーキングから各住戸へはアプローチしやすくする。
- 条件3：基本的に各住戸へは北側からアプローチする。

（凡例：車の動き／パーキング／人の動き）

2. 発想する

最初から車道や歩道などの〈道路＝ハード〉で考えると，言葉どおり固い案になってしまいます。

そこで，条件づくりで考えた車や人の〈動き＝ソフト〉を大切にしながら発想します。例えば，「広場を斜めに横切って歩く」，「階段よりスロープをゆっくり歩く」，「駐車場を敷地の出入口近くにまとめる」など，〈人や車の動き〉を加味して案を計画発展させます。

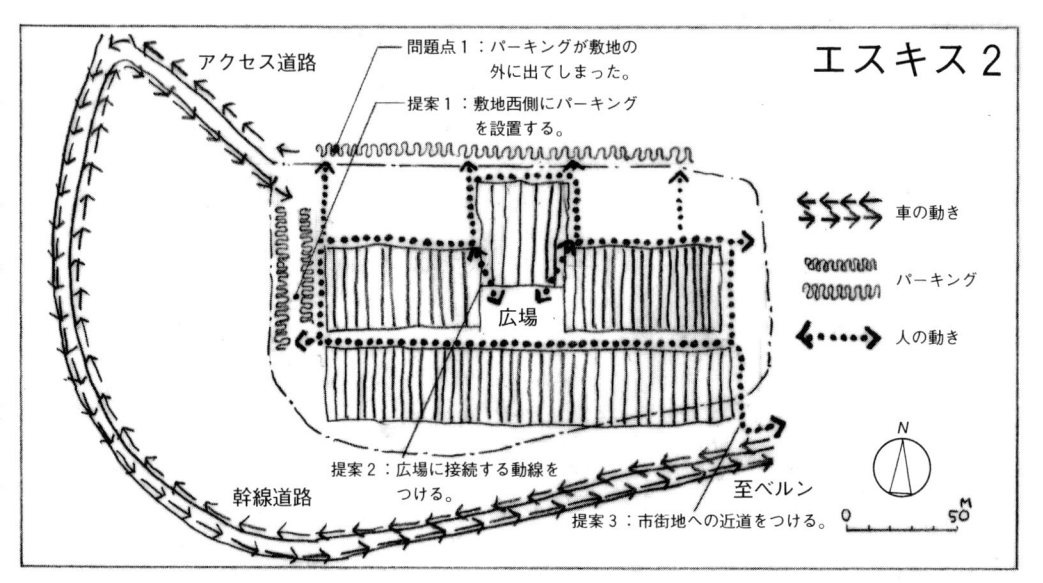

エスキス2
- 問題点1：パーキングが敷地の外に出てしまった。
- 提案1：敷地西側にパーキングを設置する。
- 提案2：広場に接続する動線をつける。
- 提案3：市街地への近道をつける。

3. 整える

〈ハードとソフト〉の間を整えます。

〈車道〉は，車が角を曲がるときの回転半径や，スロープを上るときの勾配などを調べて，〈車の動き〉に対し支障のないようにします。

〈歩道〉は，親子が並んで歩ける幅になっているが，車椅子が通れる幅やスロープの勾配になっているかなどを調べて，〈人の動き〉に対し支障のないように計画します。

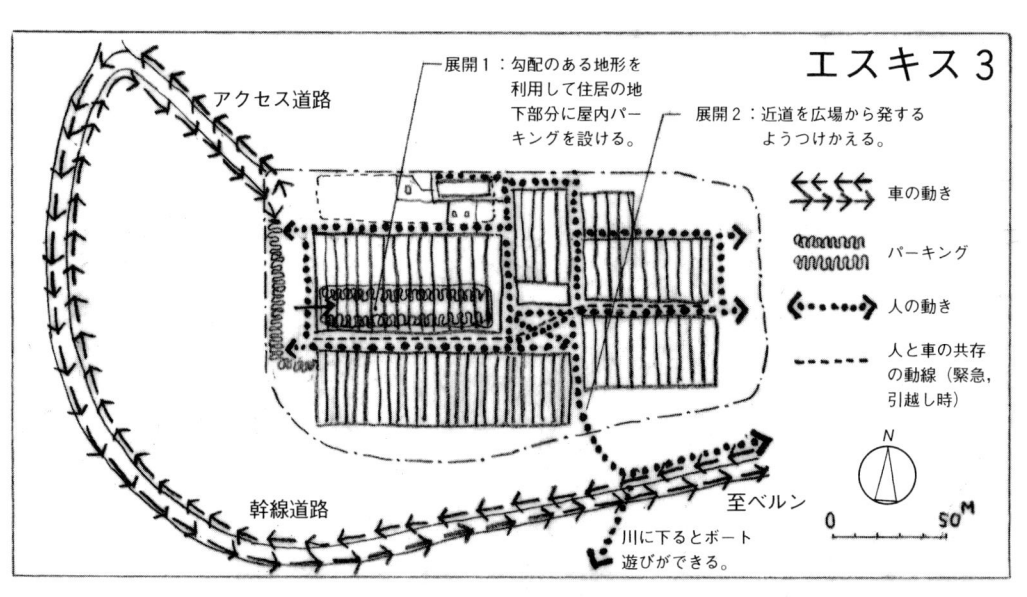

エスキス3
- 展開1：勾配のある地形を利用して住居の地下部分に屋内パーキングを設ける。
- 展開2：近道を広場から発するようつけかえる。
- 川に下るとボート遊びができる。

（凡例：車の動き／パーキング／人の動き／人と車の共存の動線（緊急，引越し時））

設計資料

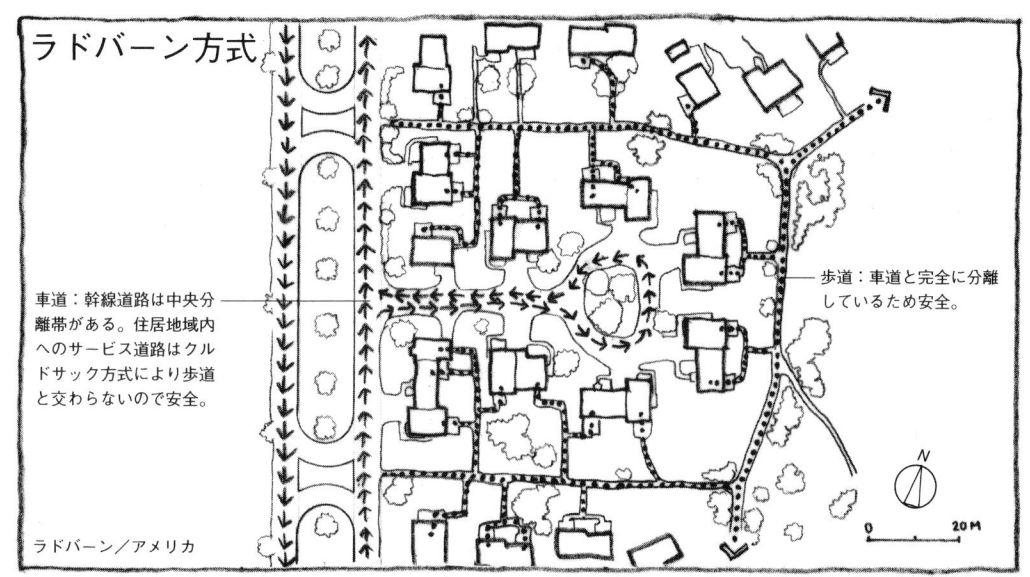

ラドバーン方式

車道：幹線道路は中央分離帯がある。住居地域内へのサービス道路はクルドサック方式により歩道と交わらないので安全。

歩道：車道と完全に分離しているため安全。

ラドバーン／アメリカ

ラドバーン方式

完全に〈歩車分離〉された方式です。〈車〉は，幹線道路から袋状（クルドサック）になっている支線に入り，家に至ることができます。〈人〉は，歩行者専用道路から，車に煩わされることなく家に出入りできます。

一見して機能的ですが，玄関が二つ必要なこと，そして車と歩行者の良い意味での出会いの機会が少ないことなどが難点です。

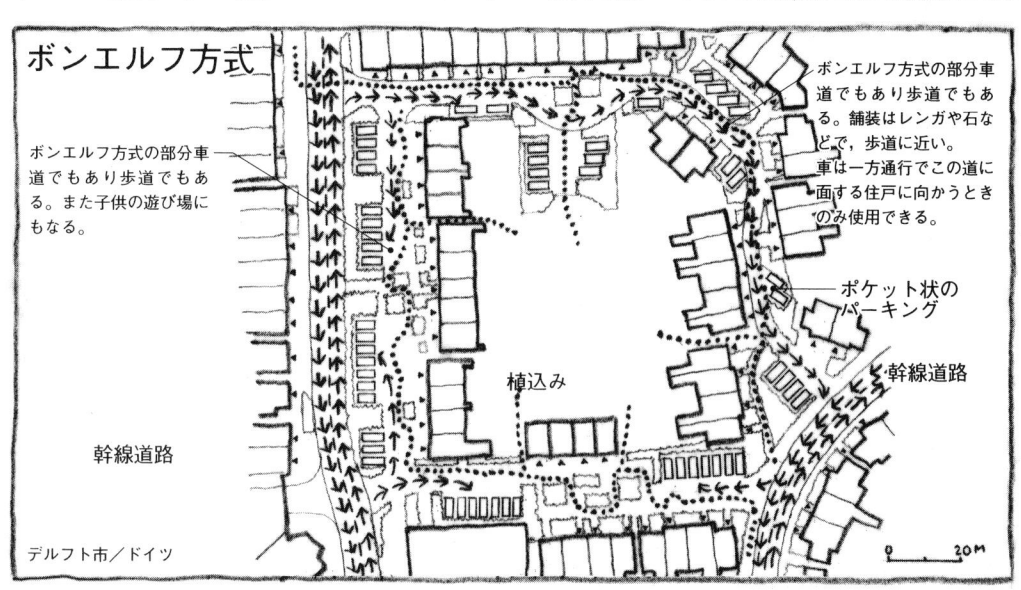

ボンエルフ方式

ボンエルフ方式の部分車道でもあり歩道でもある。また子供の遊び場にもなる。

ボンエルフ方式の部分車道でもあり歩道でもある。舗装はレンガや石などで，歩道に近い。車は一方通行でこの道に面する住戸に向かうときのみ使用できる。

ポケット状のパーキング

植込み

幹線道路

幹線道路

デルフト市／ドイツ

ボンエルフ方式

〈歩車融合〉による方式です。車道と歩道が，完全に分離された道路ではなく，車にも歩行者にも両方使える道路です。

通過交通の多い幹線道路では使えませんが，近隣住区のなかで使うことができます。

毎日の日常生活では，主に歩行者専用として使います。緊急時の救急車や消防車，住民の車や郵便車などが，必要に応じて使う道路です。

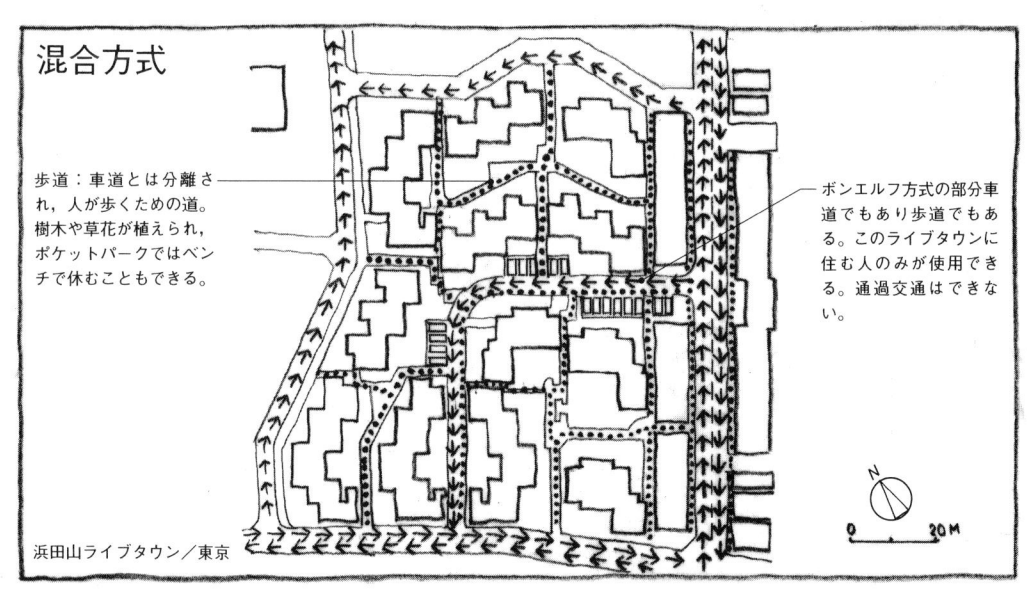

混合方式

歩道：車道とは分離され，人が歩くための道。樹木や草花が植えられ，ポケットパークではベンチで休むこともできる。

ボンエルフ方式の部分車道でもあり歩道でもある。このライブタウンに住む人のみが使用できる。通過交通はできない。

浜田山ライブタウン／東京

混合方式

〈歩車分離と融合〉による方式です。ラドバーン方式とボンエルフ方式の良いところを採用した方式と考えていいでしょう。

ラドバーン方式は分離しすぎており，ボンエルフ方式は余計な車が入ってくる可能性があります。

新たに計画を行う場合は，両者の優れた点をうまく取り入れて計画します。両者の良い点を基礎知識として覚えておきましょう。

3–7　構想—4　　　　　景観計画

1. 条件をつくる

景観計画は大規模な形態を扱うので，たいへんだと尻込みする人がいるかもしれません。恐れることはありません。形の良し悪しは気にせず，要求条件を模型で〈単純な形〉に表現してみます。配置計画でスタディした住戸を必要な数だけ並べてみましょう。ここで大切なのは設計条件を形にしただけの〈出発点〉だということを認識しておくことです。

敷地模型をつくり生（なま）の条件で建物を配置する

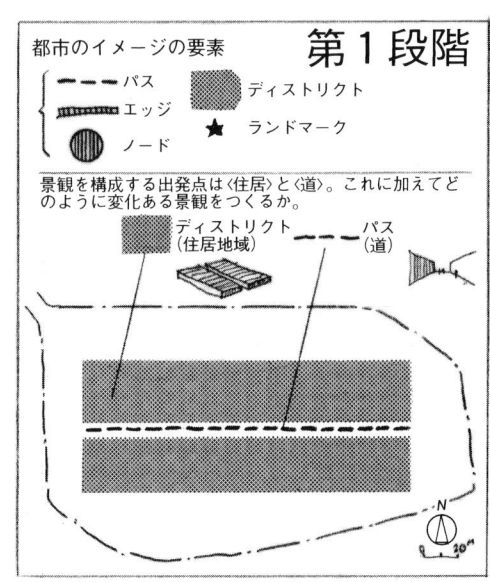

第1段階

都市のイメージの要素
- ‐‐‐ パス
- エッジ
- ノード
- ディストリクト
- ★ ランドマーク

景観を構成する出発点は〈住居〉と〈道〉。これに加えてどのように変化ある景観をつくるか。

ディストリクト（住居地域）／パス（道）

2. 発想する

設計条件を形にしたら，ひとまずその案を寝かせておきます。そして，美しい町並みの写真集をめくってみるか，歴史的な町並みの見学に出掛けます。そこで，刺激を受けて設計条件にはない〈プラスアルファ〉のアイデアを発想してみます。例えば，〈広場〉を美しい〈壁で囲む〉とどうなるかなどと考えながら〈景観〉を肉付けします。

展開を重ねながら最終案に収斂する

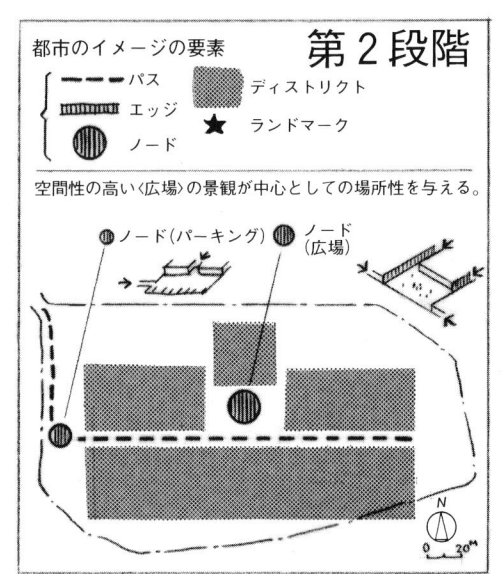

第2段階

都市のイメージの要素
- ‐‐‐ パス
- エッジ
- ノード
- ディストリクト
- ★ ランドマーク

空間性の高い〈広場〉の景観が中心としての場所性を与える。

ノード（パーキング）／ノード（広場）

3. 整える

〈広場〉を肉付けした後，さらに〈塔〉を加えて，景観の視覚的なバランスを整えます。

イタリアの古い都市では，中央に広場があり，教会の塔などが調和を保っています。広場や塔は一度に建設されたものではなく，年を経て建築資金ができるとそのつど建設されたものです。景観計画も同じく，付加や削除を加えながら，徐々に整えていきます。

条件を整理しながらさまざまな展開を試みる

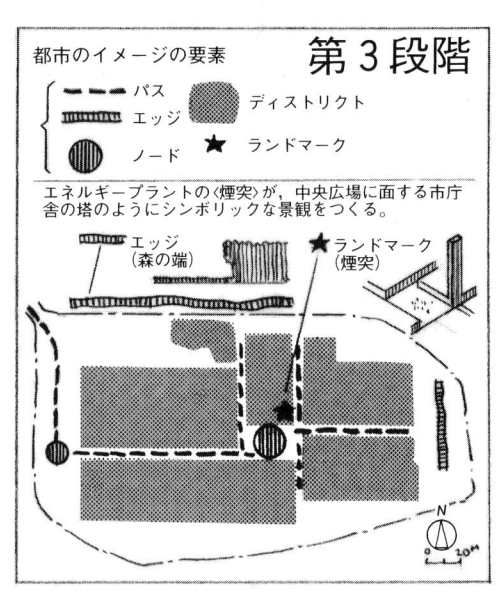

第3段階

都市のイメージの要素
- ‐‐‐ パス
- エッジ
- ノード
- ディストリクト
- ★ ランドマーク

エネルギープラントの〈煙突〉が，中央広場に面する市庁舎の塔のようにシンボリックな景観をつくる。

エッジ（森の端）／ランドマーク（煙突）

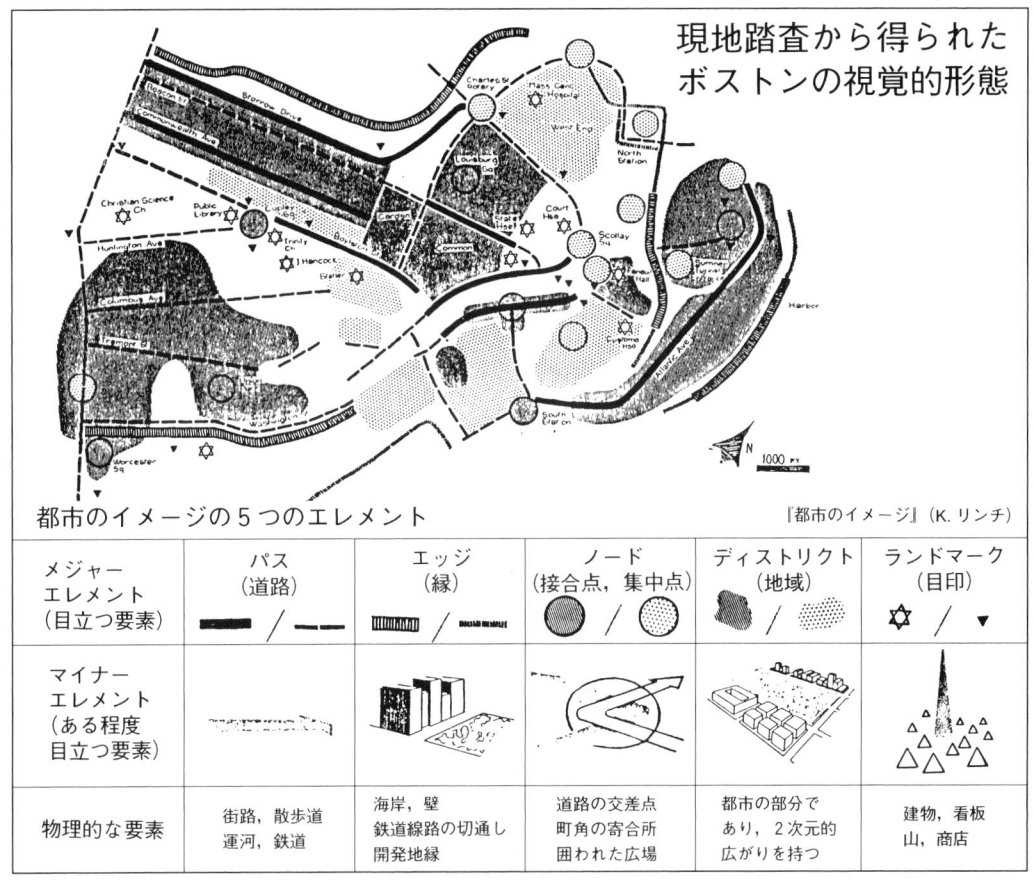

設計資料

都市のイメージ

アメリカの都市計画家K.リンチは，自分の住んでいる都市に強いイメージ・アビリティが備わっていると，人々はその街への愛着が増し，逆に弱いと街への帰属意識が薄くなると述べています[*4]。記憶に残る〈イメージの要素〉として，①パス Paths ②エッジ Edges ③ディストリクト Districts ④ノード Nodes ⑤ランドマーク Landmarks の五つを挙げています。景観計画はこれらの要素を際立たせるようにして行うと，人々の記憶に強く残り，ここに自分は住んでいるのだという帰属意識の強い街になります。

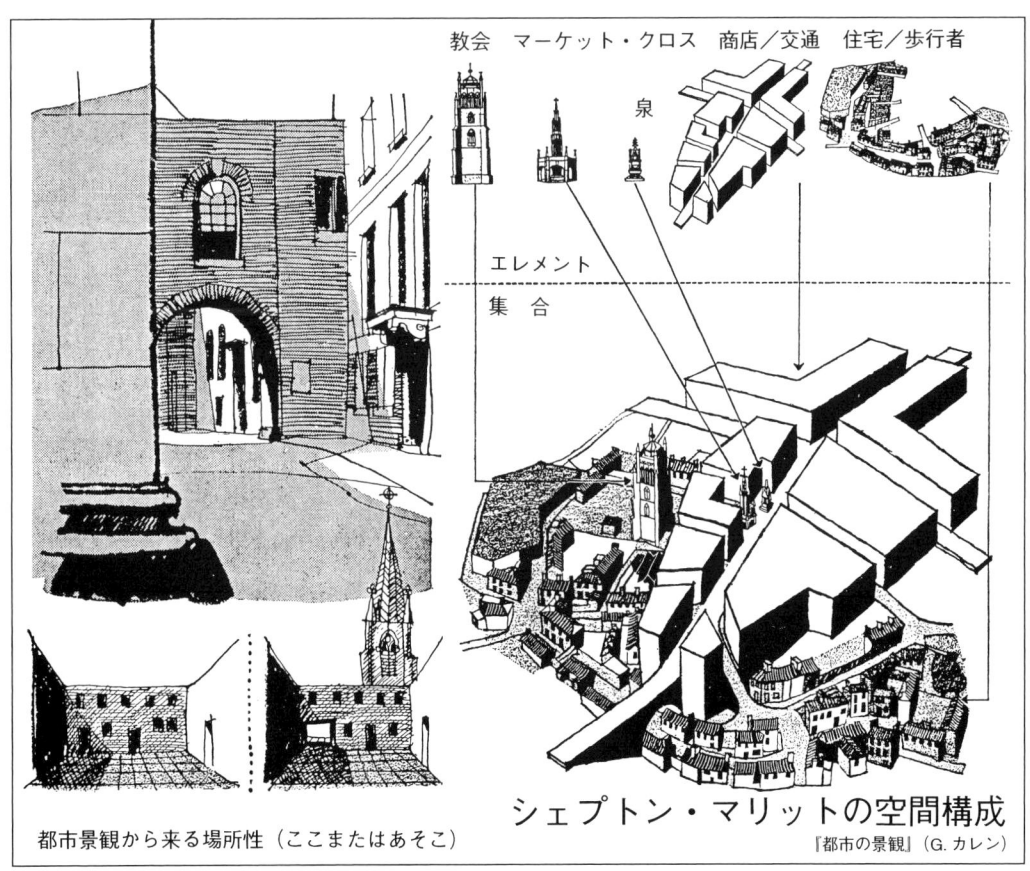

現地踏査から得られたボストンの視覚的形態

『都市のイメージ』（K.リンチ）

都市のイメージの5つのエレメント

メジャーエレメント（目立つ要素）	パス（道路）	エッジ（縁）	ノード（接合点，集中点）	ディストリクト（地域）	ランドマーク（目印）
マイナーエレメント（ある程度目立つ要素）					
物理的な要素	街路，散歩道，運河，鉄道	海岸，壁，鉄道線路の切通し，開発地縁	道路の交差点，町角の寄合所，囲われた広場	都市の部分であり，2次元的広がりを持つ	建物，看板，山，商店

都市の景観

イギリスの都市評論家G.カレンは，都市のなかの〈場所性〉の大切さについて「自分がどこにいるのかわからなくなるような同じような建物の並ぶ町並みではなく，自分は〈ここにいる〉という自覚が持てるような景観が大切だ」[*5]と指摘しています。

また，景観の〈連続性〉の重要性について，「ここからあそこへと移動している〈途中〉の景観の変化も大切だ」と述べています。

景観計画は，平面を上から見下ろした状態で行うのではなく，地上にいる人間の〈目の高さ〉で計画します。

シェプトン・マリットの空間構成

教会　マーケット・クロス　商店／交通　住宅／歩行者　泉

エレメント集合

都市景観から来る場所性（ここまたはあそこ）

『都市の景観』（G.カレン）

[*4] K.リンチ著『都市のイメージ』
[*5] G.カレン著『都市の景観』

3-8 構想-5　　構想のまとめ1

生活機能

いよいよ具体的な設計に入ります。これまで〈構想〉と、これから始める〈設計〉の間をつなぐため、構想をまとめておきます。設計する場所は、スイスの首都ベルンから4.5km離れた南傾斜（勾配16：100）の森に囲まれた自然環境に恵まれた場所です。

まず、基本単位となる各〈住戸〉の構想を独立住居と同じ要領でまとめます。独立住居のところをもう一度読み返してみましょう。〈生活機能〉に対応する〈生活の場〉があり、その場には、〈家具〉が欠かせません。

独立住居と異なる点は、集まって生活することにあります。そのためには共同の施設やコミュニケーションの場が必要です。また、共同で暮らすルールも考えてみます。

動線

〈住戸〉内部では家族一人一人が使う動線と、皆で〈共有〉して使う動線の二つに分けてまとめます。〈住戸〉の動線のまとめ方は独立住居と全く同じです。もう一度読み返して下さい。

〈集合住居〉の共有部分の動線は、次の二つに分けてまとめます。

① 人の動線（人にやさしいUD）
② 車の動線（見通しと安全）

動線ではありませんが、

③ 駐車場（騒音と排気に配慮）

も動線と一緒に考えておきます。構想段階でチェックしておかなければならない動線計画は、想定している生活の場を、最小限1本以上の動線で〈結んでおく〉ことです。車はアクセス道路との関係、人は森を抜ける近道から広場へ、居住区内はすべて人の道を考えます。

部　位

〈部位〉とは、床、壁、天井、柱、梁、屋根など構造の各部分と、窓やドアの建具などの建築を構成している要素です。どんな性能のサッシュやガラスを使うのかもイメージしておきます。集合住居の構造は、〈占有部分〉と〈共有部分〉に分けられますが、一般的に躯体は共有するもので、安全で堅固なシステム材料を選びます。例えばRC造やPC造などです。しかし、木造の集合住宅もあります。その場合は壁で区画するよりも住戸間に距離をとって火災や防音などに対処しています。

〈仕上げ材料〉も各位ごとにおおまかに決めておきます。集合住居の構造は、〈占有部分〉と〈共有部分〉に分けられます。特に共有部分の構造を何にするかを考えます。

設計条件の整理

設計条件を簡単にまとめます。

① 住戸数：81戸
② 住戸タイプ：
　Aタイプ…………33戸
　Bタイプ…………41戸
　スタジオタイプ……5戸
　管理人室…………2戸
③ 人口密度：110人/ha（人口大人160人＋子供116人）
④ 敷地：スイスの首都ベルンから4.5km離れた、南傾斜（勾配16：100）の森に囲まれた場所。敷地面積：24,920m^2、保存林面積6,155m^2
⑤ 建物：建築面積13,454m^2、延床面積15,410m^2、建蔽率53.4％、容積率61.8％。住居部分13,454m^2（屋上庭園、店舗を含む。地下室とバルコニーは含まず）、設備部分1,956m^2（ガレージ、ランドリー、ボイラー室を含む）
⑥ 土地所有の区分：私有部分10,765m^2、共有部分13,955m^2（道・広場など）＋6,155m^2（保存林）
⑦ 共同施設：駐車場、ボイラー室、店舗、集会室、広場、運動場、プールなど。
⑧ 管理方式：自主管理方式

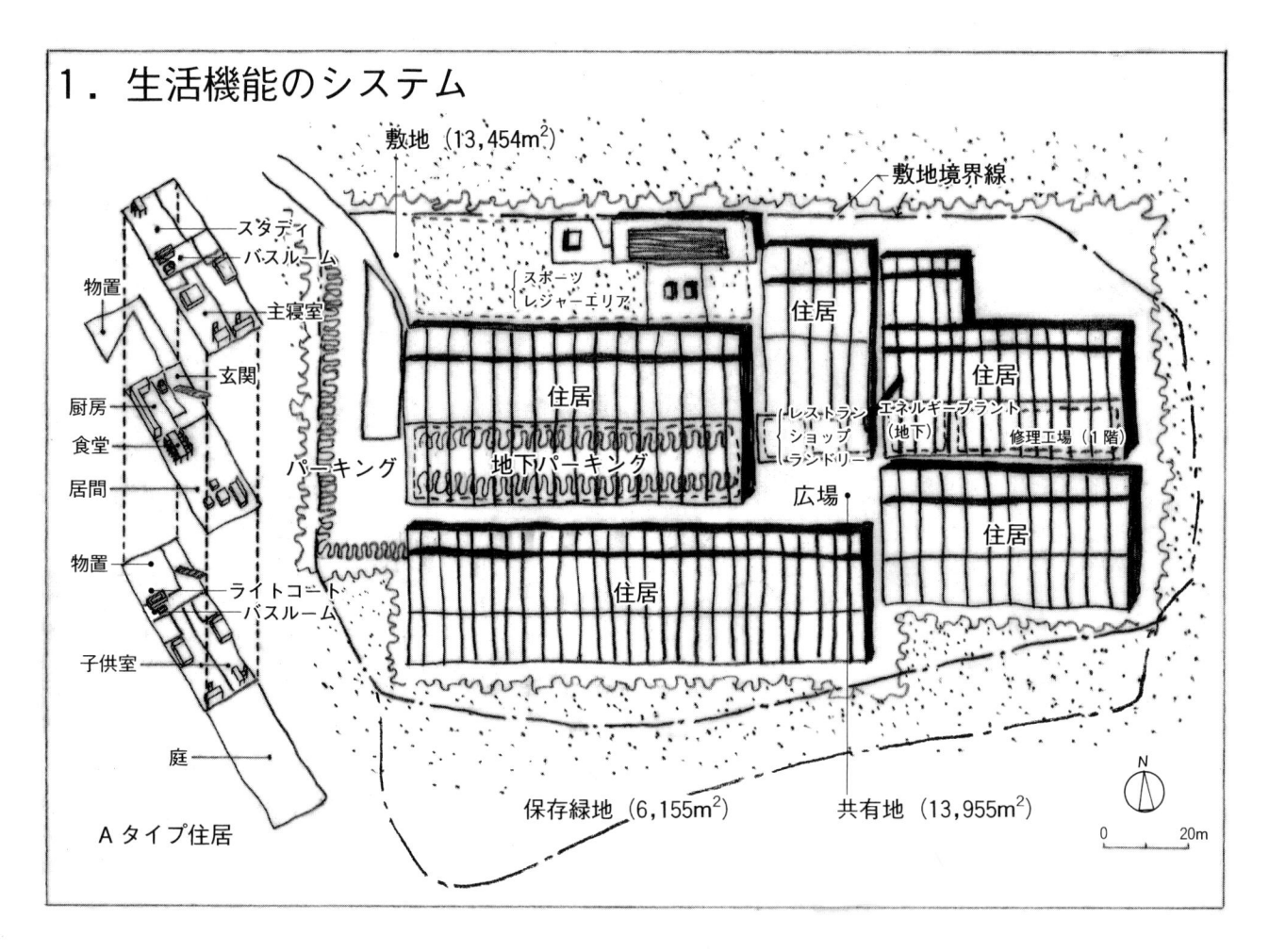

1. 生活機能のシステム

構想のまとめ 2

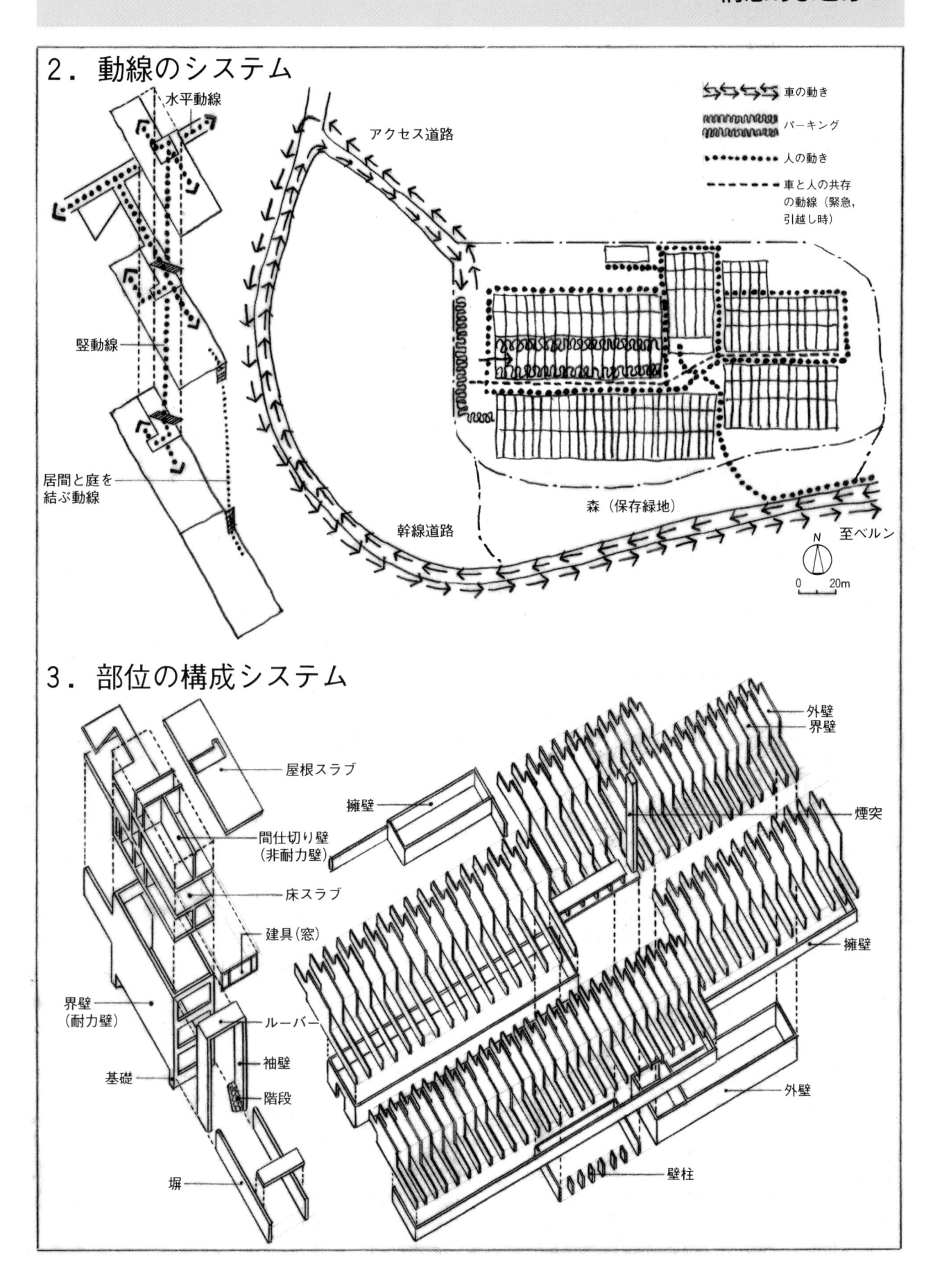

2. 動線のシステム

- 水平動線
- 竪動線
- 居間と庭を結ぶ動線
- アクセス道路
- 幹線道路
- 森（保存緑地）
- 至ベルン

凡例:
- 車の動き
- パーキング
- 人の動き
- 車と人の共存の動線（緊急、引越し時）

3. 部位の構成システム

- 屋根スラブ
- 間仕切り壁（非耐力壁）
- 床スラブ
- 建具（窓）
- 界壁（耐力壁）
- ルーバー
- 袖壁
- 基礎
- 階段
- 塀
- 外壁・界壁
- 擁壁
- 煙突
- 外壁
- 壁柱

3-9 空間構成—1

ハーレン・ジードルンク
玄関

生活機能

玄関では，住戸内の〈プライバシー〉が守られなければならないとともに外部との〈コミュニケーション〉もうまく行われなければなりません。ここでは門と玄関の間に，小さな〈前庭〉をつくることで，二つの機能をうまく解決しています。

動線

門と玄関の間の短い〈アプローチ通路〉が，集合住居であっても一戸建てのゆったりした雰囲気を演出しています。一戸建てでは，建物周囲の空間を自転車置場として利用できますが，集合住居では自転車などの〈アクセス〉を考えておきます。

部位

雨や雪の日の〈玄関口〉には〈庇〉が必要です。〈門扉〉を開け閉めする場合も一時立ち止まるので〈庇〉が必要です。

そのほか門と玄関の間のアプローチ通路や自転車置場の上にも〈庇〉か〈屋根〉を設けます。

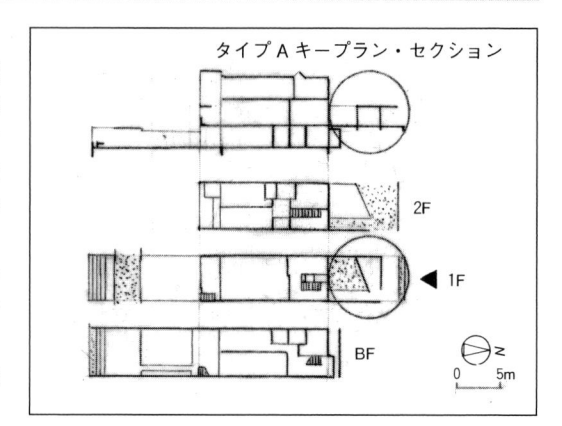

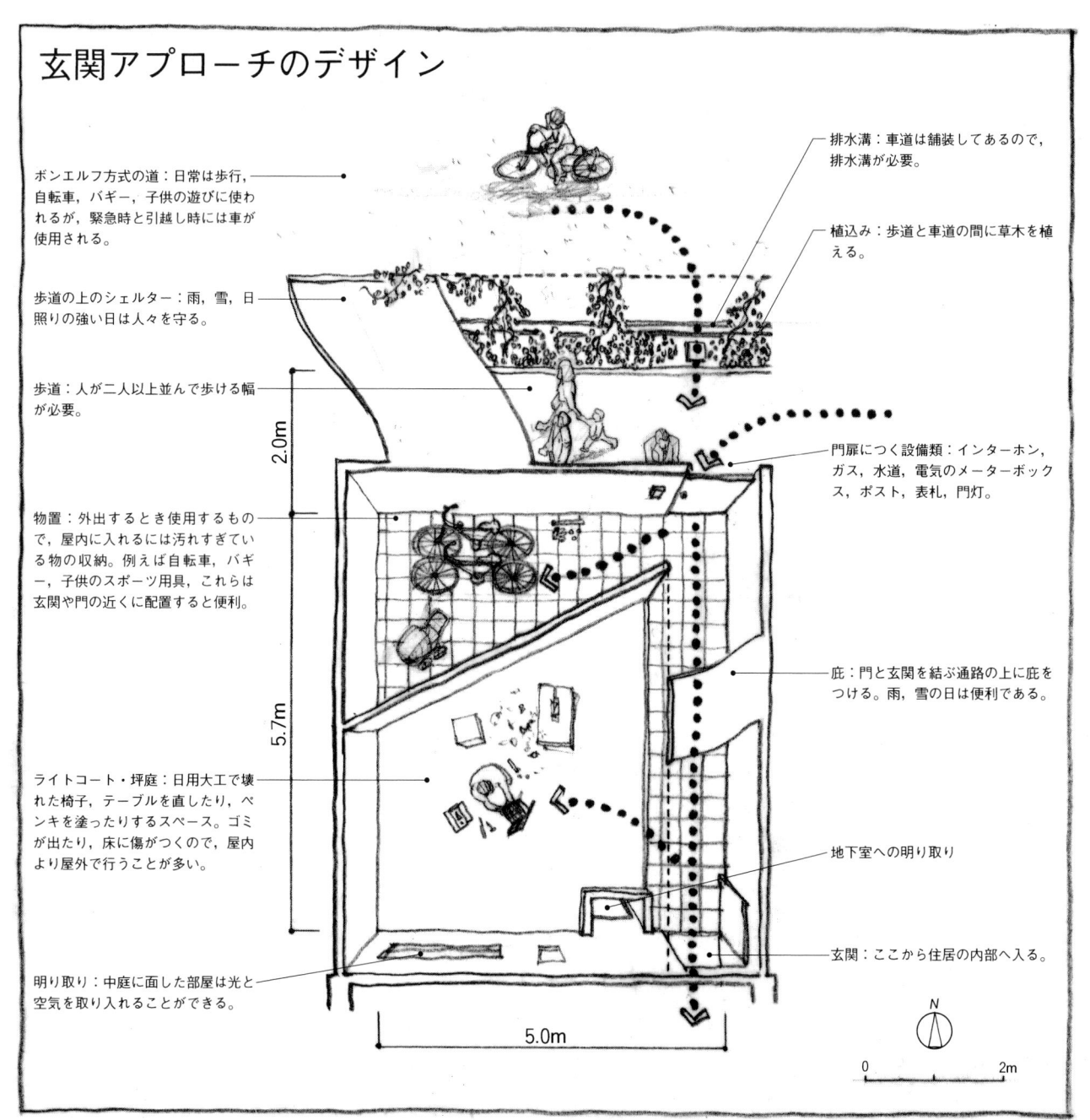

タイプAキープラン・セクション

玄関アプローチのデザイン

- ボンエルフ方式の道：日常は歩行，自転車，バギー，子供の遊びに使われるが，緊急時と引越し時には車が使用される。

- 歩道の上のシェルター：雨，雪，日照りの強い日は人々を守る。

- 歩道：人が二人以上並んで歩ける幅が必要。

- 物置：外出するとき使用するもので，屋内に入れるには汚れすぎている物の収納。例えば自転車，バギー，子供のスポーツ用具，これらは玄関や門の近くに配置すると便利。

- ライトコート・坪庭：日用大工で壊れた椅子，テーブルを直したり，ペンキを塗ったりするスペース。ゴミが出たり，床に傷がつくので，屋内より屋外で行うことが多い。

- 明り取り：中庭に面した部屋は光と空気を取り入れることができる。

- 排水溝：車道は舗装してあるので，排水溝が必要。

- 植込み：歩道と車道の間に草木を植える。

- 門扉につく設備類：インターホン，ガス，水道，電気のメーターボックス，ポスト，表札，門灯。

- 庇：門と玄関を結ぶ通路の上に庇をつける。雨，雪の日は便利である。

- 地下室への明り取り

- 玄関：ここから住居の内部へ入る。

ハーレン・ジードルンク
コア回り

生活機能
コア（core）回りは、階段や廊下など、縦横の動線が交差するところです。〈各部屋への連絡〉や便所・厨房など〈設備スペース〉としての機能もあります。

コアは部屋ではありませんが、密度の高い利用価値のある空間です。

動　線
上下に部屋があるメゾネット方式の住戸では、コア回りは〈垂直動線〉と〈水平動線〉が交差する場所です。これからの集合住居では老後に備えてコアにエレベーターを設けておくとよいでしょう。便所や厨房の〈サービス動線〉と結びます。

部　位
垂直動線のある場所に〈吹抜け〉を設けることで、広がりのある空間を獲得できます。上下に延びる壁面は、水平方向へ延びがちな集合住宅の住戸内部にドラマ性を与えることができます。トップライトで日中でも自然光が入るようにします。

タイプAキープラン・セクション

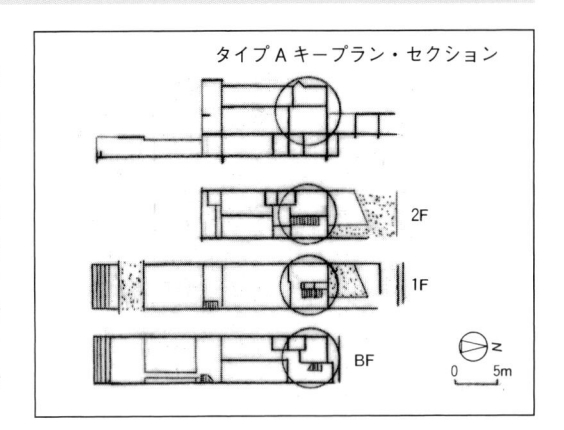

2F
1F
BF

0　　5m

コア回りのデザイン

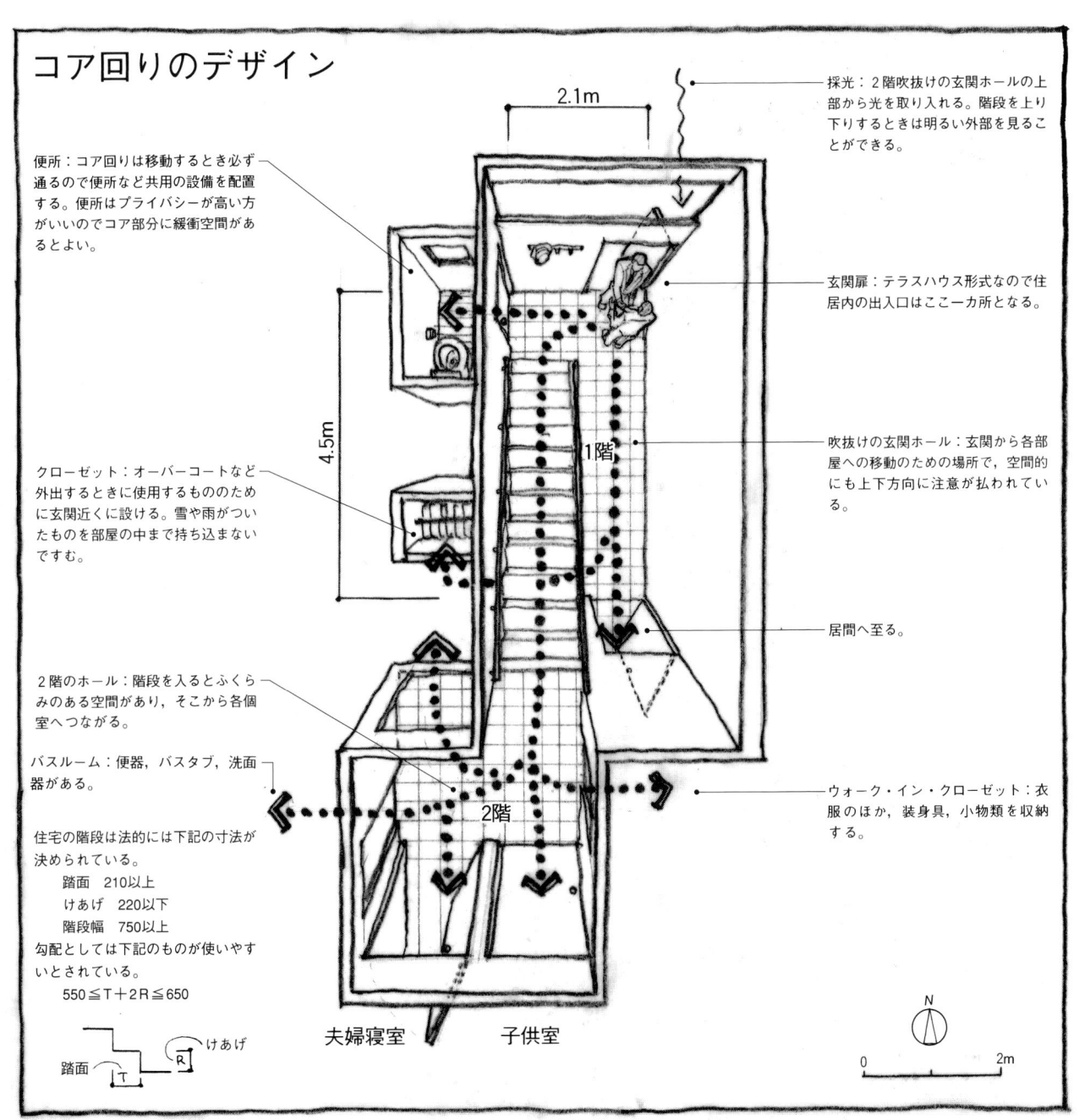

- 採光：2階吹抜けの玄関ホールの上部から光を取り入れる。階段を上り下りするときは明るい外部を見ることができる。

- 便所：コア回りは移動するとき必ず通るので便所など共用の設備を配置する。便所はプライバシーが高い方がいいのでコア部分に緩衝空間があるとよい。

- 玄関扉：テラスハウス形式なので住居内の出入口はここ一カ所となる。

- クローゼット：オーバーコートなど外出するときに使用するもののために玄関近くに設ける。雪や雨がついたものを部屋の中まで持ち込まないですむ。

- 吹抜けの玄関ホール：玄関から各部屋への移動のための場所で、空間的にも上下方向に注意が払われている。

- 居間へ至る。

- 2階のホール：階段を入るとふくらみのある空間があり、そこから各個室へつながる。

- バスルーム：便器、バスタブ、洗面器がある。

- ウォーク・イン・クローゼット：衣服のほか、装身具、小物類を収納する。

住宅の階段は法的には下記の寸法が決められている。
　踏面　210以上
　けあげ　220以下
　階段幅　750以上
勾配としては下記のものが使いやすいとされている。
　$550 \leq T+2R \leq 650$

けあげ
踏面

2.1m
4.5m
1階
2階
夫婦寝室　子供室

0　　2m

3-10 空間構成−2

ハーレン・ジードルンク
居間と食事スペース

生活機能
居間と食事スペースは，家族が集まる〈だんらんの場〉です。お客があるときは〈接客の場〉にもなります。独立住居のところで，〈家具の配置〉から出発して部屋の大きさや開口部の位置を決めることを述べましたが，集合住居でも同じです。

動線
居間や食事スペースは住居の中心ですから，個室との関係が大切です。ただし居間の中央を〈横切らない〉ように考えておきます。居間から庭へ直接行けることが望ましいので，段差がある場合〈付属動線〉として階段を付けます。

部位
毎日の生活に欠かせない家具を設置するには〈壁面〉が必要です。一方，換気や採光や視覚的な開放感を得るためには〈開口部〉が必要です。独立住居と異なり，集合住居では必ず隣との間に界壁があります。開口部の方向や位置は制約されます。

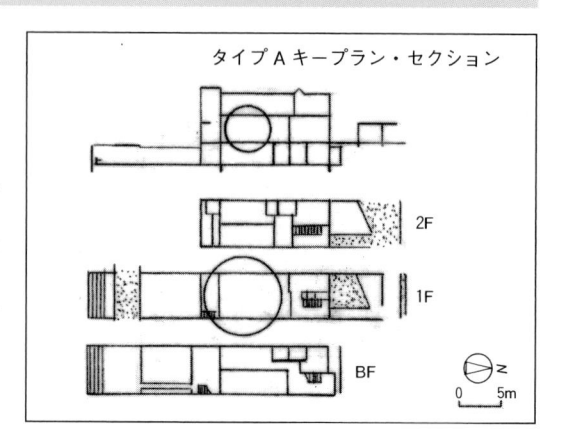

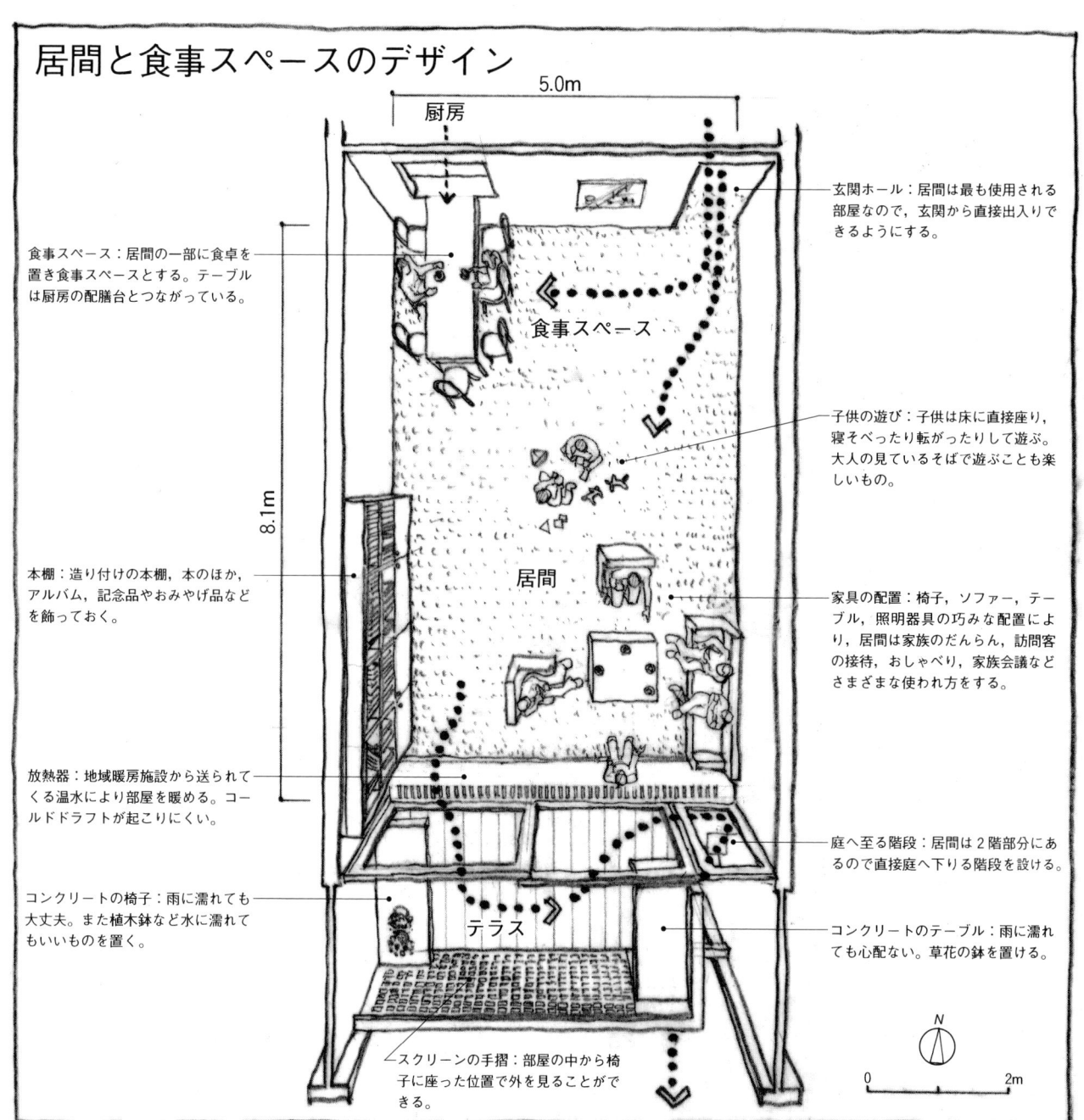

タイプAキープラン・セクション
2F
1F
BF

居間と食事スペースのデザイン

5.0m　　8.1m

厨房
食事スペース
居間
テラス

- **食事スペース**：居間の一部に食卓を置き食事スペースとする。テーブルは厨房の配膳台とつながっている。
- **本棚**：造り付けの本棚，本のほか，アルバム，記念品やおみやげ品などを飾っておく。
- **放熱器**：地域暖房施設から送られてくる温水により部屋を暖める。コールドドラフトが起こりにくい。
- **コンクリートの椅子**：雨に濡れても大丈夫。また植木鉢など水に濡れてもいいものを置く。
- **玄関ホール**：居間は最も使用される部屋なので，玄関から直接出入りできるようにする。
- **子供の遊び**：子供は床に直接座り，寝そべったり転がったりして遊ぶ。大人の見ているそばで遊ぶことも楽しいもの。
- **家具の配置**：椅子，ソファー，テーブル，照明器具の巧みな配置により，居間は家族のだんらん，訪問客の接待，おしゃべり，家族会議などさまざまな使われ方をする。
- **庭へ至る階段**：居間は2階部分にあるので直接庭へ下りる階段を設ける。
- **コンクリートのテーブル**：雨に濡れても心配ない。草花の鉢を置ける。
- **スクリーンの手摺**：部屋の中から椅子に座った位置で外を見ることができる。

ハーレン・ジードルンク
住戸の庭

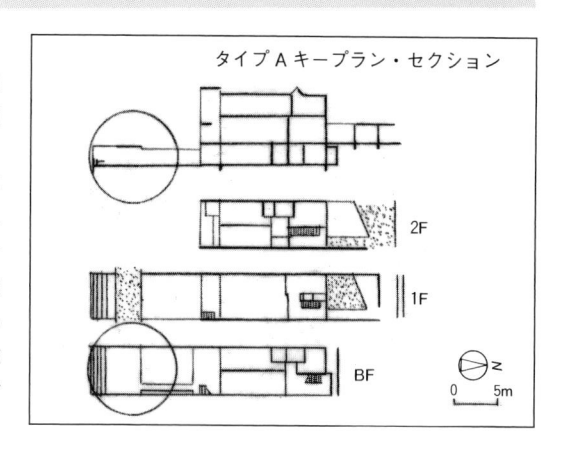

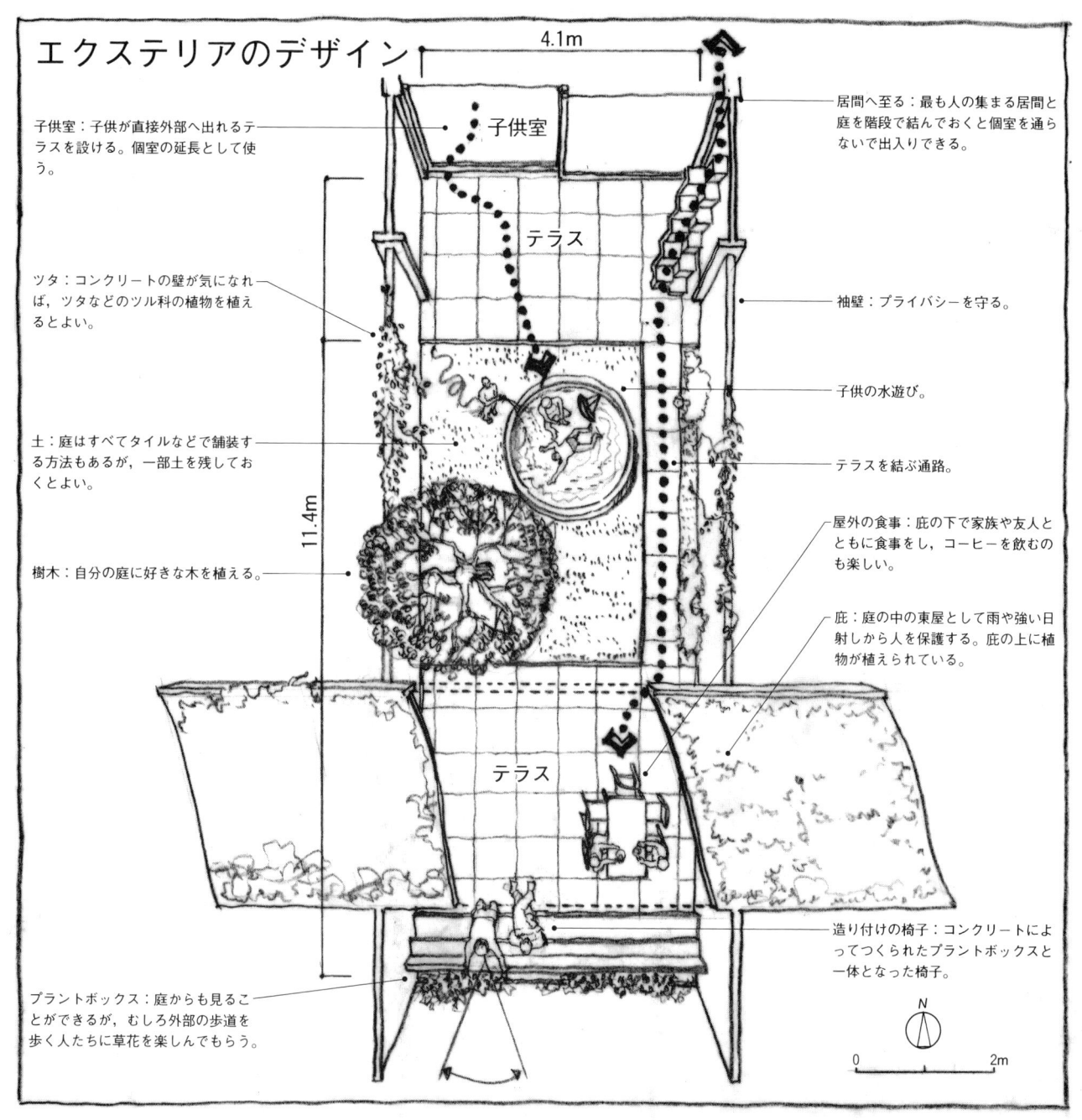

生活機能

庭は、日光浴や土いじりやガーデンパーティーなどの〈屋外生活〉を楽しむ場所です。独立住居であれば当然備わっている機能です。集合住居でも工夫をすれば可能です。ル・コルビュジエがかつて提案した〈空中庭園〉がよい例です。

動　線

庭への動線は、ここでは最下階にある子供室から直接出入りできるようになっています。活動的な子供と庭との関係を優先しています。一般的には居間から出入りしますが、ここではその解決方法として、〈外部階段〉を設けています。

部　位

庭のプライバシーを保つため、隣の庭との間に〈塀〉を設けます。ここでは、建物と同じ打放しコンクリートになっていますが、生け垣や格子の垣根など透かして見せる方法もあります。足元は〈敷石〉や〈芝生〉などで変化をつけます。

タイプAキープラン・セクション

エクステリアのデザイン

- 子供室：子供が直接外部へ出れるテラスを設ける。個室の延長として使う。
- ツタ：コンクリートの壁が気になれば、ツタなどのツル科の植物を植えるとよい。
- 土：庭はすべてタイルなどで舗装する方法もあるが、一部土を残しておくとよい。
- 樹木：自分の庭に好きな木を植える。
- プラントボックス：庭からも見ることができるが、むしろ外部の歩道を歩く人たちに草花を楽しんでもらう。
- 居間へ至る：最も人の集まる居間と庭を階段で結んでおくと個室を通らないで出入りできる。
- 袖壁：プライバシーを守る。
- 子供の水遊び。
- テラスを結ぶ通路。
- 屋外の食事：庇の下で家族や友人とともに食事をし、コーヒーを飲むのも楽しい。
- 庇：庭の中の東屋として雨や強い日射しから人を保護する。庇の上に植物が植えられている。
- 造り付けの椅子：コンクリートによってつくられたプラントボックスと一体となった椅子。

3-11 空間構成-3

ハーレン・ジードルンク
厨房と食事スペース

生活機能

厨房は〈食事をつくる場〉です。調理には順序があり，設備が必要で，住居の中で最も〈機能〉が要求される空間です。また，食事の後の汚れた食器や残りものを〈処理する場〉でもあります。快適に楽しく作業ができるように工夫しましょう。

動線

厨房では〈厨房器具〉と〈人の動き〉の関係が大切です。〈調理の流れ〉として，

冷蔵庫（食品庫）→洗う→切る→煮る→盛る→食卓……

を考えておきます。食べた後の食器や残飯の〈後片付けの流れ〉も考えておきましょう。

部位

厨房は，火と水を使って〈食事を生産する工場〉です。床，壁，天井は，火に対しては〈不燃材料〉を使い，水に対しては〈防水材料〉を使います。

台所では，火と水の両方に強い材料で，清掃しやすいものを選びます。

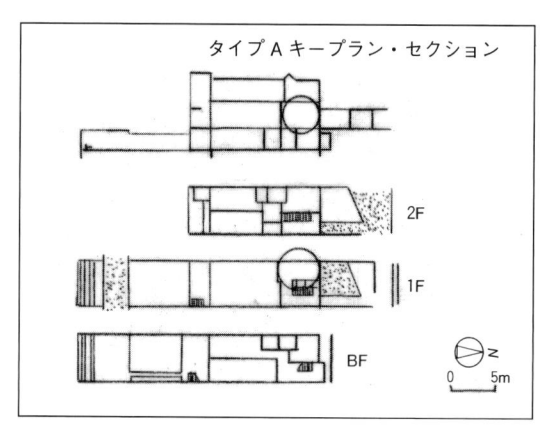

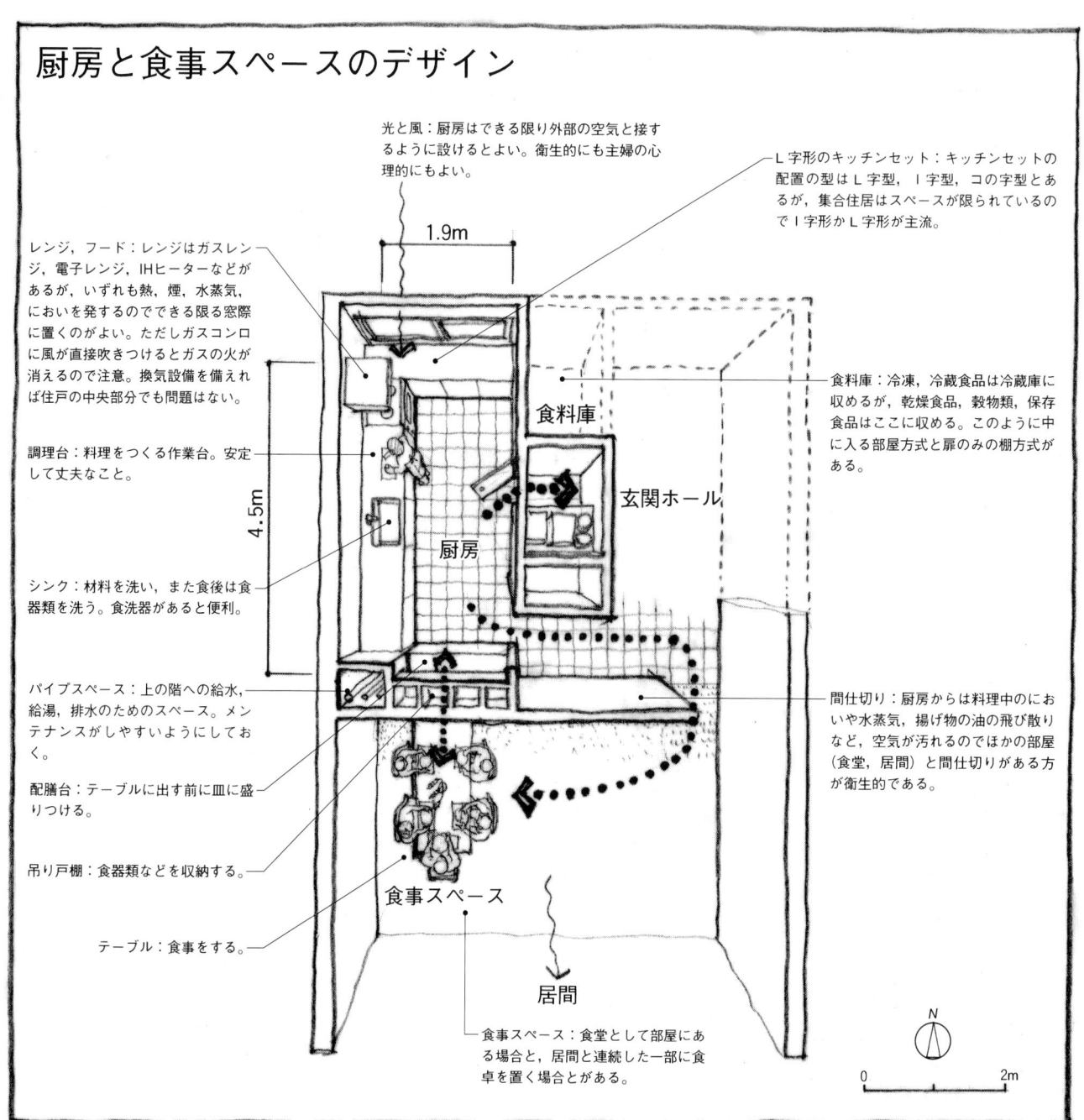

タイプAキープラン・セクション

2F / 1F / BF

厨房と食事スペースのデザイン

光と風：厨房はできる限り外部の空気と接するように設けるとよい。衛生的にも主婦の心理的にもよい。

L字形のキッチンセット：キッチンセットの配置の型はL字型，I字型，コの字型とあるが，集合住居はスペースが限られているのでI字形かL字形が主流。

レンジ，フード：レンジはガスレンジ，電子レンジ，IHヒーターなどがあるが，いずれも熱，煙，水蒸気，においを発するのでできる限る窓際に置くのがよい。ただしガスコンロに風が直接吹きつけるとガスの火が消えるので注意。換気設備を備えれば住戸の中央部分でも問題はない。

食料庫：冷凍，冷蔵食品は冷蔵庫に収めるが，乾燥食品，穀物類，保存食品はここに収める。このように中に入る部屋方式と扉のみの棚方式がある。

調理台：料理をつくる作業台。安定して丈夫なこと。

シンク：材料を洗い，また食後は食器類を洗う。食洗器があると便利。

パイプスペース：上の階への給水，給湯，排水のためのスペース。メンテナンスがしやすいようにしておく。

間仕切り：厨房からは料理中のにおいや水蒸気，揚げ物の油の飛び散りなど，空気が汚れるのでほかの部屋（食堂，居間）と間仕切りがある方が衛生的である。

配膳台：テーブルに出す前に皿に盛りつける。

吊り戸棚：食器類などを収納する。

テーブル：食事をする。

食事スペース：食堂として部屋にある場合と，居間と連続した一部に食卓を置く場合とがある。

1.9m / 4.5m

ハーレン・ジードルンク
主寝室と子供室

生活機能

主寝室や子供室は，個室として主に〈寝る場〉として使用されますが，他人にじゃまされない〈自分の場〉です。したがって，そこを使う人の個性や好みが最も反映される空間でもあります。壁紙やカーテン，家具などで演出します。

動線

個室はプライバシーが守られなければなりません。他の部屋を通ることなく〈直接廊下から出入り〉できる動線が必要です。

便所やバスルームが個室の中にない場合は，短距離で行くことのできる〈サービス動線〉を考えます。

部位

個室はプライバシーが高く保たれる〈間仕切り壁〉が要求されます。主寝室では，夫婦間のプライベートな交流や会話などがあります。床，壁，天井などの部位に関しては，隣室や階下に〈音や振動〉が伝わらないような構造と材料を選択します。

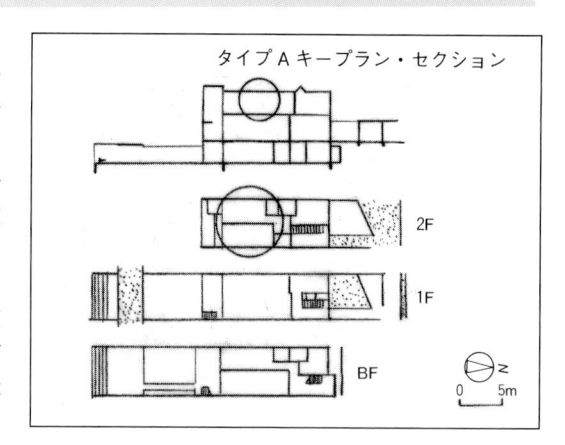

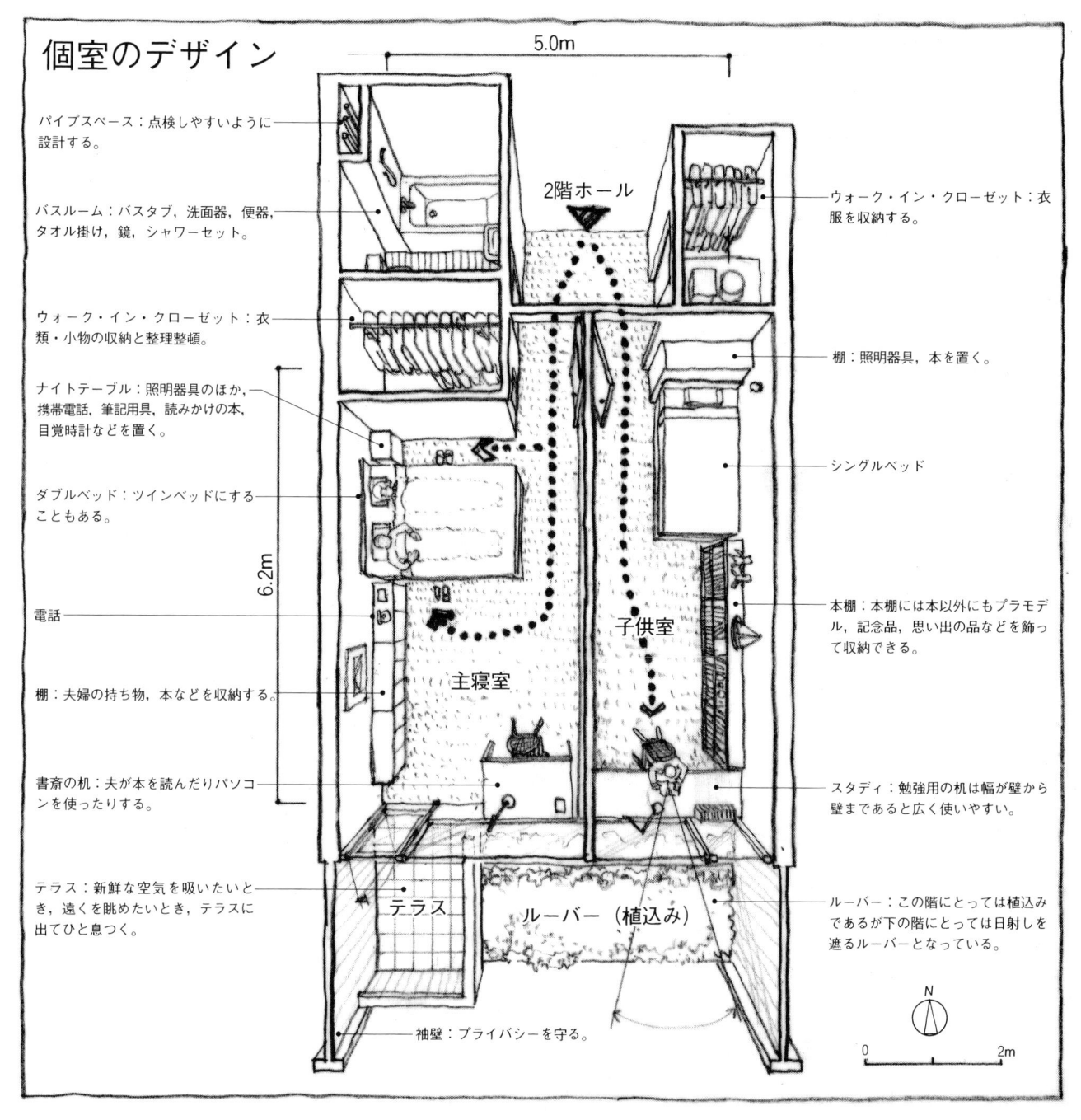

タイプAキープラン・セクション

2F
1F
BF

個室のデザイン

- パイプスペース：点検しやすいように設計する。
- バスルーム：バスタブ，洗面器，便器，タオル掛け，鏡，シャワーセット。
- ウォーク・イン・クローゼット：衣類・小物の収納と整理整頓。
- ナイトテーブル：照明器具のほか，携帯電話，筆記用具，読みかけの本，目覚時計などを置く。
- ダブルベッド：ツインベッドにすることもある。
- 電話
- 棚：夫婦の持ち物，本などを収納する。
- 書斎の机：夫が本を読んだりパソコンを使ったりする。
- テラス：新鮮な空気を吸いたいとき，遠くを眺めたいとき，テラスに出てひと息つく。
- 袖壁：プライバシーを守る。

- ウォーク・イン・クローゼット：衣服を収納する。
- 棚：照明器具，本を置く。
- シングルベッド
- 本棚：本棚には本以外にもプラモデル，記念品，思い出の品などを飾って収納できる。
- スタディ：勉強用の机は幅が壁から壁まであると広く使いやすい。
- ルーバー：この階にとっては植込みであるが下の階にとっては日射しを遮るルーバーとなっている。

2階ホール
主寝室
子供室
テラス
ルーバー（植込み）

5.0m
6.2m

3-12 空間構成-4

ハーレン・ジードルンク
バルコニー

生活機能
バルコニーは，奥行を深くとることで地上の庭に代わる半戸外的な空間を楽しむことができます。バルコニーの手摺にはプラントボックスを置いたり，簡単な台やベンチを設けておくとさらに利用価値が上がります。工夫してみましょう。

動線
バルコニーは，居間や個室から〈直接出入り〉できるようにして自分の庭として使えるようにしておきます。集合住居の火災では玄関から廊下へ避難しにくい場合もありますので，バルコニーへ〈避難〉し，さらに下の階へ通じるようにします。

部位
北半球では，夏には南より強い日照を受けます。南側にバルコニーがある場合，最上階に〈庇〉を付けておくと〈日照制御〉が可能です。バルコニーには〈手摺〉が必要ですが，部分的に格子や穴空きブロックにして，〈通風〉を良くします。

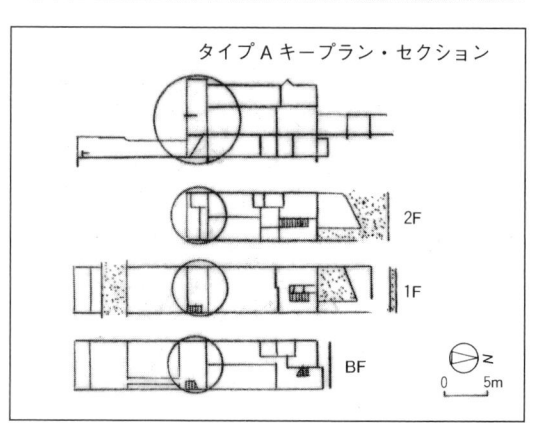

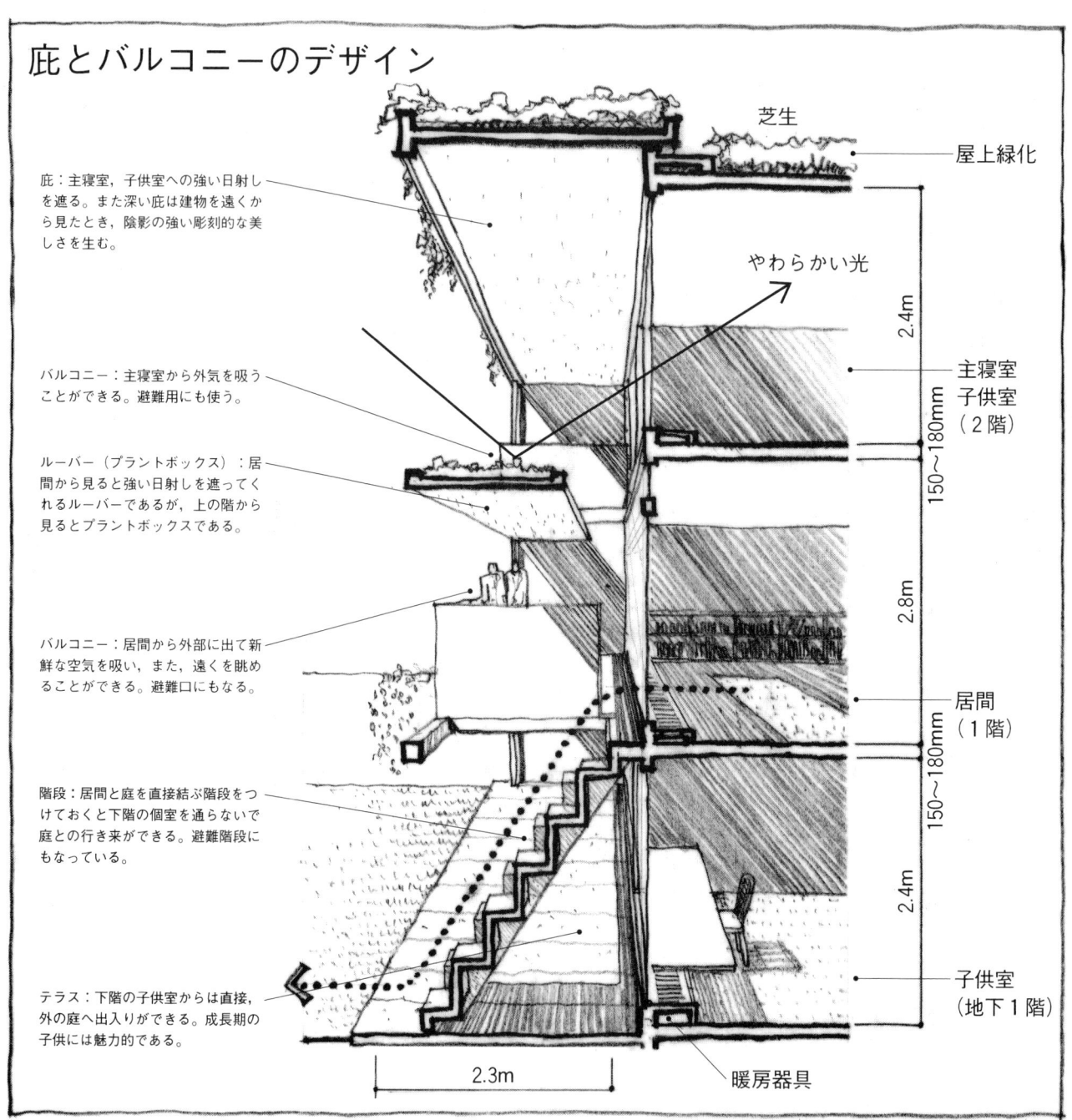

タイプAキープラン・セクション
2F
1F
BF
0 5m

庇とバルコニーのデザイン

- 庇：主寝室，子供室への強い日射しを遮る。また深い庇は建物を遠くから見たとき，陰影の強い彫刻的な美しさを生む。
- バルコニー：主寝室から外気を吸うことができる。避難用にも使う。
- ルーバー（プラントボックス）：居間から見ると強い日射しを遮ってくれるルーバーであるが，上の階から見るとプラントボックスである。
- バルコニー：居間から外部に出て新鮮な空気を吸う，また，遠くを眺めることができる。避難口にもなる。
- 階段：居間と庭を直接結ぶ階段をつけておくと下階の個室を通らないで庭との行き来ができる。避難階段にもなっている。
- テラス：下階の子供室からは直接，外の庭へ出入りができる。成長期の子供には魅力的である。

芝生
屋上緑化
やわらかい光
2.4m 主寝室 子供室（2階）
150〜180mm
2.8m 居間（1階）
150〜180mm
2.4m 子供室（地下1階）
2.3m
暖房器具

ハーレン・ジードルンク
収納

生活機能
収納は，限られた集合住居の生活空間を有効に使うためには，おろそかにできません。〈屋内の収納〉のほかに自転車置場などの〈屋外の物置〉，そして居間や台所に〈共通の収納〉や〈個人の収納〉などを十分考えておきます。

動線
〈ウォーク・イン・クローゼット〉のように内部で歩行が可能なものと，壁に浅く埋め込んである〈扉付き収納〉の二方法があります。どちらを選択するかは，収納物と使い方によります。いずれにしても動線上，合理的な場所に設定します。

部位
収納空間を〈部屋〉にするか〈家具〉にするかで，工事の種別が異なります。位置としては生活している床面のほかに，〈屋根裏〉や〈床下〉を利用して収納する方法もあります。壁面は，上から下まですべて収納に利用し，有効に使います。

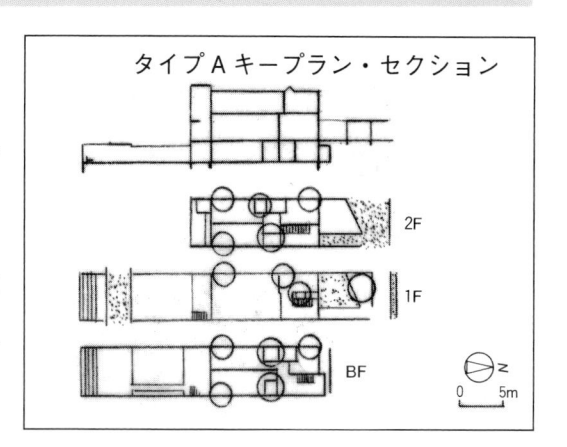

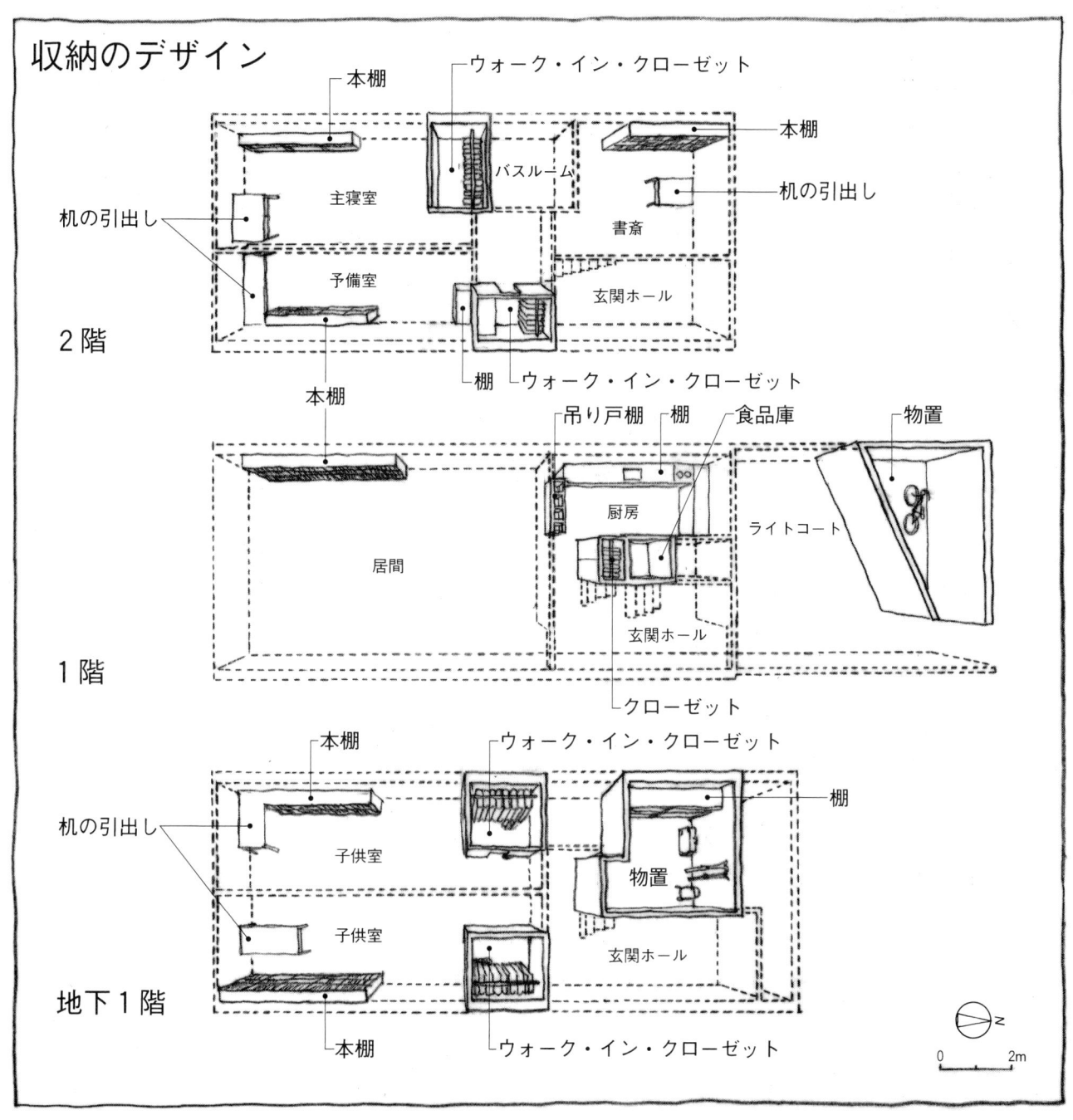

タイプAキープラン・セクション

収納のデザイン

2階

1階

地下1階

3-13　空間構成-5

ハーレン・ジードルンク
機械室と共同溝

生活機能

機械室は，そこに住むことを目的とした居室ではありません。すなわち〈非居室〉です。

しかし，大規模な機械室は，毎日保守管理する人の〈生活の場〉にもなります。点検修理がしやすいと同時に，明るい色彩の空間にします。

動線

ボイラーやオイルタンクの〈機器まわり〉は，〈点検や修理〉がしやすいように作業スペースを確保しておきます。電気，給排水，温水などの幹線が走る〈共同溝〉も同様に〈点検や修理〉ができるよう，歩行スペースを確保します。

部位

機械室は，火事が発生した場合を考え，床・壁・天井は〈不燃材料〉を使用し〈耐火構造〉にします。開口部の扉や窓は〈防火戸や防火仕様〉にし，将来機械を取り替えるときのために，扉の大きさを，機械の最大寸法で決めます。

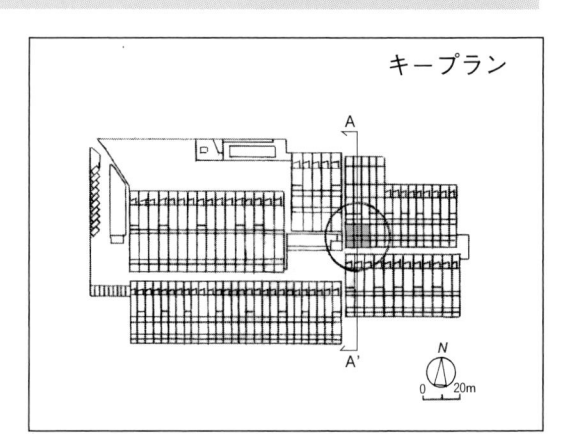

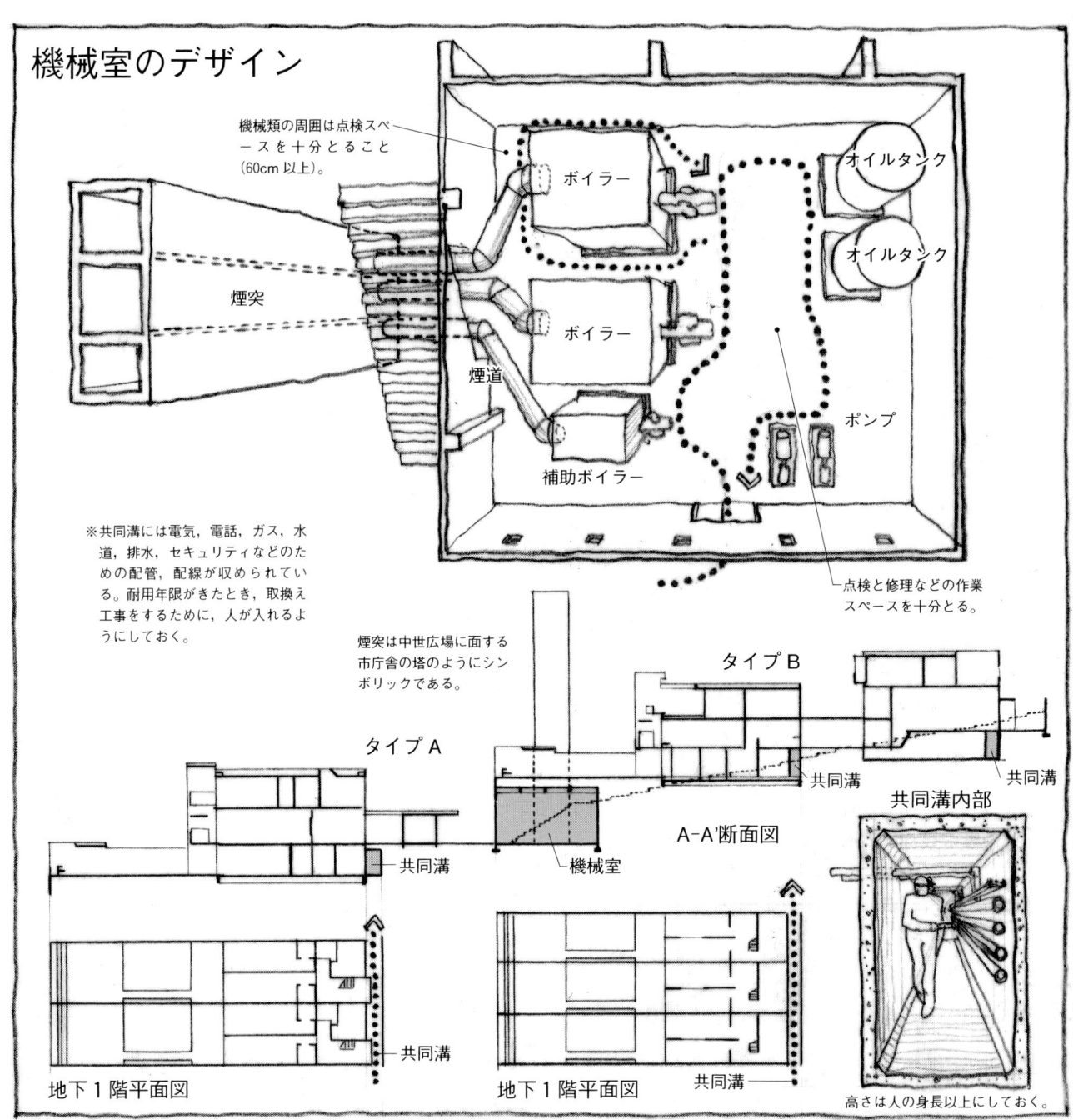

キープラン

機械室のデザイン

機械類の周囲は点検スペースを十分とること（60cm以上）。

ボイラー
オイルタンク
オイルタンク
煙突
煙道
補助ボイラー
ポンプ

※共同溝には電気，電話，ガス，水道，排水，セキュリティなどのための配管，配線が収められている。耐用年限がきたとき，取換え工事をするために，人が入れるようにしておく。

点検と修理などの作業スペースを十分とる。

煙突は中世広場に面する市庁舎の塔のようにシンボリックである。

タイプA　タイプB

A-A'断面図
共同溝　機械室　共同溝

共同溝内部

地下1階平面図　共同溝
地下1階平面図　共同溝

高さは人の身長以上にしておく。

ハーレン・ジードルンク
駐車場

生活機能
現代生活には自動車は必需品ですが，駐車スペースは大きな面積を必要とします。

〈まとめて駐車〉する空間を構想段階より考えておきます。駐車場も機械室と同じく〈非居室〉ですが，車への乗り降りは〈生活〉の一部でもあります。

動　線
駐車場は〈車と人〉の動線が発生するところです。〈車の動線〉は，計画の最初から検討されますが，意外におざなりになるのが〈人の動線〉です。オフィスビルなどの駐車場と違い，集合住居では親子づれやディスアビリティーの人の動きも考えます。

部　位
屋内駐車場は火災が発生したとき他の場所へ延焼しないように〈耐火構造〉にします。

火災発生にともなって大量の煙が発生しますから〈排煙設備〉や特殊な消火設備を設置します。駐車場は耐久性のある〈舗装〉が必要です。

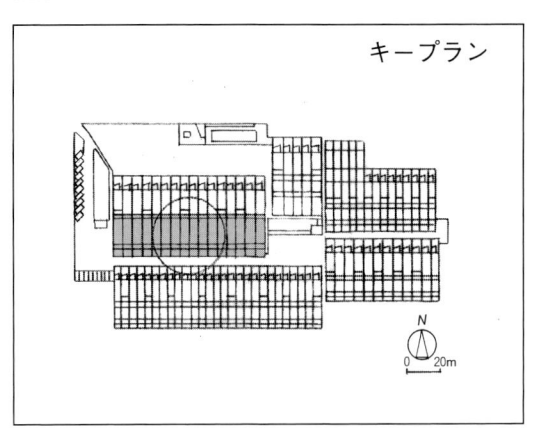

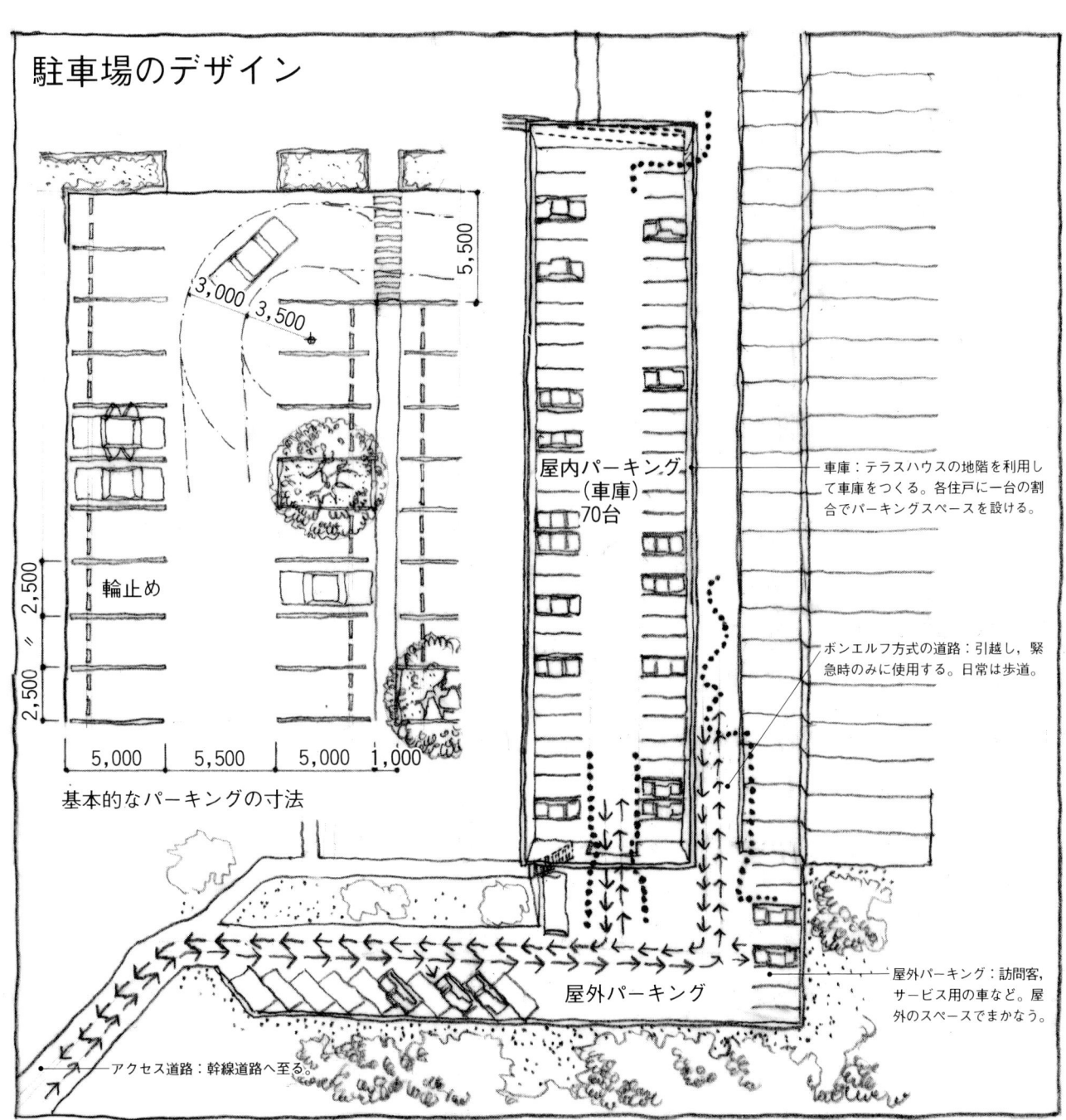

キープラン

駐車場のデザイン

基本的なパーキングの寸法

屋内パーキング（車庫）70台

輪止め

屋外パーキング

車庫：テラスハウスの地階を利用して車庫をつくる。各住戸に一台の割合でパーキングスペースを設ける。

ボンエルフ方式の道路：引越し，緊急時のみに使用する。日常は歩道。

屋外パーキング：訪問客，サービス用の車など。屋外のスペースでまかなう。

アクセス道路：幹線道路へ至る。

3-14　空間構成—6

ハーレン・ジードルンク
道路空間

生活機能
道路は，地図上では〈線〉ですが，人が使うときは〈空間〉として存在します。目の前の道路は，幅・奥行・高さのある空間として現れます。立ち話をしたり，子供の遊び場になったり，路上観察をしたりする〈生活の場〉でもあります。

動線
構想では，人と車の動きを〈線〉として考えましたが，設計では〈空間〉として考えます。とくに，人の動きについては，子供が円弧を描いて走り回ったり，道路を斜めに横切ったり，並んで歩いたりする行動の幅に注目しましょう。

部位
南欧や中近東を旅すると，道の両側の建物の〈外壁〉に囲まれた美しい〈道路空間〉に出会います。集合住居は一戸建てと違い，住戸の〈外壁〉をうまく使うと，絵にしてもいいような美しい〈道路空間〉をつくるチャンスがあります。

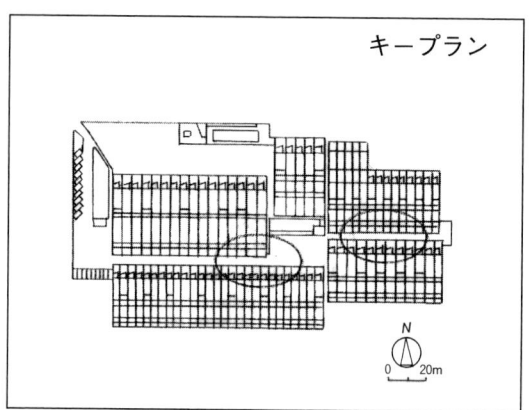

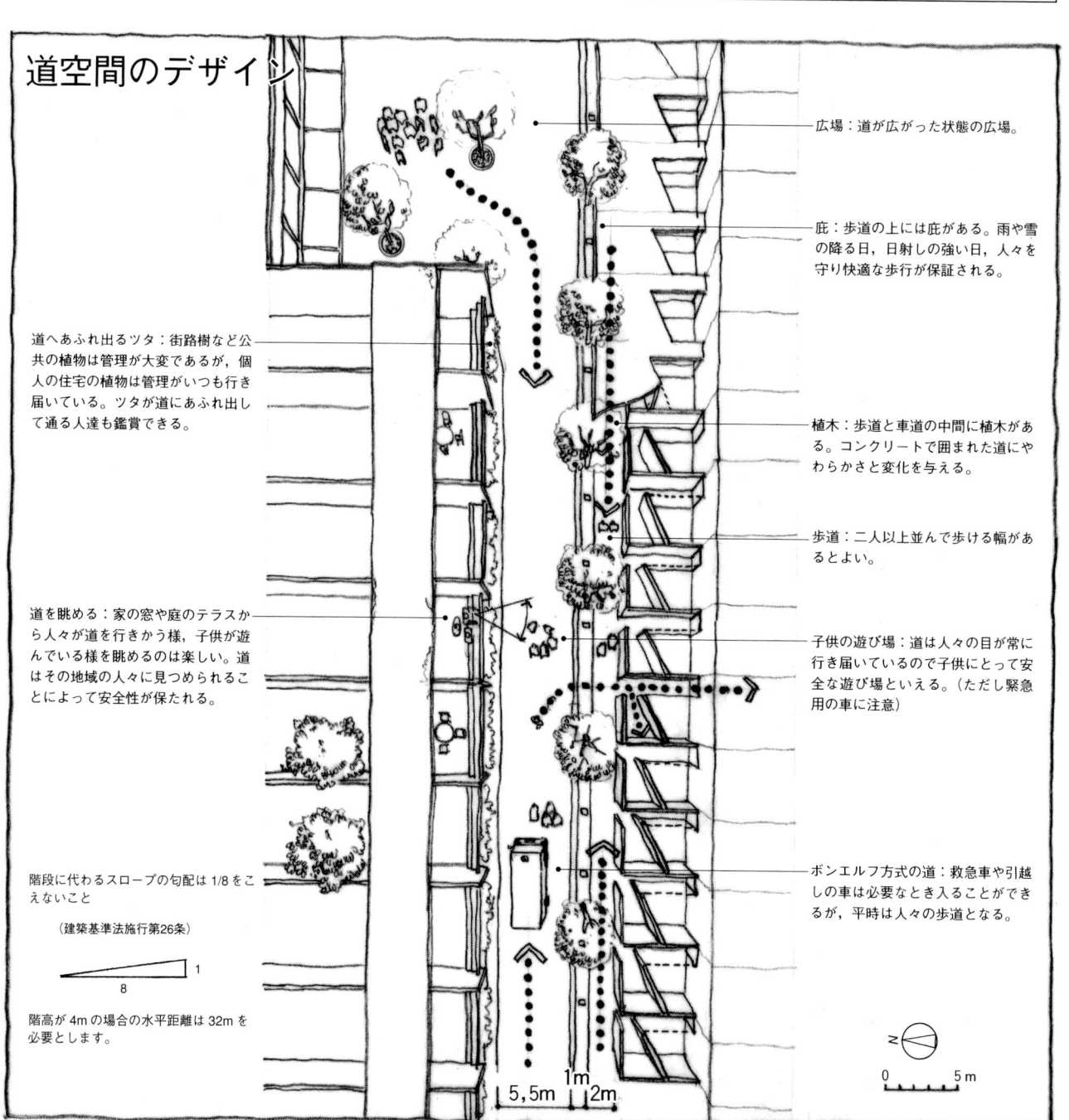

キープラン

道空間のデザイン

- 広場：道が広がった状態の広場。
- 庇：歩道の上には庇がある。雨や雪の降る日，日射しの強い日，人々を守り快適な歩行が保証される。
- 植木：歩道と車道の中間に植木がある。コンクリートで囲まれた道にやわらかさと変化を与える。
- 歩道：二人以上並んで歩ける幅があるとよい。
- 子供の遊び場：道は人々の目が常に行き届いているので子供にとって安全な遊び場といえる。（ただし緊急用の車に注意）
- ボンエルフ方式の道：救急車や引越しの車は必要なとき入ることができるが，平時は人々の歩道となる。

- 道へあふれ出るツタ：街路樹など公共の植物は管理が大変であるが，個人の住宅の植物は管理がいつも行き届いている。ツタが道にあふれ出して通る人達も鑑賞できる。
- 道を眺める：家の窓や庭のテラスから人々が道を行きかう様，子供が遊んでいる様を眺めるのは楽しい。道はその地域の人々に見つめられることによって安全性が保たれる。

階段に代わるスロープの匂配は 1/8 をこえないこと
（建築基準法施行第26条）

階高が 4m の場合の水平距離は 32m を必要とします。

5,5m　1m　2m

設計資料

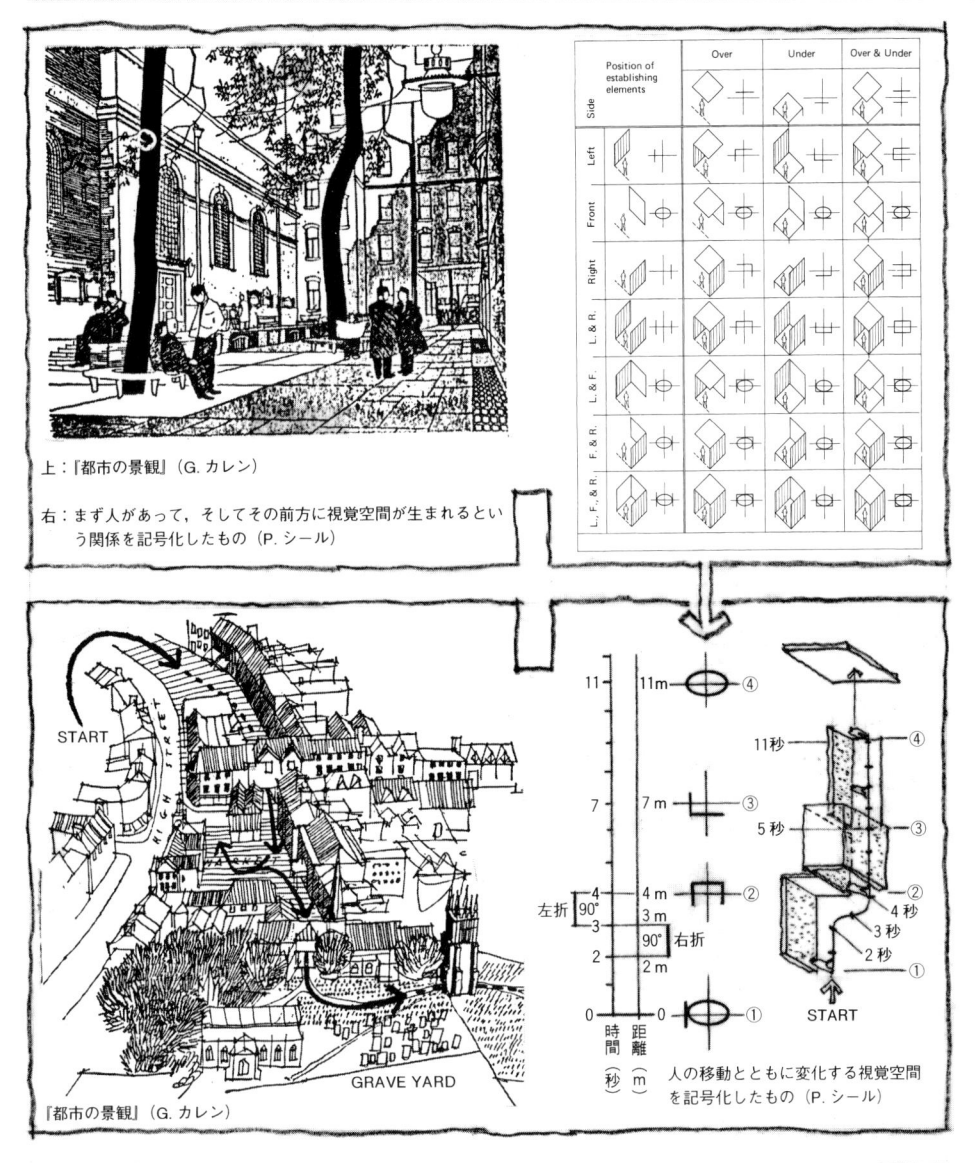

上：『都市の景観』(G. カレン)

右：まず人があって、そしてその前方に視覚空間が生まれるという関係を記号化したもの (P. シール)

『都市の景観』(G. カレン)

人の移動とともに変化する視覚空間を記号化したもの (P. シール)

道の計画は直線と直角だけとは限らない。ここでは曲線による迷路が計画的にデザインされている。

『人間のための街路』(B. ルドフスキー)

空間としての道

哲学者のO.F.ボルノウは、「人間がまずあり、その周囲に空間ができる」[*6]という発想で空間をとらえています。「空間がまずあってそこに人間が参加する」というとらえ方と違う考え方です。例えば、地図の道路網を空から見るのではなく、道路に立った場所の〈目の高さ〉で、〈奥行・幅・高さ〉のある視覚空間としてとらえるようにします。道空間を設計するにあたっては、この考え方を参考にして発想してみましょう。

*6 O.F.ボルノウ著『人間と空間』

シークエンス

環境デザイナーのL.ハルプリンは、歩行者のための都市空間デザインは、〈行動〉している人間の側から考慮されるべきだと述べています[*7]。移動している人間に焦点を当て、移動とともに変化する視覚空間の大切さを主張したのがP.シールです[*8]。シークエンス（継起連続）の観点から、ウォークスルーの道路空間の良さと楽しさ、美しさについて考えてみましょう。

*7 L.ハルプリン著『都市環境の演出 装置とテクスチュア』
*8 P. THIEL "PEOPLE, PATH and PURPOSE"

迷路の面白さ

写真家で旅行家のB.ルドフスキーは、都市の道路のある部分には、迷路の要素が必要であると述べています[*9]。すべてが見通せる道路ではなく、部分的に見える道路です。迷路は一瞬自分の位置を不安にさせますが、次の場面への期待感も持たせます。都市計画で迷路をつくる場合、決定的な迷路ではなく、しばらくすると全体の様子がわかる安全な構造が必要です。

*9 B.ルドフスキー著『人間のための街路』

3—15 空間構成—7

ハーレン・ジードルンク
広場

生活機能
広場は，そこに住んでいる人びとと皆が使用する〈共通の居間〉と考えるとよいでしょう。

居間には，皆が集まるためのソファなどの家具があります。広場にも，レストランなど〈座る場所〉があると，人々の集まりやすい広場となります。

動線
広場は，第一に歩行者の動線で〈各住戸と連絡〉されていることが大切です。平坦な道以外に〈階段〉や〈スロープ〉などでつなぎ，広場に変化を与えます。広場には，車のサービス動線も必要ですが，中央を分断しないように工夫します。

部位
広場は，〈原っぱ〉ではありません。広場の伝統は日本にはありませんが，西欧や中近東では人々が集まって住むためには必須の空間でした。部屋が床，壁，天井で囲まれているように，広場も〈外壁〉で囲み，公共の居間としてつくりましょう。

キープラン

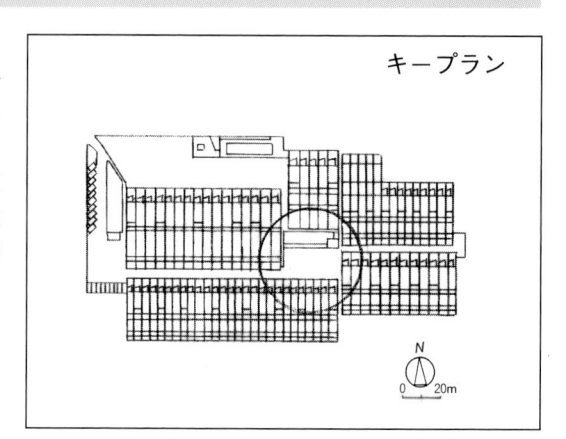

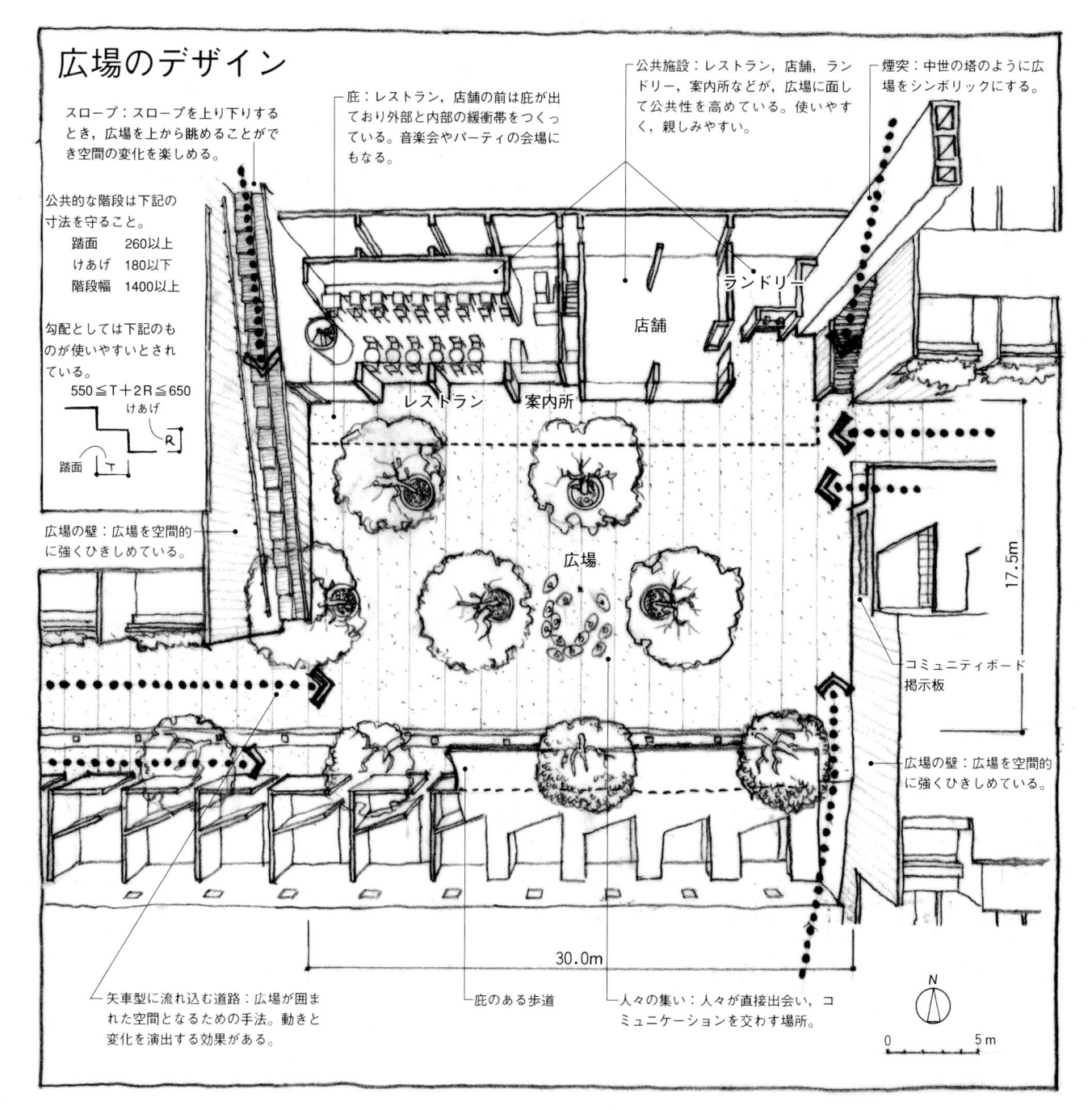

広場のデザイン

- **スロープ**：スロープを上り下りするとき，広場を上から眺めることができ空間の変化を楽しめる。

公共的な階段は下記の寸法を守ること。
- 踏面　260以上
- けあげ　180以下
- 階段幅　1400以上

勾配としては下記のものが使いやすいとされている。
$$550 \leq T + 2R \leq 650$$

- **広場の壁**：広場を空間的に強くひきしめている。
- **庇**：レストラン，店舗の前は庇が出ており外部と内部の緩衝帯をつくっている。音楽会やパーティの会場にもなる。
- **公共施設**：レストラン，店舗，ランドリー，案内所などが，広場に面して公共性を高めている。使いやすく，親しみやすい。
- **煙突**：中世の塔のように広場をシンボリックにする。
- レストラン
- 案内所
- 店舗
- ランドリー
- 広場
- コミュニティボード 掲示板
- 広場の壁：広場を空間的に強くひきしめている。
- 17.5m
- 30.0m
- 矢車型に流れ込む道路：広場が囲まれた空間となるための手法。動きと変化を演出する効果がある。
- 庇のある歩道
- 人々の集い：人々が直接出会い，コミュニケーションを交わす場所。

設計資料

広場の造形

オーストリアの都市計画家C.ジッテは，身のまわりにできつつある近代的な広場を見て，理想をめざして計画されたはずなのに，どうも違うと思いました。そして，昔の古い広場の良さを調査するため旅に出ます。『広場の造形』という本は，「自分の目で確かめたことについてのみ語る」という態度で貫かれています。図面上で広場の形を見ただけで判断するのではなく，実際に広場を歩き回り，自分の目の高さで判断し，下記の六つの価値を発見しています。

日本の広場のなかには，中央が噴水や植木で占められていて，使いやすいとは言えない例があります。日本には広場の伝統がなかったからかもしれません。C.ジッテの視点で，西欧の古い広場を観察すると有効なヒントが得られるかもしれません。

広場とモニュメント

フィレンツェのシニョーリア広場が示すように，昔の人たちは，広場の周辺に沿ってモニュメントを建てた。広場の側面には何十という彫像のための十分な空間がある。ところが今日多く見られるように，広場の中心にモニュメントを置くと，たった一つのモニュメントしか建てられない。

フィレンツェのシニョーリア広場
a 噴水
b ランツィ家の回廊
c パラッツォ・ヴェッキオ

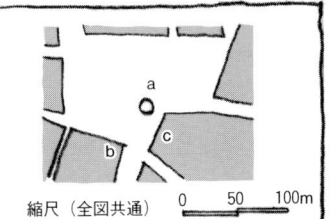

縮尺（全図共通） 0 50 100m

広場の中央を自由にしておく

昔の噴水は，どのようにして位置が決められたのだろうか。その理由を知ろうとするなら，雪の日に広場を観察するのが一番。雪の上に残った車のわだちの跡を観察すると，噴水は交通の流れを避け，広場の中央をはずして建てられている。現在では広場に噴水はない方がいい場合もある。

ローテンブルクのアン・デア・タウバーの市場広場
a 公会堂
b 噴水
c 酒場

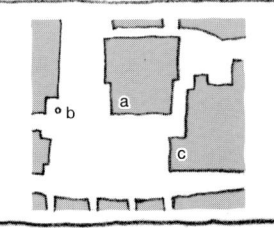

閉ざされた空間としての広場

古いヨーロッパの広場には，四隅の異なった方向からアプローチする手法が多く用いられた。こうした広場空間は，建物の壁で囲まれ，中心性と一体感が演出される。その中心となる建物は教会や宮殿，市庁舎だが，それらの建物の防御的役割としての機能も担っていた。

ラヴェンナの大聖堂広場
a ラヴェンナの教会

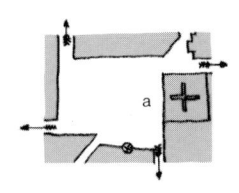

広場の大きさと形

古い都市の広場の大きさは，平均して58m×142mである。当時の道の幅が2mから8mと現在に比べて狭かったことが理由の一つである。パリのシャンゼリゼ通りの幅は142mだが，このような道に対する広場はどのくらいの大きさで計画すればよいのだろうか。人間のための広場を考えてみよう。

モデナの広場
I 王宮広場
II サン・ドメニコ教会広場

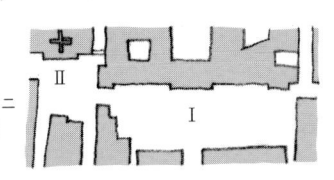

古い広場の不規則な形

今日では，果てしなく続く直線道路と，非の打ちどころのない規則的な広場がたくさんつくられている。それらの多くには，なんら芸術的感情というものが湧かない。昔の広場の不規則性は，運河や道や建物の歴史的発展段階に少しずつ手が加えられて自然で感情豊かな表現と美しさをつくり出した。

ヴェローナの広場
I エルベの広場
II シニョーリの広場

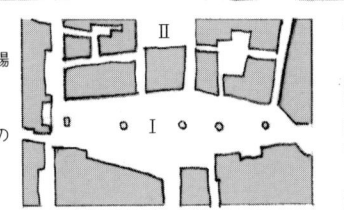

広場群

教会や市庁舎は，独自の広場を持っていた。それぞれの建物のまわりには，調和のとれた都市的構成がつくり上げられていた。都市のなかに三つ広場があれば，三つの景観が生まれる。それぞれの広場は，大理石でできた素晴らしいファサードの建物群で飾られている。

パルマの広場
I ステッカータ広場
II 大広場
a 市庁舎
b マドンナ・デッラ・ステッカータ教会

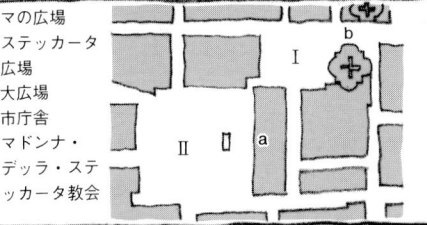

3-16　空間構成-8

ハーレン・ジードルンク
レクリエーション広場

生活機能

集合住居では，敷地の一部に皆で楽しめる〈レクリエーションの場〉をつくります。舗装された広場とは違う，寝転んだり，遊んだり，スポーツができる〈原っぱ〉を考えてみましょう。幼児期の砂場やプールもつくってみます。

動線

芝生のなかを道路の動線が〈横切らない〉ように計画します。各住戸から〈アプローチ〉できるようにします。広場の周囲にも〈接道〉しておきます。広場での催し物を考えて〈車のサービス動線〉もアクセスできるようにしておきましょう。

部位

レクリエーション広場は，〈芝生〉などを植えて，寝転んだり，座ったり，スポーツなどの多目的な用途に適応するようにします。〈土〉のままの所も残しておきます。子供の砂遊び場や，遊戯の場所として使えるようにしておきます。

キープラン

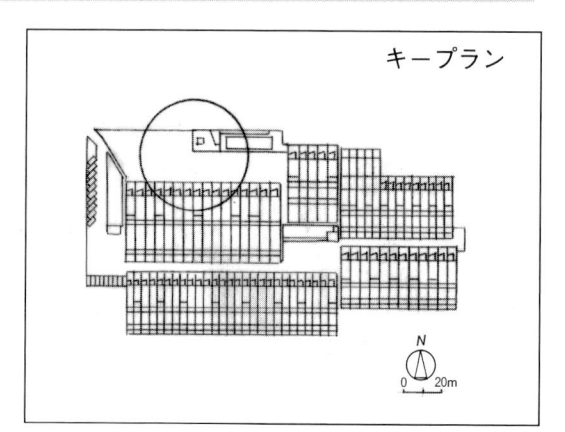

レクリエーション広場のデザイン

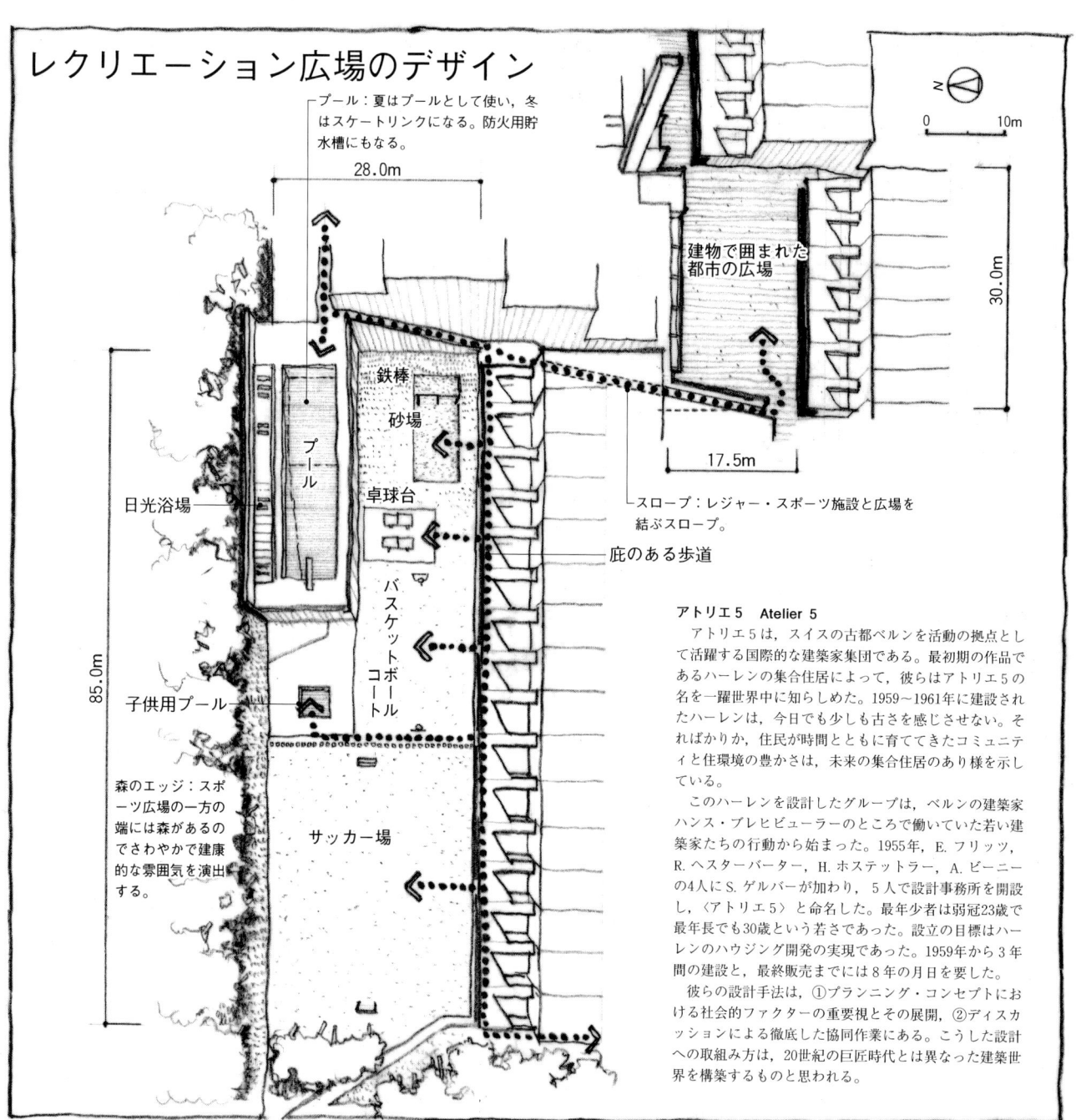

- プール：夏はプールとして使い，冬はスケートリンクになる。防火用貯水槽にもなる。
- 28.0m
- 建物で囲まれた都市の広場
- 30.0m
- 鉄棒
- 砂場
- プール
- 日光浴場
- 卓球台
- 17.5m
- スロープ：レジャー・スポーツ施設と広場を結ぶスロープ。
- 庇のある歩道
- バスケットボールコート
- 85.0m
- 子供用プール
- 森のエッジ：スポーツ広場の一方の端には森があるのでさわやかで健康的な雰囲気を演出する。
- サッカー場

アトリエ5　Atelier 5

アトリエ5は，スイスの古都ベルンを活動の拠点として活躍する国際的な建築家集団である。最初期の作品であるハーレンの集合住居によって，彼らはアトリエ5の名を一躍世界中に知らしめた。1959～1961年に建設されたハーレンは，今日でも少しも古さを感じさせない。そればかりか，住民が時間とともに育ててきたコミュニティと住環境の豊かさは，未来の集合住居のあり様を示している。

このハーレンを設計したグループは，ベルンの建築家ハンス・ブレヒビューラーのところで働いていた若い建築家たちの行動から始まった。1955年，E. フリッツ，R. ヘスターバーター，H. ホステットラー，A. ビーニーの4人にS. ゲルバーが加わり，5人で設計事務所を開設し，〈アトリエ5〉と命名した。最年少者は弱冠23歳で最年長でも30歳という若さであった。設立の目標はハーレンのハウジング開発の実現であった。1959年から3年間の建設と，最終販売までには8年の月日を要した。

彼らの設計手法は，①プランニング・コンセプトにおける社会的ファクターの重要視とその展開，②ディスカッションによる徹底した協同作業にある。こうした設計への取組み方は，20世紀の巨匠時代とは異なった建築世界を構築するものと思われる。

ハーレン・ジードルンク
設計資料

広場のレストランの前は友人，家族のコミュニケーションの場

サッカー，バスケットボールなどのスポーツ施設

夏のプール。水際での日光浴

卓球，砂場，鉄棒など身近かな遊びのスペース

運動施設の寸法

バスケットボールコート（15m × 28m，15m）　バスケットボールの練習（6m × 5.8m）

バレーボールコート（9m × 18m）

テニスコート（11m × 23.8m，15m）

水泳プール（例）（12m(20m) × 25m(50m)）
（　）内の寸法は50mプールの場合

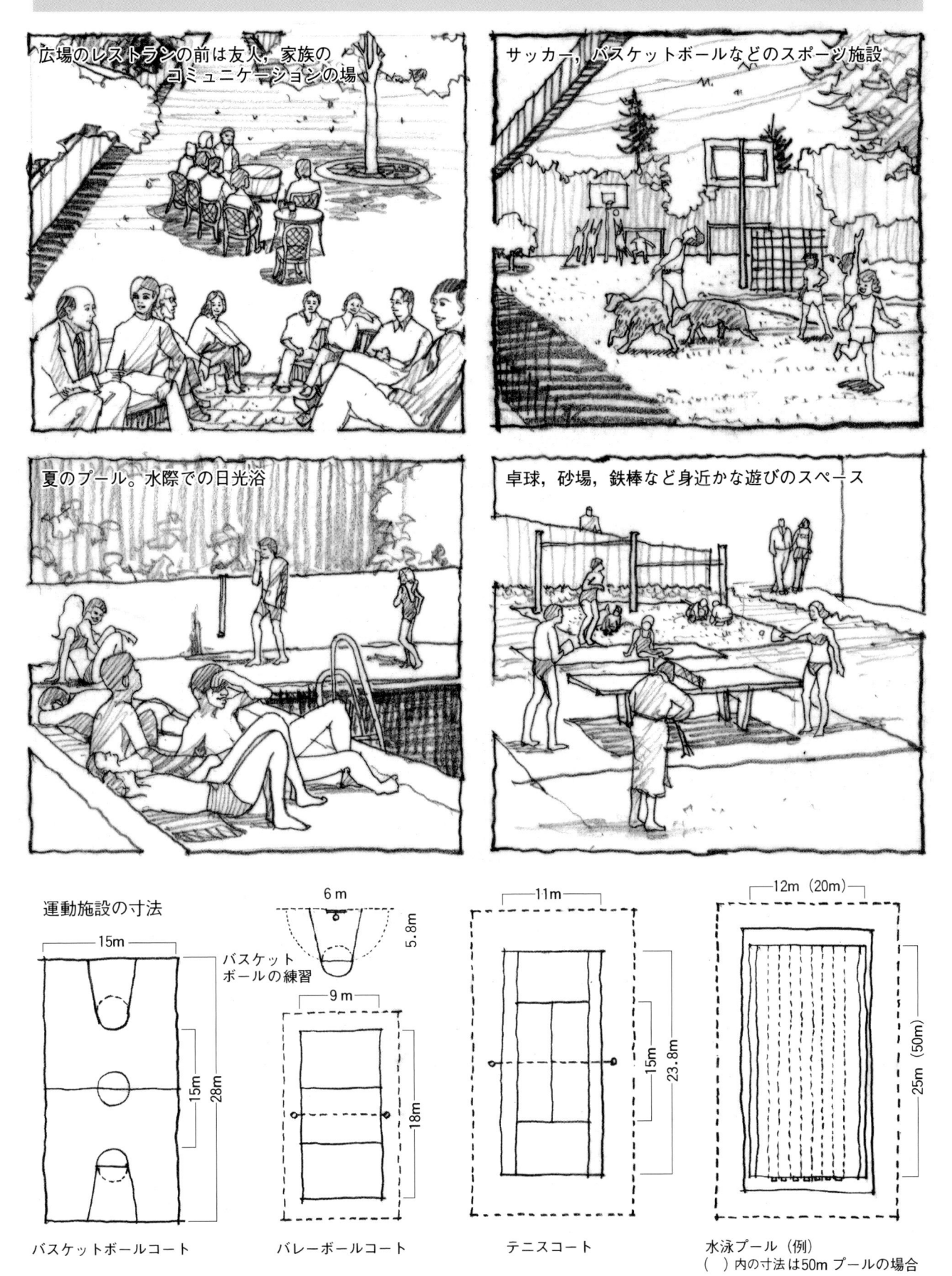

3-17 空間構成-9

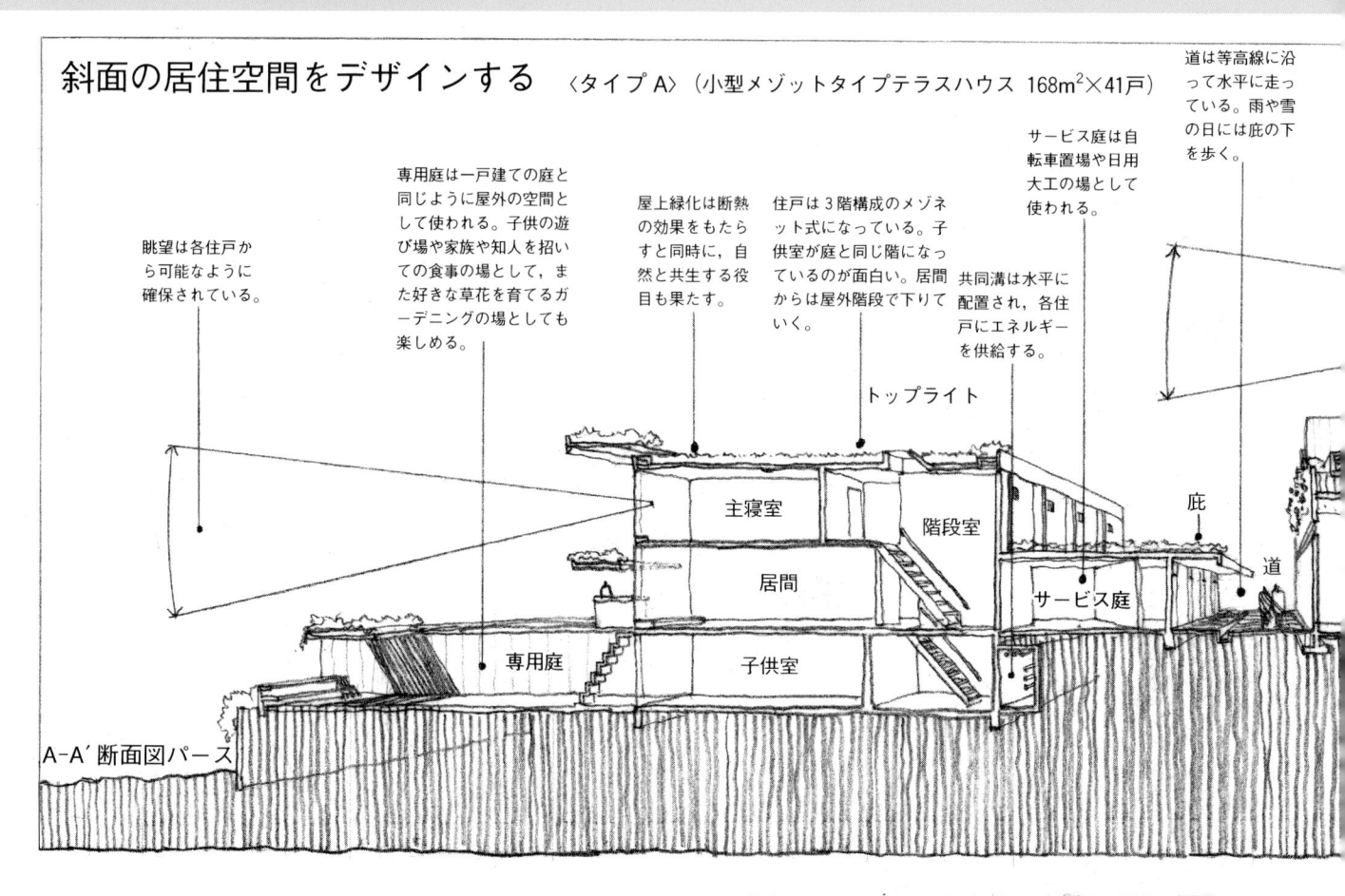

斜面の居住空間をデザインする 〈タイプA〉（小型メゾットタイプテラスハウス 168m²×41戸）

眺望は各住戸から可能なように確保されている。

専用庭は一戸建ての庭と同じように屋外の空間として使われる。子供の遊び場や家族や知人を招いての食事の場として，また好きな草花を育てるガーデニングの場としても楽しめる。

屋上緑化は断熱の効果をもたらすと同時に，自然と共生する役目も果たす。

住戸は3階構成のメゾネット式になっている。子供室が庭と同じ階になっているのが面白い。居間からは屋外階段で下りていく。

サービス庭は自転車置場や日用大工の場として使われる。

共同溝は水平に配置され，各住戸にエネルギーを供給する。

道は等高線に沿って水平に走っている。雨や雪の日には庇の下を歩く。

トップライト／主寝室／階段室／居間／専用庭／子供室／サービス庭／庇／道

A-A′断面図パース

生活機能
斜面は単調な日々の生活に〈変化〉を与える性質を持っています。平坦な敷地が理想と考える人は，せっかく変化のある敷地を平たく整地してしまいます。その地形は世界中に，ここしかないという発想から，斜面の〈個性〉を尊重します。

動線
斜面につくられた集合住宅では，斜めに〈上ったり〉〈下りたり〉することが，毎日の日課になります。うまく設計すれば，変化があり，疲れを感じさせない〈上下動線〉となります。等高線に沿って水平に走っているのが〈水平動線〉です。

部位
斜面を上下するには，〈階段やスロープ〉が必要になります。機能性から設計するのではなく，楽しいものとして設計します。素晴らしい〈坂道〉は，尾道や長崎のように，歌や小説の生まれる背景となったり，観光の名所にもなります。

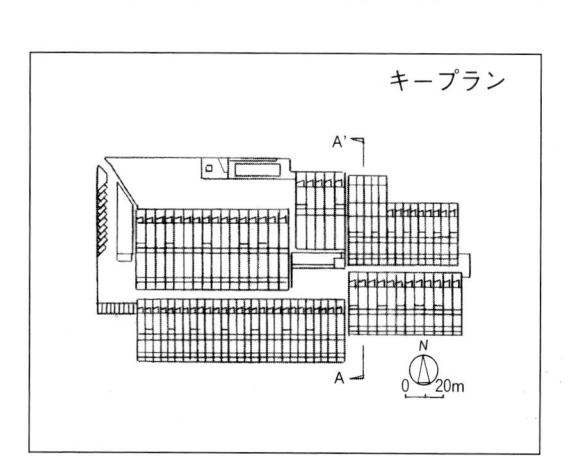

斜面を生かす
建物の建築的な秩序を自己主張させながらも，建物を斜面に沿わせて自然の中に埋設させるという方法。平地では見られない豊かな表状と空間を創出している。

キープラン

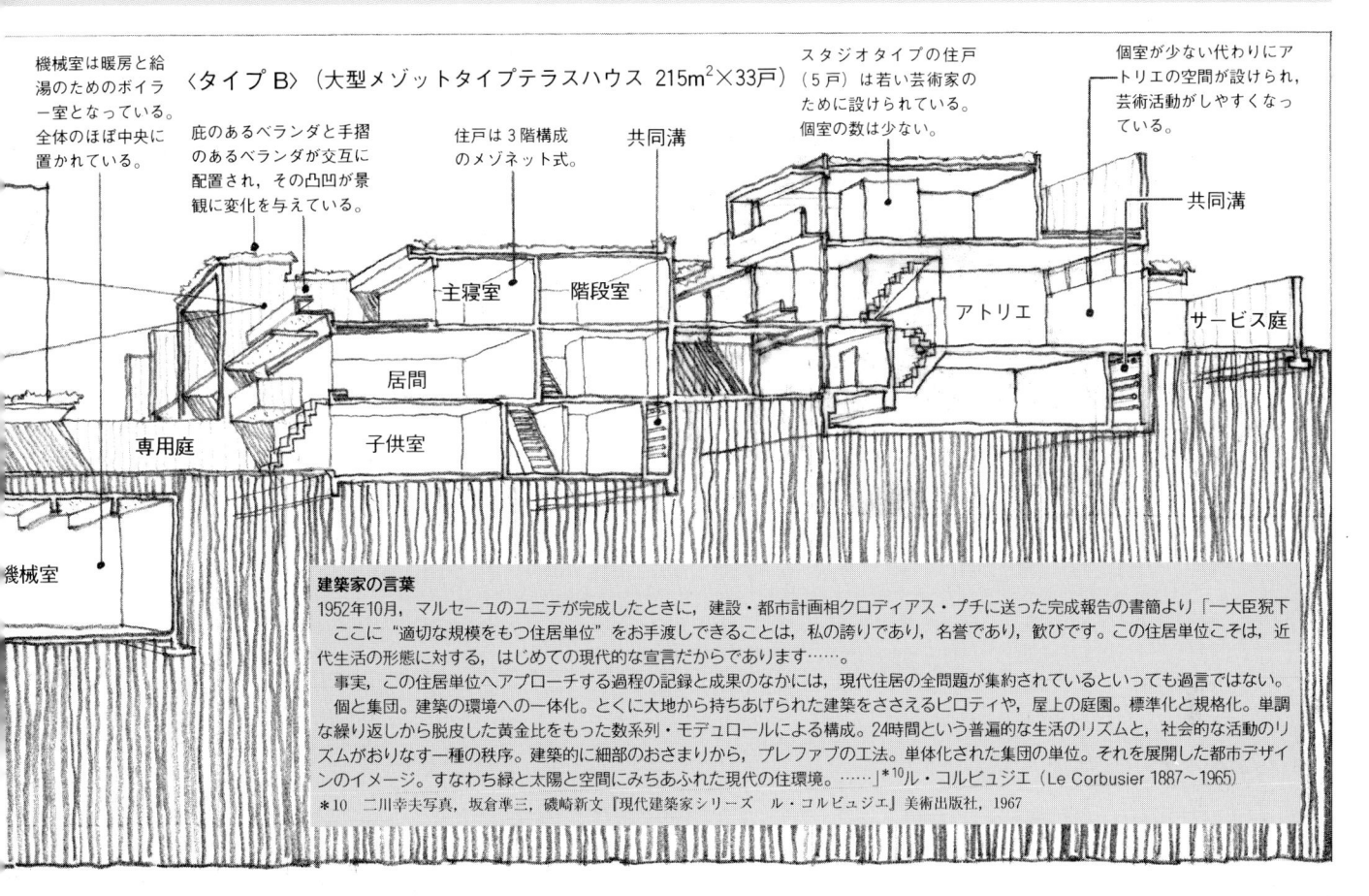

ハーレン・ジードルンク
斜面空間

〈タイプB〉（大型メゾットタイプテラスハウス 215m²×33戸）

機械室は暖房と給湯のためのボイラー室となっている。全体のほぼ中央に置かれている。

庇のあるベランダと手摺のあるベランダが交互に配置され，その凸凹が景観に変化を与えている。

住戸は3階構成のメゾネット式。

共同溝

スタジオタイプの住戸（5戸）は若い芸術家のために設けられている。個室の数は少ない。

個室が少ない代わりにアトリエの空間が設けられ，芸術活動がしやすくなっている。

共同溝
アトリエ
サービス庭
主寝室
階段室
居間
専用庭
子供室
機械室

建築家の言葉
1952年10月，マルセーユのユニテが完成したときに，建設・都市計画相クロディアス・プチに送った完成報告の書簡より「一大臣猊下 ここに"適切な規模をもつ住居単位"をお手渡しできることは，私の誇りであり，名誉であり，歓びです。この住居単位こそは，近代生活の形態に対する，はじめての現代的な宣言だからであります……。
 事実，この住居単位へアプローチする過程の記録と成果のなかには，現代住居の全問題が集約されているといっても過言ではない。個と集団。建築の環境への一体化。とくに大地から持ちあげられた建築をささえるピロティや，屋上の庭園。標準化と規格化。単調な繰り返しから脱皮した黄金比をもった数系列・モデュロールによる構成。24時間という普遍的な生活のリズムと，社会的な活動のリズムがおりなす一種の秩序。建築的に細部のおさまりから，プレファブの工法。単体化された集団の単位。それを展開した都市デザインのイメージ。すなわち緑と太陽と空間にみちあふれた現代の住環境。……」*10 ル・コルビュジエ（Le Corbusier 1887〜1965）
*10 二川幸夫写真，坂倉準三，磯崎新文『現代建築家シリーズ ル・コルビュジエ』美術出版社，1967

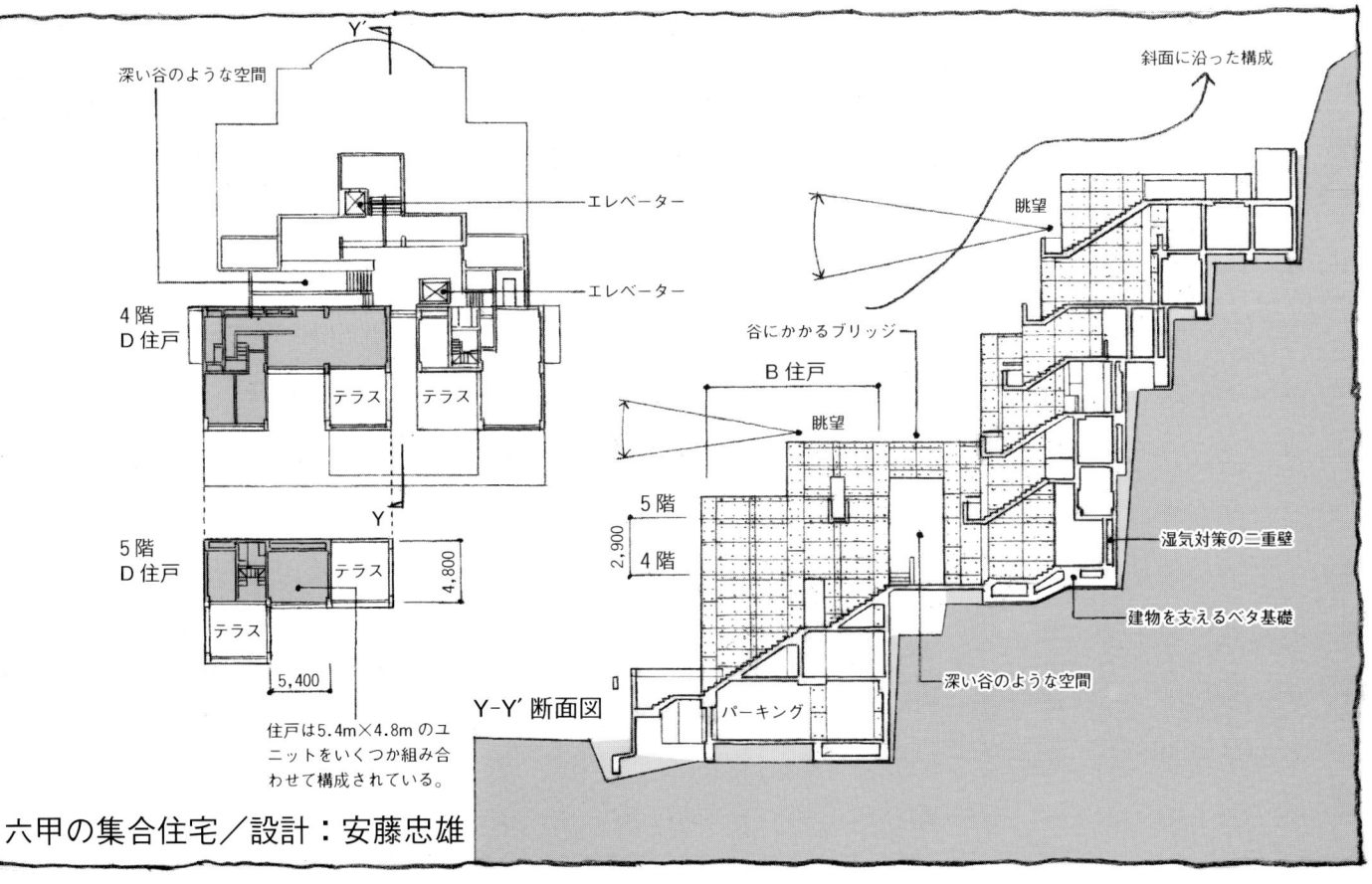

深い谷のような空間
エレベーター
4階 D住戸
テラス
5階 D住戸
テラス
4,800
5,400
住戸は5.4m×4.8mのユニットをいくつか組み合わせて構成されている。

斜面に沿った構成
眺望
谷にかかるブリッジ
B住戸
眺望
5階
4階
2,900
湿気対策の二重壁
建物を支えるベタ基礎
深い谷のような空間
パーキング
Y-Y'断面図

六甲の集合住宅／設計：安藤忠雄

3-18 空間構成—10

環境・設備計画1
日照・採光・照明

日 照
日本では，住居の〈日照〉すなわち〈日当り〉に高い関心が払われます。すべての住戸を南面させると町並みが単調になりますが，工夫次第で豊かな表現も可能です。

採 光
採光と日照は違います。採光は〈東西南北の外壁〉や〈屋根〉から可能です。地下室は〈ドライエリア〉を掘って採光します。採光の面白さには工夫の余地があります。

照 明
夜の生活を想定して〈照明器具〉を有効に配置します。住戸内部は，独立住居を参考にして下さい。集合住居では，道路や広場の照明を考えます。

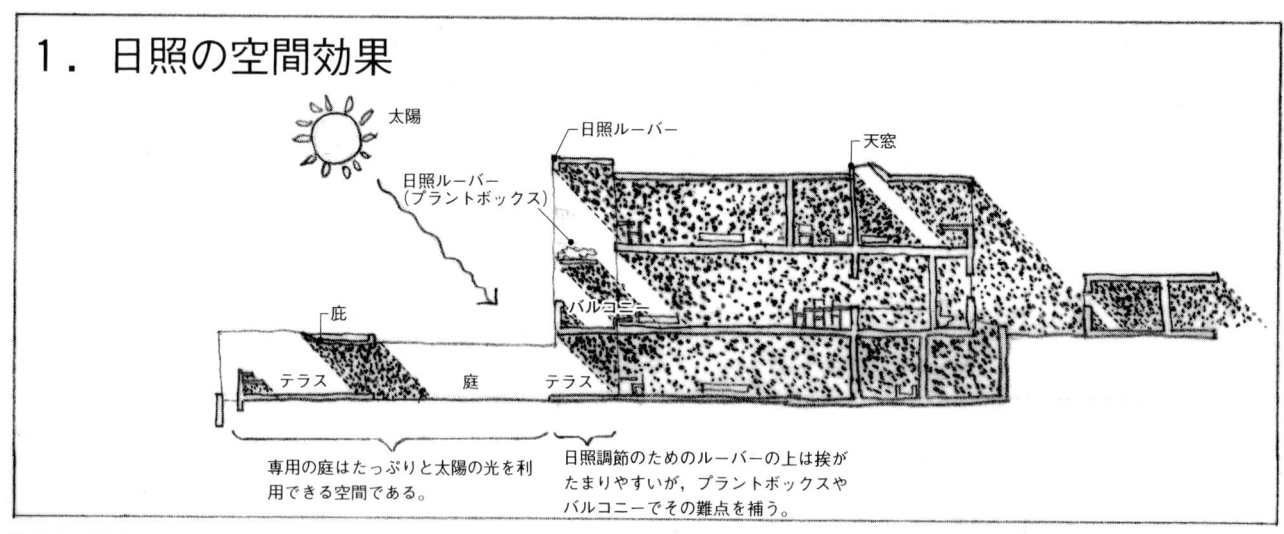

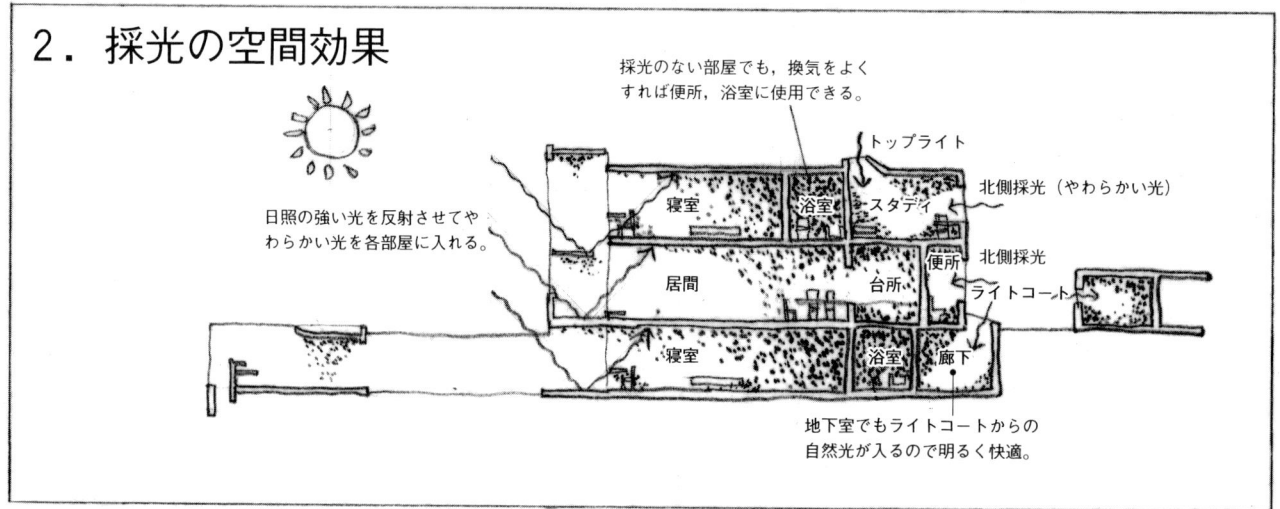

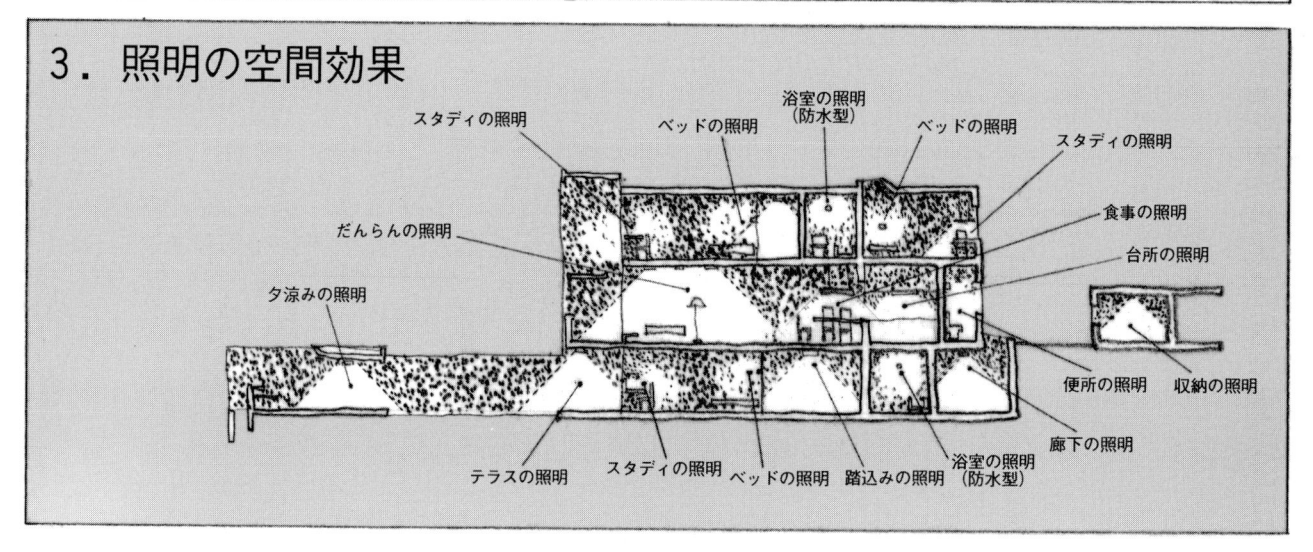

1. 日照の空間効果

太陽／日照ルーバー（プラントボックス）／日照ルーバー／天窓／庇／バルコニー／テラス／庭／テラス

専用の庭はたっぷりと太陽の光を利用できる空間である。

日照調節のためのルーバーの上は挨がたまりやすいが，プラントボックスやバルコニーでその難点を補う。

2. 採光の空間効果

日照の強い光を反射させてやわらかい光を各部屋に入れる。

採光のない部屋でも，換気をよくすれば便所，浴室に使用できる。

寝室／浴室／スタディ／トップライト／北側採光（やわらかい光）／居間／台所／便所／北側採光／ライトコート／寝室／浴室／廊下

地下室でもライトコートからの自然光が入るので明るく快適。

3. 照明の空間効果

スタディの照明／ベッドの照明／浴室の照明（防水型）／ベッドの照明／スタディの照明／だんらんの照明／食事の照明／台所の照明／夕涼みの照明／便所の照明／収納の照明／テラスの照明／スタディの照明／ベッドの照明／踏込みの照明／浴室の照明（防水型）／廊下の照明

環境・設備計画2
換気・遮音・防振

換気と給気
部屋の〈汚れた空気〉を外に出し，〈新鮮な空気〉を取り入れます。集合住居では，隣との間に界壁があるので，換気扇などの〈機械換気〉も考えておきます。

遮音
自分の発する〈騒音〉はそれほど気になりませんが，他人の発する〈騒音〉は思いのほか神経を刺激します。外壁や床には〈遮音材〉を十分入れます。

防振
集合住居は，上下階で異なる家族が住むのが一般と考えていいでしょう。騒音と同じく少しの振動でも気になります。集合住居は，必ず〈防振床〉にしましょう。

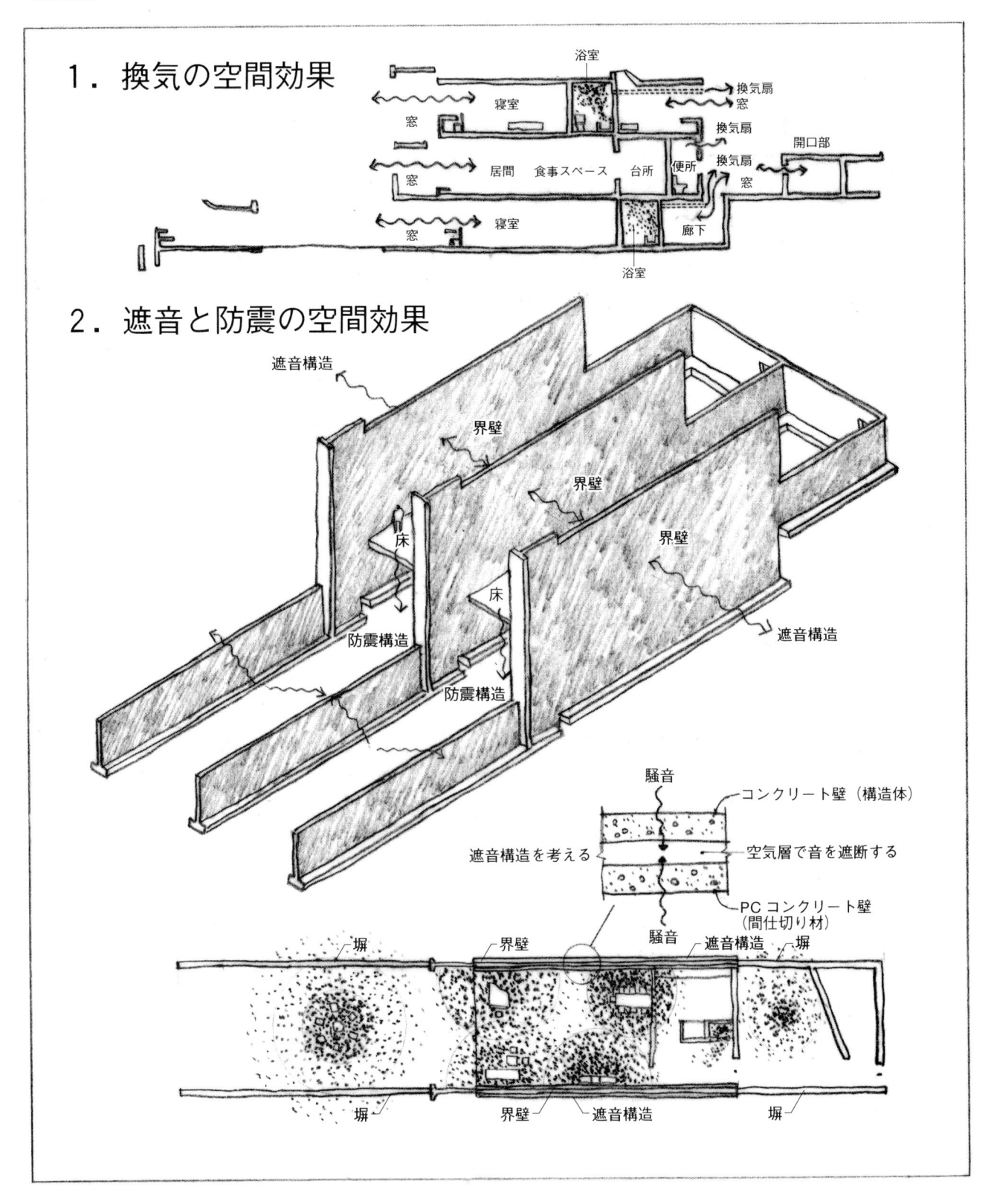

1. 換気の空間効果

2. 遮音と防震の空間効果

3–19 空間構成―11

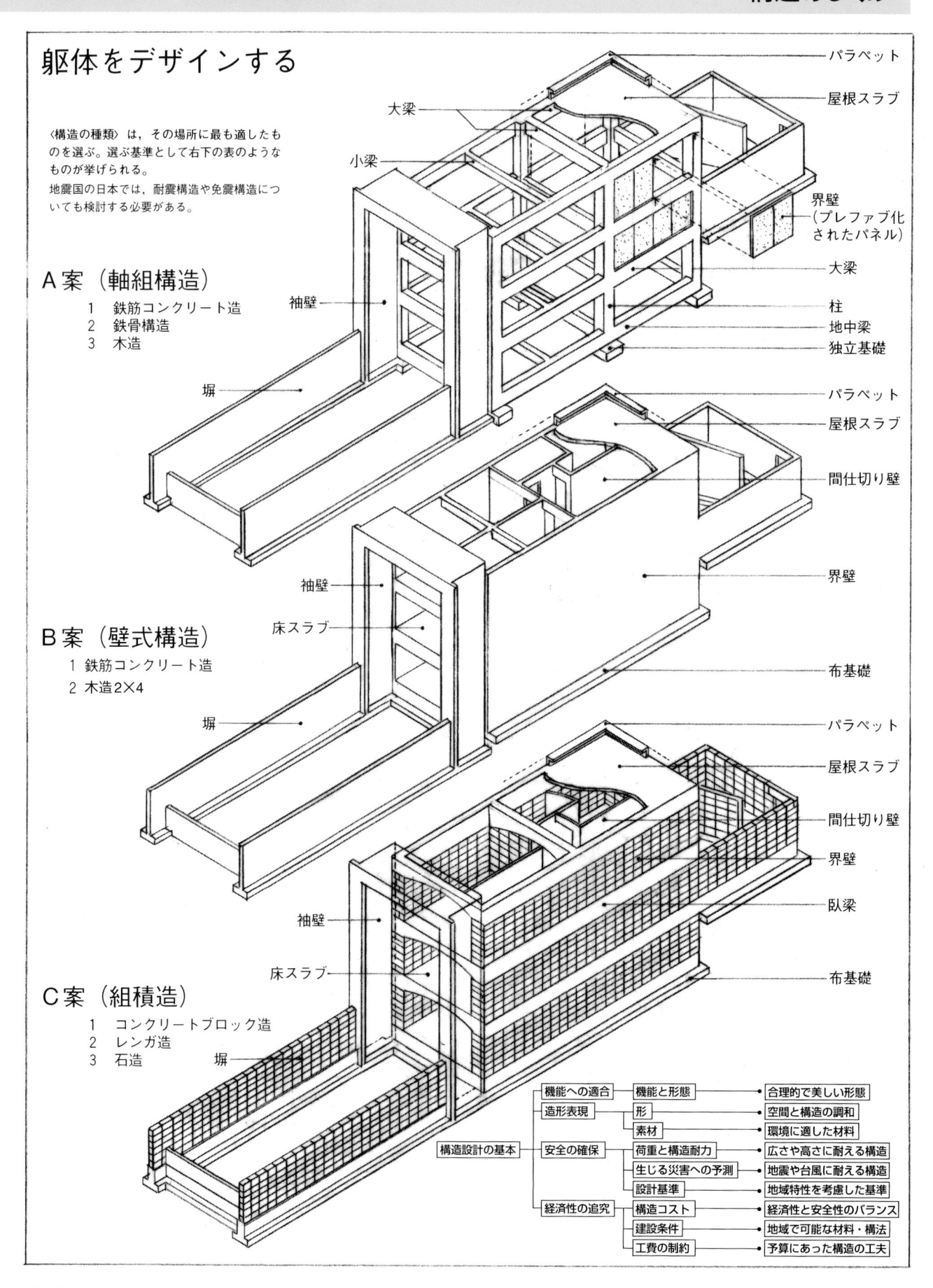

構造・構法計画1
構造のしくみ

躯体をデザインする

〈構造の種類〉は，その場所に最も適したものを選ぶ。選ぶ基準として右下の表のようなものが挙げられる。
地震国の日本では，耐震構造や免震構造についても検討する必要がある。

A案（軸組構造）
1. 鉄筋コンクリート造
2. 鉄骨構造
3. 木造

主なラベル：パラペット／屋根スラブ／大梁／小梁／界壁（プレファブ化されたパネル）／柱／地中梁／独立基礎／袖壁／塀

B案（壁式構造）
1. 鉄筋コンクリート造
2. 木造2×4

主なラベル：パラペット／屋根スラブ／間仕切り壁／界壁／床スラブ／袖壁／布基礎／塀

C案（組積造）
1. コンクリートブロック造
2. レンガ造
3. 石造

主なラベル：パラペット／屋根スラブ／間仕切り壁／界壁／臥梁／床スラブ／袖壁／布基礎／塀

構造設計の基本

- 機能への適合
  - 機能と形態 → 合理的で美しい形態
- 造形表現
  - 形 → 空間と構造の調和
  - 素材 → 環境に適した材料
- 安全の確保
  - 荷重と構造耐力 → 広さや高さに耐える構造
  - 生じる災害への予測 → 地震や台風に耐える構造
  - 設計基準 → 地域特性を考慮した基準
- 経済性の追究
  - 構造コスト → 経済性と安全性のバランス
  - 建設条件 → 地域で可能な材料・構法
  - 工費の制約 → 予算にあった構造の工夫

構造・構法計画2
構造の種類

軸組構造（RC造）

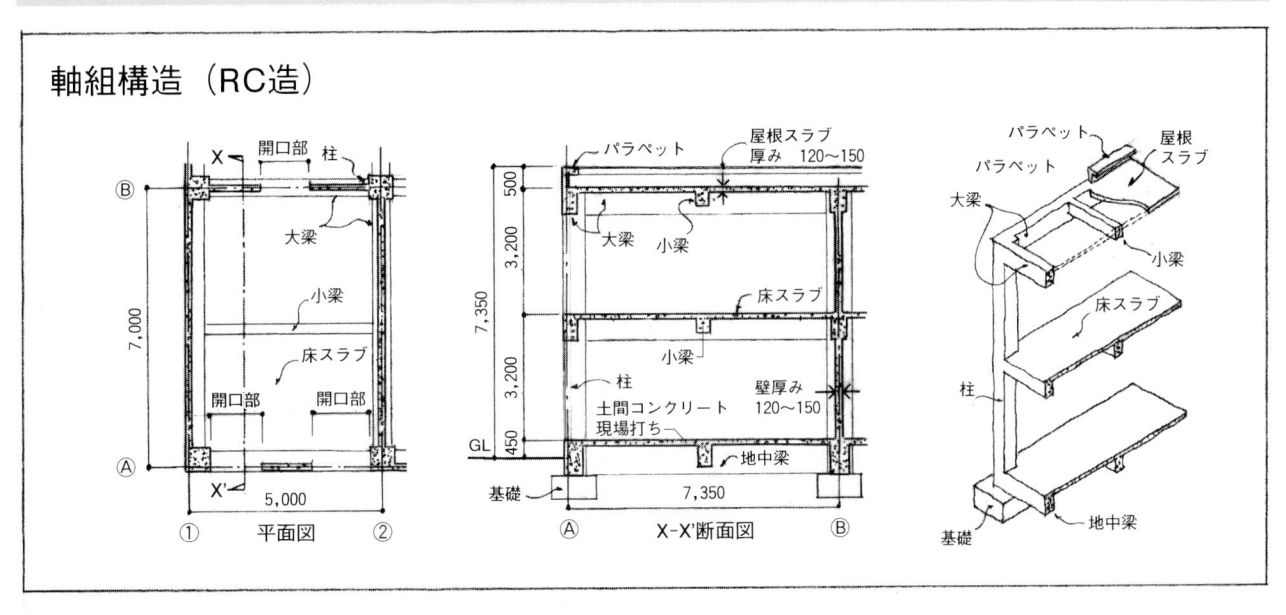

壁式構造（RC造）

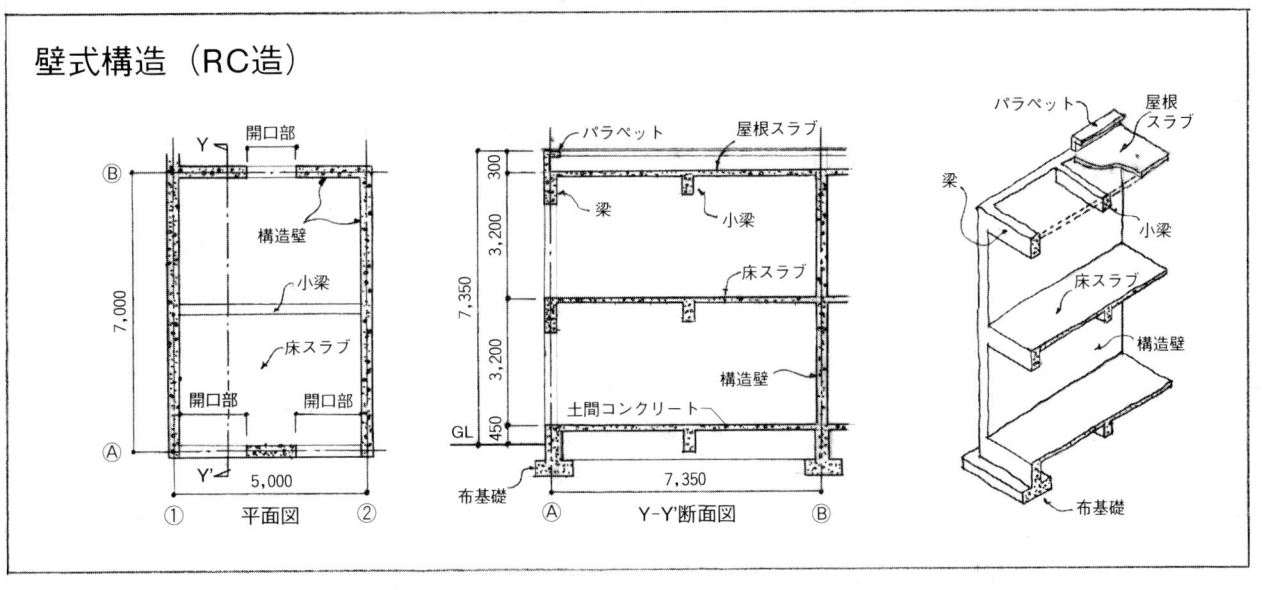

組積造（CB造）

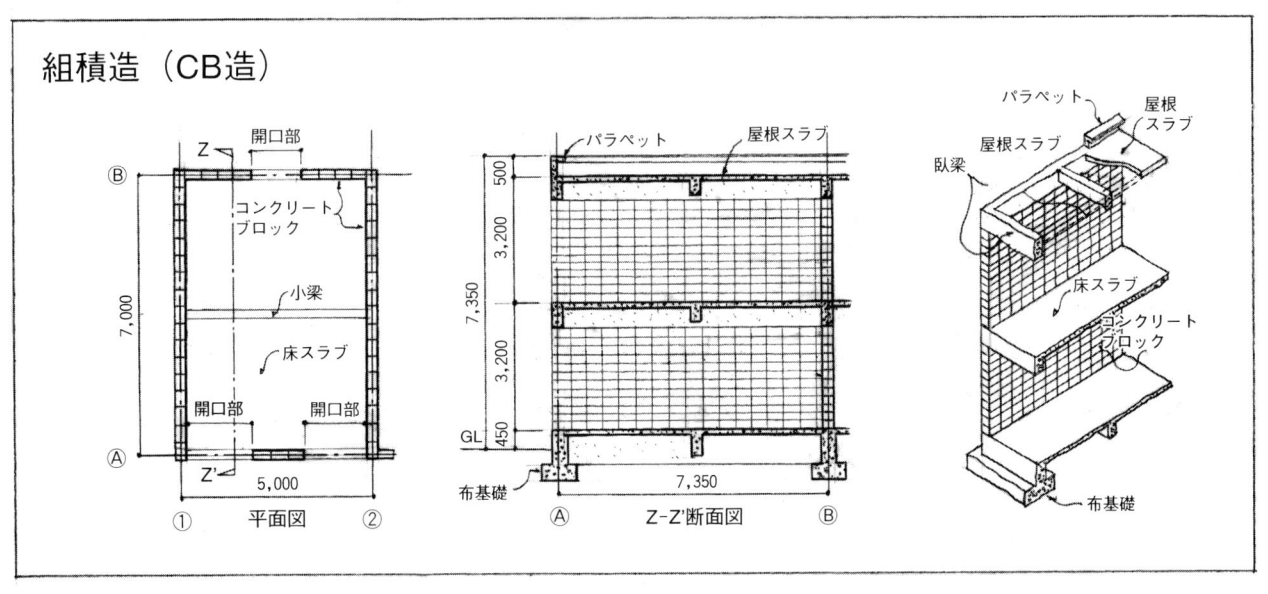

125

3-20　空間構成—12

ハーレン・ジードルンク
模型でのスタディ

敷地模型

建築模型は，まず敷地模型からつくり始めます。アイデアやコンセプトは，敷地模型をつくりながら練るといいでしょう。

〈敷地の地形〉から〈建築を考える〉ことは，設計の一つの方法です。例えば，次のような経験はありませんか。お城は見上げると山の形に調和して美しい。しかし，その城郭の古図を見ると何とも不規則な計画性のない形をしています。おそらく，図面を作成し，その図面通りに城を築いたというより，地形を利用し戦いながら築城し，その結果を図面に写し取ったと考えられます。いわば〈地形〉から〈建築〉を考えたということができます。敷地模型は無関心につくるのではなく，構想を練りながらつくることが肝心です。

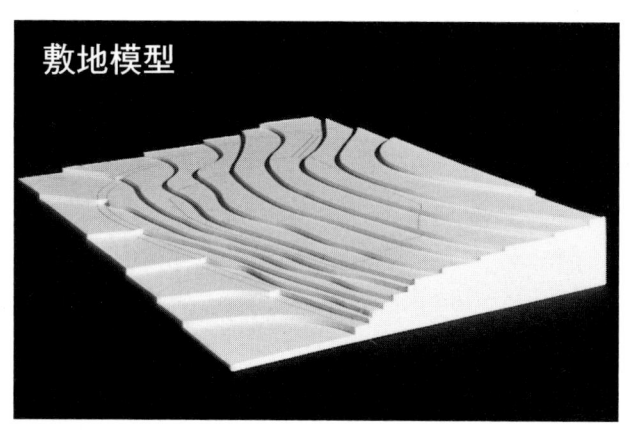

スタディ模型

スタディ模型は〈3案〉くらいつくってみます。①条件をつくる模型，②発想する模型，③整える模型，と徐々に練り上げていきます。模型で発想する場合，次のような方法があります。まず，住戸の模型を必要な数だけつくります。例えば，花器に花をいけるように，最も美しいと思う形に敷地模型に配置していきます。付加と削除を繰り返しながら，〈理想形〉に少しずつ近づけていきます。集合住居の計画では，計画戸数がいつも問題になります。決められた戸数を無理やり詰め込むのも一つの方法ですが，美しい理想形から逆算して戸数を決めるのも一法です。イタリアの山岳都市の美しさは，長い時間をかけてこの方法でできているのかもしれません。

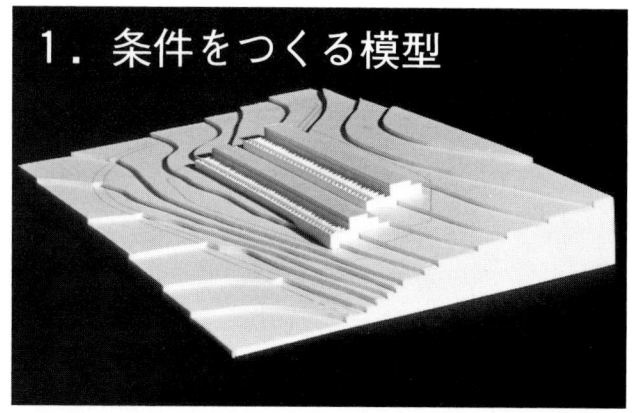

敷地模型

1．条件をつくる模型

要領のよい地形模型のつくり方

高低差のある敷地模型をつくるには，まず二枚のモデルボードを用意します。その二枚に等高線を同じように引きます。切るとき，等高線を一つ飛ばして切ります。切る場所は，二枚それぞれの位置が互い違いになるように切ります。それらを交互に重ねていくと，高低差のある敷地模型ができ上がります。横から見ると断面の形がきれいではないので，断面の形に合わせてモデルボードを貼ります。

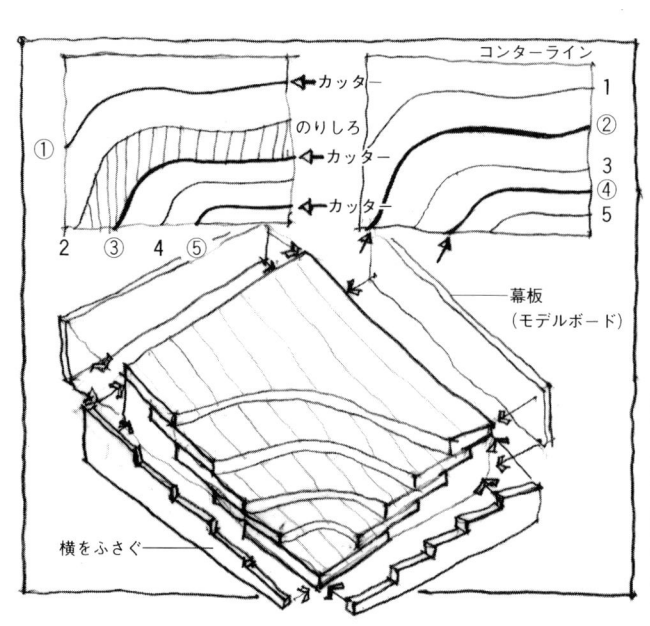

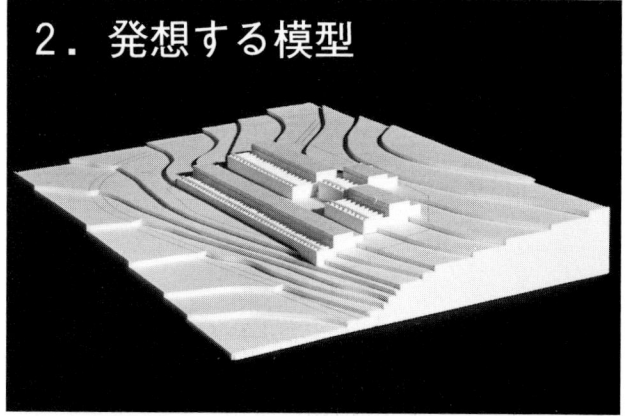

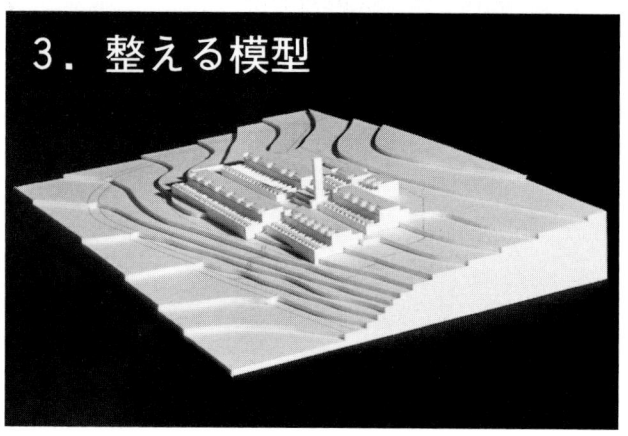

2．発想する模型

3．整える模型

ハーレン・ジードルンク
模型で見せる

完成模型

最終案を完成模型でつくります。最初につくった敷地模型を利用して住棟を配置します。建物だけでは人の住む住環境とはなりません。木を植えたり道をつけたりして，実際の住環境に近づけます。

① ボリューム：建物のボリュームがわかるように模型をつくります。集合住居は，住戸が集まって住棟になります。住棟は一塊のボリュームとなって，他のボリュームとの間に緊張関係と調和が生まれます。塔やペントハウスなど小さなボリュームを付加したり削除しながら，全体のバランスを整えます。

② スペース：住棟と住棟の間に囲まれた広場や道路を，形のよいスペースになるように整えます。住棟の最上階は均一な屋根にしないで，小さなへこみなどをつくり，景観に変化をつけます。

③ テクスチャー：モデルボードのテクスチャーをそのまま生かして模型をつくる方法のほかに赤いレンガやザラッとした打放しコンクリートなどのテクスチャーを表現する方法もあります。模型も建築家の作品ですから，自分のイメージに最も近い表現方法を選択します。案の決定は，意外に模型で決まるものです。

④ 外構：建物の模型ができると，そのまわりに樹木を植えたり，フェンスを設けたり，石を敷いて外構を整えます。

⑤ 点景：建物の要素ではありませんが，その場所の雰囲気を出すために，人物，自動車，ベンチ，照明器具，ストリートファニチャーなどを配置します。これらの点景があると，模型の寸法を判断する目安になります。

4．完成模型

3-21　空間構成-13

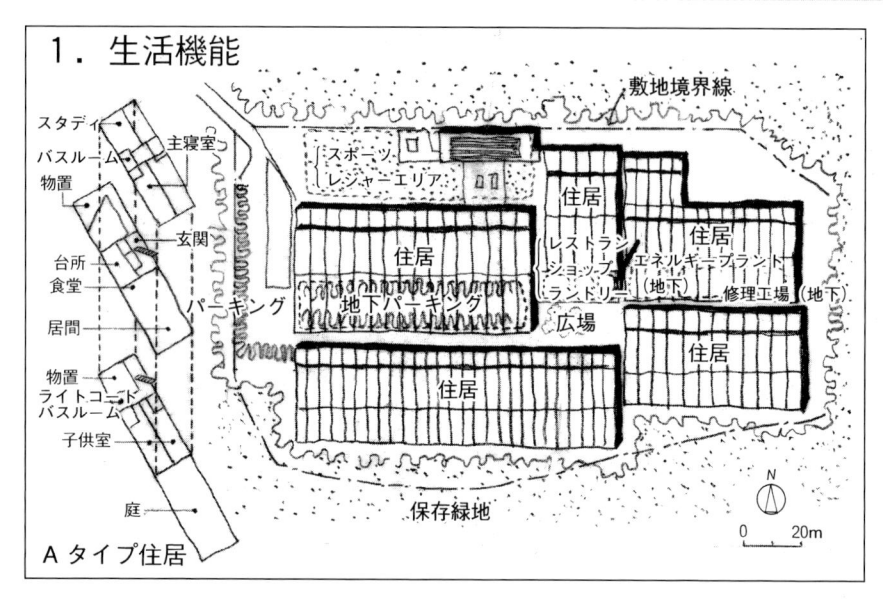

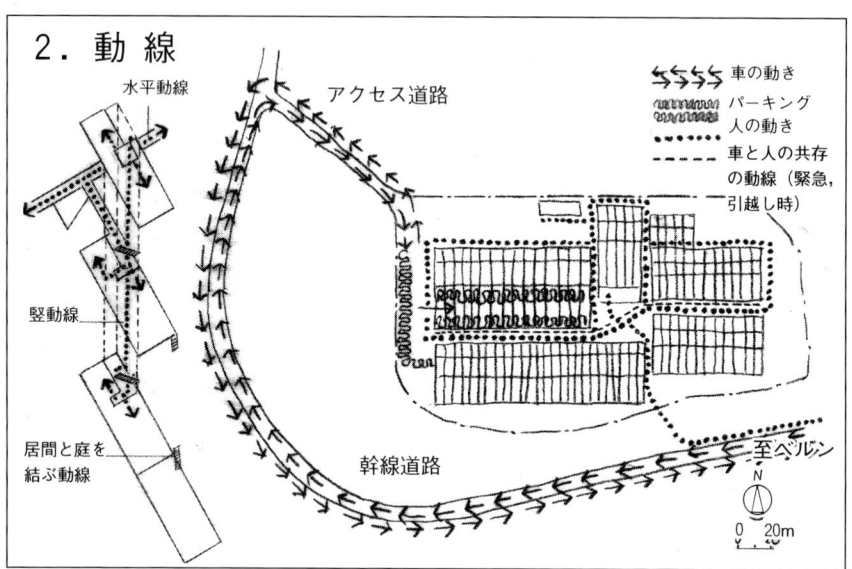

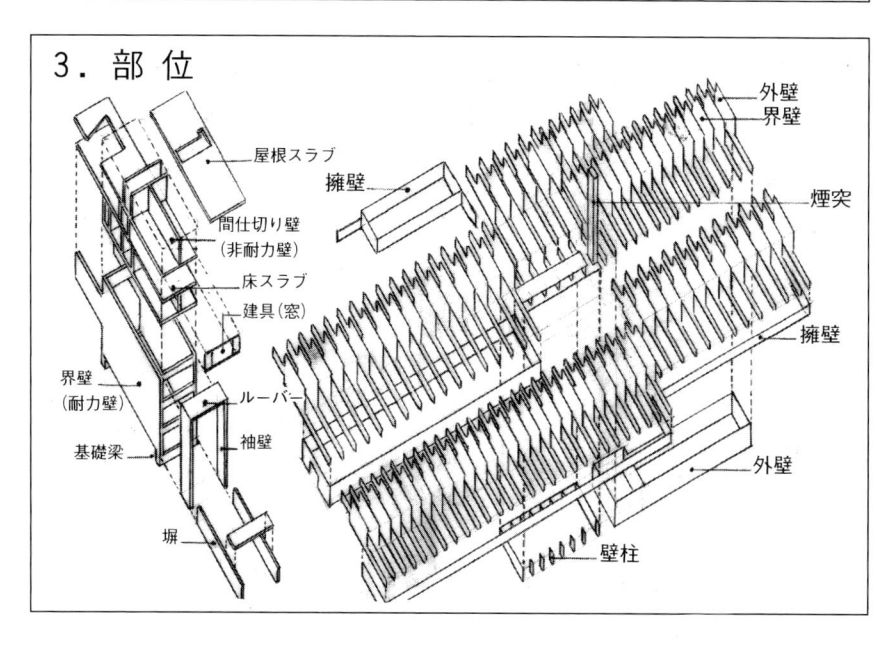

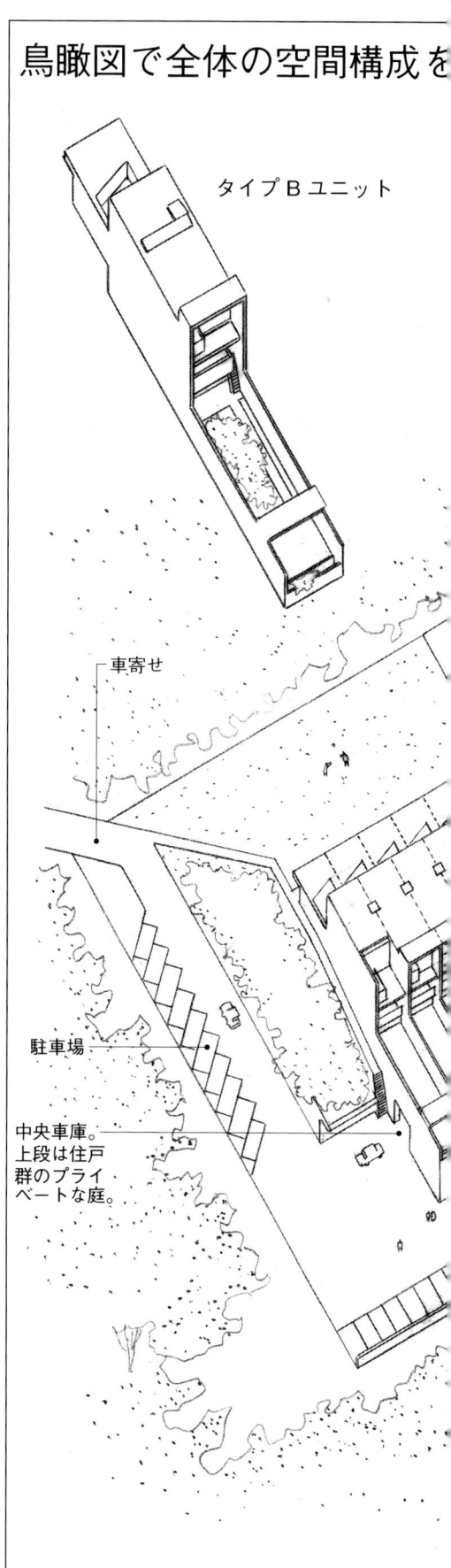

1. 生活機能

- スタディ
- バスルーム
- 物置
- 主寝室
- 台所
- 食堂
- 玄関
- 居間
- 物置
- ライトコート
- バスルーム
- 子供室
- 庭
- パーキング
- 敷地境界線
- スポーツ・レジャーエリア
- 住居
- レストラン・ショップ
- 住居
- エネルギープラント（地下）
- 住居
- 地下パーキング
- ランドリー
- 修理工場（地下）
- 広場
- 住居
- 住居
- 保存緑地

Aタイプ住居

N　0　20m

2. 動線

- 水平動線
- 竪動線
- 居間と庭を結ぶ動線
- アクセス道路
- 幹線道路
- 至ベルン

凡例：
- 車の動き
- パーキング
- 人の動き
- 車と人の共存の動線（緊急、引越し時）

N　0　20m

3. 部位

- 屋根スラブ
- 間仕切り壁（非耐力壁）
- 床スラブ
- 建具（窓）
- 界壁（耐力壁）
- 基礎梁
- 袖壁
- 塀
- 擁壁
- 煙突
- ルーバー
- 擁壁
- 外壁
- 界壁
- 外壁
- 壁柱

鳥瞰図で全体の空間構成を

タイプBユニット

- 車寄せ
- 駐車場
- 中央車庫。上段は住戸群のプライベートな庭。

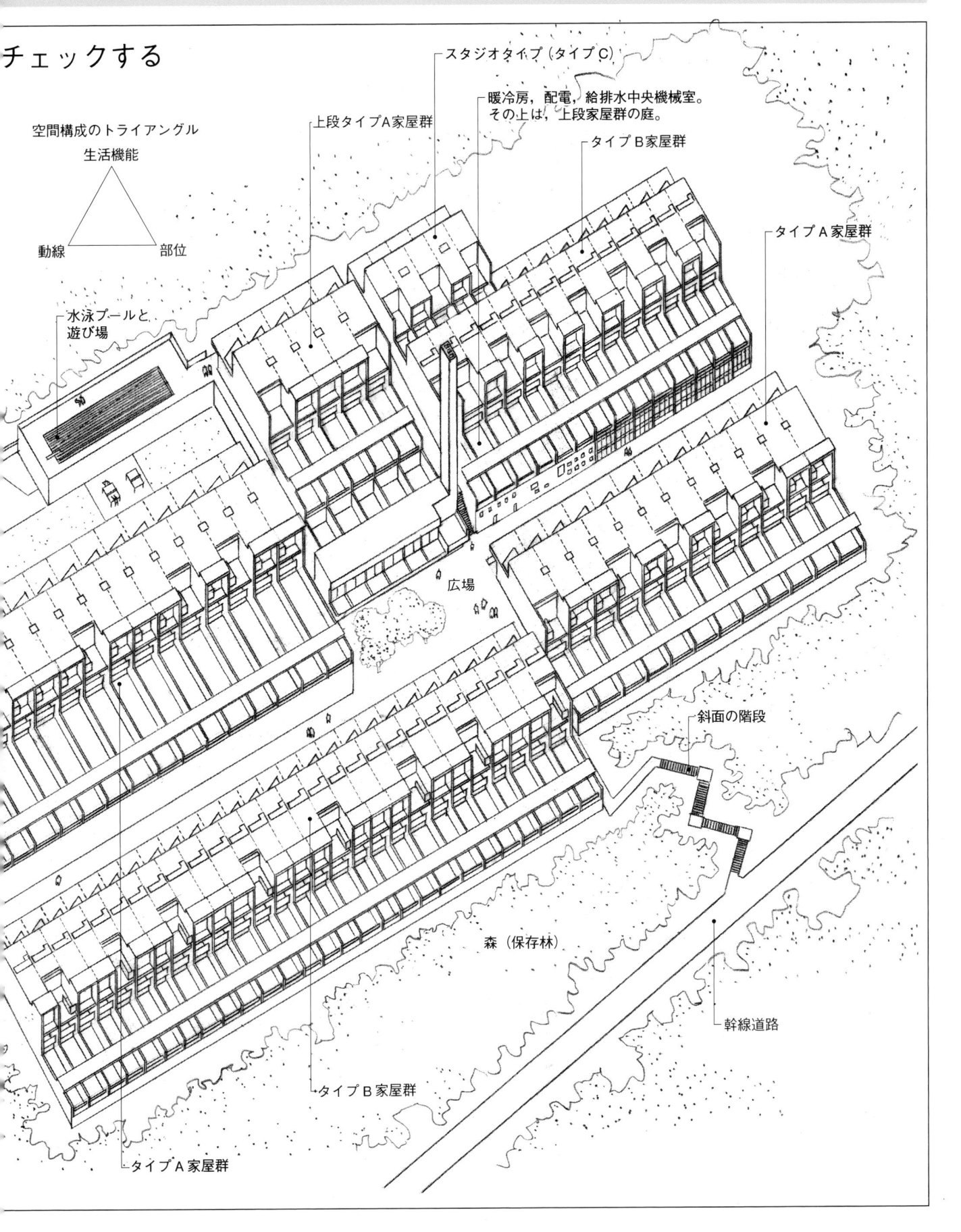

ハーレン・ジードルンク
まとめ

チェックする

- 空間構成のトライアングル
  - 生活機能
  - 動線
  - 部位
- 水泳プールと遊び場
- 上段タイプA家屋群
- スタジオタイプ（タイプC）
- 暖冷房，配電，給排水中央機械室。その上は，上段家屋群の庭。
- タイプB家屋群
- タイプA家屋群
- 広場
- 斜面の階段
- タイプB家屋群
- 森（保存林）
- 幹線道路
- タイプA家屋群

3−22 提案する図面−1

ハーレン・ジードルンク
配置図・アイソメ図

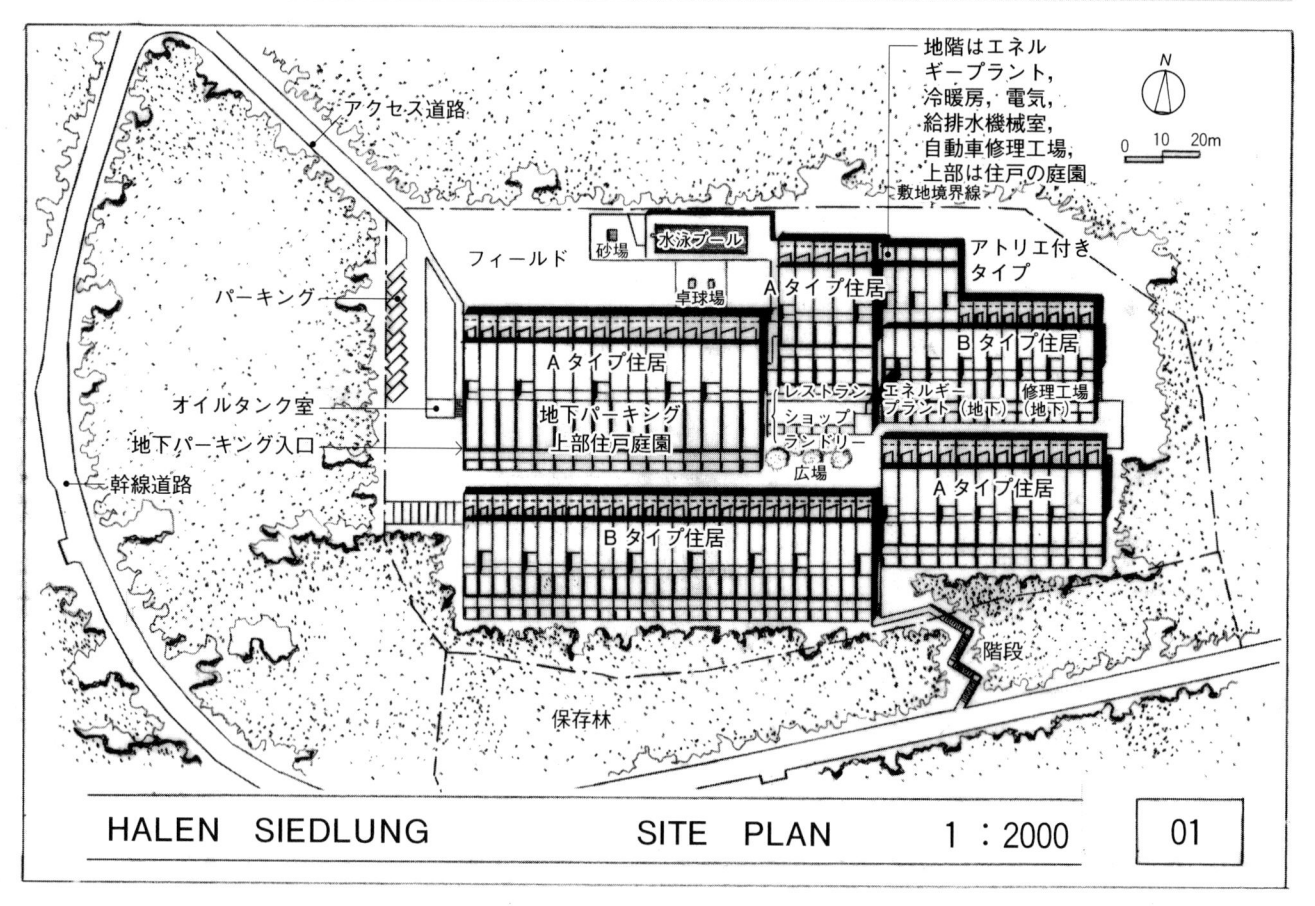

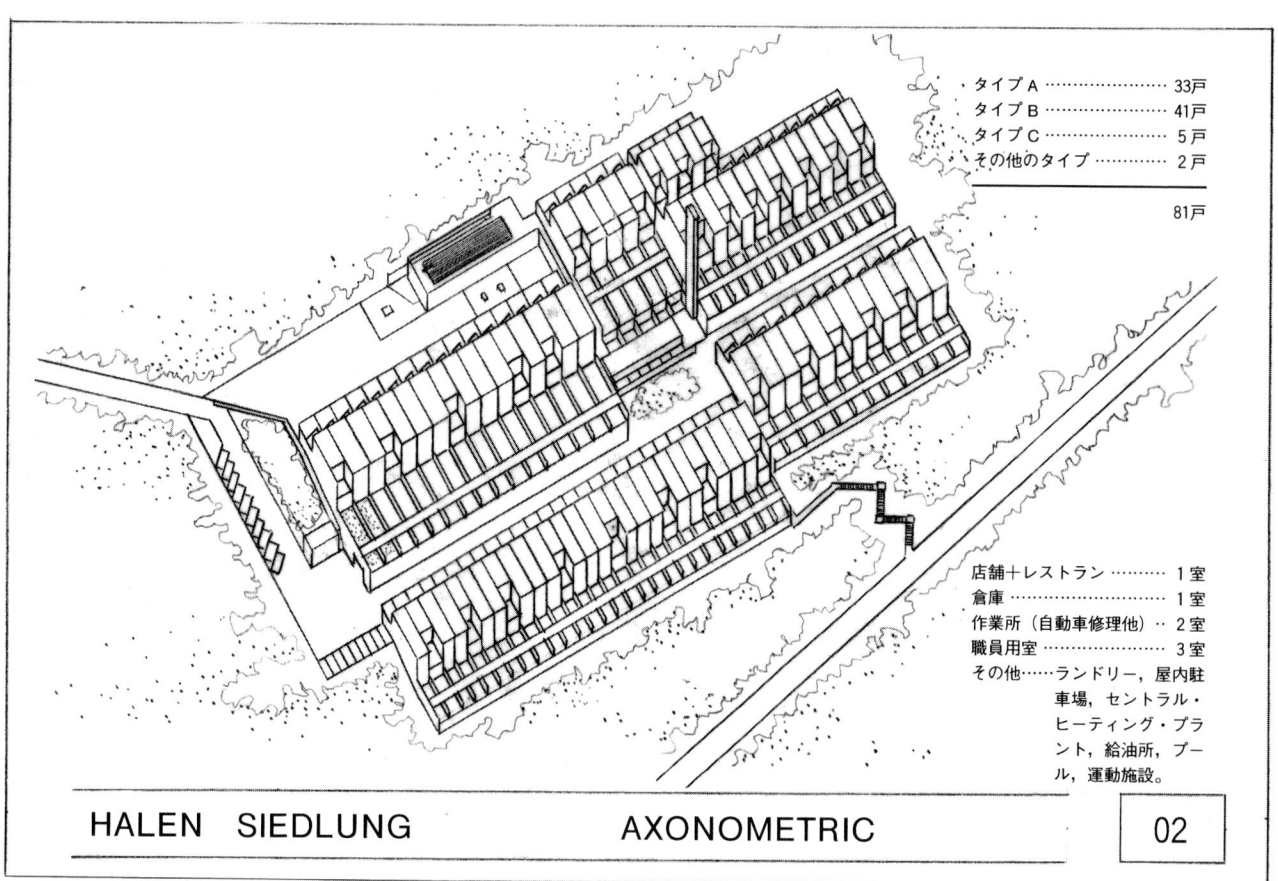

SITE PLAN (01)

HALEN SIEDLUNG　　SITE PLAN　　1:2000

主な表記：
- アクセス道路
- パーキング
- オイルタンク室
- 地下パーキング入口
- 幹線道路
- フィールド
- 砂場
- 卓球場
- 水泳プール
- Aタイプ住居
- Bタイプ住居
- アトリエ付きタイプ
- 地下パーキング 上部住戸庭園
- レストラン
- ショップ
- ランドリー
- 広場
- エネルギープラント（地下）
- 修理工場（地下）
- 階段
- 保存林
- 敷地境界線
- 地階はエネルギープラント，冷暖房，電気，給排水機械室，自動車修理工場，上部は住戸の庭園

スケール：0　10　20m

AXONOMETRIC (02)

HALEN SIEDLUNG　　AXONOMETRIC

- タイプA ………… 33戸
- タイプB ………… 41戸
- タイプC ………… 5戸
- その他のタイプ ……… 2戸
- 　　　　　　　　　81戸

- 店舗＋レストラン ……… 1室
- 倉庫 ……………………… 1室
- 作業所（自動車修理他）‥ 2室
- 職員用室 ………………… 3室
- その他……ランドリー，屋内駐車場，セントラル・ヒーティング・プラント，給油所，プール，運動施設。

ハーレン・ジードルンク
住戸A・Bの平面図・断面図

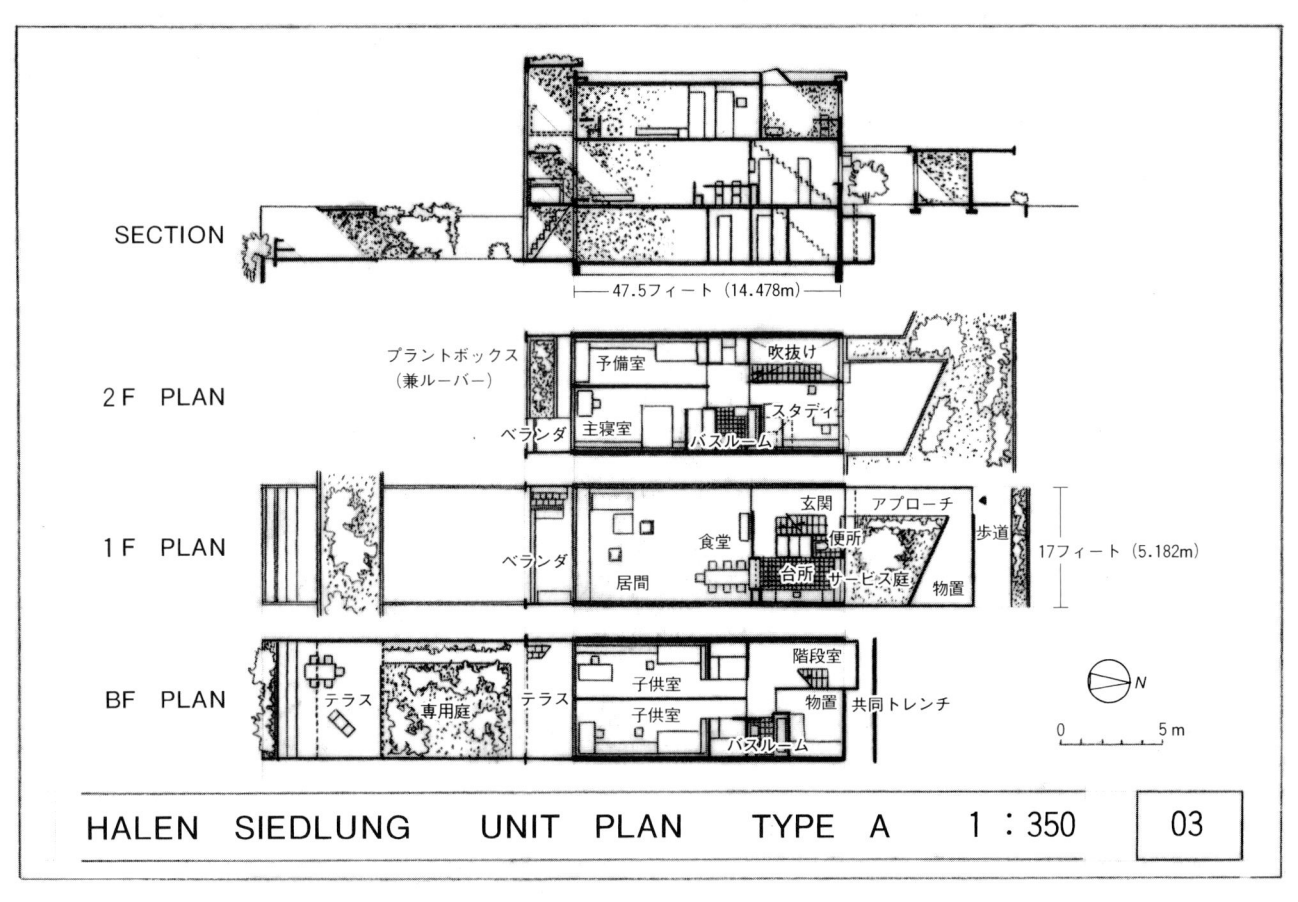

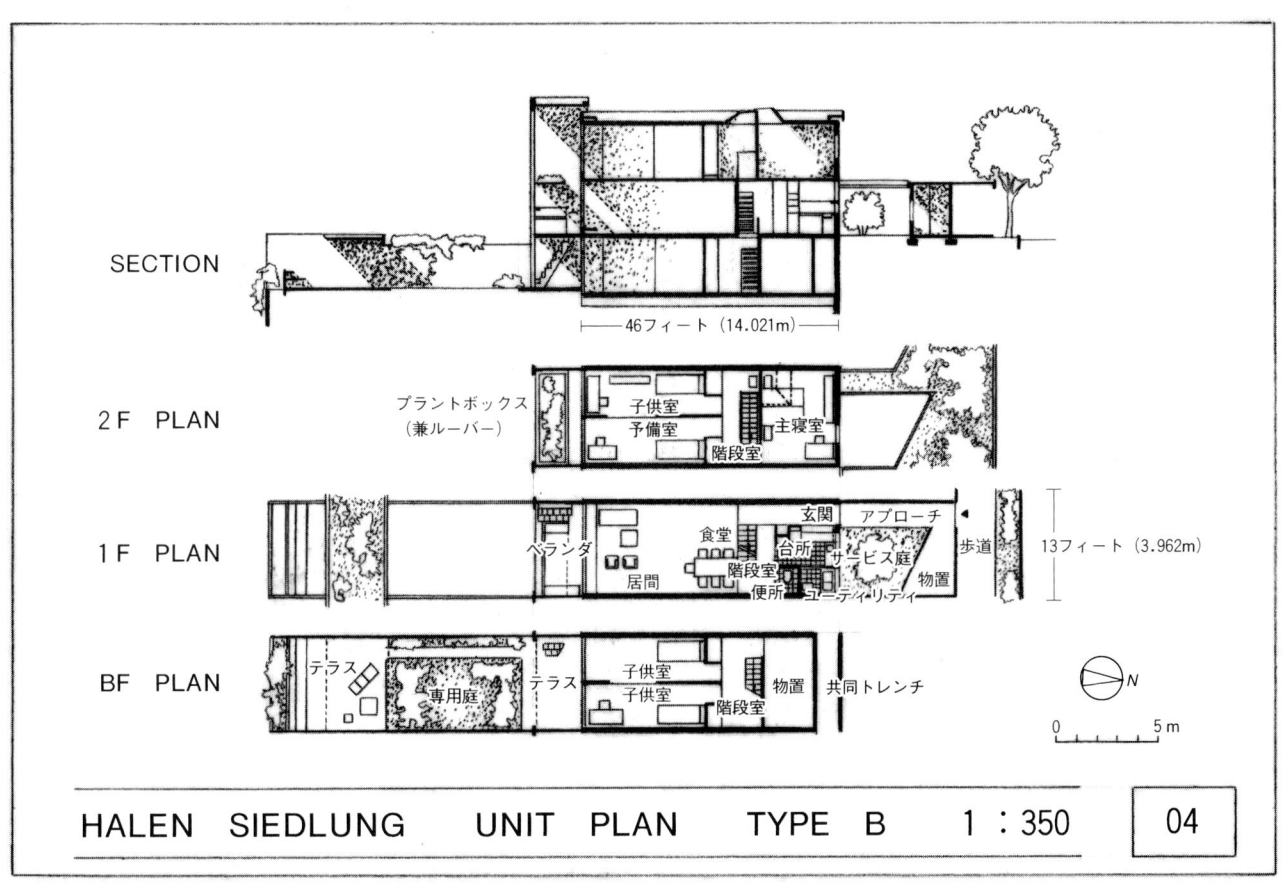

HALEN SIEDLUNG　UNIT PLAN　TYPE A　1：350　03

HALEN SIEDLUNG　UNIT PLAN　TYPE B　1：350　04

3-23 提案する図面-2

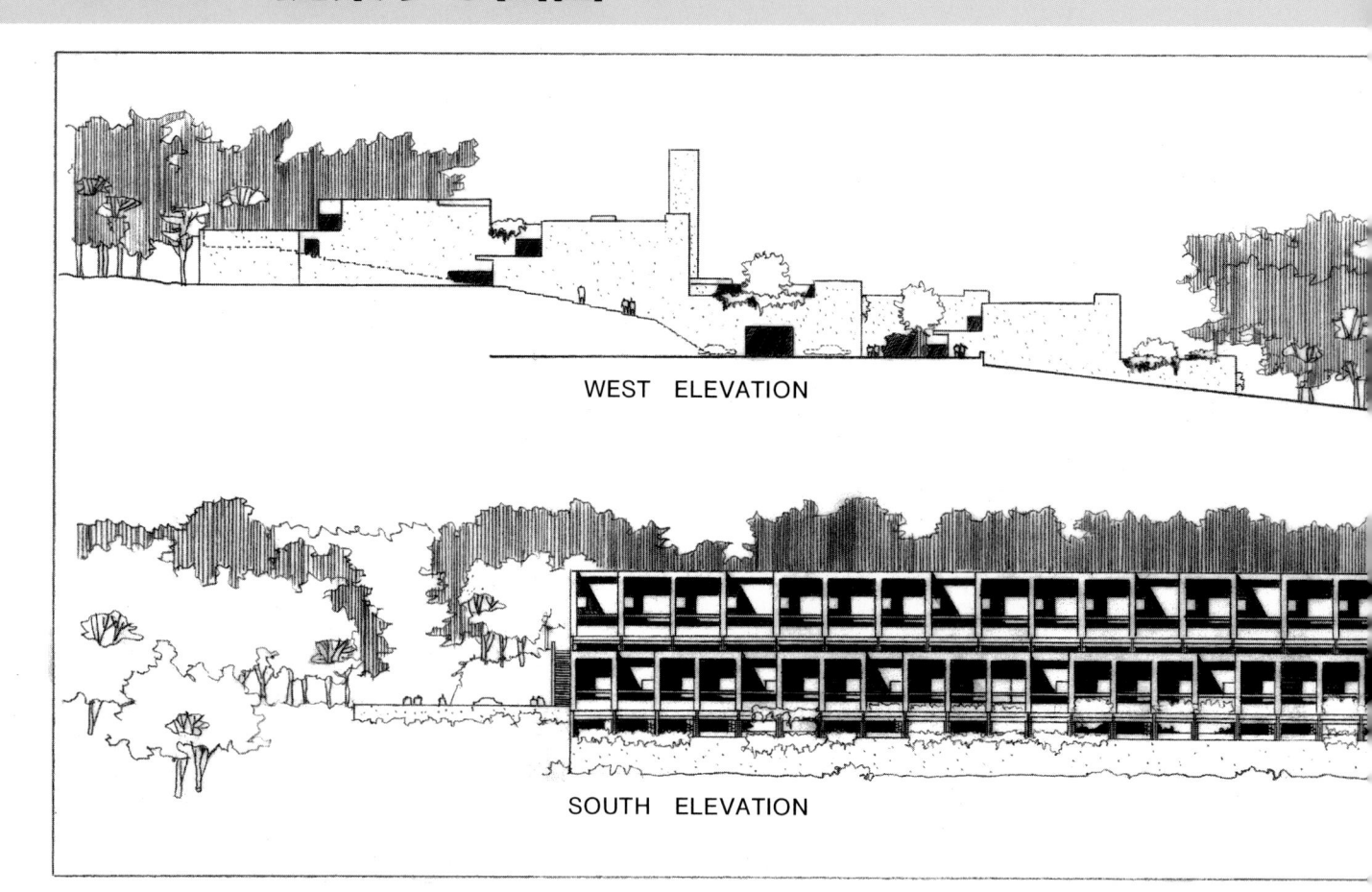

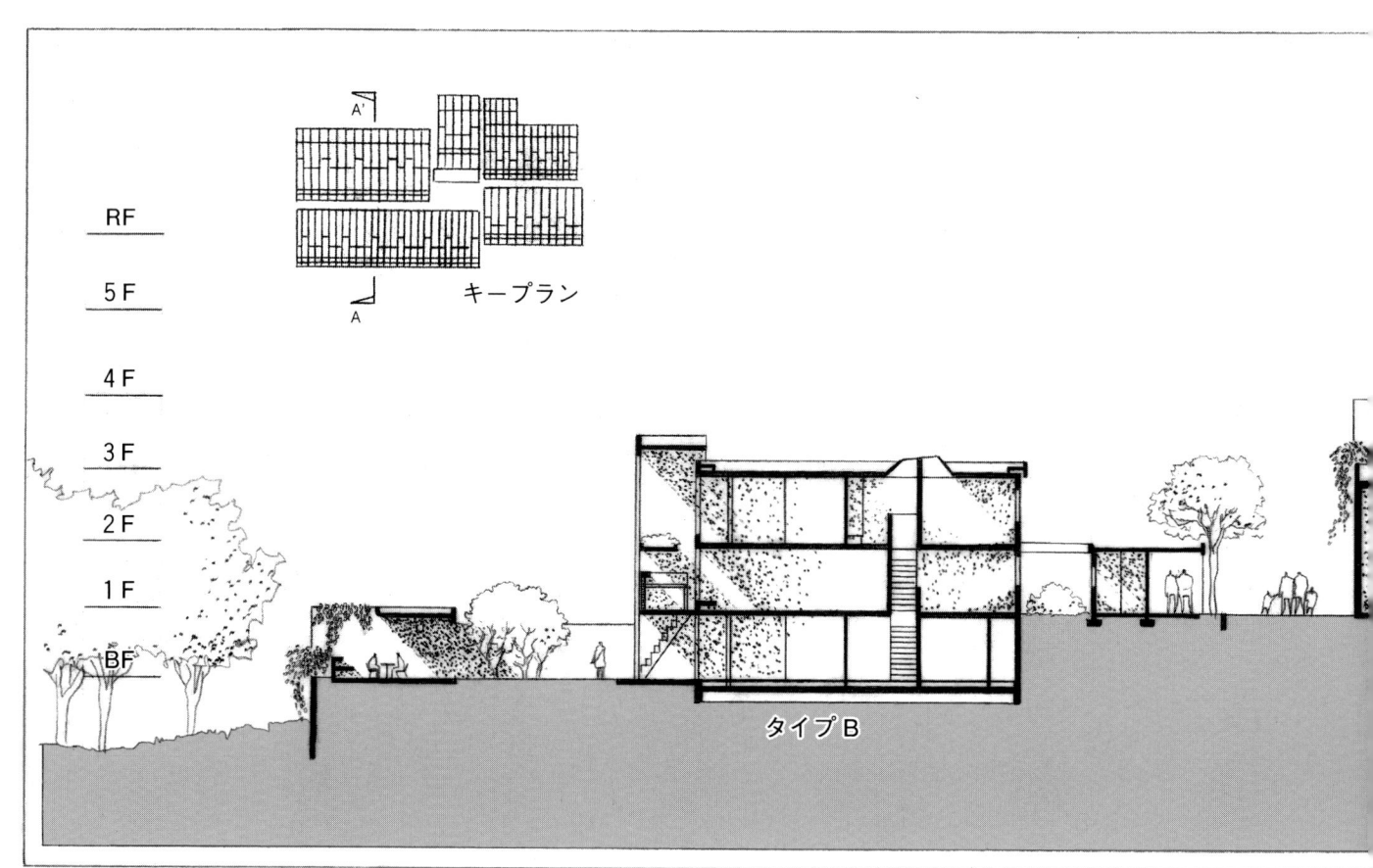

WEST ELEVATION

SOUTH ELEVATION

キープラン

RF
5F
4F
3F
2F
1F
BF

タイプB

ハーレン・ジードルンク
立面図・断面図

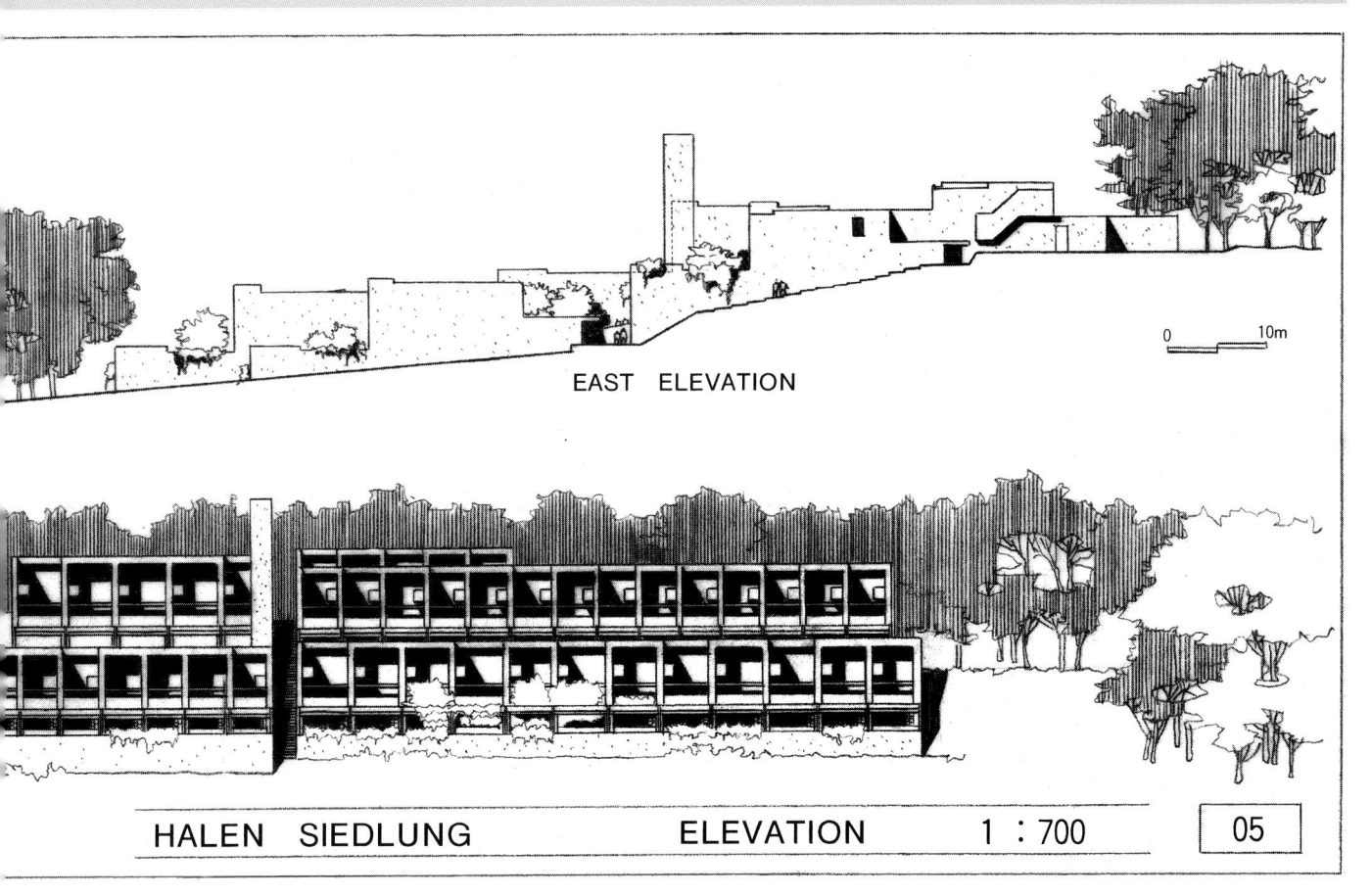

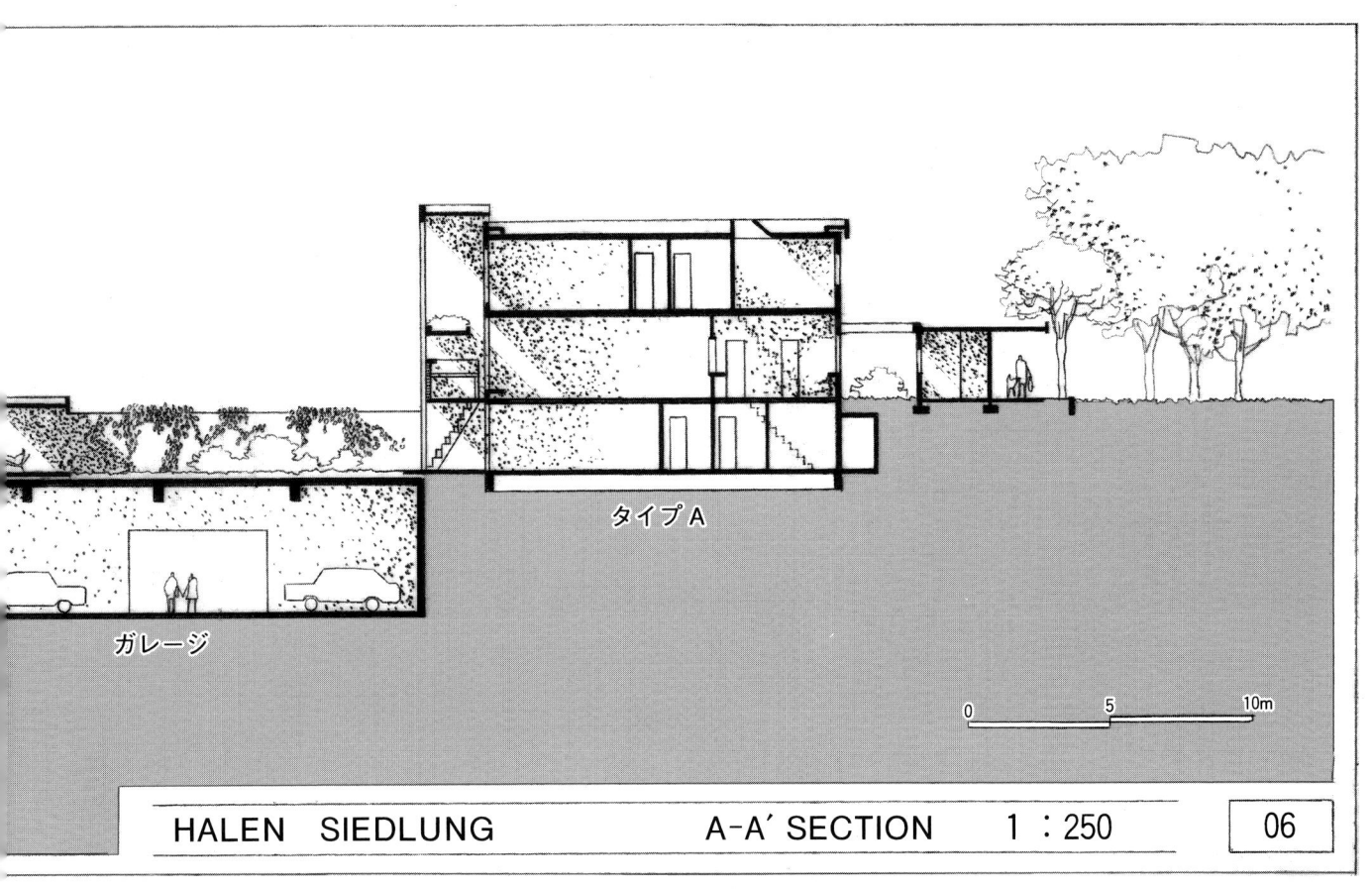

EAST ELEVATION

| HALEN SIEDLUNG | ELEVATION | 1：700 | 05 |

タイプA

ガレージ

| HALEN SIEDLUNG | A-A´ SECTION | 1：250 | 06 |

3-24 提案する図面-3

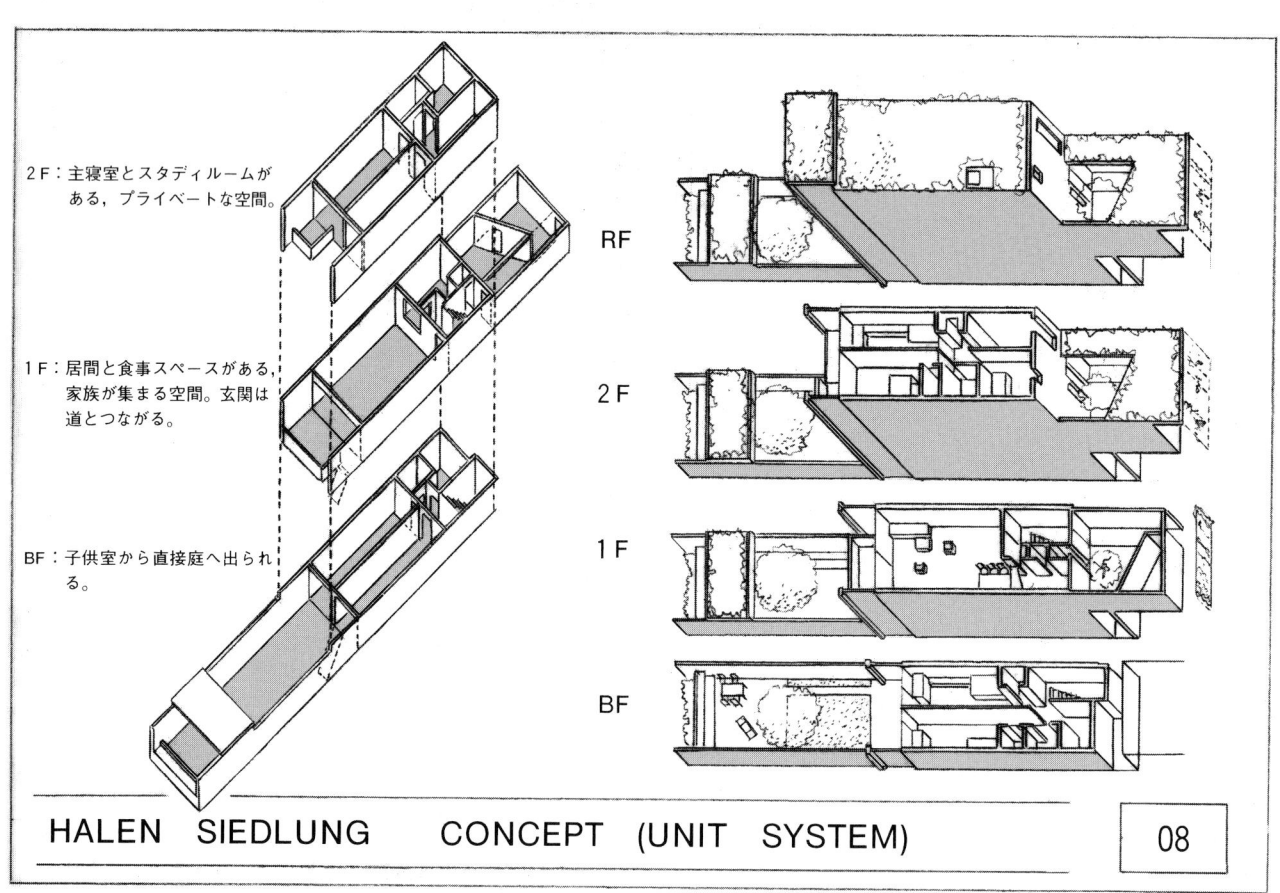

2F：主寝室とスタディルームがある、プライベートな空間。

1F：居間と食事スペースがある、家族が集まる空間。玄関は道とつながる。

BF：子供室から直接庭へ出られる。

RF

2F

1F

BF

HALEN SIEDLUNG　CONCEPT (UNIT SYSTEM)　　08

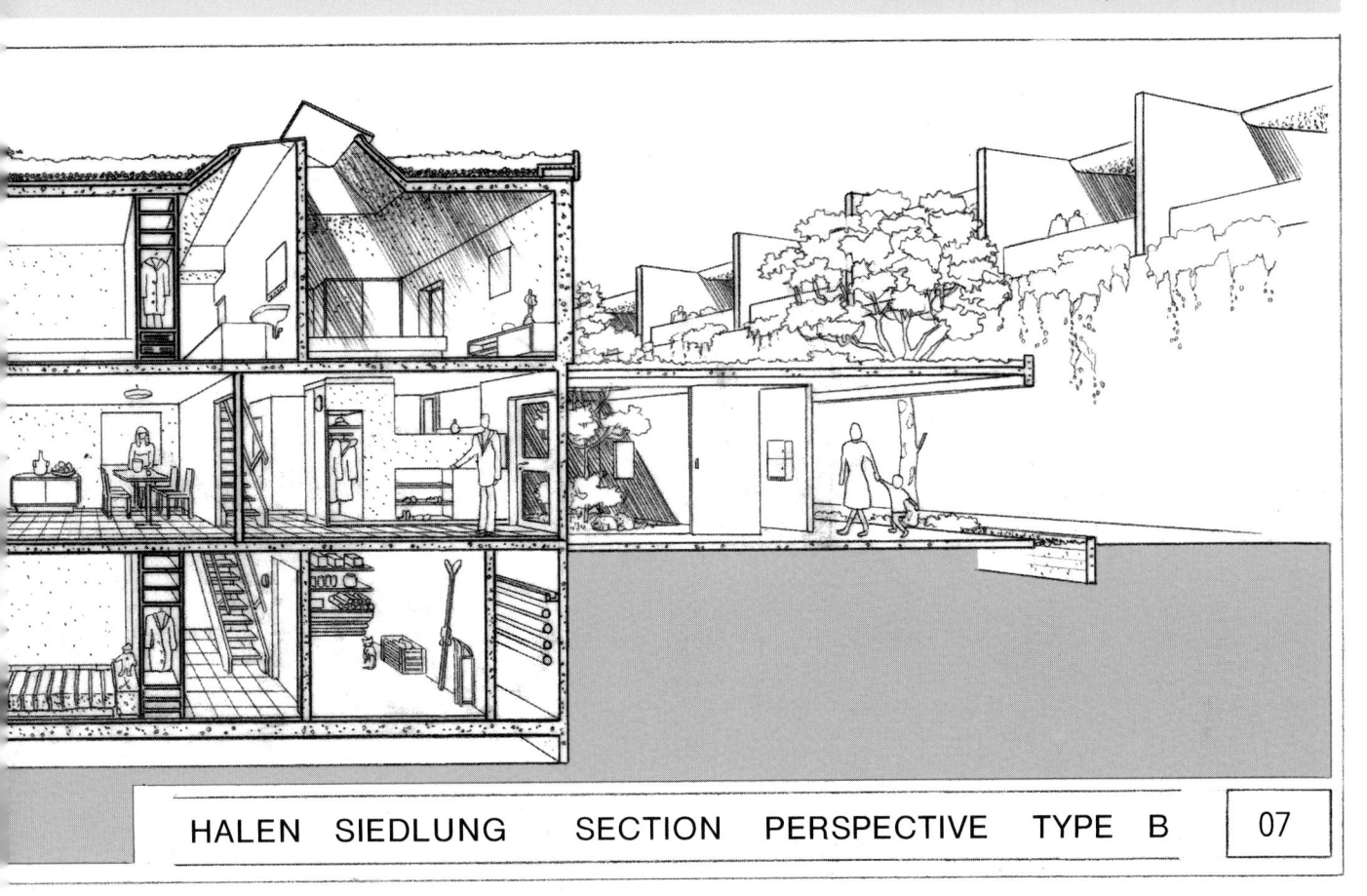

ハーレン・ジードルンク
断面パース・コンセプト説明

HALEN SIEDLUNG　　SECTION　PERSPECTIVE　TYPE　B　　07

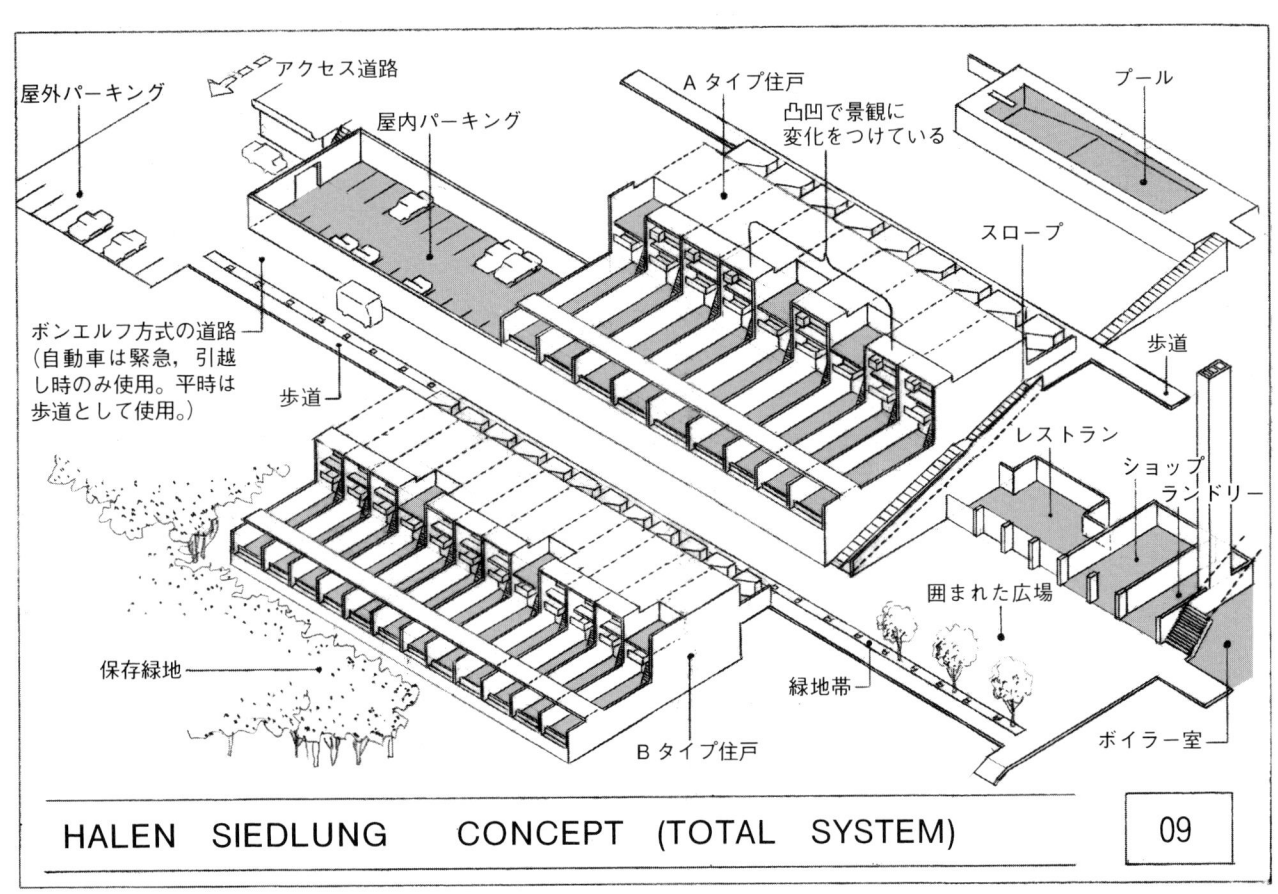

- 屋外パーキング
- アクセス道路
- 屋内パーキング
- Aタイプ住戸
- 凸凹で景観に変化をつけている
- プール
- スロープ
- ボンエルフ方式の道路（自動車は緊急，引越し時のみ使用。平時は歩道として使用。）
- 歩道
- 歩道
- レストラン
- ショップ
- ランドリー
- 囲まれた広場
- 保存緑地
- 緑地帯
- Bタイプ住戸
- ボイラー室

HALEN SIEDLUNG　　CONCEPT (TOTAL SYSTEM)　　09

3–25　生活する―1

ハーレン・ジードルンク
住戸の生活

食事スペースでの家族だんらん

子供部屋からの庭の風景

寝室の書斎コーナー

子供部屋のベッドコーナー

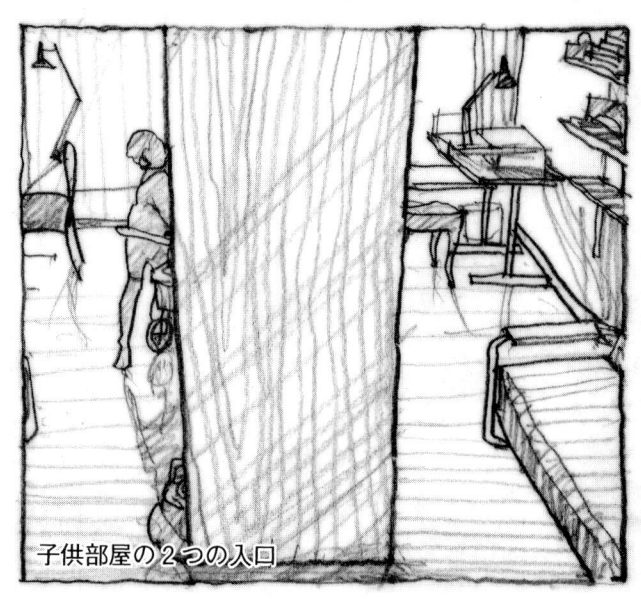

子供部屋の2つの入口

生活
設計に基づいて建物が完成すると，いよいよ〈生活〉が始まります。ハーレン・ジードルンクは，実際に建てられた集合住居です。実際に生活している住戸の絵を見ると，快適な様子がわかります。

　設計を開始する前に，そこでの〈生活〉の可能性を十分にスタディした結果が生かされています。

家具
各部屋の生活の様子を見ると，生活は〈家具〉と密接に関係していることがわかります。限られた面積を有効に使わなければならない集合住宅では，〈家具〉の位置を十分スタディしてから設計しなければならないことを示唆しています。ブロイヤーのp.56，57の家具を参照してみましょう。

壁と開口部
絵をさらによく見ると，ベッドや本棚などの家具をうまく配置するためには，〈壁面〉が必要なことがわかります。さらに大切なのが〈開口部〉の位置です。

　閉鎖的になりがちな集合住居では，大きな採光窓，空気を入れ換える換気窓の位置をよく考えて設計しなければなりません。

ハーレン・ジードルンク
屋外の生活

道と広場
〈道と広場〉も屋内の部屋と同様，屋外の〈生活の場〉であることがわかります。道路は通り過ぎるだけでなく，出会いや立ち話の場でもあります。広場は人々に使われ，その真価が発揮されます。道路や広場は，〈線や面〉としてでなく〈空間〉として考えなければならないことが理解できます。

集会所
集合住居は，多数の住戸からなりますが，そこに住む人たちが一緒に集まることのできる場所も計画します。

〈集会室〉の設置も一つの方法ですが，使わないときは無駄になります。ここでは広場にある〈レストラン〉を，空いているとき使うという合理的な方法をとっています。

庭
ここで取り上げる庭は，各住戸に付いているプライベートな〈庭〉のことです。空から見た絵では，集合住居でも一戸建ての住居と同じ広さの庭を持っていることがわかります。

集合住居では奥行のない狭いベランダしかとれないと思い込んでいる人にとっては，啓示的な光景です。

親子での散歩

階段とスロープ

消防訓練

庭でのパーティー

レストランの風景

プライベートガーデン

3-26 生活する—2

ハーレン・ジードルンク
子供の生活

幼稚園での誕生パーティー

遊び場
遊びは子供の特権です。大人によって計画された〈遊び場〉の領域を超えての行動が許されるのも子供時代です。与えられた環境のなかで，〈使い方〉の工夫や発見で自分たちの環境につくり変えることができる能力を〈想像力〉といいます。優れた遊び場は将来の〈創造力〉につながります。

教育の場
教育の場は，学校だけではありません。〈近所〉も立派な教育の場となります。将来大人になったとき，他人と一緒に生活していく〈約束事〉を学習することができます。
中国に〈孟母三遷の教え〉の諺がありますが，引越さなくてもよい環境がつくれたときこそ設計の醍醐味です。

子供時代の記憶
『星の王子様』を書いたサン＝テクジュペリは，大人はかつて自分が子供であったことを忘れていると述べています。
子供は，自分で建築の設計をすることはできません。設計者はすべて大人と言ってもいいでしょう。昔の自分の子供時代を思い出し，記憶を設計に生かす努力をしましょう。

軒下空間での子供たちの遊び

遊具で遊ぶ子供たち

広場での子供たち

プールを利用したアイスホッケー

ハーレン・ジードルンク
環境共生

植物・水との共生
屋根全体を利用してつくられた〈屋上緑化〉は，環境共生住居のさきがけとなっています。集合住居でありながら広い庭での〈ガーデニング〉も魅力的です。屋上緑化は，急激に降った雨水を一時貯める〈自然のダム〉の役目や屋内の省エネルギーの効果もあります。

建設材料との共生
集合住居に限らず，そこに住む人はそこに使われた建築材料と共に生活しなければなりません。材料は，まず〈健康にやさしい〉ことが大切です。材料は竣工時が一番新しく，その後は時間とともに劣化の一途をたどります。〈美しく古びていく〉ことも設計上大切な条件です。

地形との共生
建物の各部分には，幾何学的な形が使われています。しかしよく見ると，全体のシルエットは斜面の形にしたがって凸凹がつけられています。建物が地形に〈よくなじんでいる〉ことがわかります。屋上緑化が，建物と大地との融合をさらに強めているように見えます。

おわりのことば
1年間おつかれさまでした。建築の設計を理屈なしに面白いと思った人，大変だったけれど奥が深いと感じた人は，どちらも確実に建築家への道を歩き始めた人たちです。住居のテーマ以外でも，このテキストを参考に設計を進めて下さい。このテキストは繰り返し利用することによって，新しい使い方を発見するでしょう。皆さんによって，輝かしい建築の未来が開かれることを期待します。

著者一同

参考文献リスト

編著者名 （ ）内は訳者	書（誌）名	本書の章 1	本書の章 2	本書の章 3	チェック
武者英二・永瀬克己	建築設計演習 基礎編—建築デザインの製図法から簡単な設計まで，彰国社，1982	○			
B.サンダース(杉本卓)	本が死ぬところ暴力が生まれる——電子メディア時代における人間性の崩壊，新曜社，1998	○			
F.L.ライト(谷川正己，谷川睦子)	ライトの遺言，彰国社，1966	○			
西山夘三	住み方の記，文藝春秋社，1965	○			
カーン，ジョンソン，ルドルフ他著(山本学治編訳)	現代建築12章(SD選書)，鹿島出版会，1965	○			
長谷川 堯	生きものの建築学，平凡社，1981	○			
B.ルドフスキー(渡辺武信)	建築家なしの建築(SD選書)，鹿島出版会，1984	○			
N.チョムスキー他(橋本萬太郎他)	現代言語の基礎，大修館書店，1979	○			
ブラーシュ(飯塚浩二)	人文地理学原理(上・下)(岩波文庫)，岩波書店，1970	○			
都市史図集編集委員会編	都市史図集，彰国社，1999	○			
日本建築学会編	西洋建築史図集 三訂版，彰国社，1983	○			
日本建築学会編	近代建築史図集 新訂版，彰国社，1976	○			
日本建築学会編	日本建築史図集 新訂版，彰国社，1980	○			
住宅史研究会編	日本住宅史図集，理工図書，1970	○			
D.アボット他(小川正光)	ヒル・ハウジング——斜面集合住宅，学芸出版社，1984	○			
L.ベネーボロ(佐野敬彦，林寛治)	図説 都市の世界史(1～4)，相模書房，1983	○			
日本建築学会編	建築設計資料集成3, 5 単位空間Ⅰ・Ⅲ，丸善，1980, 1982		○		
Shelter Publications	Shelter, California, 1973	○			
八木幸二編集	プロセスアーキテクチュア15 国土と建築：西南アジアの集落と住居，1980	○			
W.ボイジンガー他編(吉阪隆正)	ル・コルビュジエ全集 全7巻，A.D.A.EDITA Tokyo, Co., Ltd.	○	○		
小能林宏城	大山崎の光悦：藤井厚二論(新建築臨時増刊号)，1976	○			
渡辺武信	住まい方の思想——私の場をいかにつくるか(中公新書)，中央公論社，1983		○		
吉阪隆正	住居学，相模書房，1965		○		
R.ヴェンチューリ(伊藤公文)	建築の多様性と対立性(SD選書)，鹿島出版会，1982	○			
菊竹清訓	菊竹清訓 作品と方法 1950—1970，美術出版社，1973	○			
C.アレグザンダー(稲葉武司)	形の合成に関するノート，鹿島出版会，1978	○			
佐賀県有田町	有田町地域住宅計画—有田の家づくり・町並みづくり(有田町による報告書)，1985	○			
ポールハンス，ペータース(近江 栄監修，武田惇一郎，丸山純)	タウンハウス 新しい低層集合住宅の形態，集文社，1978		○		

編著者名 （　）内は訳者	書　（誌）　名	本書の章			チェック
		1	2	3	
一ノ渡勝彦編集	プロセスアーキテクチュア32 マルセル・ブロイヤーの遺産，1982		○		
M.ブロイヤー（芦原義信訳編）	対立と調和——マルセル・ブロイヤー建築論，彰国社，1957		○		
山本学治・稲葉武司	巨匠ミースの遺産，彰国社，1970	○	○		
D. B.ブラウンリー，D. G.デ・ロング編著（東京大学建築学科香山研究室監訳）	ルイス・カーン——建築の世界，デルファイ研究所	○	○		
吉村順三	吉村順三設計図集，新建築社，1979	○			
二川幸夫写真，坂倉準三・磯崎新文	現代建築家シリーズ　ル・コルビュジエ，美術出版社，1967		○		
二川幸夫写真，芦原義信・保坂陽一郎文	現代建築家シリーズ　マルセル・ブロイヤー，美術出版社，1969		○		
穂積信夫	エーロ・サーリネン（SD選書），鹿島出版会，1996		○	○	
延藤安弘	集まって住むことは楽しいナ——住宅でまちをつくる			○	
二川幸夫企画・撮影	GA NO. 23〈アトリエ5〉フラマット，ハーレン，ブルックのテラスハウス，1961, A. D. A. EDITA Tokyo Co., Ltd. 1973			○	
C.ジッテ（大石敏雄）	広場の造形，美術出版社，1968			○	
延藤安弘他	タウンハウスの実践と展開，鹿島出版会，1983			○	
日本建築家協会編	DA建築図集　低層集合住宅Ⅰ，Ⅱ，彰国社，1983	○		○	
日本建築家協会編	DA建築図集　住宅Ⅰ〜Ⅳ，彰国社，1980, 1981, 1990, 1997		○		
B.ルドフスキー（平良敬一，岡野一宇）	人間のための街路，鹿島出版会，1978			○	
L.ハルプリン（伊藤ていじ）	都市環境の演出——装置とテクスチュア，彰国社，1970			○	
K.リンチ（丹下健三・富田玲子）	都市のイメージ，岩波書店，1968			○	
G.カレン（北原理雄）	都市の景観（SD選書），鹿島出版会，1975			○	
O. F.ボルノウ（大塚恵一・池川健司・中村浩平）	人間と空間，せりか書房，1978			○	
P. Thiel	PEOPLE, PATH and PURPOSE, University of Washington Press, 1997			○	
Leonardo Bezzola	Wohnort Halen-eine Architekturreportage			○	
H.ホフマン（北原理雄）	都市の低層集合住宅，鹿島出版会，1973			○	
デビッド・マセロ（瀧浦浩）	マルセル・ブロイヤーの住宅——M.ブロイヤーとH.ベッカードのアメリカン・モダンリビング，鹿島出版会，2001		○		
小原二郎編	インテリアデザイン2，鹿島出版会，1976		○		

図版出典（〔　〕内は本書の該当ページを示す。）
SHELTER, Shelter Publications, California, 1973〔p. 20 下〕
C. アレグザンダー著，稲葉武司訳『形の合成に関するノート』鹿島出版会，1978〔p. 28〕
芦原義信訳編『対立と調和――マルセル・ブロイヤー建築論』彰国社，1957〔p. 34-35〕
Bill, M.: Le Corbusier & P. Jeanneret 1934-1938, Les Editions d'Architecture (Artemis), Zurich, 1975〔p. 42 下〕
日本建築学会編『建築設計資料集成 3 単位空間I』丸善，1980〔p. 53 上，57 下，59 上，61 上，62 下，65 上＝いずれも加筆〕
Boesiger, W.: Le Corbusier 1946-52, Les Editions d'Architecture (Artemis), Zurich, 1985〔p. 90-91〕
K. リンチ著，丹下健三，富田玲子訳『都市のイメージ』岩波書店，1968〔p. 101 上〕
G. カレン著，北原理雄訳『都市の景観』(SD 選書) 鹿島出版会，1975〔p. 101 下，p. 115 上左，中左〕
Thiel. P.: PEOPLE, PATH and PURPOSE, University of Washington Press, 1997〔p. 115 中右〕
ed. by H. M. Proshansky, W. H. Ittelon, L. G. Rivlin: ENVIRONMENTAL PSYCHOLOGY; Man and his Physical Setting, Holt, Rinehart and Winston, Inc. 1970〔p. 115 上右〕
D. アボット，K. ポリット著，小川正光訳『ヒル・ハウジング』学芸出版社，1984〔p. 139 上〕

写真撮影者・提供者
Rudofsky, B. (Museum of Modern Art, New York)〔p. 8-9〕
Venturi, R. (Museum of Modern Art, New York)〔p. 27〕
二川幸夫〔p. 86-87, 139 下〕
彰国社写真部〔p. 43, 44, 100, 126, 127〕

あとがき

建築教育の話題の中心は，いつも設計教育にあります。授業時間数も多く，どこの大学でもカリキュラムの主軸になっていますが，その成果はなかなか目には見えません。その原因の一つは，建築設計の回答は一つではなく，10人の学生がいれば学生の数だけ異なった作品が生まれ，評価も絶対的なものではないからです。

二つ目の問題は建築技術の進歩と，ますまふ複雑化する社会構造にあります。それに対応するために建築研究も多様化し，細分化され，高度化し，設計の入門者にとってはかなり高いレベルで講義がされます。設計教育はそれらを再構成し，総合化することにあるのですが，学生たちはバラバラに与えられた高度な知識を形態や空間として，どのようにまとめ表現したら良いかといった手続き〈方法〉がわかりません。したがって，それらに早く気付くか，理解したかによって大きな差が生じます。

本書ではこの点に注目し，設計のプロセスを具体的な作品を引用しながら進める学習方法をとりました。しかも一番身近にある住居をテーマにしていますので，学生自身の生活体験がよりどころとなり，特別な学習を必要としません。学生は改めて自分を見つめ，家族を思い，ほかの家庭のことも考えることになります。「住居―人間と生活空間の対応」は永遠の課題です。学生間の話題も共通性があり，学習は活発になるはずです。

この本は，16年前に著した『建築設計演習 基礎編―建築デザインの製図法から簡単な設計まで』の姉妹編です。前者は設計製図の入門編として，楽しく建築に興味をもって学べればと企画しました。本編はそれをさらに発展させ，具体的な個人住宅と集合住宅を設計しながら，人間のくらしと建築の関係，そして建築空間の創造の魅力を味わってほしいと思い著しました。共著者の宮宇地一彦さん，永瀬克己さんは30年来の友人で，大学で一緒に設計を指導してきた仲間です。3人で25年近く試行錯誤をくり返しながら，建築設計の難しさをともに味わってきました。ここに示す教授法が，最善とは思いません。皆さんのご批判やご指導を頂いて，さらに充実した内容のものにしたいと希望しています。

本書をまとめるにあたり，マルセル・ブロイヤーの自邸とアトリエ5のハーレン・ジードルンクを引用させて頂きました。多くの建築家や研究者の方々にも貴重な資料を転載させて頂きました。とくに山口廣先生には示唆に富んだ年表のご指導を頂きました。紙上を借りて厚くお礼を申し上げます。また，一向にはかどらない執筆を，辛抱強く10余年近く待って下さった彰国社の山本泰四郎さんをはじめ後藤武さん，そして矢野優美子さんに心から感謝する次第です。

1999年9月　武者英二

スクールとは学ぶ者と教える者が，一本の木の下に出会い会話することから始まる。

第二版あとがき

本書を著してから5年が経ちました。この5年間で世界も日本も，あらゆる点で大きく変化しました。とりわけ，都市・建築のかかわる地球環境は，温暖化をはじめ環境汚染は深刻になっています。都市・建築界では，省資源・省エネルギーに取り組みはじめ，人間の健康を害する建築材料の使用は禁止されました。エネルギー利用の点でも，機器効率を良くする技術開発にしのぎを削り，石油や石炭などの化石燃料にたよらない方向が模索されています。太陽光発電や風力発電，潮力発電などの技術もその一つです。

また，人間社会の営みでも，都市化と少子化の進行は，家族のあり方に根本的な変貌を迫っているようにみえます。都市人口の肥大化，核家族化，若年層と高齢者層の人口の逆転は，既存の社会や家族の価値観を崩壊させつつあります。新聞やTVで，今まで想像もしなかった事故や犯罪が報道されているのも，その証拠です。

こうしたことがらによって，人間社会のありようは根本から問い直されているといえます。誰もが，平和で豊かな世界と幸せな家庭を望みます。都市・建築にかかわる皆さんの責任は，ますます大きく重くなっています。

こうした状況をふまえて，本書の改訂は，変わるものと変わらないものを，しっかりと見極め，刻々と変わるものを改訂し，変わらないもの――建築の本質やそれを構築する方法――には手をつけておりません。地球環境と人間の幸せのために都市や建築を考え，学び，創造しましょう。

おわりに，改訂にあたり彰国社の鈴木洋美さんにお世話になりました。感謝申し上げます。

2004年12月　武者英二

建築学科学生カルテ／応用編・住居

自 己 紹 介 カ ー ド

年　月　日

学生NO.	フリガナ 氏名		生年月日　年　月　日	血液型 A B O AB
現住所　〒　　　　　TEL　　　　　E-mail		種別：自宅・寮・下宿・アパート・その他	家賃	最寄駅・交通手段

帰省地・出身地など
〒　　　　　TEL

出身高校	公立・私立	自分の似顔絵

1．本大学を志望した理由

2．建築学科を選択した理由

3．当科目を選択した理由およびこの演習に期待する点

4．希望のコースは，計画・構造・生産・設備・その他

5．将来はどのような方面に進みたいと考えていますか

6．興味ある建築家は？	7．最近読んで面白かった書名は？	8．趣味や得意なスポーツは？	9．建築学科の親友名は？	10．指導用メモ
・ ・ ・ ・ ・	・ ・ ・ ・ ・	・ ・ ・	・ ・ ・ ・ ・	

自己診断ノート

			分類	評価				講評
				良い	普通	努力	未完	
1	独立住居構想							
	1	設計条件と生活スタイルから満足できるコンセプトが生まれたか。		A	B	C	D	
	2	敷地と周辺環境から建築のイメージが浮かんだか。		A	B	C	D	
	3	コンセプトとイメージから3案以上のエスキスができたか。		A	B	C	D	
2	空間デザイン							
	1	単位空間（各居室）の空間イメージを明確化できたか。		A	B	C	D	
	2	ユニークで快適な空間デザインになったか。		A	B	C	D	
	3	エスキスや図面，模型で十分にスタディができたか。		A	B	C	D	
3	構造デザイン							
	1	構造のしくみや力の流れを理解できたか。		A	B	C	D	
	2	デザインした空間に対応する適切な構造・構法を導き出したか。		A	B	C	D	
	3	エスキスや図面，模型で十分にスタディしたか。		A	B	C	D	
4	環境・設備デザイン							
	1	空間デザインに影響を与えるようなアイデアは生まれたか。		A	B	C	D	
	2	設備機器の性能や特徴をカタログやショールームを見学して理解したか。		A	B	C	D	
	3	厨房，バスルームなどの水回りの設計は満足か。		A	B	C	D	
5	設計図							
	1	コンセプトやイメージ，アイデアどおりに作品ができたか。		A	B	C	D	
	2	基本設計図を見て，生活のイメージが湧くか。		A	B	C	D	
	3	基本設計図はデザイン，ドローイングともに満足か。		A	B	C	D	
6	集合住居構想							
	1	設計条件から満足できるコンセプトが生まれたか。		A	B	C	D	
	2	敷地の読み取りは十分か。敷地環境から建築のイメージが湧いたか。		A	B	C	D	
	3	コンセプトとイメージから3案以上のエスキスができたか。		A	B	C	D	
7	空間デザイン							
	1	住戸や集住体の空間イメージを明確化できたか。		A	B	C	D	
	2	ユニークで快適な住戸や都市デザインになったか。		A	B	C	D	
	3	エスキスや図面，模型で十分にスタディができたか。		A	B	C	D	
8	外部空間のデザイン							
	1	広場や道空間のシークエンスのイメージは浮かんだか。		A	B	C	D	
	2	歴史的な美しい街並みと比較しながら自分の案を検討したか。		A	B	C	D	
	3	エスキスや図面，模型で満足できるものになったか。		A	B	C	D	
9	模型							
	1	模型ショップをまわって，どんな模型をどんな材料でつくるのかを検討したか。		A	B	C	D	
	2	スタディ模型は3個以上つくったか。		A	B	C	D	
	3	完成模型は自分の考えたように上手にできたか。		A	B	C	D	
10	設計図							
	1	作品にコンセプトやイメージ，アイデアが反映しているか。		A	B	C	D	
	2	作品を見ながらの生活のシミュレーションは満足なものだったか。		A	B	C	D	
	3	基本設計図はデザイン，ドローイングとも美しく仕上がったか。		A	B	C	D	

著者略歴

武者英二　MUSHA eiji
1936 年　東京に生まれる
1960 年　法政大学卒業，建築家・菊竹清訓に師事
1978 年　法政大学工学部建築学科教授
　　　　　同大学沖縄文化研究所兼任教授
2001 年　法政大学名誉教授
　　　　　建築家，武者英二研究室主宰

宮宇地一彦　MIYAUJI kazuhiko
1943 年　広島に生まれる
1967 年　法政大学工学部建築学科卒業
1972 年　早稲田大学文学部美術専修卒業
1974 年　ワシントン大学都市建築学部建築学科大学院 MA 取得
1976〜1986 年　菊竹清訓建築設計事務所勤務
1987 年　宮宇地一彦建築研究所開設
1995 年　工学博士
2001 年　文化女子大学造形学部住環境学科教授

永瀬克己　NAGASE katsumi
1945 年　埼玉に生まれる
1968 年　法政大学工学部建築学科卒業
1971 年　同大学大学院工学研究科修了
1971〜1973 年　會田雄亮研究所勤務
1973 年　法政大学工学部建築学科助手
1991 年　法政大学沖縄文化研究所国内研究員
1995 年　同大学専任講師
　　　　　共立女子大学家政学部生活美術学科兼任講師
2003 年　法政大学工学部建築学科助教授
2005 年　法政大学工学部建築学科教授

建築設計演習　応用編　第二版
プロセスで学ぶ独立住居と集合住居の設計

1999 年 11 月 10 日　第 1 版　発　行
2005 年 2 月 10 日　第 2 版　発　行
2006 年 10 月 10 日　第 2 版　第 2 刷

著　者　武　者　英　二
　　　　宮　宇　地　一　彦
　　　　永　瀬　克　己
発行者　後　藤　　　武
発行所　株式会社　彰　国　社

著作権者との協定により検印省略

160-0002 東京都新宿区坂町25
電話　03-3359-3231（大代表）
振替口座　00160-2-173401

自然科学書協会会員
工学書協会会員

Printed in Japan

© 武者・宮宇地・永瀬　2005 年

製版・印刷：真興社　製本：中尾製本

ISBN 4-395-20004-4　C 3052

http://www.shokokusha.co.jp
定価はカバーに表示してあります

本書の内容の一部あるいは全部を，無断で複写（コピー）、複製，および磁気または光記録媒体等への入力を禁止します。許諾については小社あてご照会ください。